KB083734

조선 후기 왕실재정과 서울상업

지은이 조영준(趙映俊, Cho, Young-Jun) 서울대학교 경제학부를 졸업하고 동대학원에서 「19세기 왕실재정의 운영실태와 변화양상」으로 박사학위를 받았다. 주요 논저로 『시폐市弊』(역해), 「조선시대 문헌의 신장 정보와 척도 문제」, 『『부역실총』의 잡세 통계에 대한 비판적 고찰」 등이 있다. 현재 한국학중앙연구원 한국학대학원 사회과학부 조교수로 있다.

조선 후기 왕실재정과 서울상업

초판 1쇄 발행 2016년 1월 30일
초판 2쇄 발행 2016년 8월 30일
지은이 조영준
펴낸이 박성모 **펴낸곳** 소명출판 **출판등록** 제13-522호
주소 서울시 서초구 서초중앙로6길 15, 1층
전화 02-585-7840 **팩스** 02-585-7848 **전자우편** somyungbooks@daum.net **홈페이지** www.somyong.co.kr

값 27,000원
ISBN 979-11-5905-050-3 93320
ⓒ 조영준, 2016

이 저서는 2008년 정부(교육과학기술부)의 재원으로 한국연구재단의 지원을 받아 수행된 연구임 (NRF-2008-361-A00007).

규장각학술총서

11

조선 후기 왕실재정과 서울상업

Royal Finance and Procurement in Late Chosŏn Korea

조영준

소명출판

조선왕조가 역사의 뒤안길로 사라진 지 100여 년이 경과하였다. 이제 이 땅에서 당시의 삶이 어떠했는지 온전히 기억하고 있는 사람은 찾아 볼 수 없다. 우리에게 남겨진 것은 유무형의 기록뿐이다. 구전이나 문헌 또는 유물이나 유적이 전하는 '있는 그대로의' 역사는 편집이나 부식(腐蝕) 또는 왜곡의 결과물이다. 그래서 그 시대를 살았던 사람과 경제생활의 발자취를 추적하는 작업이 하나의 길로만 진행되기를 기대하는 것은 무리이다.

더군다나 임진왜란 이후 한일병합에 이르기까지의 시기에 해당하는 조선 후기는 이후의 식민지화 경험으로 인해 객관적인 평가가 어렵다. 그래서 17세기부터 19세기까지의 300여 년 동안 장기적으로 어떤 변화가 발생하였는지에 대한 공감대가 형성되어 있지 않은 것이 현실이다. 17세기의 회복과 18세기의 번영, 그리고 19세기의 위기가 주장되기도 했으며, 17세기 이래 19세기까지의 지속적인 경기 후퇴라는 가설도 제기되어 있다.

방법론 차원에서 다시 살펴보더라도, 일반적인 역사 연구의 경향과 마찬가지로 조선 후기에 대한 접근도 크게 두 가지 방향에서 이루어지고 있다. 한쪽에서는 담론 위주의 분석을 통해 질적 변화를 포착하고자 하고, 다른 한쪽에서는 경제통계의 집계와 가공을 통해 양적 지표를 확인하고자 한다. 하지만 정성적(qualitative) 이해와 정량적(quantitative) 분석 사이의 간극이 좀처럼 좁혀지지 않은 채 평행선을 달리고 있다. 분석 대상은 동일한데 정합적(整合的)인 해석이 불가능하다면, 양자 상호 간의 불신으로 귀착될 수밖에 없다.

이러한 현상(現狀)을 타개하기 위한 방편으로서, '시각(視角)'의 전환, '방법론'의 대체, '자료'의 보완 등을 생각할 수 있다. 세 가지 모두가 중첩적으로 진행된다면 더할 나위가 없을 것이다. 그중에서도 실증 연구의 기본이 되는 것은 역시 자료의 확보이다. 그런데 조선 후기 경제에 대한 담론이 활발한 것에 비한다면 분석되지 않은 채 방치된 자료가 너무나 방대하다. 그래서 어떤 자료를 선택하여 어떤 식으로 분석할 것인지를 결정하는 데에는 커다란 기회비용이 따를 수밖에 없다.

최근까지 진전된 학계의 연구 성과를 일별해 보면, 조선 후기의 경제 지표에 대한 이해는 주로 경상도, 전라도, 충청도라는 삼남(三南)에서의 정보를 토대로 이루어져 왔음을 알 수 있다. 이는 양반 중심의 사회경제상이 정립되어 왔음을 뜻함과 동시에, 재정과 상업의 총화(總和)로서의 서울 경제에 대한 이해가 부실하였음을 의미한다. 당대의 서울은 물류가 집결된 최종 소비처였고, 소비의 대종을 이루는 것은 조달이라는 국가의 행위였다. 그러므로 서울 경제에 대한 깊이 있는 이해 없이 국가 경제에 대한 담론을 펼치는 것은 무리이다.

다른 한편으로, 국가의 재정 운영에 관한 연구도 축적되어 왔지만 부세(賦稅)에 치우친 형태로 전개되어 왔고, 그 속에는 국가와 농민의 대립 구도의 설정과 그에 대한 해명이 과제로 자리 잡고 있었다. 그래서 연구의 동향이 토지제도사나 농업사의 관점에 치중되었던 것은 당연한 귀결이었다. 하지만 재정에 대한 입체적 접근을 위해서는 세입(歲入) 못지않게 세출(歲出)도 강조될 필요가 있다. 물론 그간의 연구에서도 재정지출에 대한 이해를 찾을 수 있지만 대개 제도사 또는 정책사 차원이었고, 운영의 실제나 수지(收支)에까지 심층적으로 접근하는 수준에는 이르지 않았다.

조선 후기 국가재정의 실제를 확인할 수 있는 구체적이고 장기적인 형태의 자료를 찾기는 쉽지 않다. 그런 상황에서, 국가(國家)의 실체로서의 왕가(王家)가 남긴 자세하고 일관된 기록이 18세기 말부터 20세기 초까지 남겨져 있다는 점은 경이롭기 그지없다. 이 책은 조선 왕실이 남긴 방대한 분량의 회계 기록을 발굴하고, 소개하고, 분석한 사실상의 첫 시도이다. 왕실에 대한 깊이 있는 이해를 통해 국가재정과 지방 재정, 그리고 나아가 조선 경제에 대한 다면적 접근을 추구하려는 것이다.

왕실 경제와 관련하여 기존 연구에서 지속적으로 표출한 관심사는 수취 구조에 대한 것이었다. 그 중심에는 궁방전(宮房田)이 있었고, 토지의 소유와 농업 경영 등을 비롯한 지역 사례 연구가 활발히 전개되어 왔다. 하지만 왕실재정의 규모나 구조 또는 장단기 변동에 대한 정보는 파편화되어 있었기에 단편적일 수밖에 없었다. 그러므로 조선 후기 경제에 대한 '아래로부터의' 이해는 애초에 불가능한 것이었을 지도 모른다. 하지만 '위로부터의', 다시 말해 '왕실로부터의' 접근이라면, 가능할 뿐만 아니라 정곡을 찌르는 것이 될 수도 있다.

서울대학교 규장각한국학연구원이 소장하고 있는 방대한 분량의 회계장부는 왕실의 살림살이를 여실히 보여주고 있다. 이런 유형의 자료라면, 읽고 또 읽으며 다시 요약하는 방식의 방법론으로는 분석이 불가능하다. 전체 내역을 전산화하여 데이터베이스(DB)를 구축하고 종횡으로 분석하는 수량적 방법론으로 뼈대를 만들어야 한다. 그리고 그와 동시에 자료의 성격에 대한 이해를 위해 방계 자료의 교차 분석이 수행되어야 할 것이다. 이 책에서는 왕실의 방대한 회계장부('자료')를 경제 체제의 정점으로부터의 접근('시각')을 견지하면서 계량 분석과 고문서학의 결합('방법')을 통해 분석하였다.

이 책에서 활용한 조선 후기 왕실의 회계장부는 주로 왕실의 재산을 관리하거나 왕실에 물품을 조달한 기관에서 작성된 것이다. 조선왕조의 경제구조를 왕실을 중심으로 재구성·재해석하고자 한다면, 이들 조달 기관에 대한 이해가 불가결하다. 하지만 여태까지는 내수사와 각 궁방으로 구성되는 이들 영역에 대한 자세한 이해가 거의 이루어지지 못했다. 특히 이들 기관에서 물품을 조달할 때 서울의 시전 또는 시장과 어떤 관련을 맺고 있었는지는 전혀 알려진 바가 없었다. 이 책에서 조선 후기 왕실의 재정뿐만 아니라 서울 시장에 대한 재조명까지 할 수 있었던 것은 전적으로 회계장부의 존재 덕분이었다.

조선 후기 왕실의 회계장부는 최종적 결재에 이르기까지 3단계에 걸쳐 작성되었다. 현존하는 장부가 최종본이 아닌 경우도 있는데, 그런 경우에는 초서(草書) 또는 행서(行書)로 작성되어 있어 판독이 난해한 편이다. 하지만 초본(草本)이 오히려 풍부한 정보를 담고 있는 경우가 많아 분석의 가치가 컸으므로, 연구의 진행과 초서 판독 능력의 증진은 병행되어야만 했다. 그렇게 초보적인 수준에서나마 초서를 해독할 수 있게 되었다는 부산물을 획득하게 된 것은 행운이었다고 해야겠다.

판독된 정보를 전산화하고 나서 분석을 진행하는 과정에서 통시적 접근을 하려다보니 인플레이션 문제에 부딪히게 되었다. 이전 시기에 비해 물가의 상승 속도가 빨랐던 19세기의 재정상황을 장기적으로 분석해 내기 위해서는 명목변수의 실질변수로의 변환이 필요했던 것이다. 하지만 서울 지역의 물가 지수가 확보되어 있지 않았기 때문에 쉽게 해결될 수 있는 문제는 아니었다. 다행히도 왕실의 회계장부에서 추출한 가격 정보가 일부 품목의 가격 지수를 작성하는 데 유용하게 활용될 수 있었다.

연구의 결과로서 밝혀진 가장 기본적인 사실은 조선시대의 왕실이 어떤 존재였는지, 그것이 전체적인 국가 경제의 구조와 어떤 관련을 맺고 있었는지가 드러났다는 점이다. 제도화된 정부 재정의 영역에서는 시행되기 어려웠던 각종의 임시적이고 비공식적인 지출 영역이 내탕(內帑)이라는 형태로 마련되어 있었고, 그 운영에서는 연성 예산 제약(soft budget constraint) 하에서의 지대 추구(rent seeking)가 만연해 있었다. 긍정적인 측면과 부정적인 측면이 공존했지만, 종합적인 영향력은 정부 재정의 건전성에 의존할 수밖에 없는 것이었다.

그러므로 연간 수지의 불가역적 적자 상황이 1870년대부터 나타나게 된 것은 어쩌면 당연한 결과였다. 정부 창고의 재고가 19세기 들어서 지속적으로 줄어들었고, 1880년대 되면 거의 바닥이 드러날 정도로 고갈되어갔기 때문이다. 정부의 구조적 적자 상황이 왕실 부채의 누적적 증대로 연결되었던 것이다. 이는 내수사 및 각 궁방에서 예외 없이 일반적으로 나타난 현상이었다. 왕실재정의 위기는 국가재정의 위기 속에서 이해되어야만 하는 것이다.

위기에 대한 왕실의 대처는 미온적이었다. 적자의 보전을 위해 하사금을 내리기도 했지만, 그러한 하사금 역시 인민이 납부한 조세를 통해 확보된 것이거나 악화의 남발을 통해 공급된 것이었으므로, 정부의 재정 적자 심화로 다시 연결되고 있었다. 왕실재정의 적자는 왕실에 납품한 상인에 대한 대금 미지급, 조달 기관에서 근무한 임직원(員役)에 대한 급료 미지급 등으로 전가(轉嫁)되었다. 왕실의 위기가 왕실의 하속배(下屬輩)와 서울의 상인에게 재분배(redistributed)되고 있었던 것이다. 하지만 서울 주민의 희생을 담보로 한 왕실의 지출이 줄어들기를 기대하는 것은 무리였다. 1894~95년의 갑오-을미개혁 시기까지 왕실에 의해 누적된 부채가 일본인이 제실(帝室)의 재산을 정리하려던 1908년까지 청산되지 못하고 남아있었다는 점은 경제 위기에 대응하는 왕실 또는 정부의 역할에 대한 의문을 품게 한다.

이 책은 조선 후기의 경제 구조에서 왕실재정과 서울상업의 불가분성을 확인하고 강조한 첫 사례라고 자평할 수 있다. 재정과 시장의 상호 관련에 한층 접근하였을 뿐만 아니라, 왕실재정의 중요성을 환기한 것이다. 하지만 이는 장기적인 작업에서의 첫 발걸음에 지나지 않는다. 앞으로 다양한 방향에서의 후속 연구를 진행할 계획이지만, 그간의 작업을 결산해 두는 일종의 중간보고 격으로서 출판을 감행하고자 하였다. 이를 연구의 진행 과정에서 취득한 박사학위의 공개적인 재심사 과정으로 보아도 좋겠다. 이 책이 출판되지 않은 상태에서도 최근 들어 여러 연구자에 의해 관련 연구가 제출되고 있다는 점 역시 작지 않은 동기 부여가 되었다.

후속서가 언제 출판될 지는 기약할 수 없으나 몇 가지 관점에서의 연구가 진행될 것임을 예고해 두고 싶다. 그중에서도 무엇보다 중점적으로 이루어질 연구 주제는 대한제국기의 황실 재정에 대한 재평가이다. 이 책에서도 암묵적으로 '조선 후기' 속에 대한제국 시기를 포함하고 있지만, 명시적으로 '대한제국'의 재정에 대한 본격적 탐구도 별도로 진행하고 있기 때문이다.

이 책의 출판에 이르기까지 주변으로부터 적지 않은 도움을 받았다. 연구 주제의 확정과 연구의 추진력 부여에 가장 결정적인 기여를 해 주신 이영훈 선생님을 가장 먼저 거명하고 싶다. 석사 과정에서부터 끊임없는 자극과 비판을 해 주셨기에 연구 역량을 강화할 수 있었다. 앞으로 초심을 잃지 않고 꾸준히 연구를 지속하는 것만이 은혜에 보답하는 유일한 길이라고 믿는다. 또한 『조선 후기 재정과 시장』(서울대학교출판문화원, 2010)이라는 책이 출간되기까지 수년 동안 함께 프로젝트를 진행하였던 낙성대경제연구소의 선후배 연구자분들께도 감사의 인사를 올리고 싶다. 배울 점이 많은 훌륭한 연구자들 틈에서 오랜 시간을 보냈고 또 앞으로도 함께 할 수 있다는 사실은 축복이 아니랄 수 없다. 마지막으로, 박사학위 취득 이후 2009년부터 2013년까지 만 4년여를 연구에만 집중할 수 있는 기회를 주신 서울대학교 규장각한국학연구원의 전·현직 원장 이하 임직원분들, 그리고 동고동락하였던 인문한국(Humanities Korea) 사업단 소속 연구진과 출판의 기쁨을 함께 나누고 싶다.

2016년 1월
조영준

| 차례 |

제1장 왕실 조달기관의 기능·공간·조직

1. 머리말

조선시대에는 정부재정이 왕실재정과 불가분의 관계에 있었으며, 평가자에 따라 "궁(宮)·부(府)의 재정이 서로 혼효(混淆)"되어 있었다고 표현되기도 했다(和田一郎 1920 : 574). 이처럼 조선시대의 국가재정이 근대경제학적 개념인 정부의 세출입(歲出入)에 한정되지 않았던 이유는 '왕실의 존재' 때문이다. 조선 정부는 왕토사상(王土思想)의 기반 위에서, '궁부일체(宮府一體)'의 이념에 따라 재정을 운영하고자 하였다.[1] 그 결과, 왕실재정까지 정부재정에 제도적으로 포함되어 있었다.

하지만 왕실의 유지를 위해 소비해야만 하는 물자를 정부재정을 통

---

1   궁중(宮中)과 부중(府中)이 하나라는 의미의 '궁부일체'는 제갈량(諸葛亮)이 「출사표(出師表)」에서 "宮中府中俱爲一體"라 한 것에서 유래한다.

해서만 공급하기는 어려운 것이 현실이었다. 정부의 왕실에 대한 공상(供上)은 공물(貢物)의 종류와 수량에 대한 정식화(定式化)라는 제약 아래에 있었기 때문에, 장기에 걸쳐 고정적인 경향이 강했다. 따라서 시기에 따라 임시적으로 변동하거나 또는 정부의 통제 밖에 존재한 왕실의 수요는 공물만으로 충족되기 힘들었다. 이에 고려-조선에 걸친 역대 왕조는 정부재정과 별도의 왕실 금고, 즉 내탕(內帑)을 두었고, 이를 방치 또는 조장하였다. 내탕의 필수불가결성은 왕실에 의해 수시로 강변되어 왔으며, 여기에 대하여 이념과 제도를 고수하고 정부의 재용(財用)을 확보하고자 하는 정부 관료의 비판이 끊이지 않았다.

이러한 사정은 조선시대의 국가재정, 즉 정부재정 및 왕실재정에 대한 심도 깊은 이해를 위해서 내탕에 대해 고찰하지 않을 수 없음을 역설(力說)한다. 그런데 조선 전기에 대해서는 왕실의 유지 수단이 기본적으로 직전(職田)이었다는 점으로 인하여, 내수사(內需司)를 중심으로 한 연구만으로도 왕실의 재정운영을 어느 정도 복원할 수 있는 반면,[2] 임진왜란 이후 직전법(職田法)이 소멸한 조선 후기에 있어서는 궁방(宮房)의 존재가 문제시된다는 점에서 조선 전기와는 사정이 다르다.

조선 후기 궁방의 운영은 궁방전(宮房田)의 지급과 그에 대한 면세(免稅)라는 경제적 기반에 의해 유지되었다. 이에 기존의 궁방 연구는 궁방전의 확대와 경영 또는 수세(收稅)에 관한, 특히 면세결(免稅結)을 위주로 한 분석이 주류를 이루었다. 하지만 궁방 그 자체에 대해서는 단편적 정보만이 거론되었을 뿐, 본격적인 연구가 이루어지지 않았다. 궁방이 과연 어떠한 형태로 존재하고 있었는지에 대한 정보가 축적되지 못한

2　조선 전기의 내수사에 관한 최근의 연구 성과로는 宋洙煥(2002), 梁擇寬(2007) 등이 있다.

결과, 궁방, 궁방전 및 왕실재정에 관한 연구는 정체되어 있었다.[3]

조선 후기의 사회경제를 설명하는 데 있어서 궁방이 중요한 연구대상 중의 하나임은 주지의 사실이다. 비단 궁방전의 확보와 경영 또는 농민과의 관련뿐 아니라, 재정지출 과정에서 시장을 통한 상인과의 거래, 서울 주민의 일원으로서 궁속(宮屬)의 존재형태, 궁중의 의식주를 비롯한 일상생활 등 다방면에 걸쳐 궁방은 강력한 설명변수가 된다. 이는 궁방이 서울을 중심으로 운영된, 무시할 수 없는 경제주체였기 때문이다.

이 장에서는 조선 후기의 왕실재정과 사회경제에 대한 보다 생산적인 논의를 하는 데 기여하고자, 종래에는 고려되지 않았던 궁방 그 자체에 관한 제도적 분석을 진행한다. 자료가 허락하는 한 실증적으로 접근함으로써 조선 후기 궁방의 실체에 보다 가까이 다가갈 것이며, 궁방에 관한 기초적 정보의 축적을 통해 궁방 운영에 대한 이해의 수준을 높이는 데 일조하고자 한다. 먼저 궁방에 대한 기존 인식을 검토한 후, 몇 가지 문제점을 지적하고, 궁방의 개념 정의와 분류를 새롭게 함으로써 내수사 및 각궁(各宮)의 기능적 측면을 부각시킬 것이다. 연후에 내탕, 즉 조달 기관으로서의 기능을 수행한 1사4궁(一司四宮)을 중심으로 하여 그 소재(所在)와 내부 공간, 조직과 인적 구성 등에 관한 분석을 진행한다.

---

3   궁방전에 관한 연구는 1960~80년대에 다수 산출되었으며, 1990년대 이후의 대표적 연구 성과로는 金載昊(1997b)가 있다. 최근 들어, 이 책의 제2장에 가필·수록한 趙映俊(2008b)을 비롯하여 朴性俊(2008), 심재우(2009; 2010; 2011), 李賢珍(2009), 이성임(2009), 조영준(2013b) 등 관련 연구가 집중적으로 수행된 바 있다.

2. 궁방에 대한 인식과 문제점

궁방에 관하여 현재 학계에서 일반적으로 통용되고 있는 인식은 식민지기 일본인에 의해 형성된 수준에 머물러 있다. 즉, 궁방에 관한 대표적 조사기록인 『조선토지지세제도조사보고서(朝鮮ノ土地制度及地稅制度調査報告書)』의 틀에서 벗어나지 못하고 있다고 해도 과언이 아닐 정도이다. 이 보고서는 와다 이치로[和田一郎]가 토지조사사업의 시행 이후에 작성한 것으로서,[4] 표제를 통해 파악되듯이 궁방 그 자체에 대한 관심보다는 대표적 국유지[帝室有地]의 하나였던 궁방전에 대해 조사·기록하는 과정에서 궁방에 대한 여러 가지 정보도 부수적으로 수록한 것이다.

18~19세기에 걸쳐 상시적으로 40처(處) 이상에 달했던 궁방의 수는 갑오개혁을 거친 20세기 초에 들어서게 되면 열 곳만이 잔존하였다. 이들을 소위 1사9궁(一司九宮)이라 하는데, 바로 내수사, 수진궁(壽進宮), 명례궁(明禮宮), 어의궁(於義宮), 용동궁(龍洞宮), 육상궁(毓祥宮), 선희궁(宣禧宮), 경우궁(景祐宮), 경선궁(慶善宮), 영친왕궁(英親王宮)이다. 그중에서 경선궁과 영친왕궁은 대한제국 시기에 신설된 것으로서 운영 기간이 짧은 반면에, 나머지 1사7궁은 역사가 길 뿐만 아니라, 보유한 궁방전의 규모도 상당히 컸다. 따라서 궁방전에 대한 와다 이치로의 관심도 1사7궁에 집중될 수밖에 없었으며, 1사7궁의 성격에 대한 그의 이해는 〈표 1-1〉과 같았다.

---

4 와다 이치로에 대해서는 국사편찬위원회 한국사데이터베이스(http://db.history.go.kr)의 '한국근현대인물자료'를 참조하라(HOI : im_215_14136).

〈표 1-1〉 1사7궁(一司七宮)의 성격에 대한 와다 이치로의 이해

분류	성격
내수사	왕실의 내수(內需)를 담당한 하나의 궁중직사(宮中職司)
수진궁・명례궁・어의궁・용동궁	后(后), 빈(嬪), 왕자(王子) 등의 사유재산을 보관한 고(庫)
육상궁・선희궁・경우궁	국왕의 사친(私親)을 봉향하는 묘(廟)

주 : 강조는 인용자에 의함.
출처 : 和田一郎(1920 : 123-124).

　　와다 이치로는 이와 같은 분류의 근거로서 각궁에 대해 보다 자세한 해설을 한 바 있다. 그런데 그 내용이 『임시재산정리국사무요강(臨時財産整理局事務要綱)』에 수록된 '1사7궁의 연혁 및 성질'과 동일한 것으로 보건대, 황실재산의 정리과정에서 조선총독부가 조사한 내용을 이후에 와다 이치로가 무비판적으로 답습한 것으로 판단된다. 해당 내용을 요약하면 〈표 1-2〉와 같다.

〈표 1-2〉 1사7궁의 연혁 및 성질

기관명	연혁 및 성질
내수사	개국 초에 설치. 왕실의 내수에 관계된 쌀, 삼베 및 잡물, 노비의 일을 담당한 곳. 궁중재정기관의 하나에 속함.
수진궁	지금으로부터(距今) 약 400년 전 제안대군(齊安大君(睿宗王子))의 사저. 대군이 훙거한 후에 그 사판(祀版)을 이곳에 봉안한 이래로 미봉작(未封爵)의 왕자・대군 또는 미결혼(未結婚)의 공주・옹주 및 무사속(無嗣續)의 후궁 등의 제사는 모두 이 궁에서 봉향함을 항례로 삼았음. 그 재산은 후년에 이르러 황후소용(皇后所用)의 내탕으로 이속됨.
명례궁	원(元) 경운궁(慶運宮). 원래 황후소용의 내탕에 속함. 창설연대는 미상. 지금으로부터 317년 전 1593년[癸巳]에 선조(宣祖)가 한 번 회란(回鑾)한 후에 다시 복어(復御)됨. 후년에 이르러 인목왕후(仁穆王后)도 역시 이 궁에서 퇴소(退所)됨.
어의궁	지금으로부터 약 250~60년 전에 인조(仁祖)의 사저였음. 그 후 황후소용의 내탕에 속함.
용동궁	지금으로부터 약 340~50년 전에 명종(明宗)의 장남 순회세자의 구궁(舊宮)이었음. 그 후 황후소용의 내탕에 속함.
육상궁	숙빈 최씨[英祖私親]의 제사를 봉향하는 곳. 1725년[英祖元年]에 창설됨.
선희궁	영빈 이씨[莊祖私親]의 제사를 봉향하는 곳. 1762년[英祖38年]에 창설되었고, 의열묘(義烈廟)라 칭했음. 1788년[正祖12年]에 선희묘(宣禧廟)로 개칭하였기에 선희궁이라 부르게 되었음. 1860년[開國469年]에 이곳을 폐지하고 육상궁에 합하였으나, 1897년[光武元年]에 다시 중건함.
경우궁	수빈 박씨[純祖私親]의 제사를 봉향하는 곳. 1823년[純祖23年]에 창설됨.

주 : 서력 연대 및 강조는 인용자에 의함.
출처 : 朝鮮總督府 臨時財産整理局(1911 : 21-23), 和田一郎(1920 : 578-579).

〈표 1-2〉의 내용은 대체로 〈표 1-1〉과 마찬가지로서, "육상궁, 선희궁 및 경우궁의 3궁은 왕실의 사묘(私廟)"이고, "어의궁, 수진궁, 명례궁, 용동궁의 4궁은 왕실의 사고(私庫)"라고 평가하고 있다(朝鮮總督府 臨時財産整理局 1911 : 23; 和田一郎 1920 : 579-580). 다만 4궁의 구체적 성격에 있어서는 양자에 미묘한 차이점이 있다. 〈표 1-1〉에서는 4궁을 각각 "후, 빈, 왕자의 사고"라 한 반면에, 〈표 1-2〉에서는 모두 "황후소용의 내탕"으로 보고 있다. 이는 4궁에 대한 와다 이치로의 인식에 일관성이 결여되어 있음을 보여준다.

이와 같이 식민지기 일본인의 조사기록이 정합적이지 못한 이유는 대체로 그 조사의 궁극적 대상이 궁방 소유의 부동산, 즉 궁방전이었고, 궁방 그 자체는 부차적인 설명 대상이었기 때문이다. 따라서 궁방에 관한 다양한 자료를 섭렵하여 종합한 것은 아니며, 주로 『경국대전(經國大典)』, 『속대전(續大典)』, 『대전회통(大典會通)』 등의 법전이나 『증보문헌비고(增補文獻備考)』 등의 관찬 사료에 등장하는 단편적인 기술에 의존하는 수준에 한정되어 있었다(朝鮮總督府 臨時財産整理局 1911 : 23). 보다 후대의 연구에서도 궁방에 대한 해설 내용에 큰 차이가 없는 것으로 보아(小田省吾 1934 : 75-76), 궁방에 대한 이해는 『임시재산정리국사무요강』의 수준에서 답보 상태에 있었다고 볼 수 있다.[5]

---

5 궁방에 대한 이해수준은 해방 이후에도 크게 개선되지 못했다. 궁방전에 관한 1970
   년대의 연구에서 궁방에 대한 간략한 설명이 시도되었고(朴廣成 1970 : 7), 1980년
   대에 간행된 일련의 해제를 통해 궁방에 대한 해설이 행해진 바 있다(서울大學校圖
   書館 1982; 1983a; 正文社 1982). 이들 해제에서 소개되고 있는 궁방에 관한 정보는
   와다 이치로가 정리한 것과 큰 차이를 보이지 않는다. 이후의 궁방에 관한 연구들은
   주로 이들 해제를 무비판적으로 인용하거나(李政炯 1996 : 81-82, 90, 111), 궁방의
   성격에 대해 언급하지 않았다. 궁방의 경제활동(주로 수취활동)에 대한 연구가 다
   수 산출되어 왔지만, 개별 궁방에 대한 이해의 깊이는 더해지지 못한 것이다.

식민지기 이래 현재까지 기존 연구의 궁방에 대한 이해에서 발견되는 몇 가지 문제점을 지적하면 다음과 같다. 첫째, 궁방에 대한 이해는 1사7궁에만 초점이 맞추어져 있다. 달리 말하면, 조선 후기에 평균적으로 40곳 이상에 달하였으나 갑오개혁을 전후하여 사라진, 전체 궁방에 대한 해설은 시도되지 않았다. 그 이유는 황실재정정리 및 토지조사사업에서 1907년까지 존속한 1사7궁만이 조사 대상으로 성립하였기 때문이다.

둘째, 4궁이 실제로 "황후소용의 내탕"이었다고 하더라도, 이는 19세기 말에서 20세기 초 사이의, 즉 궁방이 폐지되기 직전의 특정 시기에만 적용될 수 있는 사실이다. 궁방의 기원과 20세기 초의 성질은 파악되고 있다고 하더라도, 궁방의 경제활동에 있어서 시간적 주무대인 18~19세기에 걸친 궁방의 기능(또는 연혁)에 대한 이해는 공백으로 남아 있다.

셋째, 궁방에 대한 기존인식은 몇몇 관찬기록에만 의존하였기에, 그 근거가 박약했다. 따라서 지극히 피상적인 이해 수준에 머물러 있었으며, 궁방의 구체적인 실체 또는 궁방이 영위한 경제행위의 실상 등은 거의 주목받지 못했다.

3. 궁방의 개념과 분류

1) 궁방의 개념

궁방의 실체를 구명(究明)하기에 앞서, 먼저 궁방의 개념을 명확히 할 필요가 있다. 우선 기존 연구에서 궁방을 어떻게 정의하고 있는지 살펴보도록 하자. 식민지 시기부터 현대에 이르기까지의 여러 조사자료 또는 연구에 제시되어 있는 궁방의 개념은 크게 다음과 같은 세 가지로 정리할 수 있다.

첫째, 궁방은 "후궁, 대군, 공주, 옹주 등의 존칭"이다(元永喜 1981 : 95). 이는 "이조(李朝)에 있어서는 후궁, 대군, 공주, 옹주 등을 존칭하여 궁방이라 불렀"다는 식민지기 조사의 인식(和田一郞 1920 : 578)을 그대로 답습한 것이다. 조선시대 전체 시기에 걸쳐 적용될 수 있는 궁방의 추상적 개념을 강조한 것으로서, 후궁 등에게 부여된 궁호(宮號)를 궁방과 동일시하는 차원에서의 정의로 평가할 수 있다.[6]

둘째, 궁방은 "왕궁에 준하는 궁전"이다(京城府 1934 : 73-76, 359-360). 궁방은 사실상 전・궁(殿宮)은 아니지만, 토지와 건물을 보유하고 있었기에, 이와 같은 인식도 가능하다. 건물을 중심으로 한 표현인 '궁실(宮室)'이나 '궁궐(宮闕)'의 범주에 궁방을 분류하기도 했다(和田一郞 1920 : 498-505; 『동국여지비고(東國輿地備攷)』). 궁방의 가사(家舍)를 '궁가(宮家)'라 한 것도 이

---

6 본래 '○○宮'이란 후궁 등에게 부여된 궁호이지만, 사후에 묘호(廟號)로서 격상된 명칭인 경우도 있다. 예를 들어, 〈표 1-2〉의 의렬묘, 선희묘 등이 묘호이고, 선희궁은 궁호이다. 또 순조의 생모인 수빈박씨[嘉順宮]의 묘호(궁호)는 경우궁이다.

궁호를 부여 받은 자들이 거주하는 '공간'으로서의 성격을 강조한 것으로 이해된다.[7]

셋째, 궁방은 "왕실의 일부인 궁실과 왕실로부터 독립한 또는 왕실에 관계 깊은 궁가"이다(和田一郎 1920 : 123; 小田省吾 1934 : 71). 기존의 인식 중에서는 가장 포괄적으로 정의된 궁방의 개념이지만, 왕실과의 관계를 "왕실의 일부", "왕실로부터 독립", "왕실에 관계 깊은" 등으로 구분하기에는 그 범주가 모호한 면이 있다.

이와 같이 궁방의 개념에 대한 인식이 다양한 층위에서 이루어지고 있는데, 부분적으로는 타당하지만 궁방의 실체를 종합적으로 보여주고 있지는 못하다. 가장 근본적인 문제점은 왕실에 소요되는 물자의 조달 업무를 담당한 궁방의 '기능적' 측면들이 간과되고 있다는 점이다. 따라서 왕실의 재정운영 측면에서 궁방의 기능을 포괄하는 개념을 상정할 필요가 있다.

조선 전기의 '궁방'은 단순히 '궁'과 '방'의 합성어로서,[8] 앞서 소개한 첫 번째 개념, 즉 "후궁, 대군, 공주, 옹주 등의 존칭"에 지나지 않는다. 하지만 조선시대사에서 궁방의 역할이 중요하게 자리매김하는 것은 직전법의 폐지로 인하여 궁방전이 새롭게 창출되는 임진왜란 이후에 해당하므로, 궁방에 대한 정의는 '조선 후기의 궁방'에 대한 것이어야 할 것이다.[9] 조선 후기의 궁방을 유의미하게 정의하기 위해서는 궁방

---

7   민간에서는 궁가를 '궁집'이라 칭했다(주남철 2003; 문화재청 2006).
8   '궁방'이라는 용어 자체만으로 판단하자면, 수진궁, 명례궁 등의 '○○宮'과 양녕대군방, 화협옹주방 등의 '○○房'을 통칭하는 것에 불과하다. 실례로 궁방이라는 용어가 실록(實錄)에서 최초로 등장하는 것은 15세기 초이다(『태종실록(太宗實錄)』, 태종 3년(1403) 11월 18일).
9   조선 후기에는 궁방을 줄여서 '궁'이라 하기도 하고, '궁가' 또는 '궁호'라고도 하며 여러 표현을 혼용하고 있었다. 내수사와 궁방을 함께 지칭할 때에는 대개 '궁사(宮司)'

의 재정운영에 있어서의 역할에 주목해야 하며, 결국 궁방의 기능에 초점을 맞추어 개념을 재정립해야 한다. 다시 말해, '조선 후기'라는 시대적 범주와 더불어 '조달기관'이라는 기능적 범주까지 설정한 후에야 비로소 궁방에 대한 실체적 정의가 가능해질 것이다. 기존의 논의에서 궁방의 개념 정의가 일률적이지 않은 것은 궁방의 범주를 명확히 설정하지 않았기 때문이다. 따라서 일차적으로 조선 후기에 이른바 궁방이라 지칭된 것들을 모두 종합하여 이를 기능적으로 분류할 필요가 있다.

2) 궁방의 분류

궁방의 기본 업무가 왕실의 생활 자료를 공급하는 것임은 모든 궁방에 있어서 공통적이지만, 각 궁방이 모두 동일한 성질을 가지고 있었던 것은 아니며, 정도의 차이를 넘어선 기능의 차별화가 이루어져 있었다. 따라서 적절한 기준을 적용하여 궁방을 분류함으로써 궁방의 성격과 기능을 보다 구체화할 필요가 있다.

다시 와다 이치로의 견해로 돌아가 보면, 그는 조선의 '궁실'을 왕궁(및 그에 준하는 것), 제사궁(祭祀宮), 내탕의 3종으로 분류한 바 있는데(和田一郞 1920 : 501), 여기서의 제사궁과 내탕이 궁방에 해당한다. 앞에서 소개한 것처럼 이 제사궁과 내탕을 다시 "왕실의 일부인 궁실과 왕실로

또는 '사궁(司宮)'이라고 하였는데, 보다 구체적으로 궁방의 수까지 포함하여 '4궁1사'라고 하거나, 전술하였듯이 '1사7궁', '1사9궁' 등으로도 표현하였다. 그러던 것이 갑오개혁 이후 19세기 말에 이르러 '1사7궁'과 '궁방'을 거의 동의어로 쓰게 되었는데, 이는 내수사와 여타 궁방의 실질적 차이가 사라졌기 때문이다. 관련 해설로서 李賢珍(2009 : 97-99)을 참고하라.

부터 독립한 또는 왕실에 관계 깊은 궁가"라고 하면서, "전자는 (…중략…) 수진, 명례, 어의, 용동의 4궁"이고, "후자는 대군, 공주, 왕자, 옹주, 군주 등의 궁가"라고 하였다(和田一郎 1920 : 123; 小田省吾 1934 : 71). 즉 4궁은 왕실의 일부인 궁실이고, 기타 궁가는 왕실에서 독립하였거나 왕실에 관계 깊은 곳이라는 설명이다. 이렇게 와다 이치로는 궁방을 분류함에 있어서 ① 제사궁과 내탕, ② 왕실로부터의 독립 여부(또는 관련성)라는 중첩된 기준을 적용하였다. 하지만 두 가지의 기준 모두 일률적으로 판단하기 어려운 측면이 있다.[10]

이에 이 장에서 궁방의 분류를 새로이 하기 위해 설정한 기준은 크게 두 가지로서, 하나는 궁방의 존속기간이고, 다른 하나는 궁방의 기능이다. 존속기간에 의한 분류와 기능에 의한 분류도 중첩되는 부분이 있으며, 존속기간과 기능은 상호 연관되어 있기도 하다. 우선 존속기간에 따라 다음과 같이 분류할 수 있다. 첫째, 각 궁방의 설립 연대는 다를 지라도 1907년 폐지 시점까지 존속한 궁방이다. 1사7궁이 여기에 해당하는데, 이들 궁방은 일반적으로 18~19세기 또는 그 이전부터 존속해 왔기 때문에 '영구존속궁(永久存續宮)'이라고도 한다. 둘째, 1사7궁에 포함되지 않고 20세기까지 존속하지도 않았지만, 18~19세기부터 갑오개혁 시기까지 존속한 궁방이다. 이들은 대개 왕패(王牌)나 별사문적(別賜文蹟) 등을 보유한 곳들로서, 영구존속에 준하는 성격을 가진다. 셋째, 영구적으로 존속하지 않은 기타 모든 궁방이다. 이들 궁방은 신설과 폐지(置廢)의 과정을 거치면서 일정한 생애주기(life-cycle)를 경험한

---

10 예컨대, 왕실로부터의 독립 여부라는 기준에 대해서만 살펴보면, 후궁의 경우 4궁에 속하지도 대군·왕자·공주·옹주에 속하지도 않는다. 또한 대군·왕자·공주·옹주의 경우에도 생존하고 있을 때와 사후의 구별이 존재하므로 독립 여부라는 기준에 의해 일률적으로 파악될 수 없다.

다. 우선 해당 인물이 생존해 있을 때에 궁방이 신설되어 생활 자료의 충당을 담당하고[設宮], 그가 죽으면 제사를 지내는 곳으로 바뀌며[祭宮], 제사의 대수가 끝나면[代盡] 최소한의 규모로 축소 또는 폐지되거나[廢宮] 여타 궁방에 병합되는[合祀] 과정을 거친다(이 책의 제2장 참조).

위와 같은 존속기간에 의한 구분과 동시에, 궁방은 그 기능에 따라서 다시 다음과 같이 구분할 수 있다. 첫째, 왕실재정의 일부로 기능한 내탕으로서, 공물로 충당될 수 없는 왕실의 수요를 담당한 곳이다. 앞서의 영구존속궁 중에서 1사4궁이 여기에 해당한다. 둘째, 왕실 일족의 개인 또는 가계(家計)의 재정으로 기능한 궁방이다. 즉, 후궁, 대군, 공주 등 해당 인물의 생활 자료를 공급하는 기능을 한 곳으로서, 1사7궁 이외의 모든 궁방이 여기에 해당한다. 다만 이러한 기능은 해당 인물이 생존해 있을 때로 한정된다. 셋째, 제사궁으로 기능한 궁방이다. 사실상 모든 궁방은 제사궁이라고 할 수 있다. 우선 내탕의 기능을 한 1사4궁도 제수품의 조달을 담당하고 있었다. 내수사는 함흥 · 영흥의 두 본궁[兩本宮]에 대한 제수품 조달을, 수진궁은 대를 잇지 못한 후궁, 봉작을 받지 못하거나 결혼을 하지 못한 왕자녀 등을 합사하여 제향 업무를 담당하고 있었고, 마찬가지로 명례, 어의, 용동궁에서도 제수품 조달이 이루어졌다. 즉 1사4궁은 내탕의 기능을 수행하면서 왕실 의례에서 빠질 수 없었던 제사의 업무를 동시에 수행하고 있었던 것이다. 반면에 육상궁 · 경우궁 · 선희궁의 3궁은 오직 제사만을 위해 설립된, 말 그대로 제궁(祭宮)이다. 기타 모든 궁방들의 경우에는 해당 인물이 사망하였을 때에 제궁으로 그 기능이 변하게 된다. 대개는 생존 기간보다 제사를 지내는 기간[4代]이 더 길었기 때문에 제궁의 성격이 더 중요하였다. 즉 모든 궁방에 있어서 비중의 차이는 있으나 제사의 기능은 포함되어 있었던 것이다.

위와 같은 기준에 의해 조선 후기의 전체 궁방을 〈표 1-3〉과 같이 분류할 수 있다. 물론 여기서 '생애주기'(③)로 분류된 궁방이 '준영구'(②)나 '영구'(①)로 옮겨가는 경우도 있으나 대체로 19세기 초까지의 사정에 해당하며, 19세기 전체에 걸쳐서는 세 가지 범주가 고정·불변이었다.

이러한 분류 체계 속에서 왕실재정 본연의 기능은 오직 내탕의 기능을 수행한 1사4궁에 한정된다. 즉 왕실재정과 밀접한 관련을 가지고, 18~19세기의 한국경제사에 있어서 중요한 변수가 되는 것은 영구존속궁의 일부인 1사4궁인 것이다.[11] 그렇다면 1사4궁은 어떤 기능을 어떻게 분담하고 있었던 것일까?

〈표 1-3〉 조선 후기 궁방의 분류

		존속기간				
		영구 (①)		준영구 (②)	생애주기 (③)	
기능	내탕 (內帑)	1사4궁* (一司四宮)	제향3궁** (祭享三宮)	별사문적·왕패 보유† (別賜文蹟·王牌)	후궁·대군·왕자·공주 ·옹주·군주·현주(死後)	
	제궁 (祭宮)					
	가계 (家計)				후궁·대군·왕자·공주 ·옹주·군주·현주(生時)	

주 : * 내수사, 수진궁, 명례궁, 용동궁, 어의궁. ** 육상궁, 선희궁, 경우궁. † 화순옹주방, 화평옹주방, 화협옹주방, 화령옹주방, 화길옹주방이 대표적임(『순조실록(純祖實錄)』, 순조 23년(1823) 10월 14일).

---

11 물론 제향 기능을 담당한 3궁에 있어서도 '영구존속'화하는 과정에서 개입된 여러 조치를 통해 왕실정치상 유의미한 사실을 이끌어 낼 수 있을 것이다. 이러한 관점에서의 대표적 연구로는 심재우(2009; 2010; 2011), 李賢珍(2009) 등을 참고하라.

3) 1사4궁의 기능 분담

1사4궁이 공통적으로 내탕과 제향이라는 두 가지 기능을 모두 수행하고 있었음은 앞서 소개한 바와 같다. 여기서는 내탕 기능을 중심으로 하여 1사4궁의 소관 전·궁(所管殿宮)이 어떻게 구성되어 있었는지를 살펴보도록 하자. 앞에서 〈표 1-1〉과 〈표 1-2〉를 통해 4궁이 모두 "황후 소용의 내탕"으로 인식되고 있음을 확인한 바 있다. 내수사가 대전(大殿)의 내탕이었음에는 의심의 여지가 없지만,[12] 4궁이 '왕후' 소용의 내탕으로 '이속'되었다면, 그 시점이 언제인지에 대해서는 알려진 바 없다.

사실상 조선 후기의 4궁은 특정 전·궁의 속궁(屬宮)으로서 고정·불변이었던 것이 아니라, 시기에 따라 소관 전·궁의 변동을 겪는 방식으로 윤회되고 있었다. 우선 17~18세기의 실록에서 찾을 수 있는 4궁의 소관 전·궁에 관한 내용을 발췌한 〈표 1-4〉를 살펴보자. 4궁이 각각 대왕대비전, 왕대비전, 중궁전, 동궁 등 여러 전·궁의 내탕 역할을 번갈아 수행하고 있었음이 확인된다. 예컨대, 가장 자료가 충실한 명례궁의 사례를 살펴보면, "자전(慈殿) → 중전(中殿) → 대비전(大妃殿) → 대왕대비전(大王大妃殿) → 두 자전[兩慈殿] → 동궁(東宮)"으로 시기에 따라 수시로 소관 전·궁이 변동되는 양상이 확연히 드러나고 있다.[13]

---

12 『현종개수실록(顯宗改修實錄)』, 4년(1663) 9월 5일.
13 명례궁이 동궁 소관이었던 시기는 정조(正祖)가 세손으로 책봉된 후 즉위하기 전까지이다.

〈표 1-4〉 4궁(수진 · 명례 · 용동 · 어의궁)의 소관 전궁(17~18세기)

자료	수진궁	명례궁	용동궁	어의궁
①		慈殿所屬		
②	慈殿所屬			
③		慈殿所屬		
④	大王大妃	中殿		王大妃
⑤		自前爲大妃殿私財		
⑥		大王大妃殿所屬		
⑦	兩殿(兩慈聖)所屬		中宮所屬	
⑧	兩慈殿供上			
⑨			禁中私帑	
⑩	無後大君王子公主後宮奉祭之所			
⑪	兩東朝所管			
⑫		東朝		
⑬		屬於東宮		
⑭		東宮別帑		
⑮		冊封後劃明禮宮爲屬宮		
⑯			慈宮補用錢	

출처 : ① 『인조실록(仁祖實錄)』, 인조 2년(1624) 7월 30일. ② 『인조실록』, 인조 5년(1627) 7월 4일. ③ 『인조실록』, 인조 7년(1629) 11월 18일. ④ 『현종개수실록』, 현종 4년(1663) 9월 5일. ⑤ 『숙종실록(肅宗實錄)』, 숙종 1년(1675) 9월 18일. ⑥ 『숙종실록』, 숙종 7년(1681) 1월 3일. ⑦ 『숙종실록』, 숙종 9년(1683) 1월 21일. ⑧ 『숙종실록』, 숙종 9년(1683) 7월 25일. ⑨ 『숙종실록』, 숙종 10년(1684) 3월 17일. ⑩ 『경종실록(景宗實錄)』, 경종 1년(1721) 2월 21일. ⑪ 『영조실록(英祖實錄)』, 영조 5년(1729) 1월 9일. ⑫ 『영조실록』, 영조 9년(1733) 2월 20일. ⑬ 『정조실록(正祖實錄)』, 부록, 행장. ⑭ 『정조실록』, 부록속편, 천릉지문; 『순조실록』, 순조 21년(1821) 8월 7일, 천릉지문(효의왕후). ⑮ 『정조실록』, 정조 1년(1777) 3월 2일. ⑯ 『정조실록』, 정조 3년(1779) 10월 25일.

4궁의 소관 전 · 궁이 변동하는 양상은 19세기에 들어서도 마찬가지였다. 19세기의 실록에서는 4궁의 소관 전 · 궁이 거론된 기사를 찾을 수 없으나, 4궁의 회계장부에 보이는 최종 결재처의 변화를 통해 소관 전궁의 변동 상황을 짐작할 수 있다. 예컨대, 이전 시기와는 달리 1882 ~1906년간 『수진궁차하책[壽進宮上下冊]』(奎 19030)의 최종 결재가 달자인(達字印)에 의해 이루어지고 있었음은 이 시기에 세자궁(동궁)에 의한 회계 점검이 이루어지고 있었다는 것, 즉 수진궁이 세자궁의 속궁이었음을 뜻한다(이 책의 제3장 참조). 또한 갑오개혁을 전후로 한 자료인『결호화법세칙(結戶貨法稅則)』에 의하면, 수진궁은 빈궁, 명례궁은 왕비, 용동궁은 대왕대비, 어의궁은 왕대비의 속궁으로 조사된 바 있으며,『제실채무정리지현황(帝室債務整理之現況)』의 '각궁의 성질'(各宮 / 性質) 항목에서는 수진궁을 "황태자·황태자비의 내탕"이라 하였다. 따라서 4궁이 공통적으로 "황후소용의 내탕" 기능을 수행하였다면, 그 시기는 적어도 갑오개혁 이후이다.[14] 즉 기존의 인식과 같이 4궁을 모두 일률적으로 "황후소용의 내탕"으로 분류하는 것은 조선 후기에 대하여 일반적으로 적용될 수 없으며,[15] 이들 사이에는 소관 전·궁의 윤회라는 방식의 기능 분담이 이루어져 있었던 것이다.[16]

---

14 또한 "황후소용의 내탕"이라고 하더라도 반드시 중궁전에만 물자를 조달했던 것은 아니다.『각처상민등청원서(各處商民等請願書)』에서 "명례궁[本宮]은 어공 진배(御供進排)와 경효전(景孝殿) 향수(享需)를 자래(自來) 전담(專擔) 거행의(擧行矣)러니"라 하였는데, 이는 명례궁이 왕비 사후에 경효전의 향수를 조달하는 업무를 수행함과 동시에 어공의 진배까지 담당하고 있었음을 의미한다.
15 참고로 金用淑(1997 : 92-93)에서는 영조대(英祖代)와 고종대(高宗代)의 용동궁이 세자빈의 내탕임을 밝히고 있다.
16 이상의 논의에서 '황후'가 왕비만을 지칭하는 것은 아니다. 예컨대, 식민지기 기록에 따르면, 용동궁은 신정황후 조씨의 궁, 명례궁은 명성황후 민씨의 궁, 수진궁은 순명황후 민씨의 궁, 어의궁은 명헌태후 홍씨의 궁이라고 설명되고 있다(조영준 2010a : 112-113).

4. 1사4궁의 소재지와 내부 공간

1) 1사4궁의 소재지

1사4궁이 모두 내탕으로서 소관 전·궁에 대한 물자 공급의 업무를 수행하였다면, 도성 내의 어느 위치에 자리 잡고 어떤 내부 공간을 갖추고 있었을까? 18세기 후반부터 20세기 초에 이르는 시기에 있어서 1사4궁의 소재는 여러 기술 사료와 고지도를 통해 확인할 수 있다.[17] 우선 기술 사료에 나타난 1사4궁의 위치 정보를 정리하면 〈표 1-5〉와 같

〈표 1-5〉 1사4궁의 소재지

기관명	18~19세기*	20세기 초**	옛터(舊址)의 현 위치
내수사	서부 인달방 (西部仁達坊)		종로구 내수동
수진궁	중부 수진방 (中部壽進坊)	중부 수진방 (中部壽進坊)	종로구 수송동
명례궁[慶運宮]	서부 황화방 (西部皇華坊)	서부 황화방 (西部皇華坊)	중구 정동(덕수궁 내)
용동궁	서부 황화방 (西部皇華坊)	서부 황화방→중부 수진방 (當初西部皇華坊, 今中部壽進坊)	종로구 수송동
어의궁[上於義宮]	중부 경행방 (中部慶幸坊)	중부 경행방→서부 인달방 (初中部慶幸坊, 後西部仁達坊)	종로구 사직동

출처: * 『궁궐지(宮闕志)』 5, 「도성지(都城志)」; 『동국여지비고』 1, 경도(京都); 『한경지략(漢京識略)』 1, 묘전궁(廟殿宮); 『증보문헌비고』 38, 「여지고(輿地考)」 26; 『증보문헌비고』 61, 「예고(禮考)」 8; 『대동지지(大東地志)』. ** 朝鮮總督府 臨時財産整理局(1911 : 21-23).

---

17 18세기 중엽 이전의 1사4궁의 위치에 대해서는 확인하기 힘든데, 특히 명례궁과 같이 위치가 옮겨진 경우에 대해서는 더욱 파악하기 어려운 면이 있다(金用淑 1997 : 80-86).

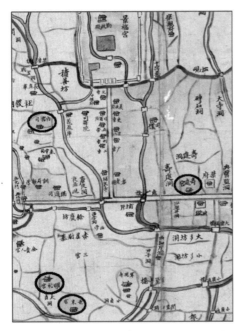

다.[18] 18~20세기에 걸쳐 내수사, 수진궁, 명례궁의 위치는 변동이 없었지만, 용동궁, 어의궁의 위치는 20세기 초에 이동되었음이 확인된다.

기술 사료가 전하는 1사4궁의 위치를 보다 구체적으로 확인하는 것은 고지도의 활용을 통해 가능하다. 18세기 중엽 이후 20세기 초에 이르기까지 1사4궁의 위치를 수록하고 있는 지도는 상당히 많은 편이다(李燦·楊普景 1995; 許英桓 1994). 그중에서 가장 대표적인 것으로서 18세기 중엽의 지도인

〈그림 1-1〉 내수사·수진궁·명례궁·용동궁의 소재지
출처 : 『여지도(輿地圖)』, 「도성도(都城圖)」

규장각 소장의 『여지도(輿地圖)』를 부분적으로 제시하면 〈그림 1-1〉과 같다. 타원으로 표시한, 내수사, 수진궁, 명례궁, 용동궁의 위치가 한눈에 확인되며,[19] 각 위치는 〈표 1-5〉의 정보보다 구체적이다. 내수사, 명례궁, 수진궁의 경우, 19세기 초엽의 지도에서도 위치에 변함이 없었

---

18 이와 같이 기술 사료만 가지고 각 궁방의 소재를 판단하는 데에는 두 가지 한계가 있다. 첫째, 당시 한성부의 행정구역 편제는 부방제(部坊制)로서 부(部)–방(坊)–계(契)–동(洞)–통(統)–호(戶)의 단계로 이루어져 있었는데, 방(坊) 수준까지의 정보만 알려주고 있고, 방 이하의 단위인 계(契)나 동(洞)의 구체적인 위치는 제공하지 않는다. 둘째, 18~20세기의 정보에 한하고 있어 18세기 이전에 대한 정보를 얻을 수 없다.

19 어의궁의 위치는 확인되지 않는다. 작성연대가 1753~1759년간으로 추정되는(이상태 2004 : 72), 서울역사박물관 소장의 『도성대지도(都城大地圖)』에서는 내수사, 수진궁, 명례궁의 위치만이 확인된다.

다.[20] 20세기 초의 상황은 『한성부지도(漢城府地圖)』에서 엿볼 수 있는데,[21] 명례궁은 경운궁으로 바뀌어 있고, 수진궁은 보이지 않는다. 다만 내수사의 위치가 "內需寺니슈스"로 표기되어 여전히 확인되고 있다.[22]

이처럼 1사4궁이 도성 내의 요지에 위치해 있었기에, 각 전·궁에 물품을 조달하는 업무를 원활히 수행할 수 있었을 것이다. 물론 국초부터 설치·운영된 내수사를 제외하면, 4궁은 대군·왕자방 또는 국왕의 잠저(潛邸)로 기능하던 곳이 추후에 왕실의 재정을 담당하는 곳으로 변모하였다는 점에서, 애초부터 재정 기능을 염두에 두고 입지(立地)를 선정한 것은 아니다. 하지만 주요 물품의 구입처에 해당하는 시전이 밀집해 있던 종로와의 인접성으로 인해 각종 거래비용(transaction cost)을 절감하는 데 일조하였을 것이다.

2) 1사4궁의 내부 공간

해당 위치에 소재하였던 1사4궁의 규모와 건물 구성, 즉 내부 공간은 어떠하였을까? 우선 규모에 대해 고찰해 보자. 1사4궁의 건물이 현

---

20 내수사, 명례궁, 수진궁의 위치를 수록한, 19세기 초엽의 지도 중 대표적인 것으로 국립중앙도서관 소장의 『수선전도(首善全圖)』가 있다. 작성연대는 1825년(순조 25년) 경으로 추정되는데, 용동궁이나 어의궁은 표시되어 있지 않다.

21 『한성부지도』의 작성연대는 1901년경으로 추정되고 있다(李燦·楊普景 1995 : 149; 리진호 1999 : 356-359).

22 물론 고지도를 통한 소재 확인은 해당 지도들이 근대적 실측도가 아니라는 점에서 위치를 세밀하게 추정하는데 한계가 있다. 이를 보완하는 데에는 20세기의 조사 기록이 유용하다. 예컨대, 京城府(1934 : 75)에 의하면, 수진궁의 위치는 "중부(中部) 수송방(壽松坊) 현(現) 수송동(壽松洞) 53번지(五三番地) 종로공립소학교부지(鍾路公立小學校敷地) 동북방(東北方)의 일부(一部)"였다.

존하는 사례가 없어서 기존 연구에서는 터[址]를 기준으로 규모를 짐작하는데 그쳤으나(金用淑 1997 : 102), 보다 구체적인 정보를 확보할 수 있는 자료로서 수진궁과 용동궁의 건물 및 부속토지의 규모를 수록하고 있는 「수진궁급용동궁건물부속토지조사보고(壽進宮及龍洞宮建物附屬土地調査報告)」를 참고할 수 있다.[23]

수진궁 폐지 후의 건물 및 부속 토지는 흥사단(興士團)에 대여되었는데, 건물의 총 칸수[間數]는 210칸으로 본청(本廳) 15칸, 부속사(附屬舍) 156칸, 고사(庫舍) 39칸으로 구성되어 있었고, 공지(空地)와 택지를 포함한 전체 면적은 1,000평 내외였다.[24] 용동궁도 마찬가지로 폐지 후에 (경성)고아원에 대여되었는데, 건물의 총 칸수는 156칸으로 본청 10칸, 부속사 105칸, 고사 41칸으로 구성되어 있었고, 공지와 택지를 포함한 전체 면적은 1,500평 내외였다. 즉 약 1천 평 가량의 면적에 사무공간으로 10여 칸, 창고로 약 40칸, 거주 등 기타 용도로 100여 칸의 건물이 들어서 있었던 것이 4궁의 대체적 구조라고 볼 수 있겠다.

이 조사보고에는 500분의 1 축척의 수진궁 실측도면이 함께 수록되어 있으며, 그대로 옮겨 그려 보면 〈그림 1-2〉와 같다.[25] 여기서 따로 표시하지는 않았지만 원자료에는 대문(大門), 중문(中門), 협문(夾門), 이문(裏門) 등의 문, 창고(倉庫), 누상고(樓上庫), 누하고(樓下庫) 등의 곳간, 기타 대청(大廳), 실방(室房), 판옥(板屋), 변소(便所), 빈칸(空間) 등이 표기되

---

23 1910년 2월 19일에 작성되었으며, 『가사에 관한 조복 문서(家舍에 關혼 照覆文書)』에 합철되어 있다.
24 제안대군이 살던 16세기 초의 수진궁 규모는 다른 왕자녀의 궁가보다 컸다(『중종실록(中宗實錄)』, 중종 24년(1529) 5월 20일). 하지만 이후에 건물을 신축한 것으로 보인다(『중종실록』, 중종 39년(1544) 4월 3일). 왕자녀의 궁가에 대한 최근 논의로서 조영준(2013e)을 참조하라.
25 이 그림은 전봉희 · 이규철(2006 : 241)에서도 소개된 바 있다.

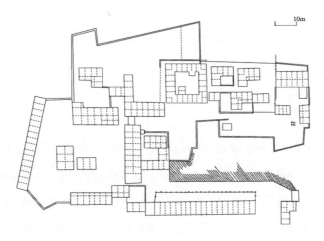

〈그림 1-2〉 수진궁 실측도
출처 : 『가사에 관한 조복 문서』, 「수진궁급용동궁건물부속토지조사보고」.

어 있다. 하지만 아무런 표기도 되어 있지 않은 곳이 수십 칸에 이르므로, 각 건물의 용도를 모두 복원하기는 어렵다.

1사4궁의 내부 공간이 어떤 건물들로 구성되어 있었는지를 직접적으로 확인할 수 있는 자료는 찾을 수 없지만, 대체로 궁궐과 사가(私家=士大夫家)의 중간 정도의 성격을 가지면서, 동시에 아문(衙門)과 비슷한 성격도 가지고 있었을 것으로 추정할 수 있다. 수진궁의 사례를 통해 실마리를 찾아보도록 하자.

수진궁의 지출 내역을 기록한 회계장부인 『수진궁차하책』에는 수진궁에서 소비한 온돌목(溫堗木), 취반목(炊飯木), 등유(燈油), 창호(窓戶), 집물(什物), 탄(炭), 장목(長木) 등의 내역이 기록되어 있다. 수진궁은 "서제소 노자 상직방(書題所奴子上直房)"에 매달 온돌목 용도의 땔나무(柴木)를, 또 조명용의 등유를 지출하였다. 그리고 서제소(書題所)에 연 1회 노탄가(爐炭價) 용도의 벼(租) 5섬(石)을 공급하였다. 이와 같은 기록은 수진궁 내에 서제소가 있었고, 거기에 노자(奴子)들이 당직 또는 숙직을 하는 곳[上直房]이 있었음을 뜻한다. 그렇다면 서제소란 어떤 곳이었을까?

16세기의 기록에서 왕자녀의 집에 대개 있었다고 하는 장무소(掌務所)[26]나 17세기의 「인평대군방전도(麟坪大君坊全圖)」에서 보이는 서계소(書計所)가 서제소의 원형이었을 것으로 추정된다. 18세기의 기록을 보면, 서제소는 잡물을 받자[捧上]하는 업무를 맡은 곳이라 하였으며,[27] 명례궁에 부속되어 있었던, 인조(仁祖)가 즉위한 즉조당(卽阼堂)도 다름 아닌 서제소였다.[28] 서제소는 각궁에 있었으며,[29] 물자의 출납을 관리, 감독하고, 각종 장부의 작성을 하며, 제관(祭官)이나 노자들이 돌아가며 상직(上直)한 곳이다. 서제소 내에 받자빗[捧上色]이라는 부서가 있었던 것으로 보아,[30] 받자[捧上], 차하[上下] 등의 회계업무를 담당하였음을 알 수 있다.[31] 즉 4궁이 내탕 기능을 수행하는 데 핵심적인 기능을 한 곳이 바로 이 서제소로서, 소차지 이하 장무(掌務), 즉 소임(所任)의 사무공간이었다.

수진궁이 내탕으로서의 업무를 수행하는 데 있어서 반드시 필요한 내부 공간 중의 또 하나는 창고이다. 『수진궁차하책』에서는 궁의 창고를 '궁고사(宮庫舍)'라 적고 있는데, 〈그림 1-2〉의 창고, 누상고, 누하고 등과 동일한 것으로 추정된다. 왕실 소용의 물자는 그 종류와 수량이 상당히 많았기 때문에 이를 관리하는 데에는 다수의 창고와 관리 인력

---

26 『중종실록』, 중종33년(1538) 7월 29일.

27 『승정원일기(承政院日記)』, 1729년 11월 27일, "大抵書題所例有雜物捧上之事."

28 『승정원일기』, 1769년 11월 2일, "癸亥卽位之處卽是明禮宮書題所."

29 『수진궁등록(壽進宮謄錄)』 현(玄), 1824년(甲申) 5월 일, "各宮書題所 前私通."

30 『수진궁등록』 주(宙), 1854년(甲寅) 7월 일, 「점감(粘甘)」, "壽進宮書題所 捧上色書吏."

31 또한 『경우궁에 공급한 물품대금 청구의 건(景祐宮二供給セシ物代金請求ノ件)』에서, 소차지(小次知) 명의로 발행한 채주(債主)에 대한 표지(票紙)의 증빙도 '경우궁(景祐宮) 서제소(書題所)'의 인장을 통해 이루어졌음이 확인된다.

이 필요했다. 수진궁의 노자들 중에서 우두머리 격에 해당하는 고지기[庫直]가 고사의 관리를 책임지고 있었던 것으로 보인다.

내탕과 더불어 수진궁의 주요 업무 중의 하나는 앞에서 설명한 바와 같이 제향이었다. 따라서 수진궁 내에는 사당[廟]이 있었는데, 18세기 말에 5묘였고,[32] 이후 사판(祠版)이 추가되어 19세기 중엽에는 8묘에 이르렀다.[33] 사당의 규모는 정확히 알 수 없으나, 개와(改瓦)에 들어간 기왓장의 수가 부방초와(夫芳草瓦) 150장(張), 여방초와(女芳草瓦) 150장, 용두와(龍頭瓦) 2개(箇), 중와(中瓦) 3우리(訥), 상와(常瓦) 2우리였던 것으로 미루어 대략적으로 짐작할 수는 있겠다.[34]

또한 수진궁은 '내인 도청(內人都廳)'에 매달 "밥 짓는 나무[炊飯木]" 용도의 땔나무를 공급하고 있었다. 19세기 초의 수진궁에는 내인 10명이 소속되어 있었는데, 이들은 대내인[大內人=上內人] 1명과 내인 9명으로 구성되어 있었다.[35] 이들이 업무를 처리한 공간인 도청(都廳)이 있었고, 그곳에서 취반(炊飯)이 이루어졌던 것이다. 또한 내인 1인당 매월 3~4동(同)의 땔나무를 온돌목으로 지급하였는데, 이는 이들의 처소가 수진궁 내에 있었음을 보여준다. 즉 내인의 거처와 도청도 수진궁의 일부를 구성하고 있었다.[36]

---

32 『수진궁상제등록(壽進宮上祭謄錄)』;『정조실록』, 정조 22년(1798) 9월 7일.

33 『각사당각묘소제향신정식등록(各祠堂各墓所祭享新定式謄錄)』.

34 부방초와·여방초와는 대와계(大瓦契)에서, 용두와·중와·상와는 상와계(常瓦契)에서 진배(進排)하였다(『수진궁등록』 주, 1853년(癸丑) 8월 일).

35 '內人'은 일반적으로 '나인'으로 읽곤 하지만, 이 책에서는 '내인'으로 통일하여 표기한다. "內人'은 보통 '나인'으로 알고 있지만 궁중(宮中)에서는 '내인'과 같이 공용되며, 그들 자신들도 '내인' 쪽을 많이 쓰고 있다"(金用淑 1987 : 11)는 견해를 좇은 것이다.

36 『가사에 관한 조복 문서』에 합철되어 있는 「수진궁부속가사일좌잉차어송재항사(壽進宮附屬家舍一座仍借於宋在恒事)」에 따르면 수진궁 부속의 송재항 차주가(借住家)는 본시 내인의 치병소(治病所)였다. 그 위치에 대해서는 "전(前) 수진궁(壽進宮) 내인(內人) 치병소(治病所) 동(東) 중문외(中門外) 중서(中署) 전동(典洞) 제40통

5. 1사4궁의 조직과 인적 구성

1) 1사4궁의 조직

이상에서 1사4궁이 단순히 재정 운영을 위한 회계상의 단위가 아니라 특정 위치에서 일정한 공간을 확보하여 운영되고 있었음을 확인하였다. 기관의 운영이 구체적으로 어떻게 이루어졌는지를 파악하기 위해서는 조직의 구성과 인원의 출입상황에 대해 살펴볼 필요가 있다. 1사4궁의 조직 구성은 일찍이 金容燮(1964 : 575-576)이 소개한 바 있다. 그에 따르면 "내수사나 궁방의 구조는 내무(內務)·외무(外務)의 두 계통으로 형성되고 외무계통은 내무계통에 의해서 관장(管掌)"되었다.[37] 내무 계통은 "궁방의 예산·결산 및 궁방 상호간의 문제를 취급"하였는데, 내수사는 "전수(典需)·별좌(別坐)·부전수(副典需)·별제(別提)·전회(典會)·전곡(典穀)·전화(典貨)·서제(書題)"로, 궁방은 "당상(堂上)·차지(次知)·소차지·장무(掌務)·서원(書員)·중사(中使) 또는 중관(中官)"으로 구성되었으며, 이들에게는 내수사나 궁방에서 "직접 그 보수가 지급"되었다. 반면에 외무계통은 "장토(庄土)를 위시한 지방의 각종 이권을 관리"하였는데, "도장(導掌)이나 궁차(宮差)·감관(監官)·마름(舍音) 등이 배속"되어 있었고, 이들에 대한 보수는 "소작료를 궁방에 납부하기 전에 거기에서 공제하여 지급"

(第四十統) 6호(六戶)"라 하였다. 수진궁의 부속건물 중에 내인의 치병소가 있었음은 내인의 거처가 수진궁 내부에 위치하였다는 추정을 뒷받침한다.

37 내수사 및 궁방의 조직을 내무 계통과 외무 계통으로 나누는 것은 당대의 인식에 비추어 보더라도 타당하다. 예컨대, 『육상궁각년미하급내외궁속료미하건(毓祥宮各年未下及內外宮屬料未下件)』에서도 궁속을 '내외(內外)'로 구분하고 있다.

되었다.

외무계통에 대해서는 어느 정도 그 실체가 알려진 바 있으나(金容燮 1964; 襄英淳 1980; 양선아 2011), 내무계통에 대해서는 연구가 거의 전무(全無)하다. 따라서 내무 계통에 대한 기존 연구의 이해 수준도, 앞에서 소개한 와다 이치로의 보고서에서 "그 직원으로서는 내수사에 전수, 별좌, 부전수, 별제, 전회, 전곡, 전화를 두었고, 다른 각궁에는 대차지(大次知), 소차지, 장무, 숙궁(稤宮), 서원 등을 두었으며, 또 상궁[女官], 고지기, 노자 등을 배치하여 제사 및 수지의 사무를 담당하게 하였는데"(和田一郎 1920 : 124)라는 설명에서 크게 벗어나지 않는 것이다. 내수사에 대한 설명은 잠시 미루어 두고[38] 이 절에서는 4궁에 한정하여, 특히 수진궁을 중심으로 내무 계통의 인원 구성에 대해 검토해 보도록 하자.

수진궁의 내무 계통은 내수사의 경우와 달리 법전에 명시되어 있지는 않으나, 『수진궁등록』이나 『수진궁차하책』 등을 종합함으로써 〈표 1-6〉과 같이 직제의 복원을 시도할 수 있다. 내무 계통에는 ① 당상·상궁 이하 내인(堂上·尙宮以下內人), ② 소임(所任), ③ 노·비자(奴·婢子)의 3층 구조가 형성되어 있었으며, 마름[舍音]·산직(山直) 등이 외무 계통을 구성하고 있었다. 내무 계통 3층 구조상의 대표적 직책에 관해서만 간략히 해설하면 다음과 같다.

우선 최상단에 위치한 당상(堂上)에 대하여 살펴보자. 관찬 연대기나 궁방 관련 자료에서 당상, 차지, 중사(또는 중관) 등의 표현은 심심치 않게 등장하는데, 앞서 살펴본 김용섭의 소개에서는 이들 3자가 마치 별개의 직책인 것처럼 나열되어 있다. 하지만 이들은 사실상 모두 같은

---

[38] 내수사의 직제에 관해서는 이 책의 제5장에서 따로 소개한다.

〈표 1-6〉 수진궁의 직제

분류		직책	별칭 또는 실례
내무계통	당상(堂上)	차지(次知)	대차지(大次知)·대감(大監)·댁(宅)·당상댁(堂上宅)
	상궁 이하 내인 (尙宮以下內人)	상궁(尙宮)	제조상궁(提調尙宮)·제조(提調)·상궁(尙宮)
		내인(內人)	사당내인(祠堂內人)·궁내인(宮內人)
	소임(所任)	소차지(小次知)	영감(令監)
		장무(掌務)	수장무(首掌務)·장무(掌務)
		숙궁(稤宮)	
		서원(書員)	
	노·비자 (奴·婢子)	고지기 이하 노자 [庫直以下奴子]	고지기노자[庫直奴子]·대청지기노자[大廳直奴子]
			노자(奴子)
		비자(婢子)	
		본방노·비자 (本房奴·婢子)	사동본방노자(寺洞本房奴子)·안현본방노자(安峴本房奴子)·사동본방노자(社洞本房奴子)
			사동본방비자(寺洞本房婢子)
		기타(其他)	숙수노자(熟手奴子)·개장노자(盖匠奴子)·목수노자(木手奴子)·이장노자(泥匠奴子)·색장노자(色掌奴子)
	기타(其他)		청지기[廳直]·능라장(綾羅匠)·구아기[舊阿只]
외무계통	마름·산지기 [舍音·山直]	마름[舍音]	각 묘소 마름[各墓所舍音]·두모포마름[豆毛浦舍音]·양근 시장 마름[陽根柴場舍音]
		산지기[山直]	쇠곶이벌지기[鐵串坪直]·삼봉산 시장 산지기[三峰山柴場山直]·양근 시장 산지기[陽根柴場山直]

출처: 『수진궁등록』, 『수진궁차하책』, 『수진궁향미 책(壽進宮鄕味冊)』, 『향미발기(鄕味撥記)』.

직책에 해당한다. 즉 『수진궁등록』의 곳곳에서 '명례궁 당상(明禮宮堂上)', '수진궁 당상(壽進宮堂上)' 등으로 표현하고 있는 4궁의 당상은 내시 중에서 해궁(該宮)을 관할한 차지를 가리킨다.[39] 이는 수진궁 내부의 직제에서 공식적으로 당상관이 존재한 것이 아니라, 당상인 환관에 의해 각궁이 관할되고 있었음을 의미한다.[40] 때로는 차지를 일컬어 '대감(大

---

39 이에 '차지중관(次知中官)' 또는 '차지내관(次知內官)'이라고도 한다.
40 『현종개수실록』, 현종4년(1663) 9월 5일. 和田一郎(1920 : 124)에서도 "대차지는 반드시 환관으로서 이를 충당하도록 하였다"고 했다.

監)'이라고도 하였으며,[41] 『수진궁차하책』에 등장하는 "댁 침장차(宅沉醬次)", "댁 이하 소임 노자(宅以下所任奴子)" 등의 '댁[宅]'이라는 표현도 모두 당상댁[堂上宅]을 지칭하는 것이다.

다음은 상궁 이하 내인(尙宮以下內人)이다. 상궁은 당상처럼 수진궁 외부의 인물로서 수진궁을 관할하고 있었는데,[42] 소관 전·궁 소속의 인물들이라고 볼 수 있다. 내인은 일반적으로는 전·궁의 안소주방·밧소주방[內·外燒廚房], 생것방[生物房], 침방(針房), 수방(繡房) 등에 속한 궁녀들로 이해된다. 하지만 수진궁에서는 '사당 내인(祠堂內人)' 또는 '궁내인(宮內人)' 등으로 표현되고 있는 것으로 보아, 제향 업무 등 수진궁의 운영을 담당하고 있었다고 보아야 한다.[43]

소차지는 실무상의 최고 직책으로서, 차지를 '대감'이라 한 것처럼 '영감(令監)'이라 칭하기도 했다(『향미발기』). 소차지는 차지와 더불어 회계장부의 작성 및 결재에 초본(草本) 단계부터 관여하고 있었다(이 책의 제3장 참조). 『수진궁차하책』에서는 소차지부터 장무, 숙궁, 서원까지를 "소차지 이하 소임(小次知以下所任)"이라고 표현하고 있다.[44] 소임이 근무한 공간이 궁내의 서제소임은 앞에서 살펴본 바와 같으며, 이들 소임은 마치 지방관아의 아전(衙前)과도 같은 역할을 한 것으로 간주되고 있다(小田省吾 1934 : 76). 즉 궁의 운영에 관계된 일체의 사무를 관장하였는데, 재산의 관리, 장부의 작성 등을 포괄하는 업무를 수행하였다.[45]

---

41 『수진궁등록』 주, 1854년(甲寅) 11월 28일, 「감결(甘結)」, "以上大監."
42 '외부'의 인물이라는 근거로는 『수진궁차하책』의 삭료(朔料) 지급 내역에서 당상과 상궁이 보이지 않는다는 점을 들 수 있다.
43 金用淑(1987 : 11-12)의 표현에 따르면 "왕의 사친의 사당을 지키는 여인들"에 해당한다.
44 "소차지 이하 소임 25(小次知以下所任二十五)" 등으로 인원수까지 적기도 했다. 소차지와 장무 등을 소임이라 하였음은 『수진궁향미책』에서도 마찬가지이다.
45 숙궁과 서원도 사무 등 제반업무를 담당하였는데, 주로 제사에 관련된 업무를 수행

"소차지 이하는 내인[女官]의 일족인 액정[掖庭=員役] 중의 세력 있는 자 또는 그 자손이 독점"했다고 한 것으로 보아(朝鮮總督府 1918 : 130-131), 4궁의 소임은 대체로 상궁이나 내인과 혈연관계에 있는 자들로 구성되는 경우가 많았음을 알 수 있다. "액정 중의 세력 있는 자"라는 표현은 액정서(掖庭署)와 4궁 간에 인원 교체가 이루어지고 있었음을 시사하는데, 1818년에 장무 방성행(方聖行)이 액정서의 사알(司謁) 직책으로 옮겨 가는 실례도 확인된다.[46] 내인의 일족이 수진궁의 소임이었던 사례로는 20세기 초반의 장무 안필주(安弼柱)가 제조(提調) 안상궁의 남동생[男弟]이었음을 들 수 있다.[47] 또한 역시 1818년에 숙궁 김갑득(金甲得)이 유탈(有頉)하자 그를 대신하여 아들 김규성(金奎聲)을 서원으로 임명한 사례에서 볼 수 있듯이, 소임의 직책은 세습되기도 하였다.[48]

끝으로 노자와 비자는 수진궁의 입역노비(立役奴婢)에 해당하는 하예들이다. 궁방의 납공노비(納貢奴婢)인 내노비(內奴婢)가 폐지된 것은 1801년이지만(이 책의 제2장 참조), 입역노비의 노자·비자라는 호칭은 갑오개혁 때까지 유지되고 있었다. 노자와 비자가 각기 담당한 업무는 『수진궁차하책』의 곳곳에서 확인할 수 있다. 우선 앞에서 설명한 것처럼 고지기노자[庫直奴子]는 단순한 '창고지기'라기보다는 "고지기 이하 노자(庫直以下奴子)"라는 표현에서 알 수 있듯이 하예들의 우두머리격이라고 할

한 것으로 추정된다. 이는 수진궁에서 제사의 기능이 별도로 성립하는 '제향신정식(祭享新定式)'(『각사당각묘소제향신정식등록』)이 시행된 이후에 『수진궁차하책』에서 숙궁과 서원이라는 직책이 사라지는 것을 통해 알 수 있다(이의 책 제7장 참조).

46 『수진궁등록』지(地), 1818년(戊寅) 5월 일, "本宮掌務方聖行司謁移差代林淂圓掌務差下."

47 『수진궁미하금청구(壽進宮未下金請求)』, '수진궁에 인액의 향미를 나용한 총계의 분배표(壽進宮에 人額의 鄕味를 挪用한 摠計에 分排票)'. 『수진궁등록』에 보이는 1860~80년대의 소차지 안석주(安石柱)도 이들과 혈연관계에 있었던 자로 짐작된다.

48 『수진궁등록』지, 1818년(戊寅) 5월 일, "稤宮金甲得有頉代其子奎聲書員差下."

수 있으며, 또한 물자의 조달 업무인 무역(貿易)에도 종사하였다(이 책의 제4장부터 제7장까지 참조). 기타 다수의 노자들은 정해진 업무가 있었다기 보다는 좌견노자(佐牽奴子), 차래노자(借來奴子), 배행노자(陪行奴子), 부촉노자(扶囑奴子), 교군노자(轎軍奴子), 수직노자(守直奴子), 봉서노자(封書奴子), 겸이노자(役只奴子) 등의 표현이 등장하고 있는 것으로 보아 궁의 필요에 따라 단순한 업무를 번갈아 가며 수행한 것으로 보인다. 비자도 마찬가지로 일일이 열거할 수 없을 정도로 수식비자(首飾婢子), 용정비자(舂精婢子), 주모비자(酒母婢子), 향로비자(香爐婢子), 수라거행비자(水刺擧行婢子) 등 업무 명칭이 붙은 표현들이 확인된다.

2) 소임의 근속 기간과 연령 구성

명부(名簿)가 현존하지 않기 때문에 수진궁 궁속의 명단이나 변동에 관한 정보를 정확히 알기는 힘들지만, 『수진궁차하책』에 등장하는 출입 정보, 즉 '신차(新差)', '가출(加出)', '신사(身死)' 등의 표현을 통해 추적하거나, 『수진궁등록』의 임면 기록을 통해 짐작할 수는 있다.[49] 특정한 사유에 의해 공석이 발생하였을 때 새로운 인물로 대체하여 임명하였는데, 이를 테면 앞서 살펴 본 방성행이나 김갑득의 사례가 이에 해당한다. 또한 서원에서 장무로 승차(陞差)하는 경우에도 수본(手本)을 작성하였고,[50] 임명의 근거는 주로 전교에 의한 것[因傳敎]이었다. 소임이 조

---

[49] 또한 1850년대 이후부터는 『수진궁등록』의 일부 연도에 특정 의례의 집행 후에 상격(賞格)을 지급한 목록인 「수진궁별단(壽進宮別單)」이 수록되어 있는데, 여기에 각 직책의 인원에 대한 실명이 모두 수록되어 있어서 단기적인 인원 변동을 추적할 수 있다(이 책의 제7장 참조).

직 내에서 대류(對流)하는 관계에 있었음은, 원빈(元嬪) 묘소 표내(標內)의 소나무(松木) 3그루(株)를 작벌한 것에 대한 치죄(治罪)의 성격으로서 소차지 유성민(兪聖民)을 숙궁으로 강정(降定)하는 대신, 장무 조언기(趙彦基)를 소차지로 승차하고, 숙궁 서윤국(徐潤國)을 장무로 승차한 사례를 통해 알 수 있다.[51]

수진궁 소임의 근속기간과 연령구성에 관한 정보는 얻을 수 없지만, 명례궁에 대해서는 소임 이상의 연명부인 『좌목(座目)』이 현존한다. 여기에는 1843년부터 1895년 사이에 명례궁에서 당상, 소차지, 장무, 서원의 직책에 있었던 사람들의 직책, 성명, 도임일(到任日), 자(字), 생년, 본관이 수록되어 있다.[52]

우선 명례궁의 당상으로는 3명이 수록되어 있는데, 정지량(鄭之良)은 1873년 5월에,[53] 황수연(黃壽延)은 1880년 10월에, 홍택주(洪宅柱)는 1906년 윤4월에 도임하였다.[54] 정지량은 7년여, 황수연은 25년여 정도의 기간 동안 명례궁 당상으로 있었다. 당상의 연령에 관한 정보는 기재되어 있지 않다. 다음으로 소차지는 1833년생으로서 1870년에 도임한 최학규(崔鶴圭) 혼자서 1895년에 이르기까지 교체 없이 25년 동안 장기적으로 근속하였다.[55] 또 장무는 연인원 55명이 기재되어 있으나, 이들

---

50 『수진궁등록』 지, 1821년(辛巳) 2월 일, 「수진궁수본(壽進宮手本)」, "本宮書員文潤行陞差掌務."

51 『수진궁등록』 황(黃), 1832년(壬辰) 11월 17일, "元嬪墓所標內松木三株斫伐事 下敎 內小次知兪聖民降定稱宮掌務趙彦基小次知陞差稱宮徐潤國掌務陞差."

52 1879년 5월에 수정한 것으로 되어 있으나, 추후의 기록이 더해져서 실제로는 1895년까지의 정보를 담고 있다. 당상의 경우, 1906년의 도임자(到任者)까지 알 수 있다.

53 『제등록(祭謄錄)』에 의하면 정지량은 정2품 상선(尙膳)이었다.

54 정지량이 황수연으로, 황수연이 홍택주로 대체된 이유는 각각 '선(仙)'과 '출(出)'이었다.

55 『좌목』의 정보는 1895년까지로 한정되므로, 최학규가 그 후에도 일정 기간 동안 명례궁 소차지였다고 볼 수도 있으며, 그렇다면 최학규의 근속기간은 25년 이상이 된다. 하지만 『관보(官報)』(호외, 개국 504년(1895) 7월 26일)를 통해 갑오개혁 과정에

중에서 난외두주(欄外頭註)에 '선(仚)'으로 적혀 있는 사망자가 16명이고, '출(出)'로 적혀 있는 중도 탈락자가 18명이며, 나머지가 21명이다. '선'이 아닌 '출'의 숫자가 더 많다는 점은 궁방의 소임이 반드시 종신직은 아니었음을 뜻한다.[56] '선'이나 '출'에 대해서는 시기를 적지 않고 있으므로, 구체적인 탈락 시기에 관한 정보를 획득하기는 어렵고, 단지 수정일을 기준으로 한 1879년 5월의 현황과 최종 도임자의 정보를 제공하는 1895년의 현황을 알 수 있을 뿐이다. 『좌목』을 1879년과 1895년 각각에 대하여 재구성하여 정리하면 〈표 1-7〉, 〈표 1-8〉과 같다.

우선 두 시점의 인원수를 검토해 보면, 1879년은 당상 1명, 소차지 1명, 장무 38명, 1895년은 당상 1명, 소차지 1명, 장무 21명으로 구성되어 있다. 1879년에서 1895년까지 16년이 경과하는 동안 38명의 장무 중에서 6명만이 1895년까지 명례궁에 남아 있었고, 여기에 15명이 신입하여 인원의 순변동분은 17명의 감소로 나타난다. 1895년에 장무의 수가 감소하는 현상은 갑오개혁으로 인한 구조조정의 결과로 볼 수 있다.

소임의 생년과 도임 연도를 대조하여 도임시 연령, 근속기간, 기준연도 연령을 각각 계산해 보았다. 도임시 연령은 8세에서 55세까지 큰 편차를 보이고 있는데,[57] 1879년과 1895년에 대하여 공통적으로 평균연령은 25세였다. 근속기간은 박진풍(朴鎭豊)처럼 52년에 이르는 장기인 경우도 있으나, 평균적으로는 1879년 기준으로 10년, 1895년 기준으

서 최학규가 회계원 출납사장(주임관 3등)으로 승서(陞敍) 되었음을 감안하면, 그의 명례궁 소차지로서의 근속기간을 25년으로 확정할 수 있다.

56 도임자 중에는 '다시 온[重來]' 경우도 있다. 즉 '출'하였다가 다시 궁의 소임으로 복귀하기도 했던 것이다.

57 도임 연령이 8세, 11세 등으로 상당히 어린 경우가 발견되는데, 이를 '수습' 기간으로 해석할 수도 있다. 비슷한 사례로서, 시전 상인의 경우 24세 이전에 '아동(兒童)'으로서 도중(都中)에 가입하여 일정한 수습 기간을 거치게끔 되어 있었다(고동환 2002 : 69, 71).

〈표 1-7〉 명례궁 좌목 (1879년 현재)

직책	성명	도임 연도	생년	연령 (도임시)	근속기간 (년)	연령 (1879년)
당상	鄭之良	1873(癸酉)			6	
소차지	崔鶴圭	1870(庚午)	1833(癸巳)	37	9	46
장무	南壽喆	1864(甲子)*	1825(乙酉)	39	15	54
장무	朴鎭豊	1843(癸卯)	1830(庚寅)	13	36	49
장무	李根植	1851(辛亥)	1829(己丑)	22	28	50
장무	梁 植	1852(壬子)	1813(癸酉)	39	27	66
장무	千應銖	1860(庚申)	1831(辛卯)	29	19	48
장무	尹東善	1876(丙子)*	1833(癸巳)	43	3	46
장무	南俊喆	1860(庚申)	1844(甲辰)	16	19	35
장무	吳永烈	1861(辛酉)	1850(庚戌)	11	18	29
장무	姜在悳	1862(壬戌)	1839(己亥)	23	17	40
장무	朴喜大	1865(乙丑)	1848(戊申)	17	14	31
장무	金啓成	1865(乙丑)	1852(壬子)	13	14	27
장무	元洪錫	1867(丁卯)	1850(庚戌)	17	12	29
장무	李壽煥	1868(戊辰)	1853(癸丑)	15	11	26
장무	李德鉉	1869(己巳)	1854(甲寅)	15	10	25
장무	金鍾健	1870(庚午)	1857(丁巳)	13	9	22
장무	張元錫	1873(癸酉)	1865(乙丑)	8	6	14
장무	張準奎	1874(甲戌)	1835(乙未)	39	5	44
장무	安基鎬	1875(乙亥)	1843(癸卯)	32	4	36
장무	朴壽永	1875(乙亥)	1857(丁卯)	18	4	22
장무	文世元	1876(丙子)	1821(辛巳)	55	3	58
장무	尹昌訥	1877(丁丑)	1855(乙卯)	22	2	24
장무	朱熙敬	1878(戊寅)	1858(戊午)	20	1	21
장무	李重億	1878(戊寅)	1856(丙辰)	22	1	23
장무	朴禛永	1878(戊寅)	1859(己未)	19	1	20
장무	南奎喆	1878(戊寅)	1856(丙辰)	22	1	23
장무	安錫胤	1878(戊寅)	1850(庚戌)	28	1	29
장무	尹在協	1879(己卯)	1834(甲午)	45	0	45
장무	金在淵	1879(己卯)	1843(癸卯)	36	0	36
평균				25.1	10.0	35.1

주: 근속년수와 연령은 인용자의 계산에 의함. 평균 계산에서 당상은 제외하였음. * 중래(重來).
출처: 『좌목』.

〈표 1-8〉 명례궁 좌목(1895년 현재)

직책	성명	도임 연도	생년	연령 (도임시)	근속기간 (년)	연령 (1895년)
당상	黃壽延	1880(庚辰)			15	
소차지	崔鶴圭	1870(庚午)	1833(癸巳)	37	25	62
장무	朴鎭豊	1843(癸卯)	1830(庚寅)	13	52	65
장무	吳永烈	1861(辛酉)	1850(庚戌)	11	34	45
장무	李德鉉	1869(己巳)	1854(甲寅)	15	26	41
장무	張準奎	1874(甲戌)	1835(乙未)	39	21	60
장무	安錫胤	1878(戊寅)	1850(庚戌)	28	17	45
장무	尹在協	1879(己卯)	1834(甲午)	45	16	61
장무	安應柱	1879(己卯)	1861(辛酉)	18	16	34
장무	河肯一	1881(辛巳)	1852(壬子)	29	14	43
장무	白元圭	1881(辛巳)	1841(辛丑)	40	14	54
장무	金相鶴	1881(辛巳)	1866(丙寅)	15	14	29
장무	安奭煥	1885(乙酉)	1867(丁卯)	18	10	28
장무	金浩性	1885(乙酉)	1870(庚午)	15	10	25
장무	金甯基	1886(丙戌)	1856(丙辰)	30	9	39
장무	梁時赫	1888(戊子)	1866(丙寅)	22	7	29
장무	尹定熙	1888(戊子)	1852(壬子)	36	7	43
장무	安錫寅	1889(己丑)	1862(壬戌)	27	6	33
장무	金相允	1889(己丑)	1873(癸酉)	16	6	22
장무	郭潤用	1890(庚寅)	1856(丙辰)	34	5	39
장무	安商烈	1891(辛卯)	1880(庚辰)	11	4	15
장무	文在學	1894(甲午)	1857(丁巳)	37	1	38
장무	韓悳淳	1895(乙未)	1870(庚午)	25	0	25
평균				25.5	14.3	39.8

주 : 근속년수와 연령은 인용자의 계산에 의함. 평균 계산에서 당상은 제외하였음.
출처 : 『좌목』.

로 14년이므로, 대체로 10년 남짓 근속하였음을 알 수 있다. 기준 연도
의 평균 연령은 1879년과 1895년에 대해 각각 35세와 39세인 것으로 보
아, 대체로 30대 후반이었다. 즉 명례궁의 소차지와 장무는 평균적으
로 20대 중반에 도임하여 10여 년을 근무한 30대 후반의 인물들로 구성

되어 있었던 것이다. 이와 같은 연령, 근속기간 등 명례궁의 인원정보는 4궁의 궁속들에 대해 대체로 비슷하였을 것이다.

3) 궁속의 거주 상황

다음으로 궁속의 거주 상황에 대해 고찰해보자. 궁속의 거주지는 제실채무 정리과정에서 양산된 미하금(未下金) 청구서류에 기재된 청구인의 주소를 통해 일차적으로 확보된다. 청구인은 대체로 고지기인 경우가 많았는데, 이들은 궁 외부에 독자의 주거로서 자가(自家)를 확보하고 있었다. 내인이 궁내에 거주하면서 업무에 종사하였던 것과는 달리 소임, 고지기 등의 궁속은 자가에 거처하면서 궁에 출근하여 서제소에서 일하고 업무가 종료되면 퇴근하는 형식이었던 것이다.

예컨대, 수진궁 궁속의 거주상황은 『수진궁미하금청구』에서 확인된다. 1905년을 기준으로 한 것이지만 대체로 1880년대부터 1900년대에 이르기까지의 상황을 대변하고 있는 것으로 볼 수 있다. 제조상궁과 대·소차지를 비롯한 궁속 85명의 거주지 정보가 부(部)-동(洞)-통(統)-호(戶)의 형식으로 기록되어 있으며,[58] 이들을 소임 이상과 고지기 이하로 구분하여 부별(部別) 거주지 분포를 정리하면 〈표 1-9〉와 같다.

수진궁 궁속은 한성부 5부에 두루 분포하여 거주하고 있었는데, 그 중에서도 특히 수진궁이 소재한 지역인 중부에 집중하여 살고 있었다 (57.6%). 중부에의 집중도는 소임 이상보다 고지기 이하에서 더 높았다 (66.7%>39.3%). 특히 고지기 이하의 궁속은 중부에서도 수동(壽洞), 전동

---

58 방(坊)과 계(契)는 적지 않고 있다.

행정구역	소임 이상		고지기 이하		계	
	인원	비율	인원	비율	인원	비율
중부(中部)	11	39.3	38	66.7	49	57.6
서부(西部)	8	28.6	9	15.8	17	20.0
북부(北部)	4	14.3	8	14.0	12	14.1
남부(南部)	5	17.9	0	0	5	5.9
동부(東部)	0	0	2	3.5	2	2.4
계	28	100	57	100	85	100

출처 : 『수진궁미하금청구』, '수진궁에 인액의 향미를 나용한 분배표'. 전체 명단은 〈부표 1〉에 정리하였음.

(典洞), 익동(益洞)에 밀집하여 거주하였다.[59]

　수진궁 궁속의 거주상황은 1903년과 1906년의 호적에서도 확인된다.[60] 수진궁 궁속은 광무호적의 직업란에 '수진궁 장무(壽進宮掌務)', '수진궁 고지기[壽進宮庫直]', '수진궁 대청지기[壽進宮大廳直]', '수진궁 무역(壽進宮貿易)', '수진궁 입역(壽進宮入役)', '수진궁 역인(壽進宮役人)' 등의 형식으로 근무처와 직책을 적었다.[61] 장무, 고지기, 대청지기, 무역 등은 당해 직책을 그대로 기입한 것이어서 문제가 없으나, 입역이나 역인이라고만 적은 경우에는 해당 인물의 직책이 무엇인지에 대해 알기 어렵다. 하지만 『수진궁미하금청구』와 대조해 보면, 이들 전원이 고지기 이하의 직책에 있었던 자들임이 확인된다. 수진궁의 고지기나 무역노(貿易

59　수동 19명, 전동 8명, 익동 6명 등(〈부표 1〉 참조). 수동[壽進洞]이나 전동[典醫監洞]은 모두 수진궁의 인근으로서, 수진궁 및 그와 인접한 의금부[義禁府=禁府]를 둘러싸고 있는 지역이다(〈그림 1-1〉 참조).

60　교토대학[京都大學]에 소장(所藏)되어 있는 『한국호적성책(韓國戶籍成冊)』. 소위 광무호적(光武戶籍)이라고 하는데, 이전 시기의 호적과는 달리 직업란(職業欄)을 두고 있었다.

61　광무호적에서 궁속의 직업 기재는 다른 궁방에서도 마찬가지 양식이었다. 이를 테면, '내수사 전별제(前別提)', '명례궁 입역(明禮宮入役)', '용동궁 장무(龍洞宮掌務)', '어의궁 소임(於義宮所任)' 등이다. '전별제'와 같이 전직(前職)을 기록하기도 했으므로, 엄밀히 말하자면 직업이라기보다는 직역(職役)에 가깝다.

奴)가 호적의 직업란에 스스로 해당 궁의 궁속임을 명확히 하였다는 점은 이들이 자신의 직책을 전업적(專業的)으로 영위하고 있었음을 보여 준다.

궁속의 직책이 전업적이었다고 할지라도 거기에는 앞에서 살펴 본 세습적 성격에 더하여 지대 추구자(rent-seeker)로서의 성격이 중첩되어 있었던 것으로 보인다. 궁속으로서의 물자 조달 권리(또는 업무)를 획득 하거나 방매하는 것은 어느 정도 자유로웠으며, 마치 공인권(貢人權), 도 장권(導掌權) 또는 여객주인권(旅客主人權)과 같이 시중에서 유통되고 있 었기 때문이다. 예컨대, 19세기 말에 분원(分院)에 관계한 공인(貢人) 지 규식(池圭植)이 명례궁 고지기가 될 기회를 놓친 것을 한탄한 사례가 대 표적이다(서울特別市史編纂委員會 2005 : 201).[62]

1906년의 호적에서 자신의 직업을 수진궁 궁속으로 기재한 자들 중 대다수는 고지기 이하에 해당하는데,[63] 주로 수동이나 전동에 거주하 고 있었고, 대부분 전거지(前居地)도 '본동(本洞)'으로 기재한 것으로 보아 줄곧 수진궁 인근에 거주하고 있었음을 알 수 있다. 대체로 수진궁 궁 속 중 고지기 이하는 수진궁으로부터 반경 150m 이내에 밀집하여 거주 하였다.[64] 그중에서 일부는 〈그림 1-2〉에서 보이는 부속사인 행랑(行廊) 을 주거로 하고 있었던 것으로 볼 수 있으며,[65] 행정구역상 수진궁내계 (壽進宮內契)를 구성한 자들은 대체로 수진궁 궁속과 그들의 가족이었다.

---

62 궁방의 고지기처럼 획득의 대상으로서 유통된 권리의 집중화 또는 표준화에 대해서 는 일찍이 吳美一(1986 : 142-149)에서 확인되었으며, 조영준(2013c)에서 여객주인 권과 관련하여 새롭게 조명된 바 있다.

63 소임 이상 궁속의 성명을 광무호적에서 찾기 어려운 이유 중의 하나로서 현존하는 『한국호적성책』이 중부 등 특정 지역에 편중되어 있기 때문을 들 수 있다.

64 수진궁의 위치와 한성부의 행정구역을 함께 고려하여, 여러 고지도와 현대의 실측 지도 또는 위성사진을 비교해 보면 어렵지 않게 확인할 수 있는 사실이다.

65 이는 마치 지방 양반가의 주가(主家)를 둘러싸고 입역노비들의 협가(挾家)가 배치 한 것(李榮薰 1988 : 346-356)과 마찬가지의 형상이다.

조선 후기 서울의 행정구역은 잘 조직된 국역 체제로서의 성격을 강하게 띠고 있었는데(고동환 1998 : 67-78), 한말에 있어서도 여전히 그러한 성격이 일부 잔존하였음을 보여준다.[66]

6. 맺음말

궁방에 대한 현재까지의 인식은 궁방 그 자체에 대한 관심에서 도출된 것이 아니었다. 그 결과, 궁방에 대한 심층적 이해는 이루어지지 못하였으며, 식민지기 초기에 형성된 인식 수준에서 지평이 전혀 확장되지 못한 채로 한 세기가 경과하기에 이른 것이다. 그 동안은 궁방의 개념에 대한 정의, 궁방의 적절한 분류 등에 있어서도 혼선을 피할 수 없었다. 조선 후기의 사회변동을 농업, 상업, 재정의 상호 관련 속에서 입체적으로 바라보기 위해서는, 당대의 물류가 집결된 서울에서의 궁방의 존재 형태를 구체화할 필요가 있다. 이 장에서는 왕실의 재정 업무를 담당한 기관이라는 기능적 측면, 즉 본연의 업무에 초점을 맞추어 조선 후기의 궁방에 대한 새로운 해석을 시도하였으며, 주요 내용을 요약하면 다음과 같다.

궁방 중에서도 특히 내수사, 수진궁, 명례궁, 용동궁, 어의궁의 1사4

---

[66] 광무호적을 활용한 기존 연구에서 특정 지역에 상인[市民]이 밀집하여 거주하고, 특정 지역에 농민이 밀집하여 거주함을 밝힌 것과 같은 맥락에 있다(金泳謨 1982 : 145-150; 조성윤 1992 : 134-136; 조성윤 1998 : 209-215).

궁이 왕실의 재정을 전담한 내탕으로서 주목의 대상이 됨을 명확히 하였다. 이들 1사4궁은 각기 별개의 궐내(闕內) 전·궁에 대한 물자 조달 업무를 맡는 형식으로 기능을 분담하고 있었다. 내수사는 대전의 내탕이었지만, 나머지 4궁은 왕실 구성의 변화에 따라 소관 전·궁이 윤회되는 방식으로 운영되고 있었다. 즉, 종래와 같이 어느 궁은 어느 전의 속궁이라는 형식의 일률적 평가는 성립할 수 없으며, 1사4궁이 비록 각기 독립채산 방식으로 궁방전을 보유하고 재정 및 회계 업무를 행하였다고 하더라도, 이들 전체가 왕실의 내탕으로서 통합적으로 조정되는 대상이었던 것이다.

1사4궁은 도성 내의 요지에 위치하고 있었기에 왕실 내탕으로서의 업무를 원활히 수행할 수 있었다. 궁궐 및 시전과의 인접성을 기반으로 재정 운영에 따르는 거래비용의 절감에 일조하였다는 점에서 사가(私家)와 다름없이 서울 및 지방에 산재하였던 다수의 방(房)과의 차별성이 부각된다. 내부 공간도 주로 사무, 회계 및 저장이라는 재정관리 위주로 구성되어 있었는데, 이는 1사4궁이 추상적 회계단위가 아닌 실체로서 존재한 왕실재정의 운영주체였음을 보여준다.

조직에 있어서도 비록 법전에 명문화되지는 않았지만(내수사는 예외적임), 계층별로 업무가 분담되는 형식의 정연한 체제를 갖추고 있었다. 사궁(司宮)의 관리를 담당한 상부 계층은 대체로 내시와 상궁이었으며, 실무자인 소임은 상부 계층의 일족으로 구성되어 있었고 평균적으로 20대 중반에서 30대 후반의 인물들이었다. 잡역을 담당한 하부 계층은 노비와 유사한 형태로 존재하였다. 이들은 궁의 내부 또는 인접한 지역에 거주하면서 일종의 국역체제의 일부를 구성하고 있었다.

이상과 같이 이 장에서 공간 및 조직 구성을 통해 확인한 조선 후기 궁방의 실체는 내탕을 포함한 왕실재정의 운영을 살피는 데 있어서 기초적인 정보를 제공한다. 이 장의 분석 결과를 토대로 향후 다양한 연구 분야에서 사례 연구가 축적된다면[67] 개별 궁방의 운영 실태를 보다 구체적으로 구명할 수 있을 것이다.

---

67 이와 관련하여, 최근의 건축사 분야에서 활발하게 연구 성과를 생산하고 있는 정정남(2009; 2010; 2011)에 주목할 수 있다.

제2장 왕실 전답의 규모, 분포 및 변동과 재정수입

1. 머리말

왕실의 조달기관으로서 궁방의 재정수입은 ① 왕실로부터의 내하(內下), ② 재정 관서로부터의 이전(移轉), ③ 납공노비(納貢奴婢)로부터의 신공(身貢), ④ 궁방이 보유한 토지로부터의 수세(收稅) 등으로 구성된다.[1] 그중에서 내하나 이전은 정례적(定例的)이라기보다는 임시적(臨時的)인 성향이 강했던 반면에, 토지나 납공노비로부터의 수입은 상대적으로 항상적(恒常的)이었다. 따라서 전국에 산재한 수입원(收入源)으로서의 토지와 납공노비의 보유 상황은 궁방 재정수입의 안정성을 대변한다.

---

[1] 구체적인 내역은 각 궁방의 수입을 기록한 받자책[捧上冊]을 통해 확인된다. 받자책에 대해서는 이 책의 제3장을, 수입의 내역에 대해서는 이 책의 제7장을 참조하라.

하지만 궁방에 부속한 납공노비, 즉 내노비(內奴婢)에 대해서는 다음과 같은 두 가지 이유로 인해 추이의 분석이 곤란하다. 첫째, 각 궁방에 소속된 내노비의 인원수, 분포 및 시계열적 변동을 파악할 수 있는 자료가 풍부하지 않다.[2] 둘째, 갑오개혁에 의해 제도적으로 폐지되는 사노비(私奴婢)와는 달리 내·시노비(內·寺奴婢)는 그보다 빠른 1801년에 혁파되어,[3] 19세기에는 궁방에 신공을 정기적으로 납부하는 노비가 사라지게 된다. 결국 궁방의 수입원 중에서 장기적 추이의 분석이 가능하고 또 그 결과가 유의미한 것은 토지, 즉 궁방전(宮房田) 또는 궁장토(宮庄土)로 한정된다. 따라서, 이 장에서는 궁방전의 규모, 분포 및 변동 추이를 수량적(數量的)으로 분석하고, 그러한 분석의 결과가 궁방의 재정수입과 어떻게 연결될 수 있는지 살펴보고자 한다.

주지하듯이 궁방전은 출세결(出稅結)과 면세결(免稅結)로 구분되며, 면세결은 다시 유토면세(有土免稅=유토)와 무토면세(無土免稅=무토)로 나뉜다. 면세결은 수조권(收租權)이 궁방에 귀속된 것으로서, 정부는 그 전결수(田結數)의 현황에 대해 관심을 가지고 면밀히 조사하였다. 정부(戶曹)의 수조량과 궁방의 수조량이 경합(rivalry) 관계에 있었으므로, 면세결의 다과(多寡)에 의해 각각의 수조량이 결정되었기 때문이다. 반면에 출세결은 궁방의 소유이지만 일반 민전(民田)과 다름없이 국가의 수세 대상이었기 때문에 별도로 전국적인 조사를 실시하여 성책(成冊)하는 경우가 드물었다.

---

2 18세기 궁방의 내노비 소유 상황를 수록한 자료로는『팔도내노비을해절목중비총구수(八道內奴婢乙亥節目中比摠口數)』(1750년)와『내수사급각궁방전답총결여노비총구도안(內需司及各宮房田畓摠結與奴婢摠口都案)』(1787년) 정도가 있다.

3 내노비·시노비의 혁파에 관해서는『순조실록(純祖實錄)』(순조 1년(1801) 1월 28일)을 참조하라.

2. 자료

현재까지 확인된, 궁방별로 구분하여 지역별 전답 보유 규모와 분포를 수록하고 있는 자료들을 시대 순으로 정리하면 〈표 2-1〉과 같다. 궁방별 분포 상황은 수록되어 있지 않지만, 전체 궁방의 전결수를 알 수 있는 자료로는 『동국문헌비고(東國文獻備考)』(1770년)가 있으며, '팔도제전총수(八道諸田摠數)'에 의하면 제궁방전(諸宮房田)은 38,105결(結)이었다.[4] 이하에서는 각 자료의 특징을 간략히 소개하고, 기존 연구에서의 한계와 문제점을 일부 지적한 후,[5] 이 장에서의 자료 처리 및 가공 과정을 해설한다.

〈표 2-1〉 궁방별 · 지역별 전답 보유 규모와 분포를 수록하고 있는 자료

자료명	시기(연도)	비고
『탁지지(度支志)』	1778~1779	〈부표 2〉
『내수사급각궁방전답총결여노비총구도안』	1787	〈부표 3〉
『만기요람(萬機要覽)』	1807	〈부표 4〉
『탁지전부고(度支田賦考)』	1814 · 1824 · 1854 · 1874 · 1884	〈부표 5〉
『비변사등록(備邊司謄錄)』	1860	〈부표 6〉
『내국세출입표(內國歲出入表)』	1880	〈부표 7〉
『결호화법세칙(結戶貨法稅則)』	1895	〈부표 8〉
『국유지조사서초(國有地調查書抄)』	1907	〈부표 9〉

---

4 『동국문헌비고』 64, 「전부고(田賦考) 2」.
5 이 자료들 중의 일부를 활용하여 궁방전의 전체 규모나 분포 또는 추이에 대해 언급한 기존 연구로는 小田省吾(1934 : 73-74), 朴廣成(1970 : 22-24), 金泰永(1972 : 74), 金玉根(1973 : 35), 朴廣成(1974 : 4-6), 安秉珆(1975 : 60-62), 金玉根(1980 : 325-328), 朴準成(1984 : 263-265), 李榮薰(1988 : 186), 李政炯(1996 : 100-103, 115-116), 金載昊(1997b : 264) 등이 있다. 하지만 이들 연구 중에서 그 어느 것을 통해서도 18~19세기 궁방전의 규모, 분포 및 변동에 있어서의 장기적 추세는 밝혀지지 않았다.

『탁지지』는 1788년에 정조의 명(命)에 의해 간행된 것으로서, 외편(外篇) 권5(卷之五) 판적사(版籍司) 전제부3(田制部三)에 '제궁방면세총수(諸宮房免稅摠數)'가 기재되어 있다. 내수사(內需司)를 비롯하여 의빈방(宜嬪房)에 이르기까지 45개 궁방의 면세결총이 결(結), 부(負) 단위까지 적혀 있으며, 이를 '이상(已上)'으로 합계하고 있다. 유토와 무토의 구별은 없으며, 지역별 구별도 없다. 결총이 집계된 정확한 조사 시점이 언제인지는 알 수 없으나, 대략 1778~1779년간의 정조 초년의 상황을 보여주는 것으로 추정되고 있다(朴準成 1984 : 261). 궁방면세결총을 궁방별로 보여주는 최초의 자료이면서, 18세기의 궁방전 보유 상황을 대변한다는 점에서 의의가 있다.

『내수사급각궁방전답총결여노비총구도안』은 1787년 11월을 기준으로 내수사에서 간행한 것이다. 『탁지지』와는 달리 모든 궁방을 망라하고 있지는 않으며, 내수사를 비롯하여 총 22개 주요 궁방의 소유 토지가 기재되어 있다.[6] 각 궁방에 대해 유토, 무토의 면세결뿐만 아니라 출세결까지 구분하여 군현별로 나누어 기록되어 있다.[7] 개별 기록은 밭(田)과 논(畓)의 구별, 사위전답(寺位田畓), 화전(火田)은 물론 진기(陳起)의 구별까지 세세하게 이루어져 있다. 전답이 아닌 시장(柴場)이나 초평(草坪) 등도 수록되어 있어서, 궁방전에 관한 기록 중에서 가장 세부적인

---

6 내원(內苑)의 면적도 수록되어 있으나 궁방이 아니므로 전체 집계 분석에서는 제외하였다. 『내수사급각궁방전답총결여노비총구도안』이 전체 궁방을 대상으로 하지 않고 22개 궁방만을 수록하고 있는 이유에 대해서는 알려진 바가 없고, 도안의 작성 경과에 대한 기록도 확인되지 않는다. 다만 『일성록(日省錄)』(정조 11년(1787) 11월 12일)의 '노비안급면세초출책자(奴婢案及免稅抄出冊子)'가 『내수사급각궁방전답총결여노비총구도안』 또는 그 초본인 것으로 보인다.
7 『내수사급각궁방전답총결여노비총구도안』은 궁방별 출세결을 수록한 유일한 자료이다.

내용까지 알 수 있는 유용한 자료이다.

『내수사급각궁방전답총결여노비총구도안』을 분석에 활용하기 위해서는 자료의 성격을 면밀히 파악할 필요가 있다. 가장 쉽게 확인되는 특징은 전체 책자가 일관성을 가지고 작성되지 않았다는 점이다. 이는 내수사가 직접 각 궁방의 전답을 조사하여 작성한 것이 아니라, 각 궁방이 자체적으로 조사하여 보고한 내용을 단순히 수합하여 묶은 후 정서한 것이기 때문이다.[8] 작성에 일관성이 내재하고 있지 않기 때문에, 각 궁방의 기록 말미에 수록되어 있는 '도이상(都已上)'으로 정리된 내용만을 집계하여서는 전체 궁방전의 구성을 복원하는데 무리가 있다.[9] 왜냐하면 각 궁방별로 결총을 산출하는 과정에서 사위전답이나 화전 또는 축언답(築堰畓) 등을 유토면세나 출세전답에 포함시켜 '도이상'을 작성한 경우도 있고, 그렇게 하지 않고 따로 합계한 경우도 있기 때문이다.[10] 이러한 『도안』의 성격으로 인해 '도이상' 항목의 집계를 통

---

8 이러한 정황은 『내수사급각궁방전답총결여노비총구도안』의 곳곳에서 확인된다. 무엇보다도 궁방별로 용어가 통일되어 있지 않다. 몇 가지 예를 들자면, ① '출세결' 을 수록하면서 "출세전답질(出稅田畓秩)", "미면세질(未免稅秩)" 등으로 달리 표현한 경우, ② "초평(草坪)"을 "초장(草場)", "교초장(郊草場)" 등으로 달리 표현한 경우, ③ "충청도(忠淸道)", "홍충도(洪忠道)" 등으로 도명(道名)이 통일되어 있지 않은 경우 등이 있다.

9 朴準成(1984 : 266-268)은 『내수사급각궁방전답총결여노비총구도안』을 활용하여 궁방전의 총규모를 추정한 바 있다. 그러나 각 궁방별 전답 소유상황을 세밀하게 검토하지 않은 상태에서 '도이상' 항목만을 집계하여 분석함으로써 전체 궁방전의 정확한 분류와 집계에는 실패하였다. 이는 자료의 전반적인 성격 구명에 소홀했기 때문이다. 李政炯(1996 : 103)에 의해서 이러한 문제점의 일부가 보정된 바 있으나, 명시적으로 지적되지는 않았다.

10 몇 가지 예를 들면 다음과 같다. ① 의열궁(義烈宮)의 경우에는 화전을 '미면세(未免稅)'에 포함하여 도이상을 집계하였고, 용동궁(龍洞宮)의 경우에는 화전을 '유토면세'에 포함하여 도이상을 집계하였기 때문에, 이들 궁방에서는 도이상 항목에 화전이 보이지 않는다. ② 사위전답은 도이상 항목에서 대개 별도로 합계되고 있으나, 수진궁(壽進宮)의 경우에는 '유토면세질' 또는 '출세전답질'에 포함되어 있음이 확인된다.

한 전체 궁방전의 복원은 거의 무의미하다. 따라서 이 장에서는 화전, 사위전답 등을 각각 '유토면세질' 또는 '출세전답질'의 어느 곳에 포함시켜야 할 지 판별한 후에 결총을 집계하였다.[11]

『만기요람』은 1808년에 순조의 명에 의해 간행되었다. 재용편2(財用編二) 면세(免稅)에 '8도4도면세전답결수(八道四都免稅田畓結數)'가 속(束) 단위까지 적혀 있는데, 1807년의 궁방면세결총을 집계한 것이다. 내수사에서 잠성부부인방(岑城府夫人房)에 이르기까지 52개 궁방에 대하여 각 궁방별로 면세결총, 유토면세합계, 무토면세합계, 각도별 유토면세결수 및 무토면세결수를 기록하고 있다. 면세결총에 관한 한 가장 방대하고 자세한 기록이면서, 가장 널리 인용되고 있는 자료이다.

『탁지전부고』는 1796년부터 작성되기 시작한, 매 10년 단위의 기록으로서 어람용(御覽用) 외에도 비변사와 호조에 비치되어 재정 운영에 수시로 참고된 자료이다.[12] 현재 총 5종이 남아 있는데, 그중에서 4종

---

11 집계 과정에서의 한 가지 문제는 화전의 면적단위인 하루갈이[日耕]을 결부(結負)로 환산하는 방법이다. 朴準成(1984 : 267)은 『대전통편(大典通編)』의 "화전은 25일경을 1결로 한다(火田二十五日耕爲一結)"는 규정을 근거로 25일경을 1결로 환산하였다. 하지만 『내수사급각궁방전답총결여노비총구도안』은 스스로 내수사 화전 3,943.5일경을 237결 7부 7속으로 환산하여 도이상에 기재하고 있으므로, 이 환산식을 적용하는 편이 더 타당할 것이다. 예를 들어, 육상궁의 화전 3,613일경은 $3{,}613 \div \left(\frac{3{,}943.5}{237.077}\right) \approx 217.208$ 로 환산하여 약 217결로 추정할 수 있다. 내수사나 육상궁 모두 화전이 황해도(또는 평안도)에 있었다는 점을 감안하면 그다지 무리한 가정은 아닐 것이다. 朴準成(1984 : 267)은 육상궁의 화전 3,613일경을 약 145결로 환산함으로써 육상궁의 출세결수를 과소평가한 것이다.

12 『탁지전부고』가 작성되기 시작한 계기와 작성빈도에 대해서는 『승정원일기(承政院日記)』(정조 20년(1796) 9월 15일)를 참조하라. 10년마다 작성된 이유는 무토가 10년마다 분정(分定)되었기 때문으로 보인다. 엄밀히 말하면, 『탁지전부고』는 매년 작성되었으며, 도표(道表)만 10년마다 첨록(添錄)되었다. 이와 관련한 내용은 『만기요람』 재용편4 회계사(會計司)와 『대전회통(大典會通)』 호전(戶典) 회계(會計)를 참조하라. 호조에 비치된 『탁지전부고』가 재정운영의 참고자료로 활용되고 있었음은 『순조실록』(순조 2년(1802) 12월 15일)을 참조하라.

에 '부편(附編)'인 '면세도표(免稅道表)'가 수록되어 있다.[13] 각각 최초 작성되고 나서 10년 후에 가필·수정되고 있는데, 연대는 1814년과 1824년[奎 5740], 1844년과 1854년[奎 5173], 1864년과 1874년[奎 2940], 1874년과 1884년[奎 2939]으로 비정(比定)된다.[14] 이들 중 앞뒤 시기의 자료를 모두 복원할 수 있는 경우는 1종에 불과하고[奎 5740], 나머지에 대해서는 뒷시기의 내역만을 확인할 수 있으므로 총 5개 시점의 통계가 확보된다.

'면세도표'는 내수사를 시작으로 40~50여개 궁방을 순서대로 기재하고 있는데, 각 궁방의 전답을 지역별로 구분하고 군현별로 유토, 무토, 장외(帳外)를 구별하고 있다. 한 시점의 자료가 아니라 여러 시점에 걸쳐서 일관된 작성 방침에 의해 작성되었고, 궁방면세결총이 수록된 여타 자료들 간의 공백을 채울 수 있다는 측면에서, 또한 지역별 분포를 알 수 있다는 점에서 가치가 있는 자료이다.

『탁지전부고』의 내용 중에는 '부편'의 '면세도표' 외에도 궁방면세결총의 연도별 변동을 확인할 수 있는 자료로서 '전총(田摠)' 중의 '면세(免稅)'가 있는데, 1776~1883년간 매년 각 도별로 능원묘위(陵園墓位),[15] 각 궁방, 각아문, 각양잡위(各樣雜位)의 면세결총이 실려 있으며, 『조선전

---

13 4종 중에서 가장 늦은 시기의 것[奎 2939]이 『조선전제고(朝鮮田制考)』에 정리·수록되어 있으며(朝鮮總督府中樞院調査課 1940), 그간 여러 연구에서 이를 인용해왔다. 이 장에서는 『조선전제고』를 참고한 부분도 있으나, 대부분은 『탁지전부고』를 직접 정리하여 활용하였다.

14 각각의 연대 비정은 일단 기존 연구의 견해를 참고한 후, 수정하였다. 이를 테면, 韓榮國(1986 : 5)은 『탁지전부고』(奎 5740)의 '면세도표'에서 "每十年改修準乙亥租案"라고 한 것을 근거로 하여 수록된 정보가 1815년(乙亥)의 것이라고 보았지만, 이 장에서는 그 전년인 1814년(甲戌)으로 비정하였다. 이는 '면세도표'를 『조선전제고』가 수록하고 있는 '제반면세결수(諸般免稅結數)'의 해당 연도 '각궁방(各宮房)'의 합계와 비교한 결과이다. 『조선전제고』의 「부록(附錄)」에서도 『탁지전부고』(奎 2939)의 '면세도표'를 1884년의 것으로 보고 있다.

15 지역에 따라 능원위(陵園位), 능묘위(陵墓位), 묘릉묘위(廟陵墓位) 등으로도 표현된다.

제고』에서 '제반면세결수'로 정리된 바 있다. 각 궁방별 내역이나 유토·무토의 구성 등은 알 수 없으나, 궁방면세결총의 전체 규모의 변동 양상과 도별 분포 상황을 알 수 있다.

『비변사등록』의 자료는 1860년 3월 4일자에 수록된 소위 '각궁방면세결책자(各宮房免稅結冊子)'로서,[16] 수진궁 이하 광해군방까지 50개 궁방의 면세결총, 유토면세결수, 무토면세결수를 속(束) 단위까지 기재하고,『대전통편』의 기준결수(〈표 2-6〉 참조)와 비교하여 그 초과분까지 계산하고 있다. 내수사의 결수가 기재되어 있지 않고, 궁방전의 소재 지역에 대한 정보가 없는 것이 단점이다.

『내국세출입표』는 규장각 및 덴리대학(天理大學) 도서관에 소장되어 있는 필사본이다. 호조에서 1880~1883년간에 작성한 것으로 추정되며,[17] 상·하(上·下) 또는 乾·坤의 2책으로 구성되어 있다. 상책(上冊)의 말미에 수록된 '각도면세복호(各道免稅復戶)'에서 도별로 구분하여 면세결총을 유토, 무토, 사찰 등으로 나누어 기재하고 있으며, 하책(下冊)의 말미에는 궁방별로 구분하여 유토, 무토, 사찰 등으로 나누어 면세결총을 기재하고 있다. 궁방별로 지역별 전답 보유상황을 알 수 없다는 한계가 있다.

---

16 '각궁방면세결책자'의 작성 경과에 대해서는 『비변사등록』(철종 11년(1860) 3월 5일)을 참조하라.

17 덴리대본의 내용을 규장각본과 비교해 보면, 일부 오기(誤記)를 제외하고는 완전히 동일하다. 국립중앙도서관(http://www.nl.go.kr)에서는 덴리대본 하권(下卷)의 맨 마지막에 "함풍 임자년(1852) 초가을 부윤 신응순(咸豊壬子初秋 府尹 申應順)"이라고 기재된 것을 근거로 하여 연대를 1852년으로 추정하였으며, 安秉珆(1975 : 60-61)도 마찬가지였다. 하지만 서울大學校圖書館(1983b : 733)은 연대를 1880~1883년으로 보고 있는데, 이는 자료상의 곳곳에서 보이는 "이 책은 경진년(1880) 결총의 징세[此卷是庚辰摠收租]"라는 표현을 근거로 한 것이다. 후술하는 궁방전 규모의 변동 상황과 비교해 보더라도 연대를 1880년경으로 비정하는 편이 타당하다. 관련 연구로서 서영희(1991 : 129)가 있다.

『결호화법세칙』은 규장각 소장의 필사본으로서 그간 여러 연구에서 인용되어 왔지만, 그 작성연대와 작성기관에 관한 정보는 정확히 알려진 바 없었다(柳永博 1990 : 248). 하지만 1908년에 탁지부(度支部) 사세국(司稅局)에서 발간한 『재정통계(財政統計)』에 따르면(度支部司稅局 : 1908), 조사의 주체는 탁지부이며 조사 시점은 1895년이다.[18] 갑오개혁 전후의 상황을 정리한 자료로서,[19] '면세결수입표(免稅結收入表)'에는 면세결수의 총합과 세액이 기재되어 있고, 그 뒤에 '각궁방유토면세결(各宮房有土免稅結)'과 '각궁방무토면세절수결(各宮房無土免稅折受結)'이 각각 적혀 있다. 궁방별로 면세결총이 수록되어 있는데, 유토의 경우 내수사, 수진궁, 명례궁에 대해서는 사위전답을 '사찰(寺刹)'로 구분하여 따로 명기하고 있다.

『국유지조사서초』는 1914~1915년 무렵에 중추원에서 작성한 것으로 추정되며(金載昊 1997b : 258; 조영준 2013b : 363), 1907년 경을 기준으로 하

---

18 『재정통계』의 내용은 『결호화법세칙』의 그것과 완전히 일치하며, 「서언(緒言)」에서 "이 통계는 개국 504년(1895) 탁지부에서 조사한 것인데, 집무의 참고에 쓰기 위해서 인쇄에 부침[本統計\ᄂᆫ開國五百四年度支部에셔調査ᄒᆞ者인디執務의參考에資ᄒ기爲ᄒ야印刷에附홈]"이라 적고 있다.

19 『결호화법세칙』에 수록된 무토면세결수는 탁지부에서 작성한 다른 자료인 『각궁방절수무토면세결총수(各宮房折受無土免稅結摠數)』에도 수록되어 있는데, 그 결부수는 정확히 동일하다. 그런데 『각궁방절수무토면세결총수』의 기록에는 『결호화법세칙』보다 상세한 몇 가지 내용들이 있다. 첫째, 각 전답의 총결부수를 전결(錢結) — 동전(錢)으로 수세(收稅), 매결당 7냥 6전 — 과 미결(米結) — 대전(代錢)으로 수세(收稅), 매결당 20냥 — 로 구분하고 각각을 동전(錢文)으로 환산한 대전가액(代錢價額)을 기록하고 있으며, 이를 다시 작원(作元)하여 5분의 1로 계산하고 있다. 둘째, 『비변사등록』의 '각궁방면세결책자'에서처럼 비교대상으로 『대전통편』의 결수를 적고 그것까지 반반씩 전결과 미결로 구분하고 있다. 또한 내수사는 본래 궁방이 아니므로 『대전통편』에 그 기준이 없는데[通編不載], 그런 내수사까지도 영구적으로 존속된 4궁에 준하여 기준을 적고 있다. 즉 『각궁방절수무토면세결총수』는 갑오승총(甲午陞摠)으로 인한 무토의 호조 환수 과정에서 각 궁방의 무토면세결 보유상황과 그 세액 마련의 기준을 제시하기 위해 작성된 수세안(收稅案)의 성격을 가지는 자료이며, 『결호화법세칙』에 수록된 내용은 이러한 궁방면세결 현황을 파악한 결과물로 판단된다.

여 내수사부터 영친왕궁(英親王宮)에 이르기까지 10개 궁방의 지역별 궁방전 분포를 세부적으로 기록하고 있다. 갑오승총 이후의 자료임을 반영하듯이 이전의 자료들과는 달리 유토, 무토 또는 면세, 출세의 구분 없이 모든 전답을 궁방별, 소재지별로만 기록하고 있다. 특히 면적을 복합적으로 기재하고 있어서, 두락과 결부가 모두 기재된 것, 두락만 기재된 것, 결부만 기재된 것 등이 있다. 두락을 결부로 환산하여 전체 규모를 파악할 수도 있으나(金載昊 1997b : 272), 이 장에서는 분석을 단순화하고 이전 시기의 자료와의 통일성을 기하기 위해 결부수가 파악된 것만을 기준으로 활용하고,[20] 영친왕궁은 분석대상에서 제외하였다.

이상에서 소개한 자료들 중에는 원문 상에 제시된 합계, 즉 '이상(已上)'이나 '도이상(都已上)' 등과 각 궁방의 전결수를 실제로 합한 수치가 불일치하는 경우가 빈번하다. 이하의 분석에서 특별한 언급이 없는 경우에는 원문의 합계를 이용하지 않았으며, 직접 합계한 결과를 활용하였음을 미리 밝혀 둔다.[21]

---

20 국가에 의해 결부가 파악된 것만을 대상으로 하였기 때문에, 기타 자료들과 함께 분석하는 과정에서 논리적 일관성이 유지된다. 또한『국유지조사서초』상에는 도명(道名)이 나와 있지 않지만 1896년 8월 6일에 개정된 행정구역을 기준으로 하여 도별로 분류하였다. 행정구역 변경에 관한 정보는『관보(官報)』(제397호, 건양 1년 (1896) 8월 6일)의 칙령(勅令) 제36호를 참고하였다.

21 전체 궁방전 규모를 시기별로 비교할 때에는 원문의 합계를 이용하는 편이 편리할 것이다. 하지만, 궁방별, 유・무토별, 지역별 분포를 분석하기 위해서는 부분합 (subtotal)을 계산할 필요가 있으며, 부분합의 총계가 전체 합계와 일치해야만 개별 항목의 비중을 계산하는데 통계상 불일치가 없기 때문에 원문의 합계를 이용하지 않았다. 또한 원문의 합계와의 불일치 정도가 전체 논의에 영향을 미칠 정도로 심각하지는 않음은 물론이다. 자세한 내용은 〈부표 2〉부터 〈부표 9〉까지를 참조하라.

3. 면세결총의 규모 및 변동

1) 궁방별 규모 및 변동

1776년부터 1883년까지의 궁방면세결총은 앞에서 언급한대로『조선전제고』의 '제반면세결수'를 통해 확보된다. 그중에서 '각궁방'에 해당하는 것만 발췌하여 전국의 출세실결수와 함께 추이를 비교한 것이 〈그림 2-1〉이다. 전체 기간에 걸쳐 출세실결수는 70~80만 결 수준이었고, 궁방의 면세결총은 3만~4만 5천 결 수준으로 유지되고 있었다. 즉 출세실결수에 대비하여 약 5%에 해당하는 면세결이 궁방에 할당되어, 그리 적지 않은 비중을 점하고 있었음을 알 수 있다.

궁방의 면세결총은 18세기 후반에서 19세기 초반까지의 완만한 증

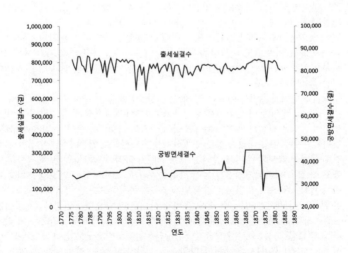

〈그림 2-1〉 출세실결수(出稅實結數)와 궁방면세결수(宮房免稅結數)(단위 : 結)
출처 :『조선전제고』

가, 1820년대의 감소, 1830년대부터 1860년대 중반까지의 안정, 1860년대 후반의 증가, 1870년대의 감소라는 패턴을 보이고 있다.[22] 하지만 〈그림 2-1〉만으로는 궁방별, 유・무토별 구성을 알 수 없으므로, 면세결총 변동의 과정이나 원인을 추론하기 힘들고, 또 1883년 이후의 규모 변동에 대해서는 알 수 없다. 따라서 〈그림 2-1〉과 같은 전체적인 면세결총 변동을 전제로 하고 각 궁방별로 보다 세부적인 변동 양상을 살펴보아야 궁방면세결 규모의 증감 과정과 원인에 대해 구명할 수 있을 것이다.

〈부표 11〉은 앞 절에서 해설한 각 자료로부터 궁방면세결총을 추출하여 정리한 것이다. 볼드체 및 음영으로 강조하여 추가한 수치는 원래의 자료에는 내용이 존재하지 않는 것들인데,[23] 궁방이 존속하고 있음에도 불구하고 면세결총이 파악되지 않은 경우로 판단되어 전후 연도의 수치를 이용하여 채워 넣은 값이다.[24] 〈부표 11〉의 정보를 토대로

---

22 『조선전제고』의 '제반면세결수'를 조금 더 자세히 들여다보면(〈부표 10〉의 음영 참조), 단기에 있어서 결총수의 변동이 거의 없으면서 장기적으로는 단속적(斷續的) 변동이 확인된다. 『탁지전부고』가 1796년부터 작성된 이래, 1804년(甲子)부터 1874년(甲戌)까지 1814년(甲戌)만 제외하고 매 갑년(甲年)마다 확연한 단절 현상이 나타나는 이유는 '면세도표'의 작성을 위해 10년마다 전수조사(全數調査)가 이루어졌기 때문으로 추정된다. 이와 관련하여 앞에서 소개한 '면세도표'의 연대 비정에 관한 논의를 참조하라.

23 누락된 궁방이 존재하는 이유는 각 자료의 조사기관(작성주체), 조사과정(조사방법), 조사대상의 범위 등이 달랐기 때문이다. 하지만 이 장에서와 같이 자료별 차이를 감안하여 공백을 적절히 메워 넣는다면 분석 결과의 신뢰도를 높일 수 있을 것이다.

24 결락된 수치들이 존재하는 상황에서 원자료가 제시하고 있는 총합계만을 이용하여 전체 궁방전 규모의 추이를 살피는 것은 의미가 없다. 따라서 궁방면세결이 존재함에도 그 결총이 파악되지 않았음이 명백한 부분에 대하여 인근 연도의 수치를 이용하여 채워 넣음으로써 전체 궁방의 면세결총을 복원하고자 한 것이다. 이런 식의 보간(補間)은 朴準成(1984 : 266-268)에 의해 시도된 바 있으나, 『내수사급각궁방전답총결여노비총구도안』에 한정된 것이었다. 각 자료의 결락치를 보간하는 데 있어서 가장 중요한 대상은 『내수사급각궁방전답총결여노비총구도안』(1787년)과 『비변사등록』(1860년)이다. 앞에서 설명하였듯이 전자(前者)는 전체 궁방에 대한 조사

하여 다음과 같은 몇 가지 중요한 사실들을 검출할 수 있다.

첫째, 궁방(또는 궁방면세결)의 치폐(置廢) 상황이 확인된다. 18세기 말에서 19세기 말에 이르기까지 면세결을 보유한 궁방은 총 69처가 존재하였다. 그중에서 궁방이 제도적으로 폐지되는 1907년 시점까지 존속한 소위 영구존속궁(永久存續宮)에 해당하는 1사7궁을 포함하여 25~26처의 궁방이 정조대 초년부터 갑오개혁 시기까지 자료상의 전체 기간 동안 존속하였다. 그렇지 않은 궁방에 대해서는 신규 설치 또는 폐지가 관찰되는데, 이들을 고려하여 궁방면세결의 신규 지급과 회수의 상황, 즉 궁방수의 변동 상황을 정리하면 〈표 2-2〉와 같다. 1787~1807년간과 1824~54년간에는 새로 등장하는 궁방의 수가 많고, 1814~24년간과 1860~74년간에는 사라지는 궁방들이 많다.

〈표 2-2〉 면세결을 보유한 궁방의 수(단위 : 처)

연도	1778	1787	1807	1814	1824	1854	1860	1874	1880	1884	1895
궁방수	45	46	53	53	44	55	54	43	44	44	45
증감		1	7	0	-9	11	-1	-11	1	0	1
신설		1	7	0	0	11	0	2	2	0	1
폐지		0	0	0	9	0	1	13	1	0	0

출처 : 〈부표 11〉.

결과가 아니라 22개 궁방만을 대상으로 하였으므로 전후(前後) 기간의 『탁지지』와 『만기요람』에 수록된 나머지 24개 궁방의 전답이 누락되었다고 볼 수 있으며, 후자(後者)는 면세결총의 규모가 큰 궁방의 하나인 내수사에 관한 정보를 수록하지 않고 있기 때문이다. 보간의 원칙으로는 각 결락치에 대하여 바로 뒷 연도의 값을 이용하여 채워 넣는 방식을 택했다. 朴準成(1984 : 266-268)은 『내수사급각궁방전답총결여노비총구도안』의 결락치를 앞 시기의 값(『탁지지』)으로 보간하였으나, 그렇게 할 경우 유토와 무토의 구별이 불가능하다. 단, 1860년 『비변사등록』에서 결락된 내수사에 대해서만 전후 연도의 값을 이용하여 가중평균(加重平均) 방식으로 선형보간(線形補間)을 하였다.

둘째, 궁방면세결총의 전체적 규모와 변동 추이를 알 수 있다. 〈부표 11〉의 합계와 앞에서 살펴본『동국문헌비고』(1776년)의 면세결총을 〈그림 2-1〉의 궁방면세결수와 함께 도시하면 〈그림 2-2〉와 같다. 〈그림 2-1〉과 〈그림 2-2〉의 수치에서 조금씩의 차이(gap)가 존재하는 이유는 각 자료별로 궁방이 누락된 경우가 있기 때문이다.[25] 1860년과 1880년 의 경우는 예외적으로 큰 차이를 보이고 있다. 우선, 1860년에서 관찰 되는 차이를『비변사등록』에서 누락된 내수사에 대한 과도한 보간 때 문으로 보아서는 곤란하다. 오히려 보간은 근사(近似)하게 이루어졌으 며, 1860년을 포함하여 1854~1863년간의 변동 내역이 1864년(甲子)의 '면세도표' 작성 이후에 반영된 것으로 이해해야 할 것이다. 그 근거는,

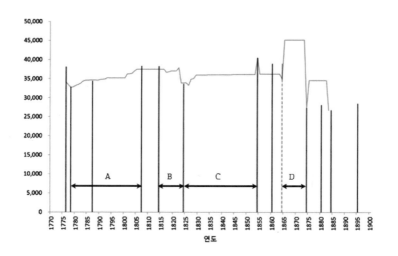

〈그림 2-2〉 궁방 면세결총의 추이
주 : 1864년의 점선은 1860년의 막대 그래프를 수평 이동한 것.
출처 : 꺾은 선 그래프는 〈그림 2-1〉. 막대 그래프는 『동국문헌비고』(1776년) 및 〈부표 11〉.

---

25   각주 23)을 참조하라.

1860년의 막대 그래프를 오른쪽으로 4개 연도만큼 수평 이동시켰을 때 (점선), 〈그림 2-1〉의 꺾은선 그래프가 급상승하는 구간과 겹쳐지기 때 문이다. 또, 1880년의 경우에도 마찬가지로 1884년으로 수평 이동하게 되면, 꺾은 선 그래프가 급격히 하강하는 구간과 거의 겹쳐짐을 알 수 있다.

전체 추이에서 등락의 반복(cycle)이 보이는 가운데 1865~73년 구간의 집적(heaping)으로 인한 단절이 확연하다. 즉 1776년부터 1864년까지는 면세결총이 3만 2천 결에서 4만 결 사이에서 오르내리고 있었던 반면에, 1865~73년 동안에는 4만 5천 결 수준으로 치솟았다가, 1874년부터는 다시 종전의 수준으로 떨어지고, 1885년부터는 그보다도 약 1만 결 정도 적은 수준인 2만 6천~2만 8천 결 수준에서 갑오개혁 시기까지 이어지고 있는 것이다. 1860년까지만 살펴보면, 1778년부터 면세결총이 3만 2천여 결에서 3만 8천여 결까지 계속 증가하다가 1820년대 들어 감소하고 다시 1850년대에 증가하는 추세를 보이고 있다. 이러한 면세결총의 변화에 대한 1차적인 설명은 〈부표 11〉의 면밀한 검토에 의해 가능하다.

우선 1778~1807년간의 증가(A)는 내수사의 면세결총 증대의 요인이 가장 크다. 내수사의 면세결총은 1800년 전후의 기간 동안(1787~1807년) 약 2배가량 증대되었다(1,725결 → 3,797결). 기타 궁방 중에서는 경우궁[景祐宮=嘉順宮], 숙선옹주방(淑善翁主房) 등의 신설도 면세결총의 증가에 한 몫을 하고 있다. 이후 1814~24년간의 감소(B)는 일부 궁방에 대한 면세결의 회수에 기인하는 것이며,[26] 또 1824~54년간의 증대(C)는 일부 궁방의 신설과 면세결 지급에 따른 것이다.[27]

---

26 정안옹주방, 정근옹주방, 숭선군방, 숙휘공주방, 숙정공주방, 숙경공주방, 숙녕공주방 등.

1865~73년 동안의 집적(D)에 대해서는 〈부표 11〉만으로는 설명하기 어렵다. 하지만 1874년의 대폭적 감소에 대해서 1864년과의 비교를 통해 부분적으로 설명하는 과정에서 그 원인을 유추할 수 있다. 우선, 일부 궁방의 면세결이 혁파되고,[28] 또 일부 궁방의 신설이 이루어지고 있는 과정에서,[29] 신설보다 혁파의 숫자가 더 커서 궁방의 수가 줄어들고 있음이 한 가지 이유이다. 다음으로, 이미 존속하고 있던 일부 궁방의 면세결총이 동시적으로 감소한 것이 또 하나의 이유이다.[30] 그중에서도 특히 선희궁의 면세결이 3천여 결이나 혁파되고 있음이 주목된다. 두 가지 원인 중에서 전자의 경우, 신설의 시기가 1864~65년 무렵이고, 혁파의 시기가 1873~74년 무렵이라면, 그 사이의 집적은 자연스러운 현상일 것이다.

결국, 전체 기간 중에서 특히 1814~24년간과 1865~74년간의 두 구간에서 면세결총이 대폭적으로 감소하고 있는 것은, 〈표 2-2〉에서 살펴본 궁방의 치폐 상황에 의해 일부의 설명이 가능하다. 따라서 궁방면세결총의 변동을 이러한 ─ 영구적으로 존속하지 않은 ─ 궁방에 대한 면세결의 신규 지급 및 회수, 즉 궁방의 신설 및 폐지[31]에 따른 부분과 영구적으로 존속한 궁방의 면세결총이 변동된 부분[32]으로 분리할 수 있다. 후

---

27 은전군방, 명온공주방, 복온공주방, 덕온공주방, 박숙의방, 의안대군방, 순화궁, 전계대원군방, 방숙의방, 조귀인방, 영혜옹주방 등. 또한 1854년에 비해 1860년(수평이동하면, 1864년)에 조금 감소하는 것은 귀인방의 폐지 때문이다.

28 월산대군방, 경숙군주방, 경순군주방, 경은부원군방, 잠성부부인방, 연호궁, 귀인방 등.

29 범숙의방, 박귀인방 등.

30 광해군방, 인평대군방, 화순옹주방, 화평옹주방, 화협옹주방, 청연군주방, 청선군주방, 의빈방, 조귀인방 등.

31 궁방에 대한 면세결의 회수는 주로 대진(代盡)으로 인한 것이다(다음 절 참조).

32 이러한 현상은 1사7궁뿐만 아니라 경수궁, 광해군방, 인평대군방, 경순군주방, 화순옹주방, 화평옹주방, 화협옹주방, 화유옹주방, 화령옹주방, 화길옹주방, 청연군주

자의 경우, 폐궁되지 않은 채로 면세결총이 감소한 궁방이 존재하였다
는 뜻으로, 국가 차원의 일대 개혁이 있었음을 시사한다(다음 절 참조).

셋째, 각 궁방별로 면세결 보유 상황을 비교할 수 있다. 〈부표 11〉에
서 궁방별로 면세결의 규모를 비교해 보면, 거의 모든 시기에 있어서
내수사와 4궁의 절대 규모가 가장 크다. 그 뒤를 선희궁, 육상궁 등이
잇고 있다. 즉 영구존속궁을 위주로 궁방전이 분급되고 있었던 것이
다. 영구존속궁 이외에는 화순옹주방, 화평옹주방, 화협옹주방, 화령
옹주방, 화길옹주방, 청연군주방, 청선군주방, 의빈방 등이 1천 결 이
상을 보유하고 있었는데, 이들 궁방도 전체 시기에 걸쳐 존속하고 있었
던 곳들이다.[33]

영구존속궁과 비영구존속궁으로 크게 나누어 보면, 〈표 2-3〉에서 볼
수 있는 바와 같이 영구존속궁의 면세결 보유규모가 전체의 50~60%
대에 이르고 있다. 뿐만 아니라 면세결총이 전반적이면서 대폭적으로

〈표 2-3〉 영구존속궁과 기타 궁방의 면세결총 비교(단위 : 결, %)

연도	1778	1787	1807	1814	1824	1854	1860	1874	1880	1884	1895
면세결총 (A=B+C)	32,812	34,400	38,327	38,302	33,636	40,516	38,953	27,309	28,151	26,773	28,599
영구존속궁* 소계 (B)	16,298	16,993	20,200	20,214	20,220	20,492	20,201	16,726	17,386	16,012	17,587
B÷A	49.7	49.4	52.7	52.8	60.1	50.6	51.9	61.2	61.8	59.8	61.5
기타 궁방 소계 (C)	16,514	17,407	18,127	18,088	13,416	20,024	18,752	10,583	10,765	10,761	11,013
C÷A	50.3	50.6	47.3	47.2	39.9	49.4	48.1	38.8	38.2	40.2	38.5

주 : * 영구존속궁은 1사7궁, 즉 내수사, 수진궁, 명례궁, 용동궁, 어의궁, 육상궁, 선희궁, 경우궁을 가리킨다.
출처 : 〈부표 11〉.

방, 청선군주방, 의빈방, 조귀인방 등에서도 뚜렷하게 관찰된다.
33　별사문적(別賜文蹟) 또는 왕패(王牌)를 가지고 있던 궁방들이다(이 책 제1장 및 다음 절의 〈표 2-7〉 참조).

감소하는 1874년 이후에 있어서 영구존속궁의 비율이 이전 시기에 비해 오히려 10%P 가량 증가하고 있다(51.9%→61.2%). 요컨대, 전체 궁방의 면세결총 감소와 더불어 동시에 비영구존속궁의 면세결 회수, 즉 출세화(出稅化) 규모가 상대적으로 컸던 것이다.

넷째, 영구존속궁의 면세결 보유상황을 비교할 수 있다. 영구존속궁을 개별적으로 살펴보면, 역시 1860~74년 사이에 전체 면세결총이 감소하는 추세에 있다(〈표 2-3〉 참조). 이러한 결총의 절대수준의 감소 상황을 전제로 하고, 영구존속궁 상호간의 비중을 보여주는 〈표 2-4〉를 〈부표 11〉과 함께 고찰하면, 다음과 같은 사실들이 발견된다.

우선 내수사의 면세결총은 18세기에 비해 19세기 초에 2배 가까이 증대되었다가 일정 수준을 안정적으로 유지한 후 1860~74년간에 다소 감소하고 이후 19세기 초의 수준으로 회복한다(〈부표 11〉 참조). 영구존속궁 중에서의 비중도 일부 증가하고 있으나 이는 기타 궁방들의 경

〈표 2-4〉 영구존속궁 면세결총에서 각 사궁(司宮)이 차지하는 비중(단위 : %)

궁방명	연도										
	1778	1787	1807	1814	1824	1854	1860	1874	1880	1884	1895
내수사	8.5	10.2	18.8	18.8	18.8	19.5	18.9	19.7	22.1	16.7	23.6
수진궁	22.8	21.6	18.3	18.3	18.3	17.8	18.3	19.4	18.6	20.0	18.4
어의궁	13.4	12.9	11.1	11.1	10.9	10.7	10.9	14.4	13.3	13.6	13.1
명례궁	10.4	10.7	8.7	8.7	8.6	8.8	8.9	14.1	14.3	15.3	14.2
용동궁	14.5	14.1	12.0	12.0	12.1	12.9	12.3	15.0	14.3	16.8	14.1
육상궁	11.6	11.4	9.3	9.3	9.5	8.8	8.9	10.8	10.7	11.5	10.2
선희궁	18.7	19.2	16.8	16.8	16.8	16.6	16.8	0.6	0.6	0.6	0.6
경우궁	0.0	0.0	5.0	5.0	5.0	4.9	5.0	6.0	6.1	5.5	5.8
합계	100	100	100	100	100	100	100	100	100	100	100

출처 : 〈부표 11〉.

우와 마찬가지로 전술한 선희궁 면세결총의 감축으로 인한 것으로 볼 수 있다(〈표 2-4〉 참조). 하지만 이러한 전반적인 추세 속에서 명례궁의 면세결총은 오히려 증가하고 있으며(〈부표 11〉 참조), 동시에 그 비중도 확연히 증대되고 있다는 점은 주목할 만하다(〈표 2-4〉 참조). 이는 고종대에 들어 왕비전(중궁전)의 내탕으로서 명례궁의 역할이 이전 시기보다 더 강화되고 있었음을 반영하는 것으로 해석할 수 있다. 즉, 왕실 수요 물자의 공급을 일부 분담하고 있었던 명례궁의 내탕 기능이 어떤 이유에서인지 더 커진 상황이 전개되었음을 반영한다.[34]

2) 유·무토별 규모 및 변동

이상과 같은 궁방 면세결총의 변동 과정에서, 유토와 무토의 규모는 각각 어떻게 변동하고 있었을까?[35] 앞에서 살핀 전체 기간의 자료 중에서 『탁지지』에는 유토와 무토의 구분이 없으므로, 나머지 10개 연도를 대상으로 하여 유토·무토의 절대 규모와 궁방별 비중이 어떻게 변화하였는지 살펴보자.

우선 유토면세결수의 분포와 변동 상황을 정리한 것이 〈부표 12〉이

---

[34] 이와 관련하여 명례궁이 19세기 중엽 이후에 매득(買得)과 개간(開墾)을 통해 다수의 전답을 신규로 확보하여 경영하였음을 지적할 수 있다(李榮薰 1985 : 366-371). 이러한 경향은 특히 1888~91년간에 두드러지는데, 고종대 명례궁의 내탕 기능의 강화가 구체적으로 어떤 형태로 진행되고 있었는지에 대해서는 명례궁 재정의 수입과 지출 내역을 면밀히 분석하여야만 해명할 수 있을 것이다.

[35] 유토는 궁방이 소유권을 가진 면세결이고, 무토는 국가에 의해 수조권만 주어진 것이다. 물론 유토 중에서도 무토와 그 성격에 있어서 큰 차이가 없는 제2종 유토가 존재하지만, 『결호화법세칙』이 지적하고 있듯이 사실상 그 구별이 힘들다. 제2종 유토에 관해서는 朴準成(1984), 李榮薰(1988), 金載昊(1997b) 등 기존 연구를 참조하라.

다. 〈부표 11〉의 궁방 중에서 〈부표 12〉에서는 보이지 않는 궁방들은 유토면세결을 전혀 보유하고 있지 않았는데, 진안대군방, 효령대군방, 은전군방, 청근현주방, 복온공주방, 덕온공주방, 순화궁, 전계대원군 방, 방숙의방, 범숙의방, 박귀인방, 조귀인방, 영혜옹주방, 완화군방, 의화군방 등의 15처에 달한다. 이들 중 11처가 순조, 철종, 고종과 관계된 곳들이다. 즉 19세기에 신설되는 궁방들은 매득을 통한 유토 확보를 하지 못하고 있었으며,[36] 결국 이들 궁방의 면세결은 오직 무토만으로 구성되어 있었다.

무토면세결수의 분포 및 변동 상황은 〈부표 13〉에 정리하였다. 〈부표 13〉에서 보이지 않는, 무토면세결을 보유하지 않은 궁방은 양녕대군방, 월산대군방, 덕흥대원군방, 정명공주방, 정안옹주방, 숙휘공주방, 경은부원군방, 잠성부부인방, 연호궁 등 9처이며, 모두 영조 이전의 왕대에 관계된 곳들이다. 대개 대진(代盡)으로 인해 폐궁(廢宮) 또는 합사(合祀)되는 곳들로서 별로 문제가 되지 않지만, 18세기에는 유토만으로 구성된 전답을 소유하고 있었던 궁방이 존재하였음을 보여 준다.

무토와 유토의 비중과 그 변화 추이는 〈부표 12〉와 〈부표 13〉을 요약한 〈표 2-5〉를 통해 확인되는데, 이를 통해 다음과 같은 몇 가지 사실들이 관찰된다. 첫째, 전체 기간에 걸쳐 무토 합계가 유토 합계의 약 2~3배 수준으로 유지되고 있다. 즉 전체 면세결총에서 무토의 비중이 68~75%를 차지하고 있었던 것이다(B÷C). 유토 중에서 사실상 무토와 다름없었던 제2종 유토까지 고려한다면 무토의 압도적 비중을 다시금 확인하게 된다. 뿐만 아니라 무토의 비중은 후대로 갈수록 점점 증가하고 있었다.

---

36 이전 시기에 유토를 확보하는 수단이었던 급가매득(給價買得)에 관해서는 朴準成(1984)을 참조하라.

연도		1787	1807	1814	1824	1854	1860	1874	1880	1884	1895
유토면세	영구존속궁 소계 (a)	6,517	7,273	7,073	7,009	7,353	7,336	6,393	6,609	6,575	6,594
	a÷A	60.0	63.9	64.2	69.6	70.5	71.3	90.4	92.5	95.0	92.5
	기타 궁방 소계 (b)	4,347	4,107	3,946	3,060	3,078	2,958	677	532	344	532
	b÷A	40.0	36.1	35.8	30.4	29.5	28.7	9.6	7.5	5.0	7.5
	유토 합계 (A)	10,864	11,379	11,019	10,069	10,431	10,294	7,070	7,142	6,919	7,127
	A÷C	31.6	29.7	29.0	30.2	25.9	26.5	25.9	25.4	25.8	24.9
무토면세	영구존속궁 소계 (c)	10,476	12,927	12,973	13,043	12,971	12,801	10,329	10,777	9,437	10,993
	c÷B	44.5	48.0	48.1	56.1	43.6	44.8	51.0	51.3	47.5	51.2
	기타 궁방 소계 (d)	13,061	14,020	13,999	10,213	16,803	15,794	9,906	10,232	10,417	10,480
	d÷B	55.5	52.0	51.9	43.9	56.4	55.2	49.0	48.7	52.5	48.8
	무토 합계 (B)	23,537	26,947	26,972	23,256	29,774	28,595	20,235	21,010	19,854	21,473
	B÷C	68.4	70.3	71.0	69.8	74.1	73.5	74.1	74.6	74.2	75.1
면세결총 (C=A+B)		34,401	38,327	37,991	33,325	40,205	38,888	27,305	28,151	26,773	28,599

주 : 면세결총은 〈표 2-3〉의 합계와 차이가 있는데, 이는 〈부표 12〉, 〈부표 13〉의 주(注)에서 지적하였듯이 장외(帳外) 등이 빠져 있기 때문임.
출처 : 〈부표 12〉, 〈부표 13〉.

둘째, 유토와 무토 모두 결수의 전체적인 변동 추이는 〈그림 2-2〉와 거의 비슷한 패턴이다. 즉 면세결수가 급격히 감소하는 시점이 1814~24년간과 1860~74년간으로 동일하다. 1860~74년간의 경우, 면세결수의 감소가 발생하는 궁방수를 비교해 보면, 유토보다 무토의 경우가 더 많다. 즉 유토와 무토가 모두 감소되었지만, 그중에서도 무토의 감소분이 더 큰 것이다. 전체적으로는 〈그림 2-2〉에서 확인된 1860~74년간 약 1만여 결의 감소분은 유토 3천여 결(10,294→7,070), 무토 7천여 결(28,595→20,235)의 감소로 설명되고 있다.

이와 같이 전체적으로 유토보다는 무토의 비중이 높고, 감소분의 절대 결수도 유토보다 무토가 더 크지만, 오히려 전체 면세결총의 감소에도 불구하고 무토의 면세결수 비중이 더 늘어나는 현상은 무토보다 유토의 감소폭이 상대적으로 대폭적이었기 때문이다.[37] 유토의 감소분은 거의 대부분이 비영구존속궁의 유토 감소로 인한 것으로서, 1874년 이후에는 90% 이상의 유토가 영구존속궁에만 속하게 되었다〈표 2-5〉 참조). 따라서 1860~74년간 전체 궁방면세결총이 감소하는 과정에서 무토의 결수는 크게 감소하였으면서도 그 비중이 74~75% 수준으로 유지되고 있는 것이다. 이는 이후의 갑오승총으로 인한 무토의 출세화가 궁방의 재정기반에 가져 오는 영향이 얼마나 큰 것이었는지를 실감하게 해 준다.

4. 면세결총 변동의 원인

1) 제도

궁방면세결총의 절대 규모에 있어서는 영구존속궁이 더 큰 비중을 차지하고 있었지만, 면세결 증감의 변동분은 오히려 기타 궁방의 것이 더 컸다. 그러므로 궁방의 치폐, 즉 궁방의 생애주기와 관련하여 국가의 궁방면세결에 대한 제도와 정책이 어떻게 변화하고 있었는지 살펴볼 필요가 있다.[38]

---

37 면세결총 중 유토의 감소분은 대체로 제1종 유토에 비해 무토와의 유사성이 강한 제2종 유토의 감소였을 것으로 추정할 수 있다. 제2종 유토의 출세화가 무토에 비해 상대적으로 대폭적으로 이루어졌음은 고종대에 새롭게 도래한 '궁방전의 위기' 상황을 대변한다. 이러한 '궁방전의 위기'가 '궁방전의 역사'에서 가지는 함의에 대해서는 개별 사례연구를 포괄하는 수준에서의 연구가 요구된다.

38 궁방 면세결 규모의 변동 및 그 정책적, 제도적 변화에 대한 연구는 1970년대에 활발

앞서 논의한 『비변사등록』 등의 자료에서는 『대전통편』의 규정을 기준으로 하여 이를 초과하여 지급된 면세결이 혁파의 대상임이 지적되고 있다. 실제로 제도적 규정보다는 왕 또는 (대)왕대비, 즉 왕실의 의지에 의해 궁방전의 임의적 지급이 이루어지고 있었으며, 제도보다는 전교(傳敎)와 같은 임시적 정책이 우위에 있었음을 보여주는 것이다. 법전에서 규정한 궁방별 면세결 지급량은 〈표 2-6〉과 같았으며, 실제의 궁방면세결 보유량과 비교하여 그 특징을 정리하면 다음과 같다.

〈표 2-6〉 궁방면세결 지급 규정(단위 : 結)

궁방		시기(연도)				비고
		1729(①)	1744(②)	1785(③)	1865(④)	
4궁	수진궁	1,000	1,000	1,000	1,000	有祭位免稅隨其數*
	명례궁	1,500	1,000	1,000	1,000	
	용동궁	1,500	1,000	1,000	1,000	
	어의궁	1,000	1,000	1,000	1,000	
대왕사친궁 (大王私親宮)	당저(當宁)	1,000	1,000	1,000	1,000	
	제전(祭田)	500	500	500	500	
세자사친궁 (世子私親宮)	세자시(世子時)	800	800	800	800	
	제전(祭田)	300	300	300	300	
후궁 (後宮)	신궁(新宮)	800	800	800	800	在世時**
	구궁(舊宮)		200	200	200	祭位條限四代***
대군·공주 (大君·公主)	신궁(新宮)	800	850	850	850	在世時**
	구궁(舊宮)		250	250	250	祭位條限四代***
왕자·옹주 (王子·翁主)	신궁(新宮)	800	800	800	800	在世時**
	구궁(舊宮)		200	200	200	祭位條限四代***
군주 (郡主)	신궁(新宮)			400	400	
	구궁(舊宮)			100	100	

주 : * 제위조인 면세전이 있어 그 숫자에 따름. ** 살아 있을 때. *** 제위조(4대에 한함).
출처 : ① 『영조실록(英祖實錄)』, 영조 5년(1729) 1월 9일. ② 『속대전(續大典)』 호전(戶典) 제전(諸田). ③ 『대전통편(大典通編)』 호전(戶典) 제전(諸田). ④ 『대전회통』 호전(戶典) 제전(諸田).

_____

히 이루어진 바 있다. 하지만 19세기에 대해서는 장기적 추세를 확인하지 못한 상태였기 때문에, 분석에 한계가 있었다. 각주 5)에서 소개한 기존 연구를 참조하라.

첫째, 18~19세기에 걸쳐 법적으로는 궁방면세결의 지급 한도에 관한 규정이 거의 변하지 않고 있었다. 이는 국가가 제도적으로 궁방면세결 총의 확대를 용인한 것도 아니며, 축소를 지향한 것도 아님을 반영한다.

둘째, 〈표 2-6〉을 〈부표 11〉과 대조해 보면, 세자사친궁 이하의 궁방, 즉 비영구존속궁에 있어서는 다소간의 오차가 존재하기는 하지만 법에서 정한 규정이 대체로 준수되고 있었다. 반면에 영구존속궁의 경우에는 법규는 거의 무의미할 지경으로 지켜지지 않고 있었다. 즉 비영구존속궁의 면세결은 제도적 틀 내에 존재하고 있었으나, 영구존속궁의 경우에는 그렇지 않았다. 이는 국가가 영구존속궁의 면세결 규모의 확대를 저지할 의지가 없었거나 또는 확대를 용인할 수밖에 없는 사정이 내재하고 있었음을 뜻한다. 즉 영구존속궁에 있어서는 제도보다는 왕실의 의지가 더 큰 영향을 미치고 있었던 것이며, 이는 영구존속궁 중 내탕(內帑)에 해당하는 내수사 및 4궁에 있어서 더욱 확연히 드러난다. 그 이유는 앞에서 소개한 명례궁의 사례와 마찬가지로 왕실의 내탕에 속하는 궁방들은 일개 사장(私藏)이라기보다는 공적 재정을 보완하여 왕실을 유지하는 조달 기관으로서의 기능을 하고 있었기 때문이다.

셋째, 비영구존속궁의 경우, 면세결의 지급 규정은 궁방의 생애주기에 따라 단계적으로 변동하고 있었다. 모든 궁방에 대하여 마찬가지의 패턴을 보이고 있으므로, 후궁의 경우만을 예로 들어 보면, ① 일단 궁방이 신설되면 해당 후궁의 재세시(在世時)에 800결 규모의 면세결을 신규로 지급하여 생계를 보장하다가[新宮], ② 그가 죽고 나면 제사를 위해 필요한 면세결 죄(祭田·祭位條)로 기존의 1/4에 해당하는 200결만을 남겨두고 나머지 600결은 호조로 환수하며[舊宮], ③ 이후 4대(代)가 경과하게 되면[代盡], 그 200결마저도 호조로 환수하게 된다. 대진한 궁방의 경우 제위조로 극히 적은 면세결만을 남겨 궁방이 유지되게 하거나 사판(祠版)을 수진궁이나 육상궁 등의 제궁(祭宮)에 합사(合祀)시키는 것이 일반적이었다.[39] 즉 궁방의 생애주기는 "신설(新設) = 설궁(設宮) → 재세(在世) = 신궁(新宮) → 제위(祭位) = 구궁(舊宮) → 합사(合祀) = 폐궁(廢宮)"의 절차를 거치고 있었으며, 각 단계에 따라 보유 면세결의 규모가 변동하고 있었던 것이다.

넷째, 궁방에 지급하는 면세결을 유토로 하는지 무토로 하는지에 대해서는 법전에서 규정하고 있지 않다. 대개 관례적으로는—예를 들어 후궁의 경우—800결 중에서 200결은 무토로 600결은 유토로 지급하였는데, 반드시 준수되고 있지는 않았다. 법전에 규정되지 않고 관례적으로 행해지던 것인 만큼 임의적인 왕실의 의지가 개재될 여지가 많았을 것이다. 이는 실제로 〈부표 12〉와 〈부표 13〉의 비교를 통해서 확인되며, 특히 19세기 후반이 되면 거의 모든 면세결이 무토로만 확보되었음은 앞에서 확인한 바와 같다.

2) 정책 : 1770~1860년대

그렇다면 이와 같이 법전의 규정이 존재하는 상황에서 궁방면세결 지급의 정책이 시행된 양상은 구체적으로 어떠했을까? 정식(定式) 또는 규정을 준수하였는지 위반하였는지, 또는 정책적 획기(개혁)가 존재하

---

39 『승정원일기』 고종 7년(1870) 1월 2일, "親盡而祧卽莫越之制而亦自古帝王家法 (…중략…) 仁嬪金氏寧嬪金氏和嬪尹氏祠宇合奉於 景祐宮內別廟禧嬪張氏靖嬪李氏暎嬪李氏宜嬪成氏祠宇合奉於毓祥宮內別廟文孝世子祠宇移奉於懿昭墓內別廟."

고 있었다면 언제 어떻게 이루어졌는지가 관심의 대상이다.

기존 연구에서 지적하고 있듯이 정조는 즉위년(1776)에 궁방전에 대한 일대 개혁을 단행하였다.[40] 법전에 입각하여 대진한 궁방의 전결 및 기타 궁방의 법 이외에 더 지급된 전결[法外加受處]을 모두 출세로 전환한 개혁 조치[41]에 의해 기존의 궁방면세결총 중에서 2만여 결이 출세로 전환되어 호조로 이속된 것으로 알려져 있다.[42] 즉 전체 궁방면세결총이 기존에는 6만 결 정도였을 것으로 추정되며, 1776년에 2/3 수준으로 감소하여 이후 에는 〈그림 2-2〉에서와 같이 3만 5천 결 수준으로 유지된 것이다.

하지만 정조가 반드시 궁방면세결총을 감축하고 통제하고자 한 개혁 적 정책만을 펼친 것은 아니며, 이는 사도세자[莊祖]의 서녀(庶女)인 청근 현주에 대한 조치를 통해 확인된다. 즉, 〈표 2-6〉에서 확인되는 바와 같 이 현주방은 법전에서 면세결 지급을 규정하고 있지 않은 궁방으로서 수십결의 제위전만을 보유하고 있었는데, 청근현주방은 정조의 하교에 의해 정식에 얽매이지 않고 군주방에 준하는 100결 수준의 궁방전을 보 유하게 되었다.[43] 이후에는 〈부표 11〉에서 확인되듯이 그 수준을 지속 하면서 일부 기간에는 150~160결에 달하는 때도 있었을 정도이다.

순조대에 와서도[44] 순조의 즉위(1801)와 동시에 순조의 생모인 가순궁 에 법전의 규정대로 면세결 1,000결을 지급하였다.[45] 〈표 2-6〉의 규정대

---

40 소위 '병신정식(丙申定式)'이다. 朴廣成(1970 : 19)은 "확대 일로에 있었던 궁방전에 대한 일대 통혁(一大痛革)"이라고 평가한 바 있다.

41 『정조실록(正祖實錄)』 정조 즉위년(1776) 4월 10일.

42 『일성록』 정조 2년(1778) 10월 6일, "前以罷宮房田結二萬結出給戶曹". 『일성록』 정조 11년(1787) 10월 26일, "丙申初宮房折受之出稅還屬度支者結數殆近三萬". 강조는 인 용자에 의함.

43 『정조실록』 정조 4년(1780) 6월 16일.

44 순조대 절수전의 확대 과정과 그 특징적 현상에 대해서는 金泰永(1972 : 73-75)이 분 석한 바 있다.

로라면 가순궁 박씨가 사망한 1822년 이후에는 1,000결 중에서 500결을 출세로 전환하여야 하지만, 〈부표 11〉에서 확인되는 바와 같이 1,000결이 그대로 유지되고 있다. 이상의 사례들을 통해 정조-순조-헌종대에 걸쳐서 법전의 규정이 제대로 준수되고 있지 않았음을 알 수 있다.

그렇다면 앞서 지적한 바와 같이, 관례상 유토와 무토를 혼합하여 지급하던 것이 왜 현실적으로 무토만을 지급할 수밖에 없게끔 되었던 것일까? 궁방 신설에 따른 면세결 지급 내역을 상세하게 보여주는 대표적 사례인 숙선옹주방의 경우를 살펴보자. 순조의 누이인 숙선옹주가 열 살이 되자 대왕대비는 옹주방의 설치를 위해 면세결 지급 논의를 시작한다. 호조는 200결의 원결(元結) 무토를 마련하였으나,[46] 대왕대비는 이 외에 600결을 추가로 지급하도록 하교(下敎)하였고,[47] 이후 이 600결을 유토면세가 아닌 무토면세로 지급하게 함으로써,[48] 결국은 800결 전부를 무토면세로 지급하게 된다.[49] 본래 무토 200결과 유토 600결을 지급하는 것이 정식이지만, 이를 어기고 800결을 모두 무토로 지급한 것이며, 이후에 결수가 이보다 더 증가하기도 한다. 숙선옹주방에 대한 800결 전부의 무토 지급 사례는 오히려 새로운 정식, 소위 '갑자수교(甲子受敎)'로 고착되고 있었음이 이후의 명온공주방,[50] 박숙의방,[51] 복온공주방[52] 등의 사례에서 잘 나타난다. 이는 유토를 매득하기 위해 필요한 동

---

45 『순조실록』 순조 1년(1801) 10월 27일. 이때 지급된 토지는 모두 무토였다.
46 『순조실록』 순조 2년(1802) 12월 15일.
47 『순조실록』 순조 3년(1803) 11월 30일.
48 『순조실록』 순조 3년(1803) 12월 25일.
49 『순조실록』 순조 4년(1804) 2월 24일.
50 『순조실록』 순조 22년(1822) 9월 5일.
51 『순조실록』 순조 24년(1824) 1월 6일.
52 『순조실록』 순조 27년(1827) 7월 8일.

전[錢文]을 지급하기에는 국가의 재정이 절대적으로 부족해졌기 때문이며,[53] 19세기에 무토만으로 면세결을 지급하게 되는 일련의 조치들이 국가재정 및 왕실재정의 위기 상황을 반영하는 것으로 해석할 수 있다.

이렇게 국가재정이 어려운 상황에서 더 이상 궁방면세결총의 확대를 용인할 수 없음을 순조도 인식하고 있었으며, 이에 궁방면세결총의 감축 정책을 실시하기도 했다. 영의정 남공철(南公轍)이 대진의 규정이 잘 지켜지지 않는 것 등을 이유로 궁방의 결수에 대한 논의를 펼치며 시정을 요구하자,[54] 순조는 4궁, 제향 각궁(祭享各宮), 별사문적(別賜文蹟) 또는 왕패(王牌)가 있는 궁, 연령군방, 청연·청선군주방을 제외한 모든 궁방면세결에 대해 제조(祭條) 200결을 제외한 나머지를 모두 출세하게끔 하였다.[55] 이때 〈표 2-7〉과 같이 4,523결이 호조 출세로 전환되며,[56] 이 조치가 바로 〈그림 2-2〉와 〈부표 11〉에서 보이는 1814~24년간의 궁방 면세결총 감소를 초래한 직접적 원인인 것이다.

하지만 순조의 개혁에 있어서도 정조의 그것과 마찬가지의 한계가 있었다. 개혁의 예외가 된 궁방들에 대해서 규정을 준수한 것은 제조(祭條)에 불과하며, 왕패(王牌)가 있는 경우 등을 그대로 두었고, 특히 왕실재정에 있어 가장 핵심적인 부분이었던 영구존속궁은 전혀 건드리지 않고 있다. 즉 개혁이라고는 하지만 근원적인 조치는 되지 못하였던 것이다. 또한 순조는 면세가 폐지된 궁결(宮結) 중에서 일부인 무토 600결을 박숙의방에 이송(移送)하라는 전교를 내린다. 박숙의방은 유토

---

53 『순조실록』 순조 24년(1824) 1월 6일.
54 『순조실록』 순조 23년(1823) 5월 25일.
55 『순조실록』 순조 23년(1823) 10월 14일.
56 〈표 2-7〉을 〈부표 11〉에서의 1814·1824년의 수치와 대조해 보면, 개혁 전후의 면세 결총이 각 궁방별로 거의 일치하고 있음이 확인된다.

13결과 무토 200결의 면세결 213결을 보유하고 있었는데, 이 조치로 인해 813결의 면세결을 보유하게 된다.[57]

〈표 2-7〉 1823년, 순조의 개혁 결과(단위 : 結)

궁방명	개혁 전 (면세)	개혁 후			출세
		면세			
		왕패(王牌)	제조(祭條)	기타	
정안옹주방	16				16
경평군방	94				94
영성군방	40			2	38
정근옹주방	75				75
정화옹주방	99				99
숭선군방	150				150
숙휘공주방	145				145
숙정공주방	148				148
숙경공주방	149				149
숙녕옹주방	198				198
화순옹주방	1,214	543	200		471
화평옹주방	1,261	535	200		526
화협옹주방	879	90	200		589
화유옹주방	799		200		599
화령옹주방	1,245	419	200		626
화길옹주방	1,102	302	200		600
합계	7,614	1,889	1,200	2	4,523
		3,091			

출처 : 『순조실록』 순조 23년(1823) 10월 14일.

---

57 『순조실록』 순조 24년(1824) 1월 6일.

3) 정책 : 1860년대 이후

앞서 〈그림 2-2〉와 〈부표 11〉에서 보았듯이 19세기의 전체 시기에
걸쳐서 가장 획기적인 궁방면세결총의 변화는 1860년과 1874년 사이
에 일어났다. 그러한 변화 중의 일부에 대해서는 어느 정도 설명이 가
능하다. 우선 1860년에 일부 궁방전에 대한 개혁 조치가 행해진 것으
로 보인다. 앞서 소개한 『비변사등록』의 '각궁방면세결책자'보다 약 1
개월 뒤의 『승정원일기』 기사에서, 〈표 2-8〉과 같은 궁방면세결수의
변화가 있었음이 확인된다.[58] 여기에서 관찰되는 궁방면세결의 변화
방향은 크게 두 가지로 요약된다. 첫째는 의빈방부터 경숙군주방에 이
르기까지 18개 궁방에 대해 각각 지정된 결수만큼 "1860년(庚申) 조부터
무토는 환수(還收)하고, 유토는 출세(出稅)"함으로써 면세결수가 감소한
것이고, 둘째는 명례궁 · 청연군주방 · 청선군주방의 3개 궁방에 "더 보
냄(加送)"으로써 면세결수가 증가한 것이다.[59]

그런데 이 기사에서는 각각의 결수가 유토인지 무토인지 구분할 수 없
으므로, 〈표 2-8〉에서 별도로 1860년과 1874년의 면세결수를 비교해 보
았다. 대략적인 추세로서 유토는 거의 모두 출세로 전환되었음을 알 수
있고, 무토의 경우에는 모두 환수하거나 제수조에 해당하는 100결 또는
200결만을 남겨 두었음이 확인된다. 전반적으로는 면세결이 감소한 것
으로 볼 수 있지만, 명례궁의 경우에는 오히려 무토 700결이 증가되었다.

---

58 『수진궁등록』 홍(洪), 1860년(庚申) 9월 21일자의 '각궁방면세전결중잉존여출세지수
   별단(各宮房免稅田結中仍存與出稅之數別單)'도 이 조치와 관련된 것으로 추정된다.
   또 이와 관련해서는 다음을 참조할 수 있다. 『승정원일기』 고종 4년(1867) 12월 15일,
   고종 5년(1868) 윤4월 13일.

59 이 기사에는 〈표 2-8〉에 정리해 둔 내용 외에도 "영온옹주방의 제수미(祭需米) 30섬
   과 돈(錢) 300냥을 이듬해부터 해마다 실어 보내라"는 전교가 포함되어 있다.

〈표 2-8〉에서 증가분과 감소분을 모두 합산해 보면 5,576.140결의 감
소라는 결과가 계산되는데, 이 정도의 감소만으로는 1860~70년대의
대폭적인 변동을 충분히 설명하지 못한다. 다시 말해, 이 조치로써
1860년부터 1874년까지 14년 사이의 변화를 모두 설명할 수 있는 것은
아니며, 단지 전체 변화의 일부를 구성하는 것임을 알 수 있다. 그렇다

〈표 2-8〉 1860년 윤3월, 궁방면세결수의 변화(단위 : 結)

궁방명	감소	증가	유토		무토	
			1860	1874	1860	1874
명례궁		700.000	1,060.051	1,049.757	735.897	1,315.897
의빈방	497.628		67.767	0	1,040.487	100.000
진안대군방	5.000		0	0	5.000	5.000
월산대군방	9.000		9.000	0	0	0
경선군방	50.000		1.000	0	49.000	49.000
숙명공주방	141.523		101.412	0	42.568	0
명안공주방	176.959		161.557	0	15.402	0
화순옹주방	458.537		143.098	0	590.000	0
화평옹주방	178.296		332.183	19.590	420.000	0
화협옹주방	853.121		90.629	0	962.492	200.000
화령옹주방	419.986		9.244	0	610.742	200.000
화길옹주방	302.685		18.379	0	484.306	200.000
청연군주방	1,000.677	100.000	427.243	0	673.013	200.000
청선군주방	891.677	100.000	17.597	8.967	974.080	191.033
박숙의방	611.379		13.135	0	800.000	100.000
영온옹주방	800.000		0	0	800.000	0
경은부원군방	13.370		13.370	0	0	0
잠성부부인방	65.016*		6.516	0	0	0
경숙군주방	1.282					
계	6,476.136	900.000				

주 : 빈칸으로 둔 곳은 관련 정보가 없음을 의미한다. 1860년과 1874년의 유토와 무토를 비교하여 면세결수 변동의 결과를
확인한 것은, 각각 이 장의 제2절에서 소개한 『비변사등록』과 『탁지전부고』에 의거하였다. * 잠성부부인방의 결수를
시기별로 비교해 보면, 여기서의 65.016결은 6.516결의 오기인 듯하다.
출처 : 『승정원일기』 철종 11년(1860) 윤3월 16일.

면, 이 조치 이후에도 후속 조치가 뒤따랐을 것임을 짐작 가능하다. 따라서 그간의 면세결총 감소를 이해하기 위해서는 고종대의 정책 변화, 또는 고종 즉위 이후의 개혁 과정을 따로 살펴 볼 필요가 있다. 고종대 또는 1860년대 중후반에 어떠한 새로운 정식이 성립하였던 것일까?

우선 고종대 초년에는 법전의 규정을 지키고자 하는 의지가 강했음이 엿보인다. 전교에 의해 연령군방의 면세결 332결 31부 8속을 출세 조치한 사례,[60] 범숙의방의 면세결은 200결로 유지하고, 영혜옹주방의 면세결만 200결에서 800결로 올려준 사례,[61] 조귀인의 상이 끝나자 면세결 800결 중에 제조 200결만 면세로 남겨 두고 나머지 600결은 법전에 따라 출세한 사례[62] 등이 그것이다. 특히 조귀인방의 경우, 대진하면 제위조만 남기는 법인데 200결을 지급한 것은 잘못된 규례라 하여 다시 50결로 감축하게 되며, 선희궁, 의빈방, 박숙의방에 100결만 남긴 것도 같은 맥락의 조치로 이해할 수 있다.[63]

이러한 원칙에 입각한 조치들의 배후에는 흥선대원군이 있었다.[64] 이는 경수궁의 대진으로 인해 면세결을 혁파하고 200결을 출세로 전환한 사례에서 확인되는데, 이후 경수궁의 제사는 경우궁에서 지내게 된다. 이를 비롯하여 호조는 각궁 결수를 개정하는 절차를 대원군에게 품정하기도 하였고,[65] 대원군의 조치에 의해 궁방전결수의 총수가 "바로잡혔"던 것이다.[66]

60 『승정원일기』 고종 1년(1864) 1월 14일.
61 『승정원일기』 고종 3년(1866) 2월 15일, 16일.
62 『승정원일기』 고종 5년(1868) 12월 23일.
63 『일성록』 고종 7년(1870) 1월 5일. 『수진궁등록』 홍, 1870년(庚午) 1월 6일, '호조 감결(戶曹 甘結)'; 28일, '내수사 감결(內需司 甘結)'.
64 궁방전 개혁 조치와 대원군의 관련은 일찍이 安秉珆(1975 : 61)가 추정한 바 있다.
65 『일성록』 고종 7년(1870) 1월 5일.

대원군은 1871년에 보다 근본적인 개혁을 추진한다. 소위 절수결을 다시 바로잡은 별단, 즉 "절수결이정별단(折受結釐正別單)"이 새로 만들어진 것이다.[67] 이 별단은 대군(大君) 이하의 궁방면세결에 관한 것인데, 반드시 감축하기만 한 것은 아니었다. 예를 들어, 박귀인방의 800결은 600결로 줄였으나, 방숙의방의 500결은 550결로 증가시켰고, 그 과정에서 박귀인방에서 떼어 온 200결 중 50결을 방숙의방에 지급하고 나머지 150결은 차차 분배하기로 하였다.[68] 즉 궁방면세결총의 '재편' 작업이었던 것이다. 그 과정을 구체적으로 보여주는 대표적인 사례가 범숙의방이다. 새로 정한 격식에 의하여 "당수미수조(當收未收條)"로 마련한 것으로서, 광해군방에서 300결, 숙선옹주방에서 48결, 명온공주방에서 72결, 복온공주방에서 30결, 덕온공주방에서 50결, 전술한 박귀인방에서 150결 등 모두 합하여 550결을 범숙의방으로 이속하였다.[69] 이러한 대대적인 이정(移定) 조치가 이루어지는 과정에서[70] 〈그림 2-2〉와 〈부표 11〉에서 확인되는 궁방면세결총의 대폭적인 감축도 동시에 진행되었던 것이다.

또한 궁방이 매입한 전답에 대한 면세를 금지하기도 하는 등,[71] 대원군은 강한 개혁 의지를 가지고 있었다. 특히 그러한 성향이 대원군 집권기에 지속적으로 관철되고 있었다는 점에서 정조나 순조대의 개혁

---

66 『승정원일기』 고종 7년(1870) 10월 20일, "結摠皆爲歸正". 강조는 인용자에 의함.
67 자세한 내역은 확인되지 않지만, 다음을 참조하라. 『일성록』 고종 8년(1871) 12월 20일. 『승정원일기』 고종 8년(1871) 12월 23일; 24일; 25일.
68 『일성록』 고종 8년(1871) 12월 25일.
69 『승정원일기』 고종 9년(1872) 7월 11일.
70 17~18세기의 궁방전 창출 또는 변동의 계기가 절수(折受), 사여(賜與) 또는 매득(買得)에 있었다면, 19세기의 궁방전 분포의 변동은 주로 무토의 이정(移定)에 의한 것이었음이 확인된다.
71 『고종실록(高宗實錄)』 고종 9년(1872) 10월 2일, "各宮房買得田畓勿許免稅".

과는 그 차원을 달리하는 것이다. 그렇지만 대원군의 개혁도 정부재정의 위기를 해소할 수 있는 근본적인 해결책은 되지 못했다. 즉 대원군의 개혁은 〈표 2-6〉에서 보았던 18세기 『속대전』 규정의 연장선상에 있었고, 그 규정을 넘지 않는 수준으로 유지하는 차원에 머물렀다. 대신(大臣)들이 줄곧 건의해 왔던 국가재정이 어려운 상황에서의 절약(節財用) 차원은 아니었으며, 결국 적극적 개혁이라기보다는 소극적 개혁에 불과했던 것이다. 고종의 친정(親政) 이후에도 마찬가지였다. 새로 창설되는 궁방, 즉 완화군방과 의화군방에 대해서도 모두 법전에 의거하여 800결이 지급되었는데,[72] 800결 모두가 무토였음은 〈부표 11〉부터 〈부표 13〉까지에서 확인되는 바와 같다.

요컨대, 대원군은 국가재정이 궁핍화하게 되자 내탕(內帑) 이외의 궁방에 할당되는 면세결을 최소화할 필요가 있었으며, 그것을 법전이 규정한 수준을 넘지 않는 차원에서 행하고자 함으로써 결국 제도를 유지하고 재용을 절약하는 두 측면을 동시에 추구한 것이다. 하지만 궁방에 지급하는 면세결을 감축하고자 한 여러 조치에도 불구하고 왕실의 내탕인 내수사와 4궁은 여전히 법전의 규정을 상회하는 수준의 면세결을 보유함으로써 궁방면세결 개혁의 핵심은 전혀 변하지 않고 있었다. 즉 사가(私家)로서의 궁방에 대해서는 규제가 임의적이고 자유롭게 가해지고 있었지만, 왕실 내탕의 영역은 오히려 강고히 존속되고 또 상대적으로 강화되고 있었던 것이다. 앞 절에서 살펴본 영구존속궁 비중의 증가와 내수사 및 4궁의 면세결총 변동이 이를 대변하고 있다.

---

72 『승정원일기』 고종 13년(1876) 윤5월 11일; 28일; 6월 2일. 『일성록』 고종 29년(1892) 1월 17일.

5. 면세결의 지역별 분포 및 변동

이상과 같은 궁방면세결총의 전체적 규모, 궁방별 규모 및 변동, 그리고 이를 규정한 제도와 정책 등과 더불어 지역별 분포와 변동 상황에 대해 살펴보도록 하자. 궁방면세결총의 지역별 분포를 알 수 있는 자료로는 〈표 2-1〉에서 소개한 8종의 자료 중에서 『내수사급각궁방전답총결여노비총구도안』(1787년), 『만기요람』(1807년), 『탁지전부고』(1814·1824·1854·1874·1884년), 『내국세출입표』(1880년)의 4종이 있으며, 이들을 통해 확보되는 8개 시점의 시계열 정보를 정리하면 〈표 2-9〉와 같다.

〈표 2-9〉에 의하면 도별 면세결총 역시 1874년부터 확연히 달라지고 있음이 확인된다. 특히 경기의 결총이 1874년 이후 지속적으로 증가하였는데, 유토는 감소했으나 무토가 증가하였다. 또 충청도와 평안도의 결총은 일정 수준으로 유지되는 추세이지만, 전라도, 경상도, 강원도, 황해도의 결총은 감소하는 양상이다. 즉 1874년부터 무토의 비중이 늘어나는 동시에(이 장의 제3절 참조), 경기로의 집중화가 진행되고 있었던 것이다.

그렇다면 이와 같은 지역적 변동 상황이 각 궁방별로는 어떻게 나타나고 있었을까? 비영구존속궁은 왕실의 의지에 의한 개혁의 주된 대상이었으므로 특별히 거론할 바가 없으므로(이 장의 제4절 참조), 여기서는 영구존속궁, 즉 내수사와 4궁의 사례를 중심으로 살펴보도록 하자. 1사4궁의 면세결 중에서 경기, 충청도에 소재한 것만 발췌하여 전국 면세결총에 대비한 것이 〈표 2-10〉이다.

〈표 2-10〉에서 확인되듯이, 1사4궁의 면세결 중에서 경기·충청 지역에 소재한 결총은 1850~80년대에 걸쳐 절대 규모의 증가와 상대 비

구분	지역	연도							
		1787	1807	1814	1824	1854	1874	1880	1884
유토 면세	경기	1,094	1,477	1,477	1,286	1,286	908	926	923
	황해	2,306	2,396	2,345	2,265	2,449	1,807	1,787	1,998
	충청	547	903	903	624	645	268	268	268
	경상	1,021	1,441	1,440	1,377	1,303	661	661	661
	전라	3,468	4,488	4,327	4,024	4,219	3,002	2,574	2,666
	강원	143	304	172	138	158	80	82	62
	평안	336	371	371	368	387	312	293	311
	합계	8,914	11,379	11,035	10,081	10,446	7,039	6,591	6,887
무토 면세	경기	3,181	4,620	4,599	4,082	4,649	7,709	9,270	9,889
	황해	2,491	3,276	3,326	2,765	2,481	233		
	충청	4,636	5,651	5,651	5,024	7,978	5,666	7,806	8,001
	경상	3,766	4,123	4,125	3,399	3,389	1,473	420	120
	전라	7,203	8,485	8,485	7,232	10,926	4,875	3,954	1,778
	강원	327	392	392	362	359	302	132	73
	합계	21,604	26,547	26,578	22,865	29,782	20,258	21,582	19,860
면세 결총	경기	4,275	6,096	6,076	5,368	5,935	8,617	10,196	10,812
	황해	4,796	5,672	5,672	5,031	4,930	2,040	1,787	1,998
	충청	5,183	6,554	6,554	5,648	8,623	5,934	8,073	8,268
	경상	4,787	5,564	5,565	4,776	4,692	2,134	1,081	781
	전라	10,671	12,973	12,812	11,255	15,145	7,878	6,529	4,443
	강원	470	697	564	500	517	382	214	134
	평안	336	371	371	368	387	312	293	311
	합계	30,517	37,927	37,614	32,947	40,228	27,296	28,173	26,747

주 : 지역별 분포의 분석, 즉 〈표 2-9〉부터 〈표 2-12〉까지에서는 〈부표 11〉에서와 같은 보간을 하지 않고 원자료를 그대로 이용하였음. 『만기요람』의 유토에는 경기에 4도(四都)가 포함된 것임. 『탁지전부고』의 합계가 불일치하는 이유는 장외(帳外)의 존재 때문이며, 역시 경기에는 4도가 포함됨. 『내국세출입표』에서 사찰과 노전은 제외하였음.
출처 : 〈부표 3〉, 〈부표 4〉, 〈부표 5〉, 〈부표 7〉.

중의 증가가 동시적으로 발생하였다. 그 결과, 1880년대가 되면 46∼
59% 수준에 이르게 되어, 전국에 산재한 1사4궁의 면세결 중에서 절반
가량이 경기와 충청도로 집중하게 되는 것이다.

보다 세부적으로 파고들어 개별 군현 단위에서 고찰해보자. 개별 궁

〈표 2-10〉 1사4궁 면세결총의 경기·충청도로의 집중화(단위 : 結, %)

궁방명	지역	연도						
		1787	1807	1814	1824	1854	1874	1884
내수사	경기·충청도(A)	842	1,327	1,331	1,331	1,251	1,043	1,240
	전국(B)	1,725	3,797	3,797	3,797	3,991	3,296	2,682
	A÷B	48.8	35.0	35.1	35.1	31.4	31.6	46.2
수진궁	경기·충청도(A)	1,007	910	968	968	815	775	1,540
	전국(B)	3,673	3,704	3,704	3,704	3,653	3,252	3,203
	A÷B	27.4	24.6	26.1	26.1	22.3	23.8	48.1
명례궁	경기·충청도(A)	430	423	427	427	427	1,038	1,462
	전국(B)	1,819	1,748	1,768	1,748	1,796	2,366	2,444
	A÷B	23.7	24.2	24.2	24.4	23.8	43.9	59.8
어의궁	경기·충청도(A)	94	94	95	97	97	579	1,102
	전국(B)	2,186	2,239	2,239	2,198	2,198	2,405	2,186
	A÷B	4.3	4.2	4.3	4.4	4.4	24.1	50.4
용동궁	경기·충청도(A)	401	360	373	397	272	709	1,471
	전국(B)	2,401	2,420	2,420	2,444	2,636	2,490	2,685
	A÷B	16.7	14.9	15.4	16.2	10.3	28.5	54.8

출처 : 〈부표 3〉, 〈부표 4〉, 〈부표 5〉.

방의 전국적 면세결 분포상황을 군현별 수준까지 알려 주는 자료는 거의 없으며,[73] 『내수사급각궁방전답총결여노비총구도안』과 『탁지전부고』에 의해서만 알 수 있다. 수록된 총 군현수는 278처인데, 시기별로 그 변동 양상을 정리한 것이 〈표 2-11〉이다. 궁방면세결이 신설되는 군현이 있음에도 불구하고 폐지되는 경우가 더 많았기 때문에 전체 군현수는 지속적인 감소세에 있었다. 특히 1854~74년간과 1874~84년간에 군현수의 대폭적인 감소가 이루어졌으며, 이는 전술한 무토 비중의

---

[73] 면세결의 지역별 분포상황이 수록된 현존하는 개별 궁방의 자료로는 『용동궁면세안(龍洞宮免稅案)』이 있으며(〈부표 14〉), 용동궁이 보유한 군현별 궁방전을 모두 유토, 무토로 구별하여 수록하고 있다. 연대 불명의 자료이지만 수록된 면세결총을 〈부표 11〉과 비교해 보면 1860년 또는 그 이후의 것으로 추정할 수 있다.

〈표 2-11〉 궁방면세결 보유 군현수(단위 : 處)

연도	1787	1814	1824	1854	1874	1884
군현수	253	252	242	235	202	180
증감		-1	-10	-7	-33	-22
신설		20	4	5	2	6
폐지		21	14	12	35	28

출처 : 『내수사급각궁방전답총결여노비총구도안』, 『탁지전부고』.

증가, 경기로의 집중화와 더불어 군현 수준의 면세결 통폐합까지 이루어지고 있었음을 반영하고 있는 것이다.

그렇다면 어떤 군현의 면세결이 줄어들었고, 또 어떤 군현으로 면세결이 집중되어 갔던 것일까? 각 군현별 전답 보유규모를 전국적으로 비교해 보면, 적게는 10부 5속으로부터 많게는 1,650결까지 광범위하게 분포하고 있었다.[74] 보유 면세결이 많은 상위 20개 군현을 연도별로 순서대로 나열한 것이 〈표 2-12〉이다.

〈표 2-12〉를 통해, 크게 두 가지 사실을 확인할 수 있다. 첫째, 1854년까지는 나주, 장흥, 영광 등 전라도 지역의 군현 또는 안악, 재령 등 황해도 지역의 군현이 최상위권에 속해 있는 반면에, 1874년 이후에는 이천, 장단 등 경기 지역의 군현이나 충주, 아산 등 충청도 지역의 군현으로 바뀌어 가고 있다. 이는 전술한 바와 같이 경기·충청도로의 집중화를 반영하는 것이다.

둘째, 상위 20개 군현의 면세결수 합계가 전체 면세결총에서 차지하는 비중이 점점 증가한다. 도중에 감소하는 양상이 보이지 않으며 일방적으로 집중화되고 있다. 1787년에는 26.8%이던 것이 1884년이 되면 절반을 넘어서게 된다. 1884년 현재 180개 군현에 궁방 면세결이 분포해 있었는데(〈표 2-11〉), 그중에 20개 군현에 전체 궁방전의 55.7%가

---

74 최소값 10부 5속은 1874·1884년의 은진(恩津). 최대값 1,650결은 1884년의 충주(忠州).

〈표 2-12〉각 군현의 궁방면세결 보유상황(상위 20처)(단위 : 結, %)

순위	연도											
	1787		1814		1824		1854		1874		1884	
	군현	결수	군현	결수	군현	결수	군현	결수	군현	결수	군현	결수
1	羅州	759	羅州	1,246	羅州	1,196	羅州	1,387	竹山	1,205	忠州	1,650
2	長興	678	長興	1,012	長興	1,012	靈光	1,303	長興	1,183	利川	1,536
3	水原	628	靈光	789	靈光	742	順天	1,284	利川	911	淸州	1,403
4	順天	618	安岳	717	安岳	714	長興	1,262	靈光	772	長湍	1,243
5	安岳	595	載寧	695	載寧	667	南原	988	長湍	685	長興	753
6	泰仁	592	順天	694	海南	667	安岳	855	南陽	685	牙山	707
7	信川	588	鳳山	687	黃岡	584	洪州	780	忠州	660	振威	681
8	載寧	572	信川	675	信川	580	光陽	740	振威	642	安城	612
9	鳳山	551	海南	667	鳳山	562	利川	698	牙山	567	金浦	594
10	海南	541	康津	598	康津	528	海南	697	砥平	534	陽城	583
11	靈巖	513	黃州	588	全州	499	靈巖	669	全州	500	全州	583
12	黃州	451	長湍	531	順天	487	載寧	663	海南	499	富平	541
13	西原	450	全州	523	淸州	471	康津	638	載寧	494	鎭川	532
14	康津	446	淸州	485	長湍	452	鳳山	626	咸平	491	坡州	517
15	靈光	434	長淵	451	洪州	446	信川	602	陰竹	491	順天	513
16	全州	397	固城	443	固城	443	光州	597	順天	489	漣川	504
17	延安	394	靈巖	437	靈巖	437	黃州	584	羅州	480	通津	503
18	古阜	332	延安	419	長淵	426	牙山	584	驪州	433	海南	499
19	醴泉	319	興陽	413	光州	338	全州	553	信川	423	載寧	470
20	長湍	317	古阜	380	礪山	334	竹山	531	德山	407	興陽	467
합계(A)	10,175		12,450		11,585		16,041		12,551		14,891	
전국(B)	37,927		37,614		32,947		40,228		27,296		26,747	
A÷B	26.8		33.1		35.2		39.9		46.0		55.7	

출처 : 『내수사급각궁방전답총결여노비총구도안』, 『탁지전부고』.

집중되어 있는 것이다. 앞서 군현수의 감소와 더불어 통폐합의 양상을 절대적으로 입증해 주는 현상이다.

이와 같이 지역간의 대대적인 이정(移定)과 군현별 통폐합이 발생한 이유는 무엇일까? 면세결 중에서 무토면세(無土免稅)는 윤회결(輪回結)이라고도 하였는데, 그 윤정(輪定)은 급재(給灾) 등으로 인해 "일의 형세[事

勢가 좋지 않은" 지역의 면세결을 다른 도로 이획(移劃)하는 것이 식례 (式例)였다. 1870년대에 궁방전이 집중되는 경기 지역에 있어서도, 훨씬 이전 시기인 1826년에 궁방의 무토면세가 경기에 너무 많다는 이야기 가 나오기도 하였고,[75] 1851년에는 경기 내의 면세결 중에서 2,659결을 다른 도(道)로 이획하기도 하였다.[76]

하지만 19세기 후반이 되면 경기보다는 기타 지역의 사정이 더욱 좋 지 않았던 것으로 보인다. 이정(移定)의 구체적 실태를 보여주는 1879년 의 수진궁 사례를 살펴보면 다음과 같다. 「수진궁수본(壽進宮手本)」에 의하면,[77] 전라도의 무토 중에서 미결(米結) 322결[78]은 충청도 4읍(邑)[79] 으로, 전결(錢結) 510결 46부 1속[80]은 경기 5읍[81]으로 옮겨졌다. 수진궁 뿐만 아니라 궁방 무토의 일반에 대하여 전라도의 면세결을 다른 도로 이송해 줄 것을 요청한 사례도 1888년에 보이고 있다.[82] 이와 같은 이 정에 의하여 전라, 경상 및 황해 지역의 면세결이 감소하고, 경기, 충청 지역으로 집중된 현상의 원인에 대해서, 지금의 단계에서는 추론에 의 존해야만 하는 상황이다.[83]

<hr>

75 『순조실록』 순조 26년(1826) 9월 15일.
76 『비변사등록』 철종 2년(1851) 9월 5일.
77 『수진궁등록』 홍, 1879년(己卯) 2월 11일; 3월 25일.
78 장흥 100결, 영광 122결, 담양 50결, 밀양 50결.
79 아산, 평택, 직산, 덕산.
80 나주 245결, 영광 100결, 무안 60결, 태인 69결 46부 1속, 진안 36결.
81 여주, 이천, 안성, 인천, 김포.
82 『승정원일기』 고종 25(1888) 11월 14일.
83 단정하기에는 이르지만, 내탕(內帑), 즉 1사4궁의 재정상황이 나빠지면서, 이를 운 영한 왕실의 입장에서는 태가(駄價)나 선가(船價)와 같은 서울로의 세곡(稅穀) 운송 비용을 절감하고 동시에 패선(敗船)의 위험을 부담하지 않고자 하였을 수도 있다. 또한 전라, 황해 지역의 사정(給災狀況)과도 부합하는 측면이 있었던 것으로 볼 수도 있겠고, 장토의 관리비용 절감 노력도 하나의 변수가 될 수 있을 것이다.

6. 출세결의 행방과 갑오승총 이후의 궁방전 분포

이상에서는 주로 궁방의 면세결총 규모와 그 분포 및 변동 상황에 대하여 살펴보았다. 궁방이 보유한 전답으로는 면세결 외에도 출세결이 있으나, 출세결에 관한 정보를 명시적으로 제공하는 자료는 오직 『내수사급각궁방전답총결여노비총구도안』뿐이다(이 장의 제2절 참조). 따라서 전체 궁방에 대하여 장기에 걸친 출세결수의 변동을 추적하는 것이 사실상 불가능함을 인식한 위에서,[84] 우선 『내수사급각궁방전답총결여노비총구도안』에 수록된 궁방별 출세결 보유 상황을 살펴보자. 이 자료에 수록된 22개 궁방 중에서 면세결 이외에 출세결(=미면세)을 보유한 곳은 13처이다. 이들의 출세결 보유현황을 도별로 정리하여 면세결과 대비해 본 것이 〈표 2-13〉이다.

〈표 2-13〉에서 출세결을 가장 많이 보유한 곳은 내수사이다. 내수사는 13개 궁방 출세결의 약 41%에 해당하는 2,500여 결을 보유하고 있었고, 그 뒤를 수진궁, 의빈방, 육상궁, 명례궁 등이 잇고 있다. 지역적으로는 전라도에 가장 많이 분포하여 전체의 약 44%에 해당하는 2,700여 결이 소재하고 있었으며, 다음은 경상도, 황해도, 경기 등의 순이었다. 각 궁방의 출세결 규모를 면세결 규모와 비교해 보면, 사궁(司宮) 중에서는 내수사만이, 방(房) 중에서는 영빈방만이 면세결보다 많은 양의

---

[84] 출세결에 관한 정보를 전체 궁방에 대해 담고 있는 자료가 『내수사급각궁방전답총결여노비총구도안』 외에는 존재하지 않지만, 개별 궁방에 대하여 특정 시기의 특정 지역에 대한 출세결 정보를 확보하는 것은 가능하다. 예컨대, 각 궁방의 수입을 기록한 회계장부를 타량성책(打量成冊) 등 양안(量案)과 연계하여 분석함으로써, 면세결과 출세결을 포괄하는 수준에서 개별 궁방의 소유지(또는 보유지) 규모와 구성 및 추이를 검토할 수 있다.

〈표 2-13〉 궁방별 출세결 소유 상황 (1787년)(단위 : 結)

궁방명	출세결수									면세결수		
	경기	황해	충청	경상	전라	강원	평안	함경	계	유토	무토	계
내수사	321	255	74	291	1,342		283	26	2,593	1,003	722	1,725
수진궁	247	95	24	205	85	41	83	11	791	1,956	1,717	3,673
어의궁	26	74	28	30	34	12			204	384	1,802	2,186
명례궁	6	48			395				449	1,051	768	1,819
용동궁	81		13	71	60	6	10		241	1,021	1,380	2,401
육상궁	9	66	2	54	165	34	174		504	278	1,655	1,933
의렬궁	5	96	15	160		37			313	825	2,431	3,256
영빈방	22	94	23		630				769		10	10
귀인방	20	71			42				133	39	765	805
청연군주방	5		7	27					39	427	673	1,100
청선군주방	2	3	6	67		92	21		191	9	974	983
은언군방	16		8						24	112	90	202
은신군방	6	44							50	628	343	971
합계	764	846	199	905	2,754	222	571	37	6,298	7,733	13,331	21,064

주 : 진기(陳起)를 막론한 것임.
출처 : 『내수사급각궁방전답총결여노비총구도안』.

출세결을 보유하고 있었다. 특히 가장 큰 규모의 출세결을 보유한 내수사의 경우, 전체 보유전답의 결수가 4,300여 결이었는데, 약 60%를 출세결로, 나머지 약 40%를 면세결로 보유하고 있었다. 19세기에 들어 무토를 중심으로 한 면세결의 증대가 이루어지기 이전의 상황에서는, 내수사의 전답이 출세결을 중심으로 구성되어 있었던 것이다. 반면에 수진·어의·명례·용동궁의 4궁은 출세결보다는 면세결을 위주로 전답을 보유하고 있었다.

이들 출세결의 행방이 이후 어떠하였는지에 대해서 시기별로 추적할 수 있는 시계열 자료는 확보되지 않지만, 『국유지조사서초』(1907년의 정보)와 대조해 볼 수는 있다. 『내수사급각궁방전답총결여노비총구도안』이 1787년의 정보를 담고 있으므로, 두 자료 사이에 무려 120년이라

<표 2-14> 1787년의 내수사 출세결이 1907년까지 존속하였는지의 여부(단위 : 處, 結, %)

구분		존속			소멸	합계(B)	존속률 (A/B)
		결수 불변	결수 변동	소계(A)			
경기	처수	36	20	56	12	68	82
	결수	54	55	109	18	127	86
황해	처수	19	12	31	2	33	94
	결수	111	81	191	19	210	91
충청	처수	5	8	13	1	14	93
	결수	17	21	39	0	39	99
경상	처수	9	5	14	3	17	82
	결수	112	59	172	6	178	97
전라	처수	6	5	11	14	25	44
	결수	92	18	110	804	914	12
평안	처수	4	7	11	5	16	69
	결수	61	112	174	96	270	64
함경	처수	1		1		1	100
	결수	17		17		17	100
합계	처수	80	57	137	37	174	79
	결수	465	347	812	944	1,755	46

주 : 처수와 결수는 『내수사급각궁방전답총결여노비총구도안』을 기준으로 한 것임. 빈칸은 자료 없음. 0은 반올림한 값임. '결수 불변'은 두 자료의 수치가 정확히 일치하는 경우를, '결수 변동'은 양자의 수치에 다소간의 차이가 존재하는 경우를 가리킴.
출처 : 『내수사급각궁방전답총결여노비총구도안』, 『국유지조사서초』.

는 시차(時差)가 있고, 이러한 한계로 인해 중간 과정에서의 변동 상황을 알 수는 없다. 하지만 1787년 현재의 개별 출세결이 각각 1907년에도 조사·수록되었는지 대조함으로써, 장기 존속의 여부에 대해서는 확인 가능하다. 출세결 보유 규모가 가장 컸던 내수사에 대해서만 1787년의 출세결이 1907년까지 얼마나 존속하였는지를 대조해 본 것이 〈표 2-14〉이다.[85]

---

85 내수사에 대해서만 검토한 이유는 다음과 같다. 각 토지의 소재지에 대하여『내수사급각궁방전답총결여노비총구도안』은 군현(郡縣) 단위까지, 『국유지조사서초』는 면리(面里) 단위까지 기록되어 있다는 차이가 있다. 따라서 두 자료의 상호 비교는 군현 수준에서밖에 이루어질 수 없으므로, 1787년과 1907년의 각 토지가 동일 면리에 있는 것인지의 여부를 확인하기 곤란한 측면이 있다. 다행히도 1787년의 기록 중에서 내수사에 대해서만 토지의 유래(由來)가 기록되어 있기 때문에 1907년 자

우선 한 가지 지적할 수 있는 사실은 『내수사급각궁방전답총결여노비총구도안』에서 구분하고 있는 진기(陳起) 상황 중에서 진전(陳田)이나 진답(陳畓)의 경우에는 『국유지조사서초』에까지 수록된 것이 전무하다는 점이다.[86] 따라서 기전이나 기답 중에서만 『조사서』에 수록된 것과 그렇지 않은 것으로 나누어진다. 〈표 2-14〉에서 내수사의 1787년 출세결수가 1,755결인 것은 기전과 기답만의 합계이다. 내수사의 출세결 합계가 2,593결이었는데(〈표 2-13〉), 그중에서 기전과 기답이 약 68% 수준을 차지하고 있었던 것이다.

1787년에 174처에 분포한 1,755결의 출세결[起田畓] 중에서 1907년까지 내수사의 전답으로 존속한 것은 137처의 812결이다. 처수로는 79%, 결수로는 46%에 달하는 수치이다.[87] 결수의 존속률이 낮은 것은 전라도의 특수성 때문임을 알 수 있는데, 전라도의 출세결은 단 12%만이 1907년까지 존속하였다. 나머지 도에서는 대개 80~90% 수준의 높은 존속률을 보이고 있다. 따라서 비록 120년간의 중간과정에 대해서는 검토가 불가능할 지라도 내수사의 출세결은 면세결에 비하여 상당히

료의 '토지기원(土地起源)'과 비교해 볼 수 있다. 여타의 궁방에 대해서는 토지의 유래가 『내수사급각궁방전답총결여노비총구도안』에 표기되어 있지 않아서 『국유지조사서초』와 면리별로 대조하기는 힘들다. 이와 관련하여 金載昊(1997b : 261)를 참고할 수 있다.

86　이는 18세기 말의 진전·진답이 모두 19세기에 들어 영구진황지화(永久陳荒地化)하였음을 의미하는 것일 수 있다. 즉 궁방 출세결에 있어서, 17~18세기의 개간과 기전(起田)·기답화(起畓化)가 18세기 말에 이미 포화상태에 이르렀던 것이다.

87　면세결총의 장기적인 감소 추세에 비해서 출세결의 감소는 상대적으로 적었다고 볼 수 있다. 하지만 면세결과 달리 출세결이 궁방의 소유였다는 점을 감안한다면, 궁방의 출세결 중에서 처수로는 21%, 결수로는 54%가 감소하였음은 '궁방전의 역사'에 있어서 큰 변화에 해당한다. 앞에서 거론하였듯이 면세결 중의 유토의 감소분이 대체로 제2종 유토의 출세화에 있었다면, 출세결의 감소는 진전화(陳田化) 또는 방매(放賣)로 인한 것이었다고 해석할 수 있으며, 이 점도 역시 '궁방전의 위기' 상황을 보여주는 것이다.

안정적으로 유지되고 있었던 것으로 평가할 수 있다. 무토를 중심으로 한 면세결이 갑오승총으로 인해 호조로 환수된 것과는 대조적이다.

출세결의 장기적인 존속 정도를 확인하였으므로, 면세결과 출세결을 포괄하여 갑오승총 이후의 상황을 살펴보도록 하자. 앞에서 살펴보았듯이 갑오 이전에 개별 궁방들이 보유하고 있었던 궁방전은 대부분 무토였으므로, 무토가 호조로 환수됨에 따라 궁방전으로는 유토(출세결 포함)만 남게 되었다. 무토만을 소유하고 있었던 궁방은 다른 궁방에 합사되거나 하는 형식을 통해 사실상 폐지되었다. 결국 영구존속궁만이 궁방전(유토)을 보유하는 결과를 낳았으며, 그 결과가 반영된 것이 『국유지조사서초』이다. 〈표 2-15〉는 이 장의 제2절에서 해설한 바와 같이 『국유지조사서초』에서 결수가 파악된 궁방전만을 발췌하여 정리한 것이다.[88]

〈표 2-15〉를 통해 확인되는 몇 가지 사실을 정리하면 다음과 같다.[89] 첫째, 전체적인 궁방전의 보유 상황을 살펴보면, 내수사, 수진궁, 명례궁, 용동궁 등의 내탕에 속하는 궁방들이 육상궁, 선희궁 등의 제사궁들보다 전답 보유 규모가 여전히 큰 것이 확인된다. 둘째, 이전 시기에 있어서 수진궁은 내수사에 이어 두 번째로 많은 궁방전을 보유하고 있었으나, 갑오승총 이후에는 명례궁이나 용동궁보다도 궁방전 보유 규모가 작아졌다.

셋째, 전체 지역별 구성에 있어서는 전라도와 황해도의 비중이 압도

---

[88] 『국유지조사서초』의 내용을 전체적으로 분석하는 것은 이 장의 목적이 아니다. 『국유지조사서초』의 세밀한 분석은 이미 金載昊(1997b : 257-272)에 의해 수행되었으며, 조영준(2013b)에 의해 후속 연구가 이루어진 바 있다.

[89] 이하의 결과는 金載昊(1997b : 264-266)가 결부수와 두락수를 모두 결부수로 환산하여 추산한 "추산결(推算結)"을 통한 분석과 거의 차이를 보이지 않는다.

	내수사	수진궁	명례궁	어의궁	용동궁	육상궁	선희궁	경우궁	경선궁	합계
한성	2	1								3
경기	183	153	121	10	136	31	40	18	47	738
황해	289	321	194	408	156	87		553	5	2,012
충북	19		59		22		15		13	127
충남	35	94	164	5		18		13		329
경북	12	18	31		1	53				115
경남	158		194		157	22	60			591
전북	790	73	9	9	79	111	15			1,086
전남	386	109	917	13	210	182	221		74	2,112
강원	3		32	3		88	48	7	10	192
평북	37	13			51					100
평남	142	28	56		11	34	16		1	288
함남	17									17
합계	2,073	811	1,777	448	823	625	414	590	151	7,712

주 : 반올림한 값임.
출처 : 〈부표 9〉.

적이다. 〈표 2-9〉에서 살펴보았듯이 무토의 비중이 증가하면서 경기나 충청도로 면세결이 집중되었으나, 유토의 비중에는 큰 변동이 없었기 때문에, 무토가 사라진 시점에서는 다시 전라도와 황해도의 비중이 높아지게 된 것이다. 비중만 높아졌을 뿐이지 절대규모가 급격히 증대된 것은 아니었다.

넷째, 궁방전의 전체 규모는 7,712결로서 〈부표 12〉에서 확인되는 1895년 시점의 (1사7궁의) 유토면세결수 6,580결보다 1,100여 결 증가된 수준이다. 『국유지조사서초』에 의하면 이 증가분이 확보된 경위는 주로 '매수(買收)'였고, 나머지는 대부분 갑오개혁 이전부터 궁방 소유의 토지(출세결 포함)였다. 『국유지조사서초』의 기록에서 궁방전이 창출된 경위(기원)는 7~8가지가 존재한다. 하지만 그 시점이 18세기 말부터 19세기 중반까지 중에서 언제인지 알 수 없는 것이 대부분이다. 반면에

'매수'의 경우에는 시점이 명기된 사례가 많은데, 주로 19세기 후반 이후 20세기 초반까지에 해당한다(金載昊 1997b : 265-267). 『국유지조사서초』에 '매수'로 기재된 것들 중에서 결부수의 확인이 가능한 것만 합계하면 〈표 2-16〉과 같다.

『국유지조사서초』에 수록된 1907년경의 궁방전에 대한 유래를 보다 자세히 추적하기 위해서는 출세결을 포함하는 자료인 『내수사급각궁방전답총결여노비총구도안』과 면밀히 대조해 볼 필요가 있다. 앞서와 마찬가지로 내수사에 대해서만 『국유지조사서초』상에 수록된 궁방전이 『내수사급각궁방전답총결여노비총구도안』에서 출세결로 분류되어 있는지 유토면세로 분류되어 있는지를 대조하여 정리한 것이 〈표 2-17〉이다.

우선 1787년부터 1907년 사이에 내수사에 의해 신규로 확보된 사례는 19처에 불과한데, 그 면적은 1,162결이다. 즉 19세기 중에 신규로 내수사에 부속된 유토(면세 또는 출세)는 대부분 광대한 면적의 토지였으며, 평균 100여 결의 전라도 전답 9처 963결이 중심이었다. 이들이 확보된 경로는 주로 장용영(壯勇營), 영빈방(寧嬪房) 등으로부터의 '이래(移來)'로 파악된다. 〈표 2-16〉에서 보듯이 내수사가 '매득'한 전답은 불과 10결에 지나지 않는다.

〈표 2-17〉을 통해 알 수 있는 보다 중요한 사실은, 『국유지조사서초』에 수록된 내수사의 궁방전 170처 2,069결 중에서 151처 907결이

〈표 2-16〉 궁방별 매득 결수 (19세기 후반부터 20세기 초까지)(단위 : 結)

궁방명	내수사	수진궁	명례궁	어의궁	용동궁	선희궁	경우궁	경선궁	합계
결수	10	39	677	0	82	10	297	29	1,144

주 : 반올림한 값임.
출처 : 『국유지조사서초』.

구분		1787년의 출세결			1787년의 유토면세			신입	합계
		결수 불변	결수 변동	소계	결수 불변	결수 변동	소계		
경기	처수	19	12	31	4	4	8	5	44
	결수	54	30	84	18	18	36	59	180
황해	처수	12	6	18		1	1	2	21
	결수	111	48	159		14	14	116	289
충청	처수	4	5	9	2	1	3	1	13
	결수	17	17	34	5	1	6	14	55
경상	처수	5	3	8	9	2	11		19
	결수	112	46	158	9	3	12		170
전라	처수	4	3	7	23	9	32	9	48
	결수	92	18	110	62	41	103	963	1,176
강원	처수				1		1		1
	결수				3		3		3
평안	처수	3	5	8	8	5	13	2	23
	결수	61	76	138	17	14	32	9	179
함경	처수	1		1					1
	결수	17		17					17
합계	처수	48	34	82	47	22	69	19	170
	결수	465	236	701	115	92	206	1,162	2,069

주 : 처수와 결수는 『국유지조사서초』를 기준으로 한 것임. '신입'의 연대는 1787년 이후에 해당하지만 구체적인 시점은 확인할 수 없음. '결수 불변'은 두 자료의 수치가 정확히 일치하는 경우를, '결수 변동'은 양자의 수치에 다소간의 차이가 존재하는 경우를 가리킴. 〈표 2-15〉와 합계 수치에서 차이가 있는 이유는 초평(草坪), 율원(栗園), 화전(火田) 등을 제외하였기 때문임.
출처 : 『내수사급각궁방전답총결여노비총구도안』, 『국유지조사서초』.

1787년부터 보유하고 있던 곳이라는 점이다. 면적은 신입한 전답들에 비해 상대적으로 작지만, 내수사가 보유한 전답의 거의 90%가 120년 이상 된 것들이라는 점에서, 역시 〈표 2-14〉에서 본 것과 마찬가지의 면세결에 비한 안정성을 시사하고 있다. 즉 이들은 소위 '영작궁둔(永作宮屯)'으로서 출세결 또는 제1종 유토면세에 속하는 것들로 추정된다. 처수 및 결수 모두 출세결 쪽이 유토보다 많다.

요컨대, 갑오승총으로 인해 무토가 제도적으로 사라지게 됨으로써 다수의 궁방이 폐지되고 1사7궁(또는 1사9궁)만이 잔존하였는데, 그런 상황에서 궁방이 보유한 전체 전답규모는 이전 시기에 비해 1/4에서 1/3 수준으로 감소하였다(〈부표 11〉, 〈표 2-15〉). 그 감소분은 주로 무토였고, 이후 매수를 통해 일부 증대가 이루어지고 있었음이 『국유지조사서초』를 통해 확인되는 것이다.

7. 전답 규모의 변동과 왕실의 재정수입

궁방면세결의 규모가 변동하고 있었던 상황은 각 궁방 재정수입 규모의 변동에 대한 설명변수가 된다. 당대의 재정 운영이 '양입위출(量入爲出)'의 이념 하에서 이루어졌다면, 재정수입의 변동 양상을 통해 재정 운영의 규모, 즉 재정 지출의 가능 경계를 가늠할 수 있다. 예컨대, 1870년대 이후 궁방면세결의 규모가 3~4만 결 수준에서 2만 5천~3만 결 수준으로 감소되었음은 재정수입 측면에서의 타격으로 이어져 궁방재정의 안정성이 상당히 취약해져 갔음을 보여주는 근거가 될 수 있다.

궁방전의 보유 규모가 전체적으로 감소한 상황에서, 이것이 궁방의 재정수입에 미친 영향이 직접적이었는지에 대한 여부는 상납률(上納率)의 분석을 통해 가능하다. 전체 궁방에 대해 검토할 여유는 없으므로, 수진궁의 사례에서 단위면적당 상납액(上納額), 즉 1결당 상납액의 장기적 추이를 살핌으로써 상납률의 변동 여부를 점검해 보자. 각 궁방전으로부터의 상납액은 장기간 고정되어 있었는데, 이는 『수진궁받자책[壽進宮捧上冊]』에 기재된 궁방전 소출(所出)에 대한 연간 세전문(稅錢文) 또

구분		사례	연도								
			1824	1834	1844	1854	1863	1874	1884	1894	1904
전결 (兩)	유토	나주(羅州) 전답	13.5	13.5	13.5			13.5	13.5		13.5
		봉산 대소성포 실답 (鳳山大小城浦實畓)	56	56	56	56		56	56	56	56
		양천(陽川) 면세 10결	30	30	30	30	30	28.43	28.43		
	무토	순창(淳昌) 원결 100결	300	300	300	300					
		여주(驪州) 원결 10결	31		31	31	31				
미결 (石)	유토	강진(康津) 전답	58	58	58	58	58	58	58	58	
	무토	직산(稷山) 원결 50결	30.33	30.33	30.33	30.33	30.33		30.33		
		홍산(鴻山) 원결 50결	30.33	30.33	30.33	30.33	30.33	30.33	30.33		
		밀양(密陽) 원결 50결	27.07	27.07		27.07	27.07	27.07			

주 : 음영 표시에 대해서는 본문을 참조하라.
출처 : 『수진궁받자책』.

는 세미(稅米)의 내역을 통해 파악 가능하다. 전결(錢結)과 미결(米結)로
구분하여 시계열이 충실한 유토와 무토의 9개 사례를 10년 단위로 발
췌해 보면, 〈표 2-18〉과 같다.

　무토의 경우 1894년에는 폐지되므로 자료가 보이지 않지만, 유토는
20세기 초까지에 이른다. 19세기 전체 시기에 걸쳐 미결과 전결, 유토
와 무토을 막론하고 상납량에 변화가 없었음이 모든 전답에 대해 공통
적인 현상이었다. 〈표 2-18〉에 제시한 전답 외에도 수진궁이 보유한 모
든 전답의 상납량은 장기간 고정되어 있었고, 예외는 거의 없다. 다만
"양천 면세 10결"과 같이 1870년대에 상납액이 감소하는 경향이 관찰되
기도 한다(음영 표시 부분). 이와 같이 모든 전답의 상납액이 장기간 일정
했던 이유는 단위면적당 상납액이 고정된 상태로 유지되고 있었기 때
문이다. 『수진궁받자책』에서 결부수가 확인되는 유토, 무토에 대하여
결당 상납액을 종합해 보면, 〈표 2-19〉와 같은 결과가 도출된다.[90]

구분	표본수 (N)	1결당 평균	표준편차
전결(錢結)	84	3.0냥[兩]	0.2
미결(米結)	14	8.7말[斗]	0.4

주 : 〈표 2-18〉에서 조사한 1824~1904년간 10년 단위의 9개 연도를 대상으로 하였음.
출처 : 『수진궁받자책』.

즉 19세기 전기간에 걸쳐 대체로 전결의 1결당 상납액은 3냥, 미결의 1결당 상납액은 8.7말이었다. 『만기요람』에 규정된 세미(稅米)의 대전가(代錢價)는 지역별로 편차가 있으나,[91] 경기나 경상도를 기준으로 한 '매섬[每石] 5냥'을 기준으로 하여[92] 미결의 1결당 상납액 8.7말을 동전[錢文]으로 환산하면 1결당 2.9냥으로서,[93] 전결의 1결당 상납액인 3냥과 근사(近似)하다. 즉 쌀의 실물이 아닌 대전으로 납부하는 경우, 전결과 미결의 구별은 무차별했다. 이는 만약에 19세기 중·후반기와 같은 인플레이션 상황에서 대전납(代錢納)을 증대하였을 경우, 수진궁의 재정악화가 초래될 수 있었음을 의미한다.

이렇게 1결당 약 3냥으로 단위면적당 상납액이 고정되어 있었다는 점을 고려하면, 궁방면세결총수의 감소는 곧 궁방재정의 연간수입의

---

90 면적[結負]이 표기되어 있지 않은 전답을 제외하였지만, 이들에 대해서도 대체로 장기 고정적이었음은 원자료를 통해 쉽게 확인된다.

91 세미 1섬[石]의 대전가는 경기, 경상도는 5냥, 강원도는 4냥(원주, 홍천) 또는 5냥(춘천, 영월, 양구, 철원), 황해도는 5냥[元作錢] 또는 4.5냥[別作錢], 평안도는 3.5냥이었다(『만기요람』재용편3 면세결 작전식).

92 『만기요람』의 규정대로 대전(代錢)이 행해지고 있었음은 다음과 같은 영남의 여러 사례에서 확인된다. 강조 및 서력 연대는 인용자에 의함. 『수진궁등록』현(玄), 1828년(戊子) 9월 26일, "昌寧等二十六邑所在各宮房稅米每石五兩代錢". 『수진궁등록』황(黃), 1836년(丙申) 10월 및 『일성록』1836년(丙申) 10월 7일, "漕運邑所在各宮房稅米每石五兩並代錢收捧事也". 『수진궁등록』주(宙), 1853년(癸丑) 10월 28일, "各宮房稅米依戊子(1828)丙申(1836)年例每石五兩式收捧事".

93 1섬[石]이 15말[斗]이므로, $\frac{8.7말}{15말} \times 5냥 = 2.9냥$ 으로 계산된다.

축소로 귀결된다. 만약 이렇게 재정수입이 감소하고 있었던 상황에서 왕실 및 궁방이 예전 수준의 일상적 의례적 소비를 지속하고 있었거나 또는 재정지출을 확대하고 있었다면, 그것은 결국 왕실재정의 불건전성을 반영할 뿐만 아니라 국가 전체의 위기 상황을 보다 가속화 하는 방향으로 귀착될 수밖에 없었을 것이다.

8. 맺음말

이 장에서는 18세기 후반에서 20세기 초에 이르는 시기의 궁방전에 대한 본격적인 수량분석을 행하였다. 기존 연구와는 달리 시계열을 완비하여 분석함으로써 궁방전의 전체 규모와 더불어 유·무토별 변동 상황을 밝히고, 지역별 이정(移定) 상황도 고찰할 수 있었다. 그 과정에서 제도적·정책적 측면까지 검토하였다.

궁방면세결총이 변동하는 원인은 영구존속궁의 면세결 증감과 비영구존속궁의 치폐에 따른 면세결 증감으로 구성된다. 그중에서 비영구존속궁의 면세결 보유규모는 상대적으로 작았으나 변동분은 더 컸다. 영구존속궁의 면세결 보유 규모가 큰 비중을 차지하고 있었으며, 후기로 갈수록 그 비중이 점점 커져갔다. 궁방면세결의 구성에 있어서 유토보다는 무토가 중심적이었다. 이전 시기에는 신설 궁방에 대하여 유토(매득)와 무토를 묶어서 지급하는 것이 상례였으나, 19세기에 들어서는 재정상의 이유로 실현되지 못하였고, 오직 무토만을 지급할 수밖에 없었던 것이 현실이었다. 따라서 무토의 비중은 1894년의 갑오승총에 이르기까지 지속적으로 확대되어 압도적인 비중을 차지하게 되었다.

영구존속궁과 비영구존속궁 양자 모두에 있어서 궁방면세결총의 변동은 국가의 제도와 정책이 반영된 결과로 이해된다. 하지만 궁방전의 지급에 관한 제도적 규정은 실효가 없었으며, 임시방편적이고 왕실 옹호적인 정책이 현실을 지배했다. 간헐적으로 국왕이나 대비에 의한 개혁이 이루어졌으나, 그 개혁의 대상은 비영구존속궁에 한정되었다는 한계를 가지고 있었다. 또 고종대에 들어서 대원군에 의해 개혁의 강도가 높아진 것은 분명하고, 1860년과 1874년 사이에 궁방면세결총이 급감한 것은 궁방전에 대한 일대 개혁 조치의 산물이지만, 제도적 규정을 축소하는 수준에까지는 이르지 못하였다. 또한 영구존속궁에 대한 개혁도 제대로 이루어지지 못했다는 점에서 국가의 재용을 절약하고자 하는 의도가 관철되는 데에는 한계가 있었다.

지역적으로는 19세기 중반까지 전라도나 황해도에 많은 궁방면세결이 분포하고 있었다. 무토의 비중이 늘어나기 시작하면서 19세기 후반부터는 전라도나 황해도의 비중이 줄어든 대신에 경기와 충청도의 비중이 늘어나게 되었다. 그 과정에서 궁방면세결을 보유한 군현의 수가 줄어듦과 동시에, 특정 군현으로 면세결이 집중화되는 통폐합이 진행되었다.

출세결의 경우, 무토면세결과 비교해 볼 때 120년간의 장기에 걸쳐 상당히 안정적으로 유지되고 있었다. 갑오승총 이후에는 무토가 호조로 환수됨으로써 궁방전의 전체 규모는 1/4에서 1/3 수준으로 떨어졌다. 하지만 그런 상황에서도 매수를 통한 궁방전의 확대가 일부 이루어지고 있었다.

궁방면세결 규모의 변동은 각 궁방의 재정수입 규모의 변동에 대한 설명변수가 된다. 궁방의 단위토지당 상납액이 고정되어 있었다는 점을 고려하면, 궁방면세결총수의 감소는 곧 궁방의 연간 수입 축소로 귀결될 수밖에 없었을 것이다.

제3장 왕실 회계장부의 체계와 생산 과정

1. 머리말

이 장에서는 내수사 및 궁방의 회계장부를 총체적으로 소개하고, 그 작성 절차와 원리를 분석하며, 수록 내용의 일부를 해설한다. 본격적인 논의에 앞서 왕실의 회계장부 분석이 가지는 의의를 먼저 적어보면 다음과 같다.

첫째, 회계장부상에 기입된 수입과 지출 및 재고의 규모를 파악하여 수지의 세밀하고 구체적인 내역 및 재정 상황의 변동까지 확인할 수 있다. 특히 회계장부들을 데이터베이스화함으로써 조선 후기 내수사와 궁방의 재정을 수량적, 구조적으로 파악함과 동시에 다양한 추가 분석을 행할 수 있다.

둘째, 회계장부를 작성하고 보고하고 결재하는 과정을 검토하여 국가 또는 왕실이 궁방을 어떻게 장악하고 관리, 통제하고 있었는지를 확인할 수 있다. 궁방은 왕실의 '사적(私的)' 재정 기관 또는 조달 기관으로서 역할하였는데, 특히 각 전·궁(殿宮)에 대한 내탕(內帑)으로 기능한 내수사와 4궁의 경우에는 왕실의 공적(公的) 재정, 즉 정부재정을 보조하는 성격이 강하여 왕실에 의해 직·간접적인 관리를 받아야만 했다.

셋째, 궁방의 회계장부는 반드시 회계사(會計史)나 재정사(財政史)의 영역에서만 다룰 수 있는 것은 아니고 기타 분야에서도 폭 넓은 활용도를 가진다. 특히 왕실의 다양한 일상적 수요 물자에 대한 기록이 다수 등장하는데, 이를 면밀히 검토한다면 의식주(衣食住)를 중심으로 한 왕실의 생활사(生活史)를 구체적으로 복원할 수 있다. 기존의 궁중 생활사 연구에서 활용되어 온 의궤(儀軌), 발기[件記·撥記] 등을 보완할 수 있는 훌륭한 자료가 확보되는 것이다. 흔히 회계장부라 하면 화폐에 해당하는 전곡(錢穀)의 출입(出入)만을 연상하게 되지만, 궁방의 지출부에는 구입의 대상 품목들이 모두 기재되어 있어서 사실상 물품출납장(物品出納帳)의 기능을 하고 있었기 때문이다.

2. 왕실 회계장부의 종류와 현존상황

현존하는 궁방 관련 자료는 1,300여 종에 이른다.[1] 이들 중 가장 큰 비중을 차지하는 자료는 궁방전(궁장토)의 소유 및 경영과 관계된 것, 즉

---

1   2015년 12월 현재 규장각 홈페이지(http://kyu.snu.ac.kr)의 목록에서 '궁방(宮房)'이라는 키워드로 검색되는 자료는 1,322건이다.

추수기(秋收記), 타량성책(打量成冊), 양안(量案) 등인데, 토지 제도나 농업 경영에 관련된 다수의 연구에서 활용된 바 있다. 나머지 중에서는 궁방 관계 문서를 필사하여 모아둔 등록(謄錄), 도서책(圖署冊), 공사책(公事冊) 등이나 제실채무(帝室債務) 정리 과정에서의 기록인 각종 청구(請求) 자료 등이 대종을 이룬다. 이 장에서 취급하는 궁방회계 관련 문서로 분류되어 있는 자료는 150여 종에 이르며, 각 자료는 시계열을 구성하는 여러 책으로 구성되어 있다. 따라서 궁방의 회계장부류만으로도 그 분량은 방대하다.[2]

내수사 및 각 궁의 회계장부는 대개 다음과 같은 세 부류로 구성된다. 첫째, 궁방전에서의 수확(收穫)과 분배(分配)로부터 궁방 창고元庫로의 입고(入庫)까지의 기록으로서, 응봉책(應捧冊), 정간책(井間冊), 향미책(鄕味冊) 등이 있다. 둘째, 원고를 기준으로 입고, 출고(出庫), 재고(在庫) 또는 시재액(時在額)을 기록한 것으로 받자책[捧上冊], 차하책[上下冊], 회계책(會計冊) 등이 있다.[3] 셋째, 원고 이외의 곳에 따로 보관된 물자를 별도로 회계해 둔 경우로 별치책(別置冊) 등이 있다.[4] 이들 중에서 첫째와 둘째의 경우에 해당하는 받자·차하·회계책과 응봉·정간·향미책 등에 대하여 내수사 및 각 궁별 회계장부의 현존 상황을 연대별로 요약한 것이 〈표 3-1〉이다.

---

2   현존하는 궁방 회계장부는 대부분 규장각에 소장되어 있으며, 극히 일부의 자료가 국립중앙도서관이나 장서각에도 소장되어 있다. 이들 기관에 소장된 자료는 표제만으로는 궁방의 회계장부인지 알 수 없는 경우도 있는데, 그런 경우를 포함하더라도 수량이 미미할 뿐만 아니라 규장각 소장분과 중복되기도 한다. 따라서 이들 자료는 부차적이라고 판단하여 생략하고, 규장각에 소장된 회계장부를 중심으로 논의를 전개한다.

3   '상하(上下)'와 '봉상(捧上)'은 모두 이두(吏讀)이다. 『수진궁등록』에 수록된 한글 표현을 참고하면, 당시에는 '上下'를 '차하'로, '捧上'을 '밧ᄌ'로 불렀다. 이 책에서는 '차하'와 '받자'로 표기한다.

4   이와 같이 원고 이외의 별치 또는 외치(外置)를 기록한 회계장부에 대해서는 이 장에서 검토하지 않고 후속 연구로 미룬다.

〈표 3-1〉 내수사 및 각 궁의 회계장부 현존 상황

구분		받자책 (捧上冊)	차하책 (上下冊)	회계책 (會計冊)	응봉책(應捧冊) 정간책(并間冊)	향미책 (餉味冊)	봉하책(捧下冊) 유재책(遺在冊) 시재책(時在冊)
내수사 (內需司)	각방(各房)	1792~1892 (55)	1795~1894 (32)	1849~1890 (5)			
	호방(戶房)	1865~1906 (23)	1866~1906 (23)	1865~1906 (22)	1851~1906 (56)		
	형방(刑房)	1865~1906 (25)	1865~1906 (26)	1866~1906 (19)	1826~1905 (46)		
	예방(禮房)	1865~1906 (25)	1865~1906 (23)	1865~1906 (18)	1860~1906 (47)		
	공방(工房)	1865~1906 (16)	1869~1906 (14)	1894~1906 (12)	1865~1906 (40)		
	정방(鄭房) 타처(他處)			1833~1871 (45)			
수진궁(壽進宮)		1795~1906 (104)	1814~1906 (66)	1823~1906 (66)		1798~1892 (22)	1846~1892 (41)
명례궁(明禮宮)		1792~1906 (113)	1792~1906 (97)	1792~1906 (105)			1817~1906 (62)
어의궁(於義宮)		1868~1906 (39)	1868~1906 (39)				
용동궁(龍洞宮)		1825~1907 (73)	1871~1906 (24)	1820~1906 (33)	1849~1908 (60)	1853~1900 (10)	
육상궁(毓祥宮)		1892~1906 (15)	1892~1906 (15)	1896~1906 (11)			
선희궁(宣禧宮)		1903~1906 (4)	1903~1906 (4)		1897~1906 (10)		
경우궁(景祐宮)		1894~1906 (13)	1894~1906 (13)	1894~1906 (13)			
순화궁(順和宮)		1907 (1)					1868~1880 (3)

주 : 각 책의 처음과 마지막 연도를 기준으로 작성한 것이며, 괄호 속의 숫자는 책수(冊數)가 아니라 실재하는 연도수(年度數)임. 즉, 초본・중초본・정서본 등 이본(異本)이 병존하는 경우에도 동일 연도에 대해서는 하나로 파악하였음. 동일한 책에 복수(複數) 연도의 내역이 기재된 경우에는 따로 계산하였음. 규장각의 해제(解題)에서 연대의 비정 잘못되어 있는 경우는 모두 수정・반영하였음. 향미책은 수진궁과 용동궁의 것만, 응봉책・정간책은 내수사, 용동궁, 선희궁의 것만 현존함. 봉하책・유재책・시재책은 수진궁, 명례궁, 순화궁의 것이 있는데, 명칭의 차이는 있지만 기본적 성격은 회계책과 동일하며, 회계책의 결락 연도를 보완할 수 있는 자료들임. 회계책은 도회계책(都會計冊), 회계도록(會計都錄), 비총책(比摠冊), 유재책, 시재책 등으로, 필요에 따라 일람 가능하도록 다양하게 재작성되었음.
출처 : 서울大學校圖書館(1983a).

〈표 3-1〉을 통해 다음과 같은 몇 가지 정보를 도출할 수 있다. 우선 가장 먼저 지적할 수 있는 사실은 조선 후기에 존재했던 궁방의 수는 수십 처에 달하는데(〈부표 11〉 참조), 그중에서 1사7궁 등 주요 궁방의 회계장부만이 현존하고 있다는 점이다.[5] 기타 궁방의 회계장부가 현존하지 않는 이유에 대해서는 명확한 해답을 찾기 어렵다. 다만 여러 궁방 중에서 그 성격상 개인의 사가(私家) 또는 사장(私藏)에 해당한 빈궁(嬪宮), 대군방(大君房), 공주방(公主房) 등은 회계장부의 작성과 점검 및 보관이라는 '왕실재정' 차원에서의 절차가 상대적으로 덜 중요했고, 재궐(在闕) 왕실과 불가분의 관계에 있었던 내탕(內帑) 또는 제향(祭享)의 기능을 한 1사7궁 수준에서 더 큰 의미가 있었으리라고 판단된다. 이와 같이 1사7궁의 회계가 왕실에 의한 직·간접적 관리, 감독이라는 통제 하에 있었던 사정은 조달되는 물자가 왕실의 유지와 직결되는 것이었기 때문이다.

회계장부의 현존 상황을 각 기관별로 비교해 보면, 내수사, 수진궁, 명례궁의 문서는 그 작성연대가 1790년대까지 거슬러 올라간다. 이는 정조대(正祖代)에 들어 국가에 의한 재정 파악을 강화한 일련의 정책과 동일선상에 놓인 것으로 해석될 수도 있다.[6] 즉 정부의 재정상황 파악

5　기타 궁방의 기록 중에는 회계장부류는 보이지 않고, 타량성책 등의 수입(收入) 관련 문서들만 존재한다. 다만, 방(房)의 회계장부 중에서 현존하는 것으로 『숙의방차하책[淑儀房上下冊]』, 『영온옹주방차하책[永溫翁主房上下冊]』 등이 있다. 이들 자료에 대해서는 후속 연구를 통해 고찰하고자 한다.

6　정조대에 국가재정 파악이 제도적으로 확립된 대표적 사례로는 ① 경중(京中) 각사 각영(各司各營)의 연말(年末) 회계부(會計簿) 보고, ② 서울[京兆] 및 전국[濟州 포함]의 헌민수(獻民數), ③ 각도(各道) 목장(牧場)의 마축수효(馬畜數爻) 보고, ④ 궁방의 면세전결수 조사 보고 등이 있다. 이외에도 영조대(英祖代)부터 실시되어 온 공시인순막(貢市人詢瘼)이 정조대에도 계속되었다는 점, 『탁지지(度支志)』(1788), 『부역실총(賦役實摠)』(1794), 『탁지전부고(度支田賦考)』(1796) 등의 주요 재정서 편찬도 같은 맥락에서 이해할 수 있다.

강화와 더불어 왕실의 '사적' 재정 중에서 1사7궁에 대한 관리가 체계화된 것이다. 따라서 이들 궁방의 재정은 '사적' 재정인 동시에 공적인 성격을 강하게 내포하고 있었던 것으로 평가할 수 있다. 고종대인 1860년대가 되면, 어의궁 등 다른 궁방의 회계장부도 작성되기 시작하고 내수사의 회계장부도 4방(房)의 각 방별로 작성된다. 이는 내수사 및 궁방의 장부 작성이 19세기 중엽부터 보편화되는 동시에 작성 체제 상에서 일정한 변화가 나타나게 되었음을 보여준다.

3. 왕실 회계장부의 체계, '3책(冊)' 제도

이들 회계장부 중에서 가장 핵심적인 문서들은 받자책, 차하책, 회계책으로서, 앞에서 소개한 바와 같이 원고를 기준으로 하여 전곡 및 물자의 출납 내역 및 재고를 기록한 것이다. 회계장부가 받자책, 차하책, 회계책으로 구성되는 사례는 관부회계(官府會計)의 경우, 내탕고(內帑庫), 상평청(常平廳), 선혜청(宣惠廳), 별하고(別下庫) 등에서도 발견된다.[7] 이 절에서는 궁방의 '3책' 각각에 대해 기재 내용의 성격과 상호간의 관

7   각 관청의 회계장부의 존재에 대해서는 서울大學校圖書館(1983a)를 참조하라. 조익순·정석우(2006 : 88-89)는 이와 같은 관부회계의 장부 제도를 "단식부기(單式簿記)로서의 3책(冊) 제도(制度)"라고 소개한 바 있다. 이러한 '3책' 제도는 정부(관아) 또는 왕실(궁방)의 일반적인 회계 기법으로 파악되고 있다. 참고로 교토대학(京都大學) 가와이문고(河合文庫)에 소장되어 있는 면주전(綿紬廛) 문서 중에도 차하책, 회계책 등의 회계장부가 있는데, 명칭은 같지만 관부회계와 동일한 양식은 아니다. 면주전의 회계문서에 관해서는 李佑成 編(1984), 須川英德(2003; 2006; 2010), Owen Miller(2007a; 2007b; 2007c; 2008), 고동환(2008a; 2008b) 등을 참조하라.

련성을 중심으로 하여 장부체계(구조)에 대해 검토한다. 받자책, 차하책, 회계책에 대한 일반적 이해는 다음의 (ㄱ) 및 (ㄴ)과 같다.

(ㄱ) 각 궁(各宮)에는 받자책(수입부), 차하책(사용액을 기재한 것이면서 그중에는 실제 지급을 한 것과 아직 지급을 하지 않은 것을 병기했고 그리하여 이 양자의 분계(分界)를 인정할 만한 하등의 기입이 없음), 회계책(수지대조표)의 세 장부가 있다.[8]

(ㄴ) 예전의 수진궁에 있어서는, 회계 상의 공부(公簿)로서 1822년부터 1907년까지 85개년 동안의 받자책, 차하책 및 회계책의 세 가지 장부가 존재하니, 받자책에는 전답에서 생기는 수입, 황실의 하사금 등 일반적인 수입을 기재하며, 차하책에는 직원의 봉급, 구매 물건의 대금 등 일반적인 지출을 기재하며, 회계책에는 수입과 지출을 대조하여 그 잉여액 또는 부족액을 기재한 것이다.[9]

각각 궁방 일반의 '3책'에 대한 해설과 수진궁의 '3책'에 대한 해설로서, 모두 제실채무 정리 과정에서 확인된, 당대의 궁속(宮屬)이 공유하

---

8 『제실채무정리지현황(帝室債務整理之現況)』, "各宮ニハ捧上冊(收入簿)上下冊(使用額ヲ記載シタルモノニシテ其中ニハ實際仕拂ヲ爲シタルモノト未タ仕拂ヲ爲ササルモノトヲ倂記セリ而シテ此兩者ノ分界ヲ認ムベキ何等ノ記入ナシ)會計冊(收支對照表)ノ三帳簿アリ".

9 『관보(官報)』 제4389호, 융희 3년(1909) 5월 29일, '판결(判決)', 제채(帝債) 제7호, "前壽進宮에 在ᄒ야ᄂ 會計上의 公簿로 開國 431年브터 光武 10年ᄭ지 85個年間의 捧上冊, 上下冊 及 會計冊의 3種帳簿가 存在ᄒ니 捧上冊에ᄂ 田畓으로 生ᄒᄂ 收入, 皇室의 下賜金 等 一般의 收入을 記載ᄒ며, 上下冊에ᄂ 職員의 俸給, 購買物件의 代金 等 一般의 支出을 記載ᄒ며, 會計冊에ᄂ 收入과 支出을 對照ᄒ야 其剩餘額 又ᄂ 不足額을 記載ᄒ지라". 하지만 〈표 3-1〉을 통해 1822년 이전의 수진궁 회계장부도 확인할 수 있다.

고 있던 인식을 요약한 것이다. 하지만 이러한 이해를 토대로 하여 이들 장부를 화폐(쌀 포함)의 출입을 적은 '현금출납장'으로서의 성격으로 해석해서는 곤란하다. 오히려 실물의 출입을 기록한 '물품출납장'으로서의 성격이 더 강하기 때문이다. 특히 차하책은 화폐의 흐름이 아닌 실물의 흐름을 보여주는 것으로 이해해야만 장부의 성격이 보다 명확히 규정될 수 있다. 왜냐하면 위의 (ㄱ)에서 지적되고 있듯이 차하책의 기록에서 기불(旣拂)과 미불(未拂)의 "분계를 인정"할 수 없기 때문이다. 이러한 회계장부로서의 특성이 가지는 한계를 해소하고 적극적으로 활용하기 위해서는 '3책'의 특징을 보다 구체적으로 파악할 필요가 있다. 이하에서는 각 책에 수록된 기재 내역의 특징을 수진궁의 사례를 통해 살펴봄으로써, 받자책, 차하책, 회계책의 실체에 접근해 보자.

1) 받자책

먼저 수입부에 해당하는 받자책에는 수진궁의 수입 내역이 월별로 정리되어 있다. 한 달간의 수입 내역을 기재하고 그것의 합계(以上)를 작성한 후 담당자의 확인을 받았다. 19세기 초의 수입 중에서 가장 큰 비중을 차지하고 있던 것은 전답으로부터의 세전(稅錢) 또는 세미(稅米)였다. 일례를 들자면, 〈자료 3-1〉과 같이 전답의 소재지별로 수입 내역이 확인된다.

전답으로부터의 수입을 기록한 양식은 각 전답의 소재 지역, 밭(田)이나 논(畓) 등의 지목(地目), 연도(干支), 전문(錢文)이나 수량(數量) 등의 상납액 순이다.[10] 이렇게 기록된 받자책 상의 수입 내역은 원고를 기준으로

〈자료 3-1〉 1824년[甲申] 2월, 수진궁 수입 내역

```
甲申二月朔
楊州安巖川墓下田畓癸未條稅錢文十四兩
  橋峴柴場癸未條稅錢文二兩
驪州相換田畓癸未條稅錢文十九兩二錢
高陽鴨島田癸未條稅錢文四兩
安山水家畓癸未條稅錢文六兩
載寧箭灘田癸未條稅錢文十二兩五錢
瑞興鳳山田畓癸未條稅錢文二十兩
豊德免稅二十二結癸未條稅錢文六十六兩
陽智免稅十三結七十五負三束癸未條稅錢文四十一兩二錢六分
楊根柴場甲申條春柴木五百同
南原田畓癸未條稅錢文七十七兩五錢
  以上錢文貳佰陸拾貳兩肆錢陸分
    柴木伍佰同
  (啓字印)  次知臣金 (手決) 小次知臣全 (手決) 掌務臣趙 (手決)
```

출처: 『수진궁받자책』(奎 19031-3). 밑줄은 인용자에 의함.

한 입고 내역으로서, 전답에서의 소출과는 일치하지 않는다. 이러한 사실은 소출이 입고되기 전에 일부 분배된 내역을 보여 주는 향미책을 통해 확인할 수 있다. 『수진궁미하금청구』의 '수진궁 채무액 중에 대해서[壽進宮債額中에對ᄒ야]'에 따르면, '향미(鄕味)'란 대개 "녹봉과 다름없으나 그 성질이 조금 다른" 것으로서 "해당 궁 각 토지의 매년 실제 수확량" 중에서 "해당 궁의 일반 관리가 전례에 따라 나누어 먹는", 상납되지 않는 "나머지 반액 부분"을 가리키며, 수진궁뿐만 아니라 "각 궁에 모두 있는" 것이었다(이 책, 〈부록 2〉의 ③ 참조).[11] 바꾸어 말하자면, 수진궁 소유 전답의 실제 수확량 중에서 궁속들에게 우선 지급되는 향미를 제

---

10 시기와 지역에 따라 돈[稅錢] 또는 쌀[稅米]로 수취하였는데, 이를 각각 전결(錢結), 미결(米結)이라 하였음은 이 책의 제2장에서 소개한 바 있다. 여기서는 전결의 경우만 보이지만, 미결의 경우에도 작성방법은 마찬가지였다(〈자료 3-5〉 참조).

11 향미를 '구전(口錢)', 즉 수수료로 보는 견해도 있다(韓㳓劤 1966 : 207, 209).

외한 나머지로서 원고에 들어가는 것만이 받자책에 기재되는 것이다. 〈자료 3-1〉에서 밑줄 친 양주 안암천 묘하 전답(楊州安巖川墓下田畓)과 양근 시장(楊根柴場)의 사례를『수진궁향미책』에서 찾아 발췌한 것이 〈자료 3-2〉와 〈자료 3-3〉이다.

〈자료 3-2〉 1823년〔癸未〕, 양주 안암천 묘하답의 향미 분배

楊州安岩川墓下畓癸未條稅錢文二十八兩內		
上納十四兩		
色落二兩一錢		
又色一錢四分		
鄕味十兩三錢六分		
又數一兩四錢		
堂上宅	三錢七分	又五分
小次知一	各二錢九分	又四分
掌務二十八		
庫直	一錢五分	又三分
大廳直八	各八分	又二分
色掌	一錢五分	
奴子	二錢九分	
廳直	二分	
內人	一錢四分	
婢子	九分	
		余一錢

출처 :『수진궁향미책』제5책. 밑줄은 인용자에 의함.

〈자료 3-3〉 1823년〔癸未〕, 양근 시장의 향미 분배

楊根柴場春柴木一千五百同內	
上納五百同	
宅馬夫十同	
江舍晉三十同	
實九百六十同內	
堂上宅	三十七同
小次知一	各二十九同
掌務二十八	
庫直	十五同
大廳直八	各八同
廳直	四同
	不足一同

출처 :『수진궁향미책』제5책. 밑줄은 인용자에 의함.

『수진궁향미책』은 매년 수진궁 전답(田畓) 또는 시장(柴場)으로부터의 수입이 상납 과정에서 향미로 분배되는 내역을 구체적으로 확인시켜 준다. 〈자료 3-2〉와 〈자료 3-1〉을 대조해 보면, 양주 안암천 묘하답의 계미조(癸未條) 세전문(稅錢文)은 28냥인데, 그중에서 색락(色落)[12] 2냥 2전 4푼, 향미 11냥 7전 6푼을 제한 나머지 14냥만이 원고에 들어가며

[上納], 받자책에 기입된다. 앞에서 언급한 바와 같이 전답으로부터의 수입은 대개 전체 조세액의 '반액(半額)'만이 수진궁의 수입으로 계상(計上)되는 것이다.

〈자료 3-3〉과 〈자료 3-1〉을 대조해 보면, 시장(柴場)으로부터의 수입이 얼마나 원고로 들어가는 지도 확인할 수 있다. 봄·가을 2회에 걸쳐 땔나무의 수입이 이루어졌는데, 양근 시장의 춘시목(春柴木)은 총 1,500동(同)이고, 그중에서 댁마부[宅馬처]에 10동,[13] 강마름[江舍름]에 30동,[14] 향미 960동의 도합 1,000동을 제한 500동만이 상납된다. 전답의 사례보다 더 적은 비율로서 수입의 1/3만이 수진궁 원고에 입고되고 있다. 즉 전답이나 시장을 막론하고 수입의 절반 또는 그 이하에 불과한 분량만이 수진궁으로 상납되고 있는 것이다.[15] 따라서 받자책을 통해 수진

---

12 색락이란 간색(看色)과 낙정(落庭)의 합성어이다(세종대왕기념사업회 2001 : 392). 대체로 '색락'이라는 명목으로 통칭하여 수량이 기재된 경우가 많은데, 일부 사례에서는 '색(色)'과 '낙(落)'을 구별한 경우도 있다. 『수진궁차하책[辛卯鄉味冊]』(奎 19102-41) 1831년 8월 10일을 참조하라.

13 댁마부는 당상댁[堂上宅]의 마부를 가리킨다.

14 강마름은 두모포마름[豆毛浦舍름]을 가리킨다. 광주 삼봉산(廣州三峰山), 양근 등 수진궁이 보유한 시장에서 벌채된 목재는 현재의 옥수동에 해당하는 두모포까지 배[貰船]를 통해 운송되었고, 향미 등이 분배된 이후 상납분은 말[貰馬]를 통해 궁으로 옮겨졌다. 조영준(2013d : 237-238)에 따르면, 18세기 중엽의 두모포에는 시목전(柴木廛)도 있었다.

15 예컨대 수진궁이 보유한 궁방전 중에서 대규모 장토 중의 하나에 해당하는 재령의 사례를 『수진궁미하금청구』의 '재령에서 수확한 도조 4,278섬의 용도[載寧키리收穫셋i賭租四千二百七十八石ノ用途]'를 통해 살펴보면 다음과 같다(이 책, 〈부록 2〉의 ② 참조). 재령의 경우 '도조(賭租)'를 수취한 장토인데, 도조의 특성상 매년의 실수확고(實收穫高) 벼[租] 4,278섬[石]은 "천재(天災)가 없는 한에는 섬수[石數] 일정(一定)"한 것으로서 그중의 절반을 조금 넘는 2,399섬 15말 8되 2홉은 "대차지(大次知) 이하 일반 궁속의 향미(鄉味)"로 미리 분배하는 몫으로서 "받자[捧上]에 기입(記入)하지 않"고, 나머지 1,878섬 2말 1되 8홉은 "궁(宮)의 원수입(原收入)으로서 받자책에 기입하는 분(分)", 즉 고입(庫入)이다. 받자책에 기재된 것들은 모두 지출되는 몫으로서 차하책에도 기재되는데, 그중에서 793섬 1말 9되 6홉은 "소차지(小次知) 이하 일반 궁속의 요(料)로서 특정한 분"이며 나머지 1,085섬 2말 2홉은 "단순한 궁의

궁의 수입 구조나 수입 규모 등을 분석하기 위해서는 상납 이전에 궁속에게 분급되는 향미의 존재를 반드시 감안해야 한다.[16]

2) 차하책

다음으로 지출부에 해당하는 차하책에 대해 검토해 보자. 지출의 내역이 월별로 정리되어 있고, 한 달간의 합계액이 작성되고 나서 담당자의 결재가 이루어짐은 받자책과 같다. 기재 내역은 물품(실물)의 지출과 동전(화폐)의 지출로 대별되는데, 특히 동전 지출의 경우, 그 구입 물자가 다종다양하므로 차하책에는 받자책보다 훨씬 풍부하고 많은 양의 정보가 수록되어 있다. 또한 '받자'와 달리 '차하'의 경우에는 특정 용도에 관한 지출이 일괄적으로 이루어진 경우가 절대적 · 상대적으로 많기 때문에, 일련의 지출 품목 및 수량을 기록한 후 "이상(以上)"이라고 적고 지출의 용처를 기재한 경우가 대부분이다.[17]

공용(公用)으로서 소비하는 분"이다. 여기에서 궁의 공용으로 소비하는 부분 중에 왕실에 대한 조달분이 포함되어 있다.

16 향미책에 수록된 전답이나 시장의 범위는 전국에 걸친 것이다. 따라서 받자책에 기록된 모든 전답으로부터의 수입 내역에 대하여 향미책에서 그 구체적 정보를 확인할 수 있다. 즉 유토면세, 원결무토, 시장, 초평 등 모든 수입원에 대한 상납전 분배 내역이 향미책에 기재되어 있다. 수진궁 보유 전답 중에서 규모가 컸던 재령(載寧)의 경우, 향미책에 기재된 것보다 상세한 내역이 『향미발기(鄕味撥記)』에 수록되어 있기도 하다. 서울大學校圖書館(1983b : 744)에서는 『향미발기』를 편자 미상으로 분류하고 있으나, "임인(壬寅) 12월 일 재령조가분처(載寧租價分處)"의 마지막에 당상(堂上)의 수결과 함께 수진궁의 도서(圖署)가 찍혀 있는 것으로 보아 수진궁 문서임을 알 수 있다(내수사 및 각 궁의 도서 인영에 대해서는 〈부록 1〉 참조). 그러므로 대규모 장토의 경우, '향미발기 → 향미책 → 받자책'의 순으로 검토하면 입고의 전체적 과정을 추적할 수 있는 것이다.

17 즉, 매 지출은 묶음 단위로 이루어지고 있었으며, 이러한 특징으로 인해 지출을 용처별로 분류하는 자료 가공 작업은 상당히 어려울 수밖에 없다. 그러한 어려움만 극

또한 차하책이 수록하고 있는 정보들을 이용하면 다양하고 구체적인 왕실 생활사의 영역에 접근할 수 있다. 동전의 지출 내역은 재정지출이라는 표면적 정보와 더불어 그 이면으로 조달된 물품에 대한 정보를 제공해 주기 때문이다. 즉 내탕의 기능을 한 궁방을 통해 궁중에 조달된 물품의 종류, 수량, 용도가 확인됨으로써, 가격 정보는 물론이고 궁중생활의 면면까지 알 수 있는 풍부한 정보들이 제공된다. 오히려 재정 차원의 화폐 출입 내역보다 실물의 구입 내역이 더 큰 의미를 가지는데, 이는 앞의 (ㄱ)에서와 같이 차하책에서는 "실제 지급을 한 것과 아직 지급을 하지 않은 것을 병기했"으므로 화폐에 관한 정보는 그 지급 시점에 관해서 불명확한 부분이 있기 때문이다.[18] 대금의 지급 여부에 대해서는 명확한 정보를 제공해 주지 못하는 반면에, 구입한 물품이 실제로 조달되었고 궁중에서 쓰였음은 분명하므로 실물을 중심으로 정보를 수합하는 편이 보다 유용하다.[19]

받자책과 차하책의 관련성에 대해서도 살펴볼 필요가 있다. 본래 '차하'라 함은 지출 그 자체를 가리키는 것인데, 물품(실물)의 지출은 창고의 재고로부터 이루어졌으므로 단순히 '차하'라는 의미에 해당하지만, 동전(화폐)의 지출은 그 지출을 통해 물품을 구입해서 궁중에 조달

복된다면, 차하책을 통해 재정의 지출 구성을 밝혀낼 수 있다.

18 『제실채무정리보고서(帝室債務整理報告書)』에서도 "지출부인 차하책에는 실제의 지급액을 기재한 것이 아니라 지급액과 사용액을 구별하지 않고 혼입함으로써 어떤 부분은 지급이 완료된 쪽에 속하고 또 어떤 부분은 미지급에 속하는지를 알 수 없(支出簿タル上下冊ニハ實際ノ仕拂高ヲ記載スルニアラスシテ仕拂高ト使用高ヲ區別ナク混入セルヲ以テ何レノ部分ハ仕拂濟ニ屬シ又何レノ部分ハ未拂ニ屬スルカヲ知ルヲ得ス)"다고 지적하고 있다.

19 대금의 기불(旣拂)과 미불(未拂)에 관련한 문제는 궁방과 그 거래 대상인 시전(또는 상인)과의 구체적인 거래 내역을 분석함으로써 확인할 수 있는 문제이다(이 책의 제5장 참조). 하지만 거래 내역에 관한 자료의 현존 상황은 좋지 않다.

하는 행위를 포괄적으로 일컫는 것이고, 이때 특정 용처에 사용하기 위해 구입된 물품이 수진궁의 창고에 들어가지는 않는다. 하지만 수입에 부족분이 발생하여 창고의 재고를 보충하기 위해 무역(貿易)을 행한 경우에는 '차하'한 동전으로 구입한 물품이 창고에 들어가며, 동시에 받자책에 기록된다. 이는 근대적 회계기법에서의 수입 및 지출 기장과 가장 큰 차이를 보이는 부분이다.

〈자료 3-4〉에서 볼 수 있는 바와 같이 무역의 내역은 받자책과 차하책의 양쪽에서 동시에 확인 가능하다. 예를 들어, 갑오년 정월에 비단(紬) 20필을 구입하였는데, 그 대금으로 142냥의 동전이 지출됨은 차하책에 기재하고, 동시에 그 20필이 입고되었음을 받자책에 기재하는 형식이다. 이러한 기입 방식으로 인해 (실물을 단위로 하는) 재정의 규모를 파악하기 위해서는 양쪽 장부에서의 이중 계산, 즉 실물의 '구입-입고'라는 과정과 화폐의 '출고-지출'이라는 과정을 모두 고려할 필요가 있다.

또한 앞서 살펴본 바와 같이 전답의 소출(세전 또는 세미)이나 시장의 땔나무가 수진궁으로 수입되는 경우에, 그 수입액(또는 수입량) 자체는 받자

〈자료 3-4〉 1834년(甲午) 1~2월, 수진궁에서 행한 무역(貿易)의 기입 실태

받자책	甲午正月朔	貿易紬二十疋	
		柴木一百七十五同	
	甲午二月朔	貿易白淸二石	
		淸蜜五石	
		紬六疋	
차하책	甲午正月朔	錢文一百四十二兩	紬二十疋貿易價
		錢文十二兩八錢二分	柴木一百七十五同貿易價
	甲午二月朔	錢文三十六兩四錢	紬六疋貿易價
		錢文三百兩	白淸二石貿易價
		錢文六百兩	淸蜜五石貿易價

출처: 『수진궁받자책』(奎 19031-71), 『수진궁차하책』(奎 19030-31).

〈자료 3-5〉 1834년〔甲午〕 5월, 수진궁의 세미(稅米) 수입과 부대비용

받자책	甲午五月朔	靈光元結一百二十二結六十負九束癸巳條稅米六十八石七斗三升
		光州元結一百結癸巳條稅米五十五石八斗三升
차하책	甲午五月朔	錢文二兩	靈光光州稅米受來奴子等食物
		錢文二十四兩	靈光稅米一百三十二石八升八合光州稅米一百七石十一斗九升六合合米二百三十九石十二斗八升四合輸入馬貰
		稅米一石十一斗	靈光光州稅米捧上時乞人等處
		錢文二兩	靈光光州稅米受來奴子等經夜食物
		錢文五兩四錢	靈光光州稅米自別營以龍山輸運時船價
		錢文二兩	靈光光州稅米輸來時盖覆草苫二十立貰

출처 : 『수진궁받자책』(奎 19031-71), 『수진궁차하책』(奎 19030-31).

책에 기재되지만, 수입 과정에서 소요된 운반 비용 등은 차하책에 기재된다. 따라서 궁방의 수입 행위를 분석하기 위해서는 〈자료 3-2〉나 〈자료 3-3〉에서 확인된 향미 등의 분배 내역을 고려함과 동시에, 이하에서 확인되는 것처럼 수입에 수반되는 부대 비용까지 고려해야만 한다.

〈자료 3-5〉의 받자책에는 갑오년 5월에 전라도 영광과 광주에 소재한 수진궁의 원결무토 122결 60부 9속과 100결로부터의 계사조 세미 수입이 기재되어 있다. 이때의 68섬 7말 3되와 55섬 8말 3되는 앞에서 설명한 바와 같이 향미 등을 제외한 것이다. 이들 세미의 수입 과정에서 발생한 비용은 차하책에 기재된 내용을 통해 알 수 있다.[20] 세미 운송을 맡은 노자(奴子)들에 대한 식물(食物), 경야 식물(經夜食物) 등 식물조(食物條)로 동전 4냥, 마세(馬貰)로 동전 24냥, 선가(船價)로 5냥 5전, 개복 초둔조(盖覆草苫條)로 2냥을, 그리고 걸인 등처(乞人等處)라는 걸미조(乞米條)로 쌀 1섬 11말을 지출하고 있는 것이다. 마찬가지로 〈자료 3-6〉에

20 차하책에 기재된 세미가 각각 132섬 8되 8홉과 107섬 11말 9되 6홉인 것은 향미 등이 분급되기 이전의 수량이기 때문이다. 영광, 광주로부터 운송된 세미는 마포(麻浦)의 별영(別營)에 보관되었다가 배를 이용하여 용산(龍山)으로 옮겨지고 이후 말[馬]을 이용하여 노자들이 수진궁으로 운송하였다. 그 과정에서 향미가 분급되었다.

〈자료 3-6〉 1834년[甲午] 1~2월, 수진궁의 땔나무[柴木] 수입과 부대비용

받자책	甲午二月朔	楊根柴場甲午條春柴木五百同	
차하책	甲午一月朔	錢文三十兩	楊根春柴木一千五百同載運船價
	甲午二月朔	錢文十兩	楊根柴場春柴木五百同輸入馬貫

출처: 『수진궁받자책』(奎 19031-71), 『수진궁차하책』(奎 19030-31).

〈자료 3-7〉 1834년[甲午] 7·11월, 받자책과 차하책에 나타난 거래 행위의 상호 관계

	월	받자책	차하책
①	甲午七月朔	磨末眞末二石十斗	眞麥六石十斗 磨末次
②	甲午十一月朔	春精白米四十五石二斗一升	租七石十三斗二升 春精
③	甲午七月朔	相換白米一石十斗 粘米一斗	稅米一石十一斗 白米一石十斗粘米一斗相換

출처: 『수진궁받자책』(奎 19031-71), 『수진궁차하책』(奎 19030-31).

서와 같이 양근 시장에서 갑오조 춘시목으로 500동을 수입한 내역은 받자책에 기록되어 있고, 그 부대 비용으로서 선가(船價)와 마세(馬貫)로 40냥이 지급되었음은 차하책을 통해 확인된다.

이렇게 수입과 지출이라는 양쪽 측면을 모두 고려하지 않고서는 세미(稅米)나 땔나무의 생산에서부터 지출에 이르기까지의 전 과정을 입체적으로 알 수가 없다. 받자책과 차하책을 면밀히 대조하고 실물과 화폐의 흐름을 제대로 추적했을 때에만 수진궁 전체의 재정운영 메커니즘이 밝혀질 수 있는 것이다.

받자책과 차하책간의 상호 관계를 보여주는 기타 사례로서 몇 가지를 더 소개하면 〈자료 3-7〉과 같다. ①은 밀[眞麥]을 지출하여 가루로 만든 뒤[磨末] 밀가루[眞末]를 수입하는 과정을, ②는 벼[租]를 지출하고 찧은 뒤[春精] 쌀[白米]을 수입하는 과정을 보여주고 있다.[21] 또 ③은 원고에 있던 세미를 방출하여 이를 일부는 백미(白米)로, 일부는 찹쌀[粘米]로 바꾸

---

21 용정 전후의 벼와 쌀 상호간의 수량에 대한 분석은 해당 월의 정보만 가지고는 파악하기 힘들며, 장기에 걸친 정보를 수집하여 분석할 필요가 있다.

어[相換] 수입하는 과정을 보여주고 있다. 이와 같이 받자책과 차하책의
정보는 상호 비교하며 고찰해야 한다.

3) 회계책

'3책' 중의 나머지에 해당하는 회
계책은 받자책과 차하책의 종합으
로서, 매년 1월부터 6월까지, 7월부
터 12월까지로 나누어 반기별로 전
재(前在), 받자[捧上], 차하[上下], 시유
재[時遺在=時在]의 합계를 품목별로
적고 있다.[22] 〈자료 3-8〉에서 볼 수
있듯이 회계책에서 수입이나 지출
의 구체적 내역은 확인되지 않으며,
받자책에서 옮겨 적은 당기(當期) 수
입량, 차하책에서 옮겨 적은 당기
지출량, 그리고 그 두 가지를 전기
재고에 반영한 당기 재고를 기록한
것이다.

〈자료 3-8〉 1834년[甲午], 『수진궁회계책』의 발췌

> 甲午正月初一日以六月二十九日至會計
> 錢文前在一千八百六十三兩二錢八分
> 　捧上七千九十四兩九錢四分
> 　上下七千七百七十五兩三錢五分
> 　時遺在一千一百八十二兩八錢七分
> 　　　（…중략…）
> 稅米加用十一石一斗五升五合
> 　捧上二百二十九石六升
> 　上下二百七十四石九斗三升
> 　加用五十六石十四斗二升五合
> 　　　（…중략…）
> 稅布前在一疋十五尺
> 　捧上無
> 　上下十五尺
> 　時遺在一疋
> 貿布前在無
> 　捧上三十八疋
> 　上下三十八疋
> 　時遺在無

출처 : 『수진궁회계책』 제7책. 밑줄은 인용자에 의함.

지출이 수입을 지속적으로 또는 과다하게 초과하여 재고가 마이너

22　수진궁, 명례궁, 용동궁 등에서는 대개 6개월마다 정산하여 회계책을 작성하였지
　　만, 내수사에서는 3개월마다 회계책을 작성하는 등, 회계책의 작성빈도에는 기관별
　　로 차이가 있다.

스로 되는 경우에는 〈자료 3-8〉의 세미(稅米) 항목에서 볼 수 있듯이 '가용(加用)'이라 표현하고 있다.[23] 그런데 앞에서 언급한 것처럼 차하책의 기록 중에는 지급되지 않은 부분이 포함되어 있으므로, 항상 실제 지급한 것보다 많이 지급한 것처럼 기록되는 구조이다. 그 결과, 회계책의 장부상 재고는 실제의 재고보다 과소평가된 것으로 볼 수 있다. 따라서 장부상 재고가 적자 또는 마이너스(−), 즉 가용으로 기재된 경우에도 장부상 가용액의 절대값보다 실제 가용액의 절대값이 더 작았을 것이다. 장부상 재고와 실제 재고의 차액은 물품 판매자(주로 시전)에 대한 채무의 형태로 존재하고 있었다.[24]

'3책'에 공통된 내용으로서, 기재된 품목의 종류는 화폐로 기능한 (또한 큰 비중을 차지했던) 주요 품목인 동전[錢文]이나 쌀[米]을 포함하여 40여 종에 달했다. 단, 그중에서 동일한 품목의 경우에도 수입의 원천이 다른 경우에는 각각 따로 분리하여 받자책, 차하책, 회계책에 일관되게 적고 있다. 예를 들어, 베[布]의 경우를 살펴보면(〈자료 3-8〉 참조), 전답의 조세로 받은 경우에는 세포(稅布)로, 시중에서 구입한 경우[貿易]에는 무포(貿布)로 구별하고 있는 것이다.[25] 이는 모든 물품에 대하여 '받자'가

---

23 '가용'은 재고가 없는 상태에서 "추가로 사용하였음"을 의미하며, 언젠가는 지급해야 할 채무의 성격을 지니는 것이다. 장부에 따라서 "재고는 없으나 추가로 썼음"을 나타내기 위해 '시재 무 가용(時在無加用)'이라 표현한 경우도 있다.

24 채무(미불)의 내역은 별도의 장부를 통해 관리되고 있었다. 미불 내역은 '도표(都票)'라 지칭한 장부에 기록되었는데, 도표는 거래 대상자별(시전별)로 작성되고 있었다. 현존하는 도표로는 잡곡전 등의 시전과의 거래에 대하여 내수사 호방에서 작성한 것이 있으며, 『내수사호방회계책(內需司戶房會計冊)』, 『호방받자수결책(戶房捧上手決冊)』 등의 내수사 회계장부에 혼입되어 있다. 자세한 내용은 이 책 제5장을 참조하라.

25 〈자료 3-8〉에서는 보이지 않지만 상고(廂庫)에서 공급받은 경우에는 관포(官布)라 하였고, 비단[紬]의 경우에도 무역을 통해 입고된 비단은 무주(貿紬)라 했다. 마찬가지로 쌀[米]에 있어서도 세미(稅米), 창미(倉米), 선미(宣米) 또는 혜미(惠米) 등으로 구별하였다. 선미나 혜미는 모두 선혜청으로부터 이속된 쌀을 말하는데, 내수사, 수

이루어짐과 동시에 창고에서 뒤섞여 관리된 것이 아니라 수입원별로 별도의 회계로 관리되었음을 뜻하며, 보다 구체적으로는 품질의 차별성도 내재하고 있었을 것임을 시사한다.[26]

4. 작성 절차

'3책'은 공히 초본을 작성한 후에 정서하는 과정을 거쳤다. 보다 구체적으로 '3책'의 작성 절차에 대해 검토해 보자. 받자책과 차하책의 경우에는 대체로 그 과정이 3단계로 이루어졌는데, '초본(草本) → 중초본(重草本) → 정서본(正書本)'의 순서이다. 회계책도 우선 초서(草書)로 작성된 후 정서로 옮겨 적는 절차를 거쳤지만, 현존하는 회계책 중에는 초본과 중초본이 공존하는 사례가 발견되지 않으므로, '초본(중초본) → 정서본'의 2단계로 작성된 것으로 보인다. 초본은 인찰선(印札線)이 없는 종이에 초서로 씌어졌으며, 일자별(또는 월별)로 기록되어 있다.[27] 중초본도 역시 인찰선이 없는 종이에 씌어졌는데, 초본의 일자별 내역을 월별로 재배치한 후에 행서에 가까운 초서[半草書]로 정리한 것으로서, 최종 확

· 진궁 등에서는 선미로, 용동궁에서는 혜미로 지칭했다.

26 세포(稅布), 무포(貿布), 관포(官布) 등의 베[布]로부터 품질의 차이를 구체적으로 확인하기 위해서는 왕실과 포전(布廛) 간의 거래 내역이 확보되거나, 포전에서 작성한 문서가 발견되면 좋겠지만, 현재로서는 아쉽게도 그렇지 못하다. 다만 각각의 용처가 달랐음은 차하책 상에서 확인된다.

27 내수사의 경우에는 수결책(手決冊)이라 표현된 경우도 있는데, 이들도 역시 초본에 해당한다. 『호방받자수결책』, 『예방받자수결책[禮房捧上手決冊]』, 『형방차하수결책[刑房上下手決冊]』 등.

인의 직전 단계에 해당한다. 정서본은 해서(楷書)로 기입된 것으로서, 최종 결재처에 따라 계하책(啓下冊), 달하책(達下冊) 등으로 지칭되었으며, 인찰선이 있는 종이에 작성되었다. 하지만 〈표 3-1〉에서 살펴본 바와 같이 각 궁방의 회계장부가 모두 초본, 중초본, 정서본을 고루 갖추고 있는 것은 아니다.[28] 따라서 3단계의 장부가 모두 존재하는 특정 궁방의 일부 연도에 대해 상호 비교함으로써 장부 기입의 절차에 대한 분석을 행할 수 있다.

분석에 앞서 소위 '중기(重記)'에 대한 기존 연구의 이해를 되짚어 볼 필요가 있다.[29] 주지하듯이 중기에서 '중(重)'의 의미는 '무겁다·중하다'와 '거듭·다시'의 두 가지가 있다.[30] 그중에서 궁방 회계문서 중의 '중기'에서 '중'은 '거듭·다시'의 의미에 해당하며, '중기'는 앞에서 소개한 '중초(重草)'와 마찬가지로, 단지 '초본을 다시 옮겨 적은 것'을 나타낼 뿐이다.[31] 궁방 회계문서 중의 중기책(重記冊)이 여타의 중기들과 달리 차하책, 받자책 등의 중초본으로서의 성격을 가질 뿐임은 몇 가지 사례만 보더라도 쉽게 확인된다.[32]

---

28 각 단계별 장부의 현존 상황은 서울大學校圖書館(1983a)를 참조하라.
29 넓은 의미에서 중기의 정의는 "전곡(錢穀), 잡물(雜物)을 취급하는 모든 관사(官司)의 회계기록(會計記錄)"이면서 "항상 비치하여야 할 전곡과 잡물의 회계문서"이다(尹根鎬 1975 : 542). 중기를 회계중기(會計重記), 비품출납중기(備品出納重記), 해유중기(解由重記)의 세 가지로 구분하기도 하는데(金赫 2001 : 159), 이때의 해유중기가 좁은 의미에서의 중기에 해당한다. 현재까지의 연구는 대체로 해유중기를 중심으로 하여 지방관아의 회계를 분석하는 데 관심을 두고 있었다.
30 金赫(2001 : 158)은 '귀중하다' 또는 '소중하다'의 의미를 강조하였다.
31 기존 연구에서는 궁방 회계문서의 체계를 이해하지 못한 상태에서 명칭이 '重記冊'인 자료들만 뽑아서 궁방 이외의 중기류와 비교하였기에 다소 오해가 발생한 것으로 보인다.
32 대표적인 사례로서『명례궁회계중기책(明禮宮會計重記冊)』은 정서본인『명례궁회계책(明禮宮會計冊)』의 중초본이다. 또『경우궁회계중기책(景祐宮會計重記冊)』은『경우궁회계책(景祐宮會計冊)』의,『경우궁차하중기책[景祐宮上下重記冊]』은『경

〈그림 3-1〉 1842년(壬寅)의 『수진궁차하책』
출처 : 『수진궁차하책』(奎 19102-32), 『수진궁차하책』(奎 19079-40), 『수진궁차하책』(奎 19030-34)

〈그림 3-1〉은 3단계의 장부가 모두 현존하는 대표적인 사례로서, 각각 1842년(壬寅) 『수진궁차하책』의 초본, 중초본, 정서본의 첫 면을 예시한 것이다. 1842년을 대상으로 하여, 초본에서의 최초 기록과 중간 단계의 중초본 기록, 그리고 정서본에서의 최종적 기록 사이에 어떤 관계가 있는지를 검토해 보자.

우선 초본의 날짜별 내역을 중초본에서 월별 내역으로 통합하여 정리하는 과정에서 수정의 필요가 발생한 경우, 특정 달에 기재한 내역을 다른 달로 옮겨 적은 사례가 빈번함이 확인된다. 두 가지 예만 들어보면 다음과 같다. 첫째, 초본에서 원래의 1842년 1월분 기록(壬寅正月朔) 중에는 "공주방에서 1월분 육종(肉種)을 무역하는데 치를 돈으로서 궁중에 들였다"는 용도가 기재된 "동전 25냥"의 지출이 기입되어 있었다.[33] 이후, "1월(正月)"을 "3월(三月)"로 고쳐 적고, 그 오른쪽에 "4월 상책

우궁차하책[景祐宮上下冊]의, 『경우궁받자중기책[景祐宮捧上重記冊]』은 『경우궁받자책[景祐宮捧上冊]』의 중초본에 해당한다. 만약 궁방의 '중기'에서 '중'이 '중요하다'는 의미를 가졌다면, 중초본이 아닌 정서본에 '중기'라는 명칭을 부여했어야 하지 않을까?

33　"錢文貳拾伍兩 公主房正月朔肉種貿易價內入".

차(四月上冊次)"라고 붉은 글씨[朱筆]로 표기하였다. 이를 반영한 중초본의 1월분[正月朔] 내역에는 위 내용이 포함되어 있지 않으며, 해당 내역은 4월분[四月朔]에서 확인된다. 둘째, 초본의 1842년 4월 30일[壬寅四月三十日] 기록을 보면 "박천(博川) 박비도(博飛島)의 상납액을 거두기 위해 내려 보낸 경감(京監)의 노자[路費]" 명목으로 "동전 20냥"을 지출하였음이 적혀 있고,[34] 좌측에 역시 붉은 글씨로 "7월 상책차(七月上冊次)"라고 표기하였다. 역시 중초본에서 해당 내역은 4월분[四月朔]이 아닌 7월분[七月朔]에서 확인된다. 두 가지 사례 모두에서 중초본의 내용은 정서본의 그것과 완전히 일치하고 있다. 즉 초본에 적은 내역을 두고 월별로 재배치하는 과정을 처리한 결과가 중초본에 수정·반영되는 것이며, 정서본에서는 단지 이를 확인하여 결재용으로 옮겨 적기만 하였던 것이다.

이러한 사실은 중초본과 정서본의 기재가 월별로 이루어진 것이 아님을 시사한다. 즉 중초본의 기록만 가지고 보면, 마치 달마다 회계의 정리가 이루어지고 그때그때 담당자의 수결을 받은 것처럼 되어 있지만, 위와 같이 사실상 월 상호간의 수정 내역을 반영하여 정리한 것임을 미루어 볼 때, 다음해 초(翌年初) 또는 반기 초(半期初)에 일괄하여 중초책을 작성한 것이라고 볼 수 있다. 즉, 달마다 회계를 마친 다음달 초가 아니라 이듬해 1월 초 또는 7월 초에 중초본을 작성하고, 이를 정서하여 최종본 작성 및 결재에 들어간 것이다.

또한 초본에서는 앞서 지적한 차하책 기재 상의 문제, 즉 지급분과 미지급분의 혼입 양상이 구체적으로 확인된다. 몇 가지 유형이 관찰되는데, 그중에서 미리 지급한 내역과 실제로 지급한 내역, 그리고 지급

---

34 "錢文貳拾兩 博川博飛島上納收稅次下去京監路費".

하지 않은[未下] 내역을 구분하고 있는 경우가 있다. 예를 들어, 1842년 2월 16일[壬寅二月十六日]의 일간 합계에서 '동전[錢文]' 항목을 발췌해 보면 〈자료 3-9〉와 같다.

〈자료 3-9〉 1842년[壬寅] 2월 16일, 수진궁의 지출 내역 중 동전 합계

以上錢文壹佰拾捌兩捌分內
　　懸房預下五兩五錢除
　　實壹佰拾貳兩伍錢捌分未下內
　　　　眞油價二十兩二月十七日上下
　　　　二月二十八日畢下

출처: 『수진궁차하책』(奎 19102-32).

즉 2월 16일의 구매 거래에 대하여 총액 118냥 8푼을 지출해야 하는데, 그중에서 다림방[懸房]에 미리 지급[預下]한 5냥 5전을 제하고[35] 아직 지급하지 않은 금액[未下]은 112냥 5전 8푼이라고 밝혀두었다. 이후에 이 미지급 금액 중에서 참기름값[眞油價] 20냥은 2월 17일에 지급[上下]하였고, 나머지(92냥 5전 8푼)는 2월 28일에 최종적으로 결제[畢下]한 것이다. 이후 '미하(未下)'라는 글씨 위에 청산(淸算)을 의미하는 'ㄱ' 표기를 함으로써 결제가 완료되었음을 나타내고 있다.[36] 위와 같이 상세하게 기재된 것 이외에도 초본에는 "지급하지 않았다가 ○월 ○일에 지급하였음

---

[35] 이와 같이 현방에 대금을 미리 지급한 경우에 거래액에서 선지급액을 제한 후 미지급액을 따로 기입하고 있는데, '현방예하(懸房預下)'라는 표현은 차하책의 정서본에서는 보이지 않지만 초본에서는 자주 등장한다. 소위 육종무역(肉種貿易)을 담당한 사환노자(使喚奴子) 등이 조달한 육종은 대부분 소고기 또는 그 부산물(副産物)인데, 이들이 육종을 조달한 경로가 주로 도성 안의 현방을 통해서였음이 수진궁의 회계장부 중에서 초본을 통해서만 직접적으로 확인되는 것이다. 이와 관련한 자세한 내용은 이 책의 제6장을 참조하라.

[36] 여기서 'ㄱ'은 소위 '거침표'에 해당한다. 이 책 제6장의 각주 12)를 참조하라.

[未下 ○月○日 下]" 또는 "잠시 동안 지급하지 않았으나 ○월 ○일에 지급했음始未上下 ○月○日 下]" 등의 표현이 숱하게 등장한다. 또한 물품 구입의 시점과 대금 지급의 시점이 같은 달이 아닌 경우도 많다.

그런데 문제는 초본에서 정리된 위와 같은 지급과 미지급의 구체적인 내역이 중초본에서는 반영되지 않았다는 점이다. 이는 초본, 중초본, 정서본의 월간 합계, 즉 초본의 '도이상(都以上)'과 중초-정서본의 '이상(以上)'이 동일하다는 사실을 통해 알 수 있다. 즉 개별 거래의 내역에 대하여 다른 월로 옮겨 적은 경우, 구입 시점과 대금 지급 시점을 달리 적은 경우 등이 있었다고 하더라도, 초본에 기재된 월간 합계액은 중초-정서를 거치면서도 변화가 없었다. 바로 이 점이 정서본만을 위주로 한 회계 내역 분석에 일정한 한계를 갖게끔 하는 것이다. 특정 거래의 내역이 특정 달에 기재되어 있다고 하더라도 그 물품 조달의 시점은 확인시켜 주겠지만, 대금 지급의 시점은 전혀 알려주지 못하고 있는 것이다. 따라서 구입과 결제의 프로세스를 구체적으로 확인하고자 한다면, 중초본이나 정서본은 아무런 도움을 주지 못하므로, 오직 초본을 분석해야만 하는 것이다.

이상과 같이 구성된 '3책' 각각의 3단계 장부, 즉 초본-중초본-정서본 및 받자책-차하책-회계책의 장부체계에 대하여 조익순·정석우(2006)는 〈그림 3-2〉의 ①과 같이 이해하고 있다. 즉 "수입이 발생하면 초받자책에 기록하고, 지출이 발생하면 초차하책에 기록한 후, 10일, 15일, 1개월 등 단위로 수입의 합계, 지출의 합계를 회계책으로 이기(移記)했다"는 것이다.

하지만 실제 내수사와 궁방의 장부작성 순서는 그렇지 않다. 이는 회계책을 언제 구성하느냐의 문제로서, 궁방의 회계책 중에서 그 어느

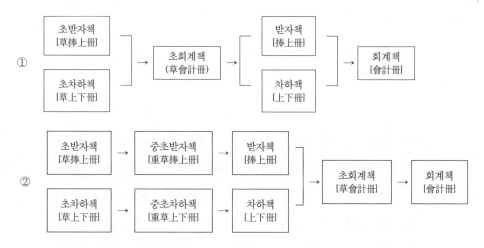

〈그림 3-2〉 왕실 회계장부의 작성 절차

주 : 일부 궁방에 대하여, 여기서의 초회계책은 앞에서 소개한 회계중기책과 같고, 중초받자책은 받자중기책, 중초차하책은 차하중기책과 같다.

출처 : ① 조익순 · 정석우(2006: 99). ② 본문의 논거에 따라 새로 작성한 것.

것을 살펴보더라도 10일, 15일 단위로 작성된 사례는 존재하지 않는다. 거의 모든 회계책은 3개월[3朔], 6개월[6朔] 등을 단위로 하고 있다. 즉 받자책과 차하책의 초본 작성, 이후 그것의 중초-정서화가 완료된 후에 회계책의 초본을 작성하고 이를 다시 정서화하였던 것이다. 만일 달마다 또는 그보다 잦은 빈도로 회계책이 작성되었다면 회계책의 (중)초본과 정서본 간의 내용에는 상이한 점이 많이 발견되어야 할 것이다. 하지만 현존하는 회계책의 (중)초본과 정서본 사이에는 큰 차이점이 관찰되지 않고, 거의 무수정(無修正)의 동일한 내역이 수록되어 있다. 현존하지 않는 (중)초회계책은 애초에 작성되지 않았을 가능성도 있다. 받자책, 차하책과 달리, 현존하는 회계책에서 3단계의 장부가 발견되지 않고, 오직 2단계로만 구성되어 있는 것도 같은 이유에서이다. 따라서 조익순 · 정석우(2006)의 가설을 〈그림 3-2〉의 ②와 같이 수정해야 한다.

5. 결재 단계

'초본(草本) → 중초본(重草本) → 정서본(正書本)'으로 장부 작성의 절차를 거치면서 수지의 내역이 확정되는 과정은 앞에서 설명한 바와 같다. 장부의 작성자는 직제 상(職制上)으로 판단컨대, 궁방의 경우 서원(書員), 내수사의 경우 서제(書題)였을 것이다.[37] 그렇다면 장부 작성의 책임자, 즉 결재 담당자는 어떠했을까? 우선『수진궁차하책』의 사례를 통해 결재의 절차를 살펴보면 다음과 같다.

〈그림 3-3〉에서와 같이『수진궁차하책』의 ① 초본에는 당상(堂上)과 소차지(小次知)[38]의 수결(手決), 즉 서압(署押)이, ② 중초본에는 당상, 소차지와 장무(掌務)의 수결이 있는 반면에,[39] ③ 정서본에는 차지(次知), 소차지 및 장무의 착명(着名) 및 수결(手決)과 함께 관인(官印)이 찍혀 있다. 즉 초-중초-정서를 거치면서 장부 기입 내용을 확인한 담당자가 단계적으로 늘어남으로써 작성 내용에 문제가 없음을 책임지는 한계가 점점 확대되고 있었다.

정서본의 경우에는 소관 전궁에서 관인을 찍음으로써 최종 결재를 하였다. 이 결재 과정을 입계(入啓) 또는 입달(入達)이라고 하는데, 입계란 계자인(啓字印)을 받는 행위를 가리키며, 입달이란 달자인(達字印)을 받는 것을 말한다. 계자인, 달자인은 각각 왕, 왕세자의 결재를 얻었음

---

37 궁방의 직제와 서원에 대해서는 이 책의 제1장을, 내수사의 직제와 서제에 대해서는 이 책의 제5장을 참조하라.

38 소차지가 부재인 경우에는 수장무(首掌務)가 결재를 하였다.

39 초본과 중초본에서 단지 소차지(小次知) 또는 장무(掌務)라고만 적혀 있고 수결이 되어 있지 않은 경우도 있다.

| ① 초본(草本) | ② 중초본(重草本) | ③ 정서본(正書本) |

〈그림 3-3〉『수진궁차하책』의 결재 사례
출처:『수진궁차하책』(奎 19102-32),『수진궁차하책』(奎 19079-40),『수진궁차하책』(奎 19030-34)

을 의미한다. 결재를 받은, 즉 계자인이 찍혀 나온 책을 계하책(啓下冊),
달자인이 찍혀 나온 책을 달하책(達下冊)이라 한다. 대비전의 결재는 자
교자인(慈敎字印)을 통해 받았다.『수진궁차하책』에 찍혀 있는 각 도장
의 형태는 〈그림 3-4〉와 같다.

『수진궁차하책』의 정서본 중에서 1823~34년간은 계자인, 1835~63
년간은 자교자인, 1871~81년간은 다시 계자인, 1882~1906년간은 달
자인이 찍혀 있다.『명례궁차하책』에서도 1792~1906년간에 걸쳐 대
개 계자인이 찍혀 있지만, 1830년에는 달자인, 1837~44년간과 1866년,
1869년에는 자교자인이 찍혀 있다. 이와 같이 연대별로 담당 최종결재

① 자교자인(慈敎字印)　　　　　② 달자인(達字印)　　　　　③ 계자인(啓字印)

〈그림 3-4〉『수진궁차하책』의 정서본에 날인된 관인
출처 : 『수진궁차하책』.

처의 변화가 관찰되는 것은 각 궁방이 내탕으로서 담당한 소관 전궁의
변동이 있었음을 의미한다(이 책의 제1장 참조). 이렇게 수진궁과 명례궁
의 최종결재처가 자주 변동한 점은, 대전(大殿)의 내탕이었던 내수사의
차하책에는 오직 계하책만 존재하는 것과 대조적인 현상이다.

　내수사의 경우에 최종결재처의 변화는 관찰되지 않지만, 19세기 중
엽에 기능의 일정한 변화가 있었던 것으로 보이며(이 책의 제5장 참조), 이
것이 시기별 결재 담당자의 변화로 나타나고 있다. 예를 들어, 내수사
의 차하책을 검토해 보면, 〈표 3-2〉에서와 같이 1795~1834년간의 장
부에는 매월 다른 직급의 책임자, 즉 전수(典需), 부전수(副典需), 별좌(別
坐), 별제(別提) 등이 번갈아 가며 착명, 수결하고 있다.

　내수사 직제상으로 전수, 부전수, 별좌, 별제는 정5품에서 종6품까지
의 상위직(上位職)으로서(이 책의 〈표 5-1〉 참조), "상체제수(相遞除授)"된 사실
상의 동일 직급에 해당한다.[40] 이름이 확인되지는 않지만, 〈표 3-2〉에서
1796년 7・10월의 유(劉)는 수결이 같은 동일 인물로서 그 직책이 부전

40　『경국대전(經國大典)』에서는 "전수와 부전수, 별좌와 별제는 서로 교체해 가면서 임
　　명한다"(典需副典需別坐別提相遞除授)라고 규정하였고, 『육전조례(六典條例)』에서
　　도 별좌와 별제에 대해 "상체제수"라 하였다.

〈표 3-2〉 내수사 차하책의 결재 담당자 (4개 연도 발췌)

연도	월											
	1	2	3	4	5	6	7	8	9	10	11	12
1796	별좌(金)	별제(金)	전수(金)	전수(金)	전수(金)	부전수(金)	부전수(劉)	전수(金)	부전수(金)	별제(劉)	전수(金)	별제(金)
1820	전수(崔)	별제(宣)	별좌(金)	부전수(尹)	별좌(崔)	별좌(宣)	별좌(金)	별제(尹)	별좌(崔)	전수(宣)	별좌(金)	전수(尹)
1849						서제(朴)	서제(朴)	서제(朴)	서제(朴)	서제(朴)	서제(朴)	서제(朴)
1850	서제(朴)	서제(朴)	서제(朴)	서제(朴)	서제(朴)	서제(朴)	서제(朴)	서제(朴)	서제(朴)	서제(朴)	서제(朴)	서제(朴)

주 : 1849년 1~5월의 장부는 현존하지 않음.
출처 : 『내수사각방차하책[內需司各房上下冊]』 제2책, 제12책, 제18책, 제19책

수에서 별제로 바뀌고 있다. 또 1820년 2·6·10월의 선(宣)도 수결이 같은 동일 인물로서 별제, 별좌, 전수의 직책을 번갈아서 맡고 있다. 결재 담당의 직책간 교대에는 규칙이 발견되지 않지만, 인물간의 교대 규칙은 발견된다. 1820년의 경우, '최(崔) → 선(宣) → 김(金) → 윤(尹) → 최(崔)'의 순환 구조로서 총 4명의 담당자가 있었음을 알 수 있다. 하지만 이렇게 상위직의 관리에 의해서 물품 출납(회계)의 최종 점검이 이루어진 시기가 언제까지였는지에 대하여 내수사의 차하책만으로는 ─ 연도별로 완비되어 있지 않아 ─ 정확한 시점을 알 수 없지만, 받자책을 참고하면 1842년까지였던 것으로 보인다.[41]

반면에 1843~90년간에는 오직 서제(書題)만이 수결하였고, 일정 기간 동일 인물에 의해 결재가 이루어졌다. 〈표 3-2〉에서 1849~50년간의 서제 박(朴)은 수결을 비교해 보면 동일 인물임이 확인된다. 서제는 품계가 없는 말단의 하위직으로서 종9품 전화(典貨)보다도 낮은 직책이

---

41 내수사의 받자책도 차하책과 마찬가지로 기간에 따라 결재 담당자가 구분된다. 즉 별제 등이 번갈아가며 수결한 기간과 서제가 혼자서 수결한 기간으로 나뉜다.

었다(이 책의 〈표 5-1〉 참조). 이와 같이 1843년부터 서제만의 수결로 전환되는 것은 내수사의 기능에 명확한 변동이 발생하였음을 시사하며, 이는 내수사의 성격이 기존의 내수사와는 확연히 달라졌음을 뜻한다.[42] 즉 1840년을 전후로 하여 내수사의 직제는 사실상 '차지(次知)-서제(書題)'의 직제로서 4궁과 유사한 형태로 바뀌게 되는 것이며, 이는 이 책의 제5장에서 살펴보게 될 내수사 직제의 변동 양상과 합치한다.[43]

앞에서 살펴본 장부 작성의 확인 절차를 통해 최종 결재처까지의 단계별로 왕실에 의한 회계 점검의 강도가 점점 높아지는 구조였음을 알 수 있는데, 이러한 회계 점검의 실태는 왕실의 궁방재정 장악을 대변한다. 특히 정서본을 작성하여 계자인, 자교자인, 달자인 등을 받고 있었음은, 이들 책이 어람용(御覽用)에 해당함을 의미하며, 언제든지 왕 또는 왕비 등이 장부를 열람할 수 있게끔 제도가 완비되어 있었음을 보여준다. 결재 단계도 '작성자(서원 또는 서제)-장무-소차지-차지(=당상)-입계(입달)'의 5단계에 걸친 상당히 다층적인 과정이었다.

이러한 왕실에 의한 회계의 점검을 통해 궁방재정의 위상을 파악할 수 있다. 각 궁방의 회계장부를 결재한 과정에 여타의 관아(재정관아 또는 승정원)가 개재되지 않았기 때문에, 오직 해당 전·궁(왕 또는 왕비)에서만 재정의 수지가 파악되는 비공식적 측면이 내재하고 있었던 것이다.

---

42 1894년 이후 다시 전수, 별제 등의 수결이 보이지만, 이때는 이미 갑오개혁에 의해 내수사의 기능이 예전과 같지 않게 변한 후이므로 논외(論外)이다.

43 이러한 사정은 내수사의 회계책을 통해서도 다시금 확인할 수 있다. 내수사의 회계책은 1849년부터 현존하는데, 모든 연도에 있어서 '차지(次知)'가 수결하고 있다. 회계책의 수결이 받자책이나 차하책처럼 별제·별좌 등이나 서제에 의해 이루어지지 않고 최상위직인 대차지(大次知)에 의해 이루어졌음은 1840년대 이후 내수사의 회계점검 체계가 4궁과 다름없었음을 보여 준다. 즉 받자와 차하의 결과로서의 시재, 즉 창고의 재고를 최종 점검한 것은 내시(內侍)인 당상(堂上)이었다.

이에 내수사나 궁방의 재정을 왕실의 '사적'인 영역으로 분류하는 것이다. 하지만 결재 절차가 중층적(重層的)이고 또한 잘 정비되어 있었음은 왕실에 의한 궁방재정(회계) 통제가 상당히 치밀하게 이루어졌음을 반영한다.[44]

6. 맺음말

궁방의 회계장부는 수입을 기록한 받자책, 지출을 기록한 차하책, 수지를 산정하고 재고를 확인한 회계책의 '3책'으로 구성되어 있었으며, 이러한 장부체계는 관부회계에서 공통적으로 나타나는 형식이다. 또한 현금출납장이라기보다는 물품출납장에 가까운 성격을 가진 것으로서 독특한 기법에 의해 작성되었다.

수입 장부인 받자책과 거기에 수록된 정보에 대한 성격 구명은 향미책 등 수입 과정에서 작성된 장부류를 함께 검토함으로써 가능하다. 궁방전으로부터의 세전(稅錢), 세미(稅米)나 소출(所出)이 궁방으로 입고되는 과정에서 분배되는 내역은 향미책에 수록되며, 그 외의 상납분만이 받자책에 기록되었다. 지출 장부인 차하책에는 대금이 지급된 내역

---

[44] 물론 실제의 최종 결재가 왕, 왕비, 대비 또는 왕세자 본인에 의해 직접 이루어졌다고 보기에는 무리가 있다. 사실상 차지를 중심으로 한 환관배(宦官輩), 즉 왕실의 명을 출납한 승전색(承傳色), 승언색(承言色) 등을 포함한 자들이 최상위의 결재처였을 것이다. 즉 왕실의 재정 관리와 회계 점검은 해당 궁방의 차지로 대표되는 왕실 대리인의 통제에 의해 수행되었다고 평가할 수 있다.

과 지급되지 않은 내역이 구분되지 않은 채로 기록되어 있다는 점에서 화폐 출입의 정보보다는 실물 출입의 정보를 확보하는 데 유용하다. 또한 받자책의 수입 경로 상에서 발생하는 비용에 관한 내역도 차하책에 기록되었다. 따라서 궁방의 운영 실태를 확인하기 위해서는 받자책과 차하책을 비교 검토할 필요가 있다. 회계책은 수입과 지출의 내역을 종합한 결산서 성격을 가지는데, 적자 상황에 대해서는 '가용'이라는 표현을 사용하였다.

차하책, 받자책, 회계책은 공통적으로 초본의 작성과 정서화(正書化)라는 이기(移記) 절차를 거쳤다. 가장 상세한 내역은 초본에 수록되어 있으므로, 초본과 정서본을 대조하는 과정에서 정서본만으로 파악할 수 없는 구체적인 재정운영의 내역을 확인할 수 있다. 특히 차하책의 정서본에서는 확인되지 않는 지급과 미지급의 구분을 초본에서는 파악할 수 있다.

또한 궁방 회계장부의 결재수준은 '초→중초→정서'의 과정을 거치면서 점차 강화되는 방식으로 단계화되어 있었다. 이와 같은 장부의 작성 기법 상의 특수성과 결재단계에서의 중층성을 통해 환관의 회계 장악 수준을 엿볼 수 있다. 정부재정의 담당관아와 분리된 상태로 어떠한 감사(監査)도 받지 않고 환관에 의한 독립적 회계 관리만이 이루어졌다는 점은 내탕 운영의 '사적' 성격과 함께 내시의 전횡(專橫) 가능성도 보여주고 있는 것이다.

제4장 왕실의 조달 절차와 경로의 재구성

1. 머리말

거시적 접근과 미시적 접근을 병행하는 과정에서 사실(史實) 인식의 공백을 메워나가고자 하는 실증 연구라면 역시 원자료에 기반해야 할 것이다. 왕실의 재정 운영 또는 조달 경로를 이해하는 데 있어서도, 얼마나 다양한 형태의 문서, 기록 및 장부를 얼마나 치밀하게 상호 연계시켜 해석해 낼 수 있는지가 관건이 된다. 왕실의 회계장부는 다수 남아 있고, 그 현존 상황이나 기재 방식, 나아가 장부 체계에 대한 이해는 어느 정도 진전되었으며(이 책의 제3장 참조), 관련 문서나 기록에 관한 부수적인 정보도 일부 알려진 바 있다. 하지만 왕실의 조달 경로에서 생산된 문서나 기록에 대한 포괄적이고 체계적인 이해는 미진한 실정이다.

이 장에서는 조선 후기 왕실의 조달 절차 또는 경로를 재구성하기 위하여 각종 문서, 기록 및 장부를 입체적으로 고찰하고자 한다. 우선 기존 연구를 중심으로 조선 후기 왕실의 조달 과정에 대한 이해의 정도를 되짚어 본다. 이어서 왕실 회계장부와 관련된 문서나 기록을 유형별로 정리할 것이다. 각 문서와 기록이 상호간에 어떻게 연관되어 있는지를 파악하고, 나아가 왕실의 조달 경로 상에서 생산된 문서가 추가로 발굴되었을 경우, 그것을 어떻게 식별할 수 있을지 제안할 것이다. 궁극적으로는 왕실에서 생산된 각종 문서, 기록, 장부가 어떠한 방식으로 각 경제주체 상호 간의 소통을 가능하게 하였는지가 관심의 대상이다.

2. 기존 연구와 문제점

1) 조달이라는 경제행위의 특성

조달(調達)이란 정부 부문이 민간 부문으로부터 물자를 구입하는 행위이다. 왕조로서의 조선에서는 정부와 더불어 왕실도 조달의 주체가 되었다. 현대의 조달에 상응하는 당대의 용어는 무역(貿易)이었다. 무역 역시 정부나 왕실 모두에 적용될 수 있는 용어였으며, 제도적으로 규정된 공무역(公貿易)과 그렇지 않은 사무역(私貿易)으로 구분하여 인식되었다.[1]

전통과 현대라는 시대적 구분을 막론하고 조달이라는 경제 행위는

---

1   무역에 관한 연구로는 吳美一(1986), 德成外志子(1983; 2001) 등이 대표적이다.

그 특성상 두 단계로 이루어진다. 하나는 정부 부문의 어떤 기관과 민간의 물품 공급자인 상인 사이에서 발생하는 경제 행위로서, 정부 부문의 입장에서는 대외적 행위에 해당한다. 다른 하나는 정부 부문의 대내적 행위로서 물품을 최종적으로 소비하는 기관과 그 물품을 취득하여 조달하는 기관 사이에서 발생하는 것이다. 〈그림 4-1〉에 제시한 개념도에서 조달하는 기관과 물품 공급자 사이의 관계(Ⓐ)가 좁은 의미의 조달이라면, 물품 수요자로부터 조달 기관을 거쳐 상인에 이르기까지의 전체 경로(Ⓑ)가 넓은 의미의 조달에 해당한다. 이 장에서 특별한 언급 없이 조달이라 할 때에는 후자를 지칭한다. 일반적으로 조달의 진행은 물품 수요자(가)의 발주 및 견적 의뢰(①)로부터 시작되며, 주문을 명령받은 조달 기관(나)은 내역을 검토한 후 물품 공급자(다)로부터 구매(②-③)를 하게 된다. 조달 기관이 물품의 수요 기관에 물품의 인도(④)를 완료하면 조달의 전체 절차가 끝난다.

이상에서 설명한 조달 절차를 조선 후기에 적용해 보면 어떻게 될까? 우선 물품 수요자는, 관부의 경우 경중(京中)의 각사(各司), 왕실의 경우 궐내(闕內)의 각 전·궁(各殿宮)이 될 것이다. 다음으로 조달 기관은, 관부

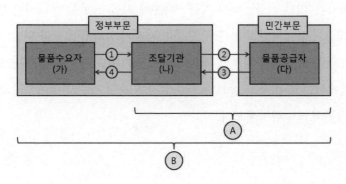

〈그림 4-1〉 조달의 개념도

의 경우 공상아문(供上衙門), 왕실의 경우 1사4궁(내수사·수진궁·명례궁·어의궁·용동궁)이 될 것이다. 끝으로 물품 공급자는 공계(貢契) 또는 시전(市廛)에 해당할 것이다. 특히 좁은 의미의 조달에 해당하는 구매 과정(②-③)을 조달 기관 쪽에서는 무역(貿易)이라고 불렀고, 물품공급자 쪽에서는 진배(進排)라 하였으며, 때로는 납상(納上)이라는 표현도 사용되었다.

현대의 조달과 달리 조선 후기의 조달에서 보이는 가장 큰 특징으로는 두 가지 정도를 들 수 있다. 하나는 물품 공급자의 선정 방식이다. 현대 사회에서 조달이 이루어지는 경우, 물품 공급자의 선정 과정에서 공개경쟁입찰(公開競爭入札)의 방식이 두루 사용된다. 공개경쟁 방식의 입찰 계약은 공정성(투명성)과 효율성(경제성)이라는 두 가지 효과를 동시에 달성할 수 있기 때문에 현대 정부 부문의 조달 과정에서 흔히 채택된다. 하지만 조선 후기의 조달에서는 공계나 시전 등 정부 부문에서 지정한 상업 주체가 장기·독점적으로 물품 공급을 전담하고 있었기 때문에, 굳이 분류하자면 현대의 수의계약(隨意契約)에 가까웠던 형태였다고 볼 수 있다.

다른 하나는 대금 결제이다. 현대 한국에서는 조달 물품에 대한 대금의 결제가 공급과 거의 동시에 이루어진다. 반면에 조선 후기의 조달에서는 '미리 지급', '바로 지급', '나중에 지급(外上)' 등의 다양한 형태로 대금이 결제되었지만, 정부 부문의 재정이 악화됨에 따라 외상의 누적이 물품 공급자의 경영 및 생계유지에 압박을 가하는 경우가 많았다. 이하에서는 조선 후기 왕실의 조달 절차에 관한 기존 연구에서의 논의를 비판적으로 검토해보자.

2) 문서와 기록에 대한 유형화의 부재

왕실의 조달 절차 또는 경로에 대한 논의를 본격적으로 시작한 조영준(2010a : 116)에 따르면, "왕실과 시전의 거래는 조달[進排=貿易]과 그에 따른 반대급부로서의 결제[授價]를 통해 이루어지고 있었다. 조달의 요청, 즉 발주(發注)는 각 궁방을 담당한 궁녀[女官] 또는 문차비(門差備)에 의해 행해졌는데, 발주서에 해당하는 내서(內書)가 하달되면 1사4궁의 고지기[庫直] 등 무역노(貿易奴)가 시전에 의뢰하여 납상(納上)을 받았다. 대금의 결제는 매 거래마다 이루어진 것이 아니라, 월말 등 주기적으로 일괄하여 처리되었으며, 일정 정도의 외상액이 누적되는 것은 다반사였다. 널리 알려져 있듯이 이러한 형식의 거래 관계를 당대에는 '선진배 후수가(先進排後受價)'라고 불렀다." 이러한 주장은 내서의 발행으로부터 물품 조달에 이르기까지의 구체적 절차에 관하여 기술하고 있는 아래의 조사 자료 덕분에 가능했다.

(ㄱ) 소관 전·궁에서 해당 전·궁의 장선(掌膳) 궁녀가 물품의 건명(件名) 및 수량만 써서(내서라고 지칭하는 것이니 국문으로 씀) 이를 같은 궁의 차지에게 내리고(①), 같은 궁 차지가 이를 받아서 같은 궁 겸역(兼役)[2] 등에게 내리면(②), 겸역 각자는 각기 담당한 물품(물품의 종류에 따라서 그 담당이 각각 다름)에 대해 대금 명세서를 차지에게 바치고(③), 그 가격의 높고 낮음에 대한 평정(評定)을 거친 후에 비로소 이를 각 상인으로부터

---

2   여기서 '겸역'은 제실채무 정리를 진행하던 일본인들의 표현에 따른 것인데, 무역노자(貿易奴子), 사환노자(使喚奴子), 시비자(市婢子), 고지기노자[庫直(奴子)] 등 무역의 실무를 담당한, 궁내(宮內)의 하급 직책을 가리킨다.

각각 사 들여(④-⑤), 겸역 등이 스스로 직접 해당 전·궁의 물품 영수 궁녀에게 상납(⑤′)[3]

(ㄱ)에서 눈에 띄는 한 가지는 내서(內書)라는 문서의 존재이다. 간략하게 정리해 보면, 내서는 물품 수요자인 전·궁의 궁녀가 조달 기관인 궁방의 차지에게 발행한, 한글로 쓴 문서로서, 차지가 다시 궁방에 소속된 겸역에게 그 내서를 내려주면, 겸역이 가격을 정해서 올리고 다시 차지가 이를 평가하여 결정하는 과정까지 수수된, 발주서 또는 주문 의뢰서에 해당하는 것이다.

일견 명쾌해 보이지만, 재정 운영의 규정이나 지침이 아니라 제실채무의 정리 과정에서 당시 일본인 관리들에 의해 조사된 정보라는 점에서 조사의 심도나 신빙성에 의문을 품게 한다. 왜냐하면 "물품의 건명 및 수량을 적었다"는 점 외에 내서의 문서 형식이나 내용에 관한 정보를 전혀 알 수 없기 때문이다. 또한, 아래 (ㄴ)은 내서 외에 내첩(內帖)이라는 문서도 조달 경로 상에 존재하였음을 전하고 있지만, 두 문서의 차이가 구체적으로 어떠하였는지는 자세히 알기 어렵다.

(ㄴ) 궁중으로부터 내서(어공(御供) 또는 공물(供物)의 품명 또는 수량을 적은 것), 내첩(궁녀가 주관하는 요리소(料理所), 즉 소주방(燒廚房)·생과

---

3 『명례궁미하금청구(明禮宮未下金請求)』3(其三) 조사서의 부(調査書ノ部), "所轄當殿에셔 當殿掌膳女官이 物品의 件名 及 數量만 書ᄒᆞ야(內書라 指稱ᄒᆞᄂᆞᆫ 者ㅣ니 國文을 用ᄒᆞᆷ) 此를 同宮 次知의게 下ᄒᆞ고 同宮 次知ᄂᆞᆫ 此를 受ᄒᆞ야 同宮 兼役 等處에 下ᄒᆞ면 兼役 各係ᄂᆞᆫ 各其 擔當ᄒᆞᆫ 物品(物品의 種類를 隨ᄒᆞ야 其擔當이 各々 異ᄒᆞᆷ)에 對ᄒᆞ야 代價金 明細書를 次知의게 提呈ᄒᆞ야 其 價格 高低의 評定을 經ᄒᆞᆫ 後 비로소 此를 各 商人의게 各々 貿入ᄒᆞ야 兼役 等 自身으로 當殿의 物品領受女官의게 上納". 괄호 안의 숫자는 이 장 제5절에서의 논의를 위해 편의상 삽입한 것이다.

방(生果房)에 있어서 사용하는 원료·품목·수량을 적은 것)을 하부(下付) 받았을 때에는 장무(掌務)가 이를 점검하여 그 성질에 따라 이를 구별하고 고지기[庫直] 이하에게 조달을 명하는 것.[4]

내서와 내첩의 사례는 조선 후기 왕실의 조달 과정에서 생산된 문서 나 기록 중 극히 일부에서 나타나는 문제에 불과하다. 왕실의 조달 과 정에서 생산된 문서나 기록의 유형화가 되어 있지 않은 관계로, 일부 문서나 기록에 대한 오독(誤讀)이 행해지기도 하였다. 그 결과, 자료의 소장기관에서 발간하는 해제에서의 설명이 간혹 연구자를 오도(誤導) 하는 경우도 있다. 이하에서는 현재까지 파악된, 조달 과정에서 생산 된 다양한 문서와 기록을 회계장부, 주로 차하책과 관련시켜서 정리해 보고자 한다.

---

4 『각궁사무정리소사무성적조사서(各宮事務整理所事務成積調查書)』, '공진 사무의 정리(供進事務ノ整理)', "宮中ヨリ內書(御供又ハ供物品名又ハ數量ヲ記シタルモノ) 內帖(女官ノ主管スル料理所卽チ燒廚房生菓房ニ於テ使用スル原料品目數量ヲ記シ タルモノ)ヲ下付セラルノトキハ掌務ニ於テ之ヲ點檢シ其性質ニ依リ之ヲ區別シ庫 直以下ニ調達ヲ命スルモノ".

3. 왕실 조달의 '내부' 문서와 기록

1) 발주를 요청하는 문서 : 내서·내첩·표지

앞에서 소개하였듯이 내서는 발주를 요청(지시 또는 명령)하는 문서로서 왕실의 조달 과정 중에서 시작점에 해당한다. 즉 왕실에서 의례 및 일상적 소비에 필요한 물품의 수요가 발생하였을 때, 해당 전·궁을 담당하는 궁녀가 해당 전·궁의 속궁(屬宮)인 조달 기관, 즉 궁방을 담당하는 환관에게 수요 품목의 내역을 적어서 건네는 문서가 내서이다. 하지만 불행히도 내서의 실물이 현존하는 사례가 아직 확인되지 않고 있으므로, 내서에 대한 직접적 이해를 하기에는 무리가 있다.

비록 내서의 실물은 존재하지 않지만, 내서와 관련하여 훌륭한 정보를 전해주는 자료로서 규장각에 소장되어 있는 『내하서등초책(內下書謄草冊)』에 주목할 수 있다. 『내하서등초책』의 표제명은 '임인 4월 초1일 내하서등초책(壬寅四月初一日內下書謄草冊)'이며, 기재 기간은 1902년[壬寅] 4월 초하루부터 1904년[甲辰] 5월 그믐까지이다. 비록 시기는 20세기 초이지만 '내하서(內下書)'를 '등초(謄草)'하여, 즉 내서를 등초(謄抄)하여 묶은 것으로서[5] 19세기의 내서에 수록되었을 내용에 대해 추론할 수 있는 거의 유일한 자료에 해당한다. 〈그림 4-2〉는 『내하서등초책』의 처음 세 면이다.

5　서울大學校圖書館(1983a : 321)에서는 『내하서등초책』이 "왕(王)이 왕실(王室) 소속의 각 전(各殿)·각 능(各陵)의 주방(廚房)에 내려준 각종 물품에 대한 기록"이라고 소개하고 있으나, 잘못된 정보이다. 궁방의 존재, 조달의 개념과 경로 및 방향성 등에 대한 이해가 부족하였기 때문이다.

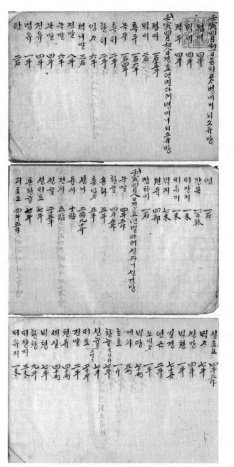

〈그림 4-2〉 『내하서등초책』의 1~3면.

〈그림 4-2〉를 통해 확인할 수 있는, 내서의 몇 가지 특징을 정리해 보면 다음과 같다. 첫째, '임인 4월 초1일(壬寅四月初一日)' 또는 '임인 4월 초파일(壬寅四月初八日)'과 같이 간지(干支), 월, 일로 구성되는 날짜 정보가 한자로 적혀 있다. 둘째, '등디고소(等待告祀)' 또는 '경효뎐 별다례(景孝殿別茶禮)'처럼 내서를 발행하게 된 계기, 즉 조달한 물품이 쓰이게 될 의례나 행사가 한글로 명기되어 있다. 셋째, '병미(餠米)'나 '싱과(生果)'와 같이 조달한 물품의 용도가 한글로 쓰여 있다. 넷째, '외쇼듀방(外燒廚房)'이나 '싱것방(生物房)'처럼 해당 물품이 실제로 공급되는 궐내 처소의 명칭이 한글로 기재되었다. 다섯째, 제3면의 '슉실과(熟實果)'나 '고명차(苦茗次)'와 같이 때로는 어떤 품목을 어디에 사용하였는지를 구체적으로 (한글로) 부기하기도 했다. 여섯째, 조달 품목의 명칭은 한글로, 수량 정보는 한자로 적었는데, 한자 표기에서 갖은자를 활용하지는 않았다. 일곱째, 단가(單價)나 가액(價額) 등의 가격 관련 정보는 기재되지 않았다. 여덟째, 실물 문서가 아니라 등초본(謄抄本)이기 때문에 발급자나 수취자 정보가 원 문서에 있었는지

없었는지 알 수 없다.

내서에 날짜가 적혀 있었다는 사실은 1사4궁의 차하책에서도 흔히 관찰된다. 예컨대, 『용동궁차하책[龍洞宮上下冊]』에서 "청밀 1섬 2말 5되; 이상은 11월 24일자 내서에 의거하여 생것방에 들였음"이라는 표현이 보인다.[6] 또한 『어의궁차하책[於義宮上下冊]』에서는 "황청 1말; 이상은 14일자 내서에 의거하여 궁중에 들였음"이라는 표현이 보인다.[7] 이와 같이 '내서에 의거하여[內書據]'라는 표현이 날짜와 함께 차하책에 기록되는 경우가 많았다.

또한 1사4궁의 차하책에서는 내서의 발급자가 누구인지를 암시하는 표현도 등장한다. 예컨대, 『용동궁차하책』에서 "청밀 1말 8되; 이상은 자취문(紫翠門) 차비(差備)의 내서에 의거하여 진전(眞殿)의 정조(正朝) 다례(茶禮)에 쓰기 위하여 궁중에 들였음"이라는 표현이 보이는데,[8] 이는 궐내의 문차비에 의해 내서가 발행되었음을 가리킨다. 『수진궁차하책』(奎 19079, 奎 19102)의 "중궁전의 내서에 의거하여[中宮殿內書據]"와 같이 전(殿)의 명칭이 기록된 경우도 보인다.

그렇다면 『내하서등초책』은 1사4궁 중에서 어떤 곳에 내려 보낸[下送] 내서를 등초한 것일까? 1902년부터 1904년까지의 4궁 차하책을 모두 검토해 본 결과,[9] 『내하서등초책』의 정보가 『명례궁차하책』에 거의

---

6 『용동궁차하책』(奎 19041), "淸蜜壹石貳斗伍升 以上十一月二十四日內書據生物房入"(辛未十二月朔).

7 『어의궁차하책』(奎 19050), "黃淸壹斗 以上十四日內書據內入".

8 『용동궁차하책』(奎 19041), "淸蜜壹斗捌升 以上紫翠門差備內書據眞殿正朝茶禮所入內入".

9 『용동궁차하책』(奎 19108), 『어의궁차하책』(奎 19084), 『명례궁차하책[明禮宮上下冊]』(奎 19073), 『수진궁차하책』(奎 19079, 奎 19102). 검토 자료의 선정은 어람용 정서본보다 원문서의 형태에 가까운 기록에 근접하였을 것으로 추정되는 초책 또는 중초책을 위주로 하였다.

모두 수록되어 있음을 확인할 수 있었다. 〈자료 4-1〉은 몇 가지 대표적 내역을 대조하여 정리해 본 것이다. 19세기에 명례궁은 주로 중궁전의 속궁으로 기능하였다(이 책의 제1장; 조영준 2010a : 111-113). 그런데 이 시기는 민비(閔妃)의 사후(死後)에 해당하므로 명성황후(明成皇后)의 혼전(魂殿)

〈자료 4-1〉『내하서등초책』과 『명례궁차하책』의 비교

	『내하서등초책』	『명례궁차하책』
①	壬寅四月初一日등더고亽병미니외쇼듀방 졈미 四斗 빅미 四斗 젹두 四斗	白米肆斗 粘米肆斗 赤豆肆斗 以上內書據初一日告祀餠次入于 外燒廚房
②	壬寅四月初九日경효뎐됴셕샹식니쇼듀방 슈라미 三斗 졈미 三斗 젹두 二斗 진유 二斗五升 법유 一斗 녹말 二斗 목말 二斗 임즈 二斗 쟝목 三十馱 탄 二石 빅지 五束 유지 一束 마亽 五兩	白米參斗 粘米參斗 赤豆貳斗 茌子貳斗 眞末貳斗 眞油貳斗伍升 法油壹斗 錢文貳佰兩貳戔 各種貿易價以上內書據初 九日 景孝殿上食所入
③	壬寅四月二十三日됴셕샹식니쇼 슈라미 三斗 졈미 三斗 젹두 二斗 진유 二斗五升 법유 一斗 진말 二斗 목말 二斗 녹말 二斗 임즈 二斗 쟝목 三十馱 탄 二石 유지 一束 빅지 五束 마亽 五兩	白米參斗 粘米參斗 赤豆貳斗 茌子貳斗 眞末貳斗 眞油貳斗伍升 法油壹斗 錢文貳佰兩貳戔 各種貿易價以上內書據二十 三日 景孝殿上食所入

주 : 밑줄 및 강조는 인용자에 의함.

인 경효전(景孝殿)의 제수(祭需)에 소요되는 물자를 조달하는 역할이 명
례궁에 주어져 있었으며, 그 명례궁의 차지에게 발행한 내서가『내하
서등초책』에 등서되어 있었다고 볼 수 있겠다.[10]

〈자료 4-1〉에서『내하서등초책』의 내역이『명례궁차하책』의 내역
과 완전히 일치하지는 않음이 확인되는데, 이는 대조에 사용한『명례
궁차하책』이 초책(草冊)이 아닌 중초책(重草冊)이기 때문이다.『명례궁차
하책』의 초책이 현존한다면 일대일(one-to-one) 대응이 가능할지도 모르
겠지만, 중초책에서는 주요 곡물 이외의 항목들을 "각종 무역가(各種貿
易價)"라고 뭉뚱그려서 일괄 기재하였기 때문에 모든 내역이 일치할 것
을 기대하기는 어렵다.

다시 앞의 논의로 돌아가서,『내하서등초책』에는 내서에 기재되었
을지도 모를 발급자나 수취자에 관한 정보가 적혀 있지 않은데, 이를
어떻게 해석할 수 있을까? 아마도 내서에는 그러한 정보가 애초에 기
재되지 않았을 가능성이 크다. 그 이유로는 두 가지 정도를 거론할 수
있다. 첫째, 내서는 조달의 제1 단계에 해당하는 발주(의뢰) 과정에서
수수된 문서이므로 대외적으로 노출되지 않는 왕실 내부의 소통 수단
이다. 둘째, 특정 궁(宮)이 특정 전(殿)을 전담하는 형식의 '속궁'이라는
형태로 4궁이 운영되고 있었으므로, 해당 전의 왕비, 왕대비, 대왕대비
등이 사망하는 등의 큰 변화가 없는 한 전(殿)과 궁(宮)의 관계는 고정적
인 것이었다. 따라서 특정 전의 상궁(尙宮)과 특정 궁의 차지(次知) 사이
에는 별도의 기명(記名) 절차가 필요하지 않을 정도로 긴밀한 관계가 유

---

10 『내하서등초책』에는 총 26개월 동안에 발행된 441건의 내서가 등초되어 있다. 단순
히 평균해 보면 매월 약 17건의 내서가 발행되었음을 알 수 있다. 삼복(三伏), 유두
(流頭), 과신세(過新歲), 탄일(誕日)이나 진어상(進御床) 등도 보이지만, 그중에서도
188건의 압도적 다수를 차지하는 사례가 경효전에 관한 것이었다.

지되고 있었을 것이다.

또한 내서와 관련하여 한 가지 짚고 넘어가야 할 점은 이러한 문서가 반드시 왕실 조달기관인 1사4궁에 대해서만 발행되었는지에 대한 의문이다. 『내서거행차하책[內書擧行上下冊]』처럼 내서와 관계된 내용을 수록하고 있는 차하책[11] 중의 일부가 정부의 조달 기관인 공상아문(供上衙門)에서 작성되었을 것으로 추정된 적도 있었지만, 타당한 근거는 확인되지 않는다.[12] 따라서 현 시점에서 내서의 수취 기관은 내수사를 비롯한 궁방에 한정되는 것으로 보아야 할 것이다.

내서에 대한 이상과 같은 이해를 바탕으로 하면, 내서와 유사한 기타 문서들의 실체에 대해서도 어느 정도의 접근을 시도해 볼 수 있다. 우선 앞에서 간단히 논의하였던 내첩(內帖)에 대하여 살펴보자. 내첩이 내서와는 별개의 문서임을 보여주는 일례를 들어 보면, 『용동궁차하책』(奎 19041)의 제1책 제7면에는 "백청 5되; 청밀 5되; 이상은 15일자 내

---

11 『내서거행차하책』은 총 4책인데, 그중 제1, 제3, 제4책의 표제는 '辛丑正月日爲始上下冊//內書擧行', '癸卯正月日爲始上下冊//內書擧行', '乙巳正月日爲始上下冊//內書擧行'이다('//'는 행 구분을 표시한 것임). 표제만으로도 지출[上下]이 내서(內書)를 거행(擧行)한 결과임을 바로 알 수 있다.

12 예컨대, 서울大學校圖書館(1983a : 193)에서는 『내서거행차하책』을 내자시(內資寺)의 지출 장부라고 해설하고 있지만, 근거 없는 추정이다. 오히려 그 내용을 면밀히 살펴보면 용동궁(龍洞宮)의 차하책일 가능성이 높다. 또 서울大學校圖書館(1983a : 246)에서 『추동등차하중초[秋冬等上下重草]』를 사옹원(司饔院)의 지출 장부라고 해설하고 있는데, 역시 근거 없는 추정에 불과하다. 그 수록 내용 및 『내서거행차하책』의 4책 중 제2책의 표제가 '임인추동등차하중초[壬寅秋冬等上下重草]'라는 점을 고려하면 『추동등상하중초』도 마찬가지로 용동궁의 차하책일 가능성이 높다. 유사한 성격의 자료로 『용동궁잡성책(龍洞宮雜成冊)』이 있는데, 내제(內題)가 '경진춘하추동등책(庚辰春夏秋冬等冊)'으로서 용동궁의 회계책에 해당하는 자료로 추정된다. 왕실에의 물품 조달 내역이 수록된 장부를 내자시나 사옹원과 같은 공상아문의 장부로 추정하였던 것은 종래의 학계에서 궁방에 대한 이해 수준이 낮았기 때문이다. 이러한 장부들이 제자리를 찾게 된다면, 현존하는 『용동궁차하책』이나 『용동궁회계책』의 계열을 〈표 3-1〉에서 정리한 것보다 확장할 수 있음은 물론이다.

첩에 의거하여 생것방에 들였음"이라는 내역이 보이고,[13] 같은 쪽에 "동전 3,200냥; 단속 값으로 표지에 적힌 곳에 보냈음; 이상은 16일자 내서에 의거하여 지출하였음"이라고도 적혀 있다.[14] 이를 통해 내서와 내첩은 명확히 구별하여 기재되었음을 확인할 수 있다.

앞의 인용문 (ㄴ)과 『용동궁차하책』에서의 위와 같은 사례를 동시에 고려해 보았을 때, 내첩은 내서와 달리 주로 생것방[生物房]에 들어가는 원료성 품목의 명칭과 수량을 적은 것으로 보인다. 『수진궁차하책』에 서는 내첩이 보이지 않고 내서만 관찰되지만, "표지에 의거하여[標紙據]" 지출하였다고 표현된 경우는 주로 생것방에 들어가는 백청(白淸)과 청밀(淸蜜)을 구입한 것이었다.[15] 용동궁의 차하책에서는 '표지거'가 보이지 않기 때문에, 용동궁의 차하책에서 보이는 '내첩'과 수진궁의 차하책에서 보이는 '표지'가 사실상 같은 유형의 문서라고 보아도 무리가 없을 것이다.

'표지거'라는 표현은 4궁 외에 내장원(이후 경리원)의 장부류에서도 사용되고 있었다. 예컨대, 뒤에서 소개하게 될 『미엽장철(米葉張綴)』에는 "쌀 2섬; 계자(啓字) 표지에 의거하여 궁중에 들였음"과 같은 형식의 표현이 자주 등장한다.[16] 내장원이 궐내로부터 조달을 요청받은 표지에는 계자인(啓字印)이 찍혀 있었던 것이다. 그렇다면 내서나 내첩에도 계자인 또는 그에 버금가는 자교자인(慈教字印)이나 달자인(達字印)이 찍혀

---

13 "白淸伍升 // 淸蜜伍升 以上十五日內帖據生物房入".
14 "錢文參仟貳佰兩緞價標紙處送 以上十六日內書據上下".
15 趙映俊(2008e : 130)에서는 "왜 꿀에 대해서만 '내서'가 아닌 '표지'에 의한 지출이 이루어졌는지, '내서'와 '표지' 간에는 어떤 차이가 있는지에 대해서는 회계장부상의 기록만으로는 판단하기 어렵다"고 하면서 판단을 유보하였으나, 이 장의 분석에 의해 어느 정도 구명되었다.
16 "米貳石 啓字標紙據內入"(光武八年一月).

〈그림 4-3〉 계표(啓票)의 사례
출처: 『계표축(啓票軸)』.

있었을 가능성이 큰데, 차하책에서 "자교에 따라서[因慈敎]"라든지 "달하에 의거하여[達下據]"와 같은 표현도 보이고 있으므로 타당한 추정일 것이다. 왕실의 발주에 권위를 실어주는 행위는 다름 아닌 날인(捺印)에 있었던 것이다.[17]

내서, 내첩 또는 표지에 날인이 되었는지의 여부에 대한 시사(示唆)는 건양–광무 연간에 작성된 내장사–내장원 자료인 『계표축(啓票軸)』으로부터 구할 수 있다. 표제 그대로 계자인(啓字印)을 찍은 표(票), 즉 계표(啓票)를 점련(粘連)하여 두루마리 형태로 말아 둔 것이며, 계표는 이전 시기의 계자표지(啓字標紙)에 해당하는 것으로 보인다.[18] 『계표축』의 문서 중 일부를 발췌한 〈그림 4-3〉을 통해, 계표에 계자인이 날인되었다는 사실뿐만 아니라 날인의 위치까지 확인된다. 수취자에 대한 정보는 앞에서의 추정과 마찬가지로 찾기 어렵지만, 발급자의 경우에는 특정 인물은

---

17 이상에서는 문서임이 확실한 것을 위주로 하였기 때문에 '내서거', '내첩거', '표지거'에 대해서만 소개하였다. 왕실 발주의 또 다른 유형으로는 "분부에 의거하여[分付據]", "판부에 의거하여[判付據]" 등도 있었는데, 문서에 의한 것인지 구두에 의한 것인지는 불명이다.
18 朝鮮總督府 臨時財産整理局(1911 : 154)에서는 계단(啓單)이라 하였다.

아니더라도 기관의 명칭(내장사 또는 내장원)을 적고 있음이 관찰된다. 앞에서 논의한 내서, 내첩, 표지 등의 형태도 계표와 비슷하지 않았을까?

2) 중간 정산의 기록 : 무역발기

내서가 전(殿)과 궁(宮) 사이에 오간 문서라면, 궁내(宮內)에서 상급 책임자와 하급 실무자 간에 확인을 거친 기록 중의 하나가 무역발기[貿易件記]이다. 앞서 언급하였듯이 수십 가지에 달하는 품목들을 조달하는 과정에서 내서에 기재된 내용을 차하책에 옮겨 적으면서 "각종 무역가"와 같은 형식으로 일괄하여 적어 버리곤 하였다. 이와 같이 기재하여도 문제가 되지 않았던 이유는 조달(무역)을 담당한 노자(奴子) 또는 비자(婢子)의 개인별로 매달의 회계를 처리하는 과정에서 중간 정산이 이루어지고 있었기 때문이다. 예컨대, 『명례궁차하책』의 1902년 4월분[壬寅四月朔] 기록의 중간에는 〈자료 4-2〉와 같은 기록이 포함되어 있다.

〈자료 4-2〉 『명례궁차하책』의 일부

錢文貳佰陸拾壹兩	貿易奴子貿易價
錢文陸佰玖兩	使喚奴子貿易價
錢文貳佰玖拾兩	市婢子貿易價以上景孝殿朝夕上食一朔所入
(…중략…)	(…중략…)
錢文參佰柒拾壹兩壹戔捌分	貿易奴子貿易價
錢文參萬伍仟柒佰參拾兩 使喚奴子貿易價	
錢文參仟玖佰拾兩	市婢子貿易價

명례궁뿐만 아니라 각 궁의 차하책에는 무역노자(貿易路資), 사환노자(使喚路資), 시비자(市婢子) 등의 개인별로 조달한 품목의 가액이 〈자료 4-2〉와 유사한 형식으로 적혀 있다. 하지만 그 총액을 모두 즉시 지급

〈그림 4-4〉「무즈오월삭제슈무역발긔」
출처: 『내수사장토문적』 제1책, 문서번호 33-1.

한 것이 아니기 때문에 따로 정산해 둘 필요가 있었고,[19] 이를 위해 매월 낱장으로 기록한 것이 바로 무역발기이다. 때로는 무역발기에 관한 언급이 차하책 상에 직접 등장하기도 한다. 예컨대, 『어의궁차하책』(奎 19050)에서는 매월의 기록에서 동전[錢文]의 지출 명목 중 "사환노자의 이번 달 발기[使喚奴子今朔件記]" 또는 "시비자의 이번 달 발기[市婢子今朔件記]"라는 기록이 보인다.

내서, 내첩 또는 표지의 경우와 달리, 무역발기는 다수가 현존하며, 주로 규장각 소장의 장토문적(庄土文績)에 포함되어 있다. 그중에서도 특히 『내수사장토문적(內需司庄土文績)』에서 많이 발견된다.[20] 몇 가지

19　제실채무의 정리 과정에서 조사된 미지급 금액인 입체금(立替金) 또는 선당금(先當金)에 대해서는 이 책의 제7장을 참조하라.

20　장토문적(庄土文績)은 1사7궁을 정리하는 과정에서 각 지역의 도장(導掌)이 해당 궁방(宮房)의 소관 장토(庄土) 등에 관한 제반 문서 및 장부 등을 묶어서 각궁사무정리소(各宮事務整理所)에 제출한 것이다. 따라서 『경기도장토문적(京畿道庄土文績)』, 『충청도장토문적(忠淸道庄土文績)』 등의 도별(道別) 장토문적에 포함된 자료는 각종 매매문기(賣買文記)를 위시한 고문서, 타량성책(打量成冊)을 비롯한 장부를 위주로 한다(조영준 2013c). 반면에 『내수사장토문적』(奎 19307)에는 도별로 분

사례를 통해 무역발기의 특징을 포착해 보도록 하자.

우선, 〈그림 4-4〉에 제시한 것은 「무즈오월삭 제슈무역발기[戊子五月朔
祭需貿易件記]」이다. 순한글로 간지와 달을 적고, 제수를 조달한다고 명시
한 후, 무역발기임을 밝혔다. 내용은 일자, 품목, 수량, 가액의 순으로
적었으며, "도합문 일빅슴십일냥슴젼[都合文一百三十一兩三爻]"이라고 합산
하였다. 마지막에 "스환노[使喚奴] 학션"이라는 담당자 직책 및 이름을 적
고 있다. 제수 물목이 "냥지두[陽支頭], 우둔[牛臀], 간[肝], 양[胖]" 등 주로 소
고기였음이 확인된다. 가액을 수정하거나 가운데 크게 '효(爻)'를 그리
는 등 효주(爻周)한 흔적이 보이는데, 이는 청산(淸算)의 결과일 것이다.

이어서 두 가지 사례를 더 살펴보자. 〈그림 4-5〉는 「무인칠월삭 무역
볼긔[戊寅七月朔貿易件記]」이다. "날무역합젼 일빅십팔냥이젼삼분[一百十八
兩二爻三分]"에 "연지십긔 스냥[臙脂十器四兩]"을 더한 "도합젼[都合錢] 일빅
이십이냥이젼삼분[一百二十二兩二爻三分]"이라고 적고, "시비즈[市婢子]"라
는 작성자를 명기하였다. 〈그림 4-6〉은 "병즈이월삭 무역발긔[丙子二月
朔貿易件記]"이다. "안쇼쥬방[內燒廚房]"과 "밧쇼쥬방[外燒廚房]"으로 물품의
수요처를 구분하여 적고 있다. 또 "날무역"과 "공무역"으로 구분하고
각각의 "합문(合文)"을 적었다. 마지막에는 "스환노[使喚奴] 만슌"이라는
작성자를 적었다.

이상에 제시한 무역발기들을 종합해 보면, 내서 및 차하책과 비교할
때, 다음과 같은 특징을 찾을 수 있다. 첫째, 내서와는 달리 가액 정보
가 기록된다. 이는 조달경로상 시작점에 해당하는 내서와 달리 무역발
기는 종료점에 있는 기록이기 때문이다. 둘째, 날짜별로 작성된 내서

류되지 않은 여러 가지 자료들이 들어 있는데, 궁내(宮內)에서 관리되던 문서나 기
록이 다수 섞여 들어가 있다. 무역발기도 그중의 일부를 구성한다.

와는 달리, 무역발기는 월별로 작성된 기록이다. 〈자료 4-2〉와 같은 차하책에서의 월별 집계에 대응하여 월별 정산을 시행하기 위해 필요한 기록이 무역발기였음을 입증해준다. 셋째, 무역발기의 작성은 순한글로 이루어졌다. 차하책의 작성이 순한문으로 갖은자를 써서 이루어진 것, 내서의 작성이 한글과 한자의 병용으로 이루어진 것과 대조적이다. 넷째, 무역발기에는 내서와는 달리 조달의 목적이나 명목이 명기되지 않는 경우가 많다. 무역이 행해진 후의 대금 정산을 목적으로 한 것이기 때문에 조달의 명목이 가지는 의미가 사라졌기 때문이다. 그래서 무역발기에서는 개별 내역보다는 합계가 더 중요하다. 다섯째, '사환노'나 '시비자' 등 무역 담당자는 보이지만 궁호(宮號)는 찾을 수 없다. 특정 궁의 내부에서 관리되는 기록이었기 때문에 궁호는 군이 필요하

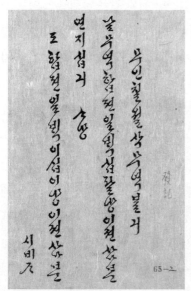

〈그림 4-5〉「무인칠월삭무역볼기」
출처 : 『내수사장토문적』 제1책, 문서번호 65-2.

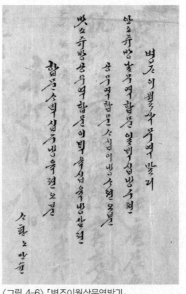

〈그림 4-6〉「병조이월삭무역발기」
출처 : 『내수사장토문적』 제10책, 문서번호 6.

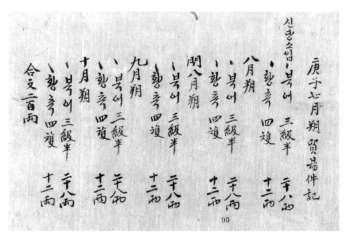

〈그림 4-7〉「경자칠월삭무역발기〔庚子七月朔貿易件記〕」
출처 : 『내수사장토문적』 제2책, 문서번호 90.

지 않았지만, 무역의 담당자는 여러 명이었으므로 구분의 필요가 있었던 것이다.

'무역발기'라는 용어를 사용하고 있지만 위와 같은 특징을 보이는 것과는 조금 다른 형태의 문서도 보인다. 예컨대, 〈그림 4-7〉의 "경자 7월분 무역발기〔庚子七月朔貿易件記〕"에서는 앞의 사례와는 달리 제목을 한자로 적고나서 품명은 한글로, 수량과 가액은 한자로 적었고, 7월부터 10월까지 5개월간 매월의 내역을 반복하여 적은 후 마지막에 "합문 200냥〔合文二百兩〕"이라고 합산하고 있다. "신당소입〔神堂所入〕"이라고 하여 조달의 목적도 적고 있다.

하지만 어떤 사람이 무역한 것인지에 대해서는 아무런 정보를 전해주지 않는다. 이런 형태의 기록은 궁과 무역 담당자간의 정산〔精算〕을 위한 것이라기보다는 어느 한 쪽에서 편의를 위해 기록해 둔 것이라고 보는 편이 타당할 것이다. 예컨대, 이기〔移記〕 과정에서의 확인을 위한 것이었을 가능성이 크다. 왜냐하면 '북어〔北魚〕'나 '황촉〔黃燭〕'의 내역 상

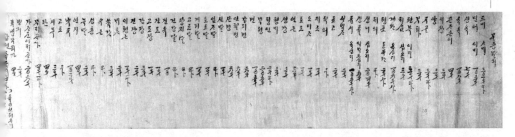

〈그림 4-8〉「물죵발긔」
출처: 『내수사장토문적』 제1책, 문서번호 50.

단에 '＼'과 같은 형태의 표기를 하고 있는데, 잘 알려져 있듯이 이것은 개성부기(開城簿記) 등에서 상인이 사용한 회계부호로서 소위 타점(打點)이라 하며, 일기(日記)의 기사(記事)를 장부(帳簿)에 전재(轉載)할 때 해당 행의 바로 위에 점을 찍는 것이었다(朝鮮總督府 1925 : 141-142; 玄丙周 1916 : 24). 또한 어떤 증빙이나 정산을 위한 기록이 아닌 일방의 편의를 위한 기록의 경우에는, 굳이 '무역발기'라는 용어를 사용할 필요조차 없었을 것이다. 그러한 유형의 몇 가지 기록을 예시해 보면, 〈그림 4-8〉, 〈그림 4-9〉, 〈그림 4-10〉과 같다.

〈그림 4-8〉은 '물죵발긔[物種件記]'이다. 품명과 수량은 한글로 적고, 가액은 한자로 적었다는 점에서 무역발기보다는 내서에 가까운 형식이다. 하지만 날짜에 관한 정보를 전혀 기재하지 않았다. 마지막에 "동전 합계가 32냥 3전 3푼인데 그중에서 30냥을 미리 주었으니 남은 것은 2냥 3전 3푼"이라고 적었다가,[21] '3전(三戔)'을 '7전(七戔)'으로 고쳐 적었다. "도미(道味), 민어(民魚), 싱육[生肉], 슉육[熟肉], 곤ㅈ손이[昆者巽], (⋯중략⋯), 고초(藁草), 땔나무[柴木], 탄(炭), 무러곡가[貿來雇價], 가ㅈ군이픠곡가[架子軍二牌雇價]" 등 일반적인 물목 이외에도 인건비 성격의 고가(雇價)까지 포함

---

21 "합젼 三十二兩三戔三卜 內 三十兩선허온니 지二兩三戔三卜".

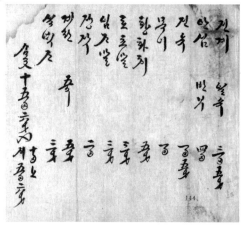
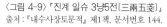

〈그림 4-9〉「진계 일슈 3냥5전〔三兩五菱〕」
출처 : 『내수사장토문적』 제1책, 문서번호 144.

〈그림 4-10〉「면쥬 3필〔三疋〕 360냥〔三百六十兩〕」
출처 : 『내수사장토문적』 제2책, 문서번호 84.

되어 있는 것이 특징이다. 합계 중 잔액을 정산하고 있다는 점은 무역발기와 유사하다. 〈그림 4-9〉와 〈그림 4-10〉에는 별도의 제목이 없지만, 그 형식은 〈그림 4-8〉과 동일하다. 이러한 문서들은 차하책과 같은 회계장부의 초본을 작성할 때 사용된 것으로 추정할 수 있다.

4. 왕실 조달의 '대외' 문서와 기록

이상에서 살펴 본 문서나 기록이 왕실 '내부'에서의 소통 과정에서 생산된 것이라면, 이 절에서 살펴보게 될 문서나 기록은 왕실과 시전(市廛) 사이의 관계에서 작성된 것이다. 왕실과 시전 사이의 물품 구매에서 대금 결제에 이르는 과정에서 가장 먼저 출현하는 문서는 진배(進排)

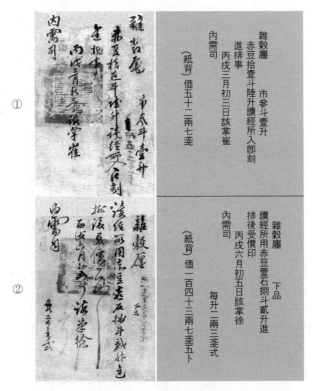

雜穀廛
市參斗壹升
赤豆拾壹斗陸升讀經所入卽刻
進排事
內需司
丙戌三月初三日該掌崔
（紙背）価五十二兩七戔

雜穀廛　下品
讀經所用赤豆壹石捌斗貳升進
排後受價印
內需司
丙戌六月初五日該掌徐
每升二兩三戔式
（紙背）価一百四十三兩七戔五卜

〈그림 4-11〉 내수사 호방(戶房)에서 잡곡전(雜穀廛)에게 발급한 체지
출처:『호방받자수결책』제2책.

를 요청하는 체지[帖紙]이다. 이 책의 제5장에서 다시 살펴보겠지만, 〈그림 4-11〉과 같이 내수사의 『호방받자수결책[戶房捧上手決冊]』에 포함되어 있는 것이 대표적이다.

한눈에 확인되듯이, 전호(廛號), 품명, 수량, 용도, 발행일, 발행자, 발행기관[內需司] 및 단가(또는 가액) 등의 정보가 포함되어 있다. 앞에서 살펴본 무역발기와는 달리 체지에는 문서의 수취자인 전호, 즉 시전의 명칭[廛名]이 명시되어 있다는 점이 특징적이다. 또한 무역발기가 궁내(宮內)에서 정산이나 이기(移記)를 목적으로 작성된 기록으로서 특별한 증

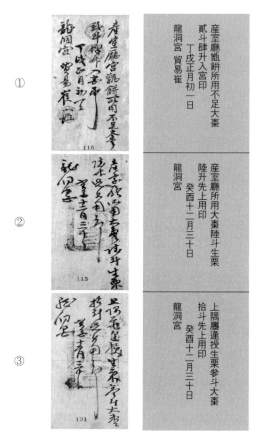

〈그림 4-12〉 용동궁에서 상우전(上隅廛)에게 발급한 체지
출처: 『내수사장토문적』 제8책, 문서번호 116, 115, 131.

빙을 요하지 않는 것이었다면, 체지는 왕실이 민간으로부터 진배(進排)
를 받는 과정에서 대외적으로 발행한 문서였으므로, 담당자가 도장을
찍거나 실명을 밝히는 등의 형식을 갖추었다.

　체지와 유사한 형태의 문서를 〈그림 4-12〉에서와 같이 『내수사장토
문적』에서도 찾을 수 있다. 일부 문서의 기재 내용 및 앞뒤 문서 등을
연계하여 판단했을 때, 이 문서의 수취자는 상우전(上隅廛)이었다.[22] 예
를 들어 문서 ②를 보면, 왕실의 출산을 위해 임시로 설치한 산실청(産室

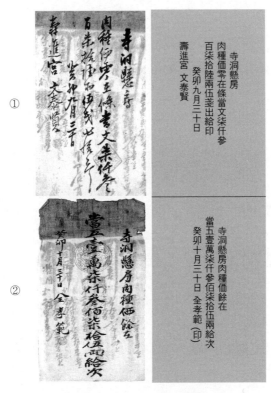

〈그림 4-13〉 수진궁에서 사동 현방(寺洞縣房)에게 발행한 표
출처: 『안기양일기장(安奇陽日記帳)』, 제2책.

廳)에서 쓰기 위해 대추[大棗] 6말과 밤[栗] 6되를 먼저 받아 썼음[先上用]을 증빙하기 위한 것으로서, 중앙에 용동궁의 도서(圖署)를 날인하고 있다 (〈부록 1〉 참조). 세 문서에서 '입궁(入宮)', '선상용(先上用)', '봉수(逢授)' 등의 표현은 모두 외상 거래를 가리키는 것으로 해석할 수 있다.

물품 인도가 이루어지고 나서 남는 것은 대금의 결제인데, 조달 기관과 시전은 쌍방이 모두 거래 내역 및 미수금에 관한 정보를 장부의

22　우전(隅廛)은 과일을 판매한 시전으로서 모전(毛廛) 또는 과전(果廛)이라고도 했다. 자세한 내용은 조영준(2013d : 192-199)을 참조하라.

형태로 관리하고 있었다. 그 대표적 사례가 이 책의 제5장에서 자세히 살펴보게 될 「미수가도표(未受價都票)」와 「수가질(授價秩)」이다. 이외에도 면주전의 사례에서는 『진배수가미하책(進排受價未下冊)』이 마찬가지의 용도로 작성되고 있었다(Owen Miller 2007a). 장부뿐만 아니라 문서의 형태로도 잔금의 확인이 이루어지고 있었는데, 이 책의 제6장에서 다시 소개할, 이른바 '표(票)'가 바로 이러한 유형의 문서에 해당한다. 예컨대, 〈그림 4-13〉에서 볼 수 있듯이, 수진궁에서 사동(寺洞)의 현방(懸房)에게 발행한 '표'에는 전호(廛號), 물종, 미결제액(잔액), 발행일, 발행자 등의 정보가 포함된다. 〈그림 4-13〉과 같은 유형의 문서는 미결제 잔금의 확인을 통해 채무 관계를 증빙하고 있다.

이상에서 살펴본 바와 같이 왕실 조달의 '대외' 문서와 기록은 '내부'에서의 소통 과정보다 증빙의 필요가 증대된 형태의 형식적 요건을 가지고 있었다.

5. 문서와 기록으로 재구성한 왕실의 조달 절차와 경로

발기[件記] 일반에 대한 선구적 연구를 진행한 바 있는 金用淑(1963 : 169; 1987 : 413)은 "위와 같이 언급·소개된 수많은 물건들이 어떻게 하여 마련되었을까? 이는 풍속학(風俗學)에서 풀기보다도 경제학(經濟學)에서 풀어야 할 것이다"라는 제언을 일찍이 한 바 있다. 당시에 생존해 있던 궁녀와의 인터뷰로도 풀어내지 못한 묵은 문제제기에 대하여 거의 반

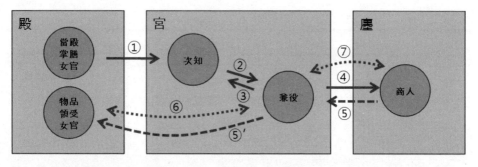

〈그림 4-14〉 조선 후기 왕실의 조달 절차

세기가 경과한 현재에 이르기까지 이렇다 할 설명이 나오지 않았다. 그에 대한 해답의 제시를 뒤늦게나마 시도하기 위해, 앞에서 진행한 논의를 압축하여, 문서와 기록을 통해 왕실의 조달절차 또는 경로를 재구성해 본 결과가 〈그림 4-14〉이다.

〈그림 4-14〉의 ①부터 ⑤′까지는 앞의 인용문 (ㄱ)에서 표시한 것에 상응한다. ①-③의 과정에서 발주의 지시 및 가격 책정을 위해 유통된 문서는 내서, 내첩 또는 표지였고(계표 포함), ④에서 진배의 요청 과정에서 발행된 문서는 체지였다. 물자의 공급(⑤-⑤′)이 두 단계에 걸쳐 이루어지고 나면, 미결제 대금의 정산이 월별로 행해졌는데, 궁내(宮內)에서는 무역발기(⑥)의 형태로 기록되었고, 대외적으로는 미수가도표 또는 수가질(⑦)처럼 장부화되었으며, 때로는 표(⑦)의 형태로 문서가 발행되기도 하였다.

조달 과정에서 생산된 문서와 기록의 각각에 대하여 기재 사항의 유무를 정리해 보면 〈표 4-1〉과 같다. 이와 같이 문서와 기록의 유형별로 기재 사항의 일반화를 꾀할 수 있다면, 새롭게 발굴되는 문서가 조달 경로상 어디에 위치하는지에 대한 식별 지침으로 활용할 수 있을 것이다. 예컨대, 용도는 기재되어 있는데 가격에 관한 정보가 없다면, ①-③

<표 4-1> 왕실 조달 관련 문서 및 기록의 기재 사항 일람

구분	유형	성격	일자			인장	지출용도	제목	발급자	수취자	합계*	잔고**	출처
			연	월	일								
①-③	내서 (內書)	문서	○	○	○	○	○	×	×	×	×	×	『내하서등초책』 및 각 궁의 차하책
①-③	내첩 (內帖)	문서	○	○	○	○	○	×	×	×	×	×	각 궁의 차하책
①-③	표지 (標紙)	문서	○	○	○	○	○	×	×	×	×	×	각 궁의 차하책
①-③	계표 (啓票)	문서	○	○	○	○	○	×	○	×	×	×	『계표축』
④	체지 [帖紙]	문서	○	○	○	○	△	×	○	○	×	×	『호방받자수결책』
⑥	무역발기 [貿易件記]	기록	○	○	×	×	△	○	○	-	○	△	『내수사장토문적』
⑦	표 (票)	문서	○	○	×†	○	×	○	○	○	○	○	『안기양일기장』
-	차하엽장※ [上下葉張]	기록	○	○	○	○	○	○	○†	-	○	×	『차하엽장철』
-	미엽장 (米葉張)	기록	○	○	×	○	○	×	○†	-	○	×	『미엽장철』

주: ①-⑦의 숫자는 제2절의 인용문 (ㄱ) 및 <그림 4-14>와 동일함. 차하엽장과 미엽장은 조달 경로상에서 작성된 기록이 아니므로 숫자를 표기하지 않았음(본문 참조). 음영 표시한 부분은 갑오개혁 이후의 자료에만 해당하는 것임. '○'은 기재, '△'은 기재 또는 미기재, '×'은 미기재, '-'은 해당사항 없음을 의미함. * '이상(已上)', '도합전(都合錢)', '합문(合文)' 등. ** '재(在)', '영재(零在)', '내(內)', '실(實)' 등. † 말일만 기재되므로 미기재와 마찬가지. ‡ 발급자는 대개 작성자에 해당하지만, 이 경우에는 작성자라기보다는 결재자에 해당함. ※ 받자엽장 [捧上葉張]도 마찬가지임.

의 경로에서 작성된 문서일 것이다. 또한 합계나 잔고의 정보가 보이는 경우에도 인장의 유무에 따라 대내적 기록(⑥)인지 대외적 문서(⑦)인지를 판정할 수 있을 것이다. 특정의 문서나 기록이 조달 경로상 어떤 단계에 속하는 것인지를 식별할 수 있다는 것은, 해당 문서나 기록의 작성 주체나 발급자 또는 수취자에 관한 정보를 역(逆)으로 추론할 수 있음을 의미한다.

또한 이러한 식별 지침은 1사4궁 이외의 다른 기관 또는 조달 경로 밖에서 발행된 문서나 기록의 경우에 대해서도 적용할 수 있을 것이다.

일례로 앞에서 잠깐 소개한, 광무연간에 작성된 내장원-경리원의『차하엽장철[上下葉張綴]』및『미엽장철』의 경우를 살펴보도록 하자. 이 두 가지 자료는 엽장(葉張)이라고 하는 낱장의 종이를 한 장 한 장 풀로 붙여 묶은 것[粘連]이다(서울大學校圖書館 1983a : 245, 326-327). 두 자료에 포함된 엽장의 종류는 크게 나누어 차하엽장[上下葉張], 받자엽장[捧上葉張], 미엽장[米葉張]이라는 세 가지이다. 받자엽장의 형식은 차하엽장과 동일하므로, 차하엽장 및 미엽장의 몇 가지 사례만을〈그림 4-15〉및〈그림 4-16〉에 제시해 보았다.

〈그림 4-15〉『차하엽장철』의 1~2면
주 : 오른쪽에서 왼쪽으로 연결됨.

〈그림 4-16〉『미엽장철』의 1~3면
주 : 오른쪽에서 왼쪽으로 연결됨.

〈그림 4-15〉의 차하엽장에서는 날짜를 적은 뒤 '엽장(葉張)'이라 쓰고 이어서 지출[上下]의 내역을 적었다. 마지막에 '이상(已上)'이라 하고 합계액을 적은 뒤 내장원경[院卿]의 인장을 찍는 형식이다. 〈그림 4-16〉에서는 '엽장'이라는 용어가 적혀있지 않지만 〈그림 4-15〉의 차하엽장이 동전[錢文]의 지출을 기록한 것과 대조적으로 쌀[米]의 지출을 기록하고 있다는 점에서 '미엽장(米葉張)'이라고 부른 것 같다. 형식은 차하엽장과 거의 동일하며, 결재가 내장원경 외에도 과장(課長) 및 주사(主事)의 인장에 의해서까지 이루어졌다는 정도의 차이가 있다. 앞에서 다룬 문서나 기록과의 비교를 위해 엽장에 기재된 내역의 대강을 〈표 4-1〉에 함께 정리해 보았다.

다른 문서나 기록과 비교해 보았을 때, 차하엽장이나 미엽장은 조달 과정에서 발행된 문서라기보다는 조달의 전체 과정이 완료되고 난 후에 회계장부에 기입하는 과정에서 이기(移記)를 위해 작성하여 결재 받은 낱장의 기록이었던 것으로 보인다. 특히 〈그림 4-15〉에서 지출[上下] 내역 중의 각 열 상단에 'ㆍ'와 같이 타점이 이루어지고 있음은 〈그림 4-7〉에서 살펴본 사례에서와 마찬가지이다. 또한 차하엽장(미엽장 포함) 외에 받자엽장도 있었다는 점을 통해, 엽장이라는 기록이 반드시 조달 또는 지출에만 관계된 것이 아니라 수입의 과정에서도 작성되는 등 정산(精算)이나 이기(移記)를 위한 것이었음을 재확인할 수 있다.

결국 왕실의 조달 절차 또는 경로에 대한 완전한 이해를 위해서는 문서나 기록의 생산으로부터 회계장부로의 이기와 결재 및 (회계) 감사에 이르기까지 왕실재정지출의 전체 경로에 대한 재구성이 필요하다. 조달 과정은 왕실재정의 지출 과정의 일부이므로, 이 장에서 살펴본 조달 경로와 이 책의 제3장에서 확인한 회계장부류 작성 절차를 결합하면,

왕실재정의 지출에 따른 문서 생산 및 이기 절차를 복원해낼 수 있는 것이다.

6. 맺음말

현재까지의 고문서 분류 체계에서는 왕실의 조달에 관계된 문서로서의 내서, 내첩, 표지 등의 유형이 설정되어 있지 않았다.[23] 비록 발급자와 수취자가 명시되지는 않았지만, 장기 고정적 대면거래 상황에서 암묵적 동의에 의해 발급과 수취의 주체에 대한 의문이 제기되지 않았을 것이라고 가정한다면, 내서, 내첩 또는 표지를 고문서의 한 유형으로 파악할 수 있을 것이다.

내서, 내첩, 표지뿐만 아니라 다양한 문서와 기록이 왕실의 조달과정에서 생산되었다. 이 장에서는 이러한 문서나 기록에 대한 총체적 고찰을 진행하였으며, 향후 관련 연구의 진행에 지침을 제공하고자 하였다. 문서나 기록을 통한 조달 경로의 파악은 왕실재정과 서울상업의 관련성을 검증할 수 있다는 점에서 의의가 있다. 기존 연구에서 연대기류 위주로만 파악되던 왕실경제의 소통 체계에 대한 이해의 진전을 문서와 기록, 나아가 회계장부와의 연관 속에서 꾀할 수 있는 것이다.

---

23 예컨대, 고문서를 체계적으로 분류한 대표적 연구성과의 하나인 崔承熙(1989)에서도 내서, 내첩, 표지 등은 소개되지 않고 있는데, 현존하는 문서가 아니기 때문에 어쩔 수 없는 것이었다. 다만 이 장에서 소개한 체지와 표(票)의 경우, 崔承熙(1989 : 230-235)에서 분류한 자문尺文의 일종으로 볼 수도 있다.

제5장 왕실의 재정지출과 서울상업 (1)
내수사와 잡곡전의 사례

1. 머리말

　기존의 상업사 연구에서 1사4궁이 서울의 시전(市廛)을 대상으로 행한 구매 행위를 언급하지 않을 수 없었던 이유는, 이들이 각 아문(衙門)이나 세도가(士大夫家)와 더불어 소비 주체로서 차지하는 비중이 상당히 컸기 때문이다. 시전이 독점적 영업권(營業權)이나 수세권(收稅權)이라는 형태의 특권을 향유하였다는 점을 감안하면, 1사4궁 또는 각 아문과 시전간의 거래가 일종의 국역(國役)으로서 억압적 성격을 띠었다고 하더라도, 기본적으로 경제적 합리성에 기반하여 장기 균형을 달성하고 있었다고 할 수 있다.[1]

1　경제체제의 위기상황이 아니라면, 경제가 안정적으로 유지되고 있었던 상황에서는 1사4궁과 시전간의 거래는 장기적 균형의 성립을 전제로 하는 경제적 효율성에 기반하고 있었다고 보아야 할 것이다. 그렇게 보아야 시전의 국역 부담이나 독점권 행

하지만 이러한 균형 상태는 어디까지나 국가 또는 왕실의 재정상황이 안정적으로 유지되고 있을 때에만 성립할 수 있으며, 19세기 전반(前半)의 세도정권기에 들어서면 시전체제는 한계에 봉착하게 된다. 이후에도 시전 체제를 유지하고자 한 정책적 모순상황이 국가재정의 구조적 위기를 초래하게 된 것으로 알려져 있다(고석규 2000). 19세기 후반에 들어서면 재정위기가 다시 시전의 부담을 낳는 양상이었음이 관찬 연대기류에서 확인되지만, 그 구체적 실상은 알려진 바 없다. 이 장에서는 내수사와 시전 간의 거래관계를 미시적으로 분석하여, 19세기 후반의 시전체제가 가지는 특성을 왕실재정의 위기상황과 연계하여 파악하고자 한다.

내수사는 조선 후기, 특히 19세기에 존재했던 60여 궁방 중에서 가장 규모가 컸을 뿐만 아니라, 대전(大殿)의 내탕(內帑) 기능을 수행했다는 측면에서 분석 대상으로서의 의의가 크다. 따라서 내수사의 차하책[上下冊] 및 그와 관련된 시전의 진배 문서[市廛進排文書]를 비교·대조함으로써 서울의 시전을 통한 왕실의 물자 조달 체제가 구체적으로 어떠하였으며, 양자 간의 거래관계가 어떻게 형성되어 있었는지를 구명해 보고자 한다.

또한 차하책과 시전진배문서를 대조하는 과정에서 차하책 기재상의 특질도 이 책의 제3장에서 살펴본 것 외에 추가적으로 파악할 수 있을 것이다. 이는 내수사와 시전 간의 거래 내역을 수록한 문서 중에 실제로 대금의 결제가 이루어진 내역과 결제가 미루어진 내역을 모두 확보할 수 있기 때문이다. 즉 차하책에 기재된 대금의 결제 시점이 확인된

사가 일방적(一方的)인 것이 아님을 이해할 수 있다. 균형에서 멀어질 때마다 균형으로 회귀하게끔 하였던 힘이 조영준(2013d)과 같은 순막(詢瘼)을 통한 소통이었다.

다. 그리고 물자의 조달 시점과 대금의 결제 시점이 달랐다면 그 부담은 고스란히 시전에 전가될 수밖에 없었을 터인데, 이렇게 시전에게 부담이 전가된 과정과 부담의 정도도 확인할 수 있다.

자료상의 제약으로 인해 분석의 대상 시기는 1878년부터 1906년까지로 한정한다. 시전진배문서의 최초 기록이 1878년이고, 내수사가 폐지되는 시점이 1907년이기 때문이다. 분석 대상은 내수사 중에서 호방(戶房)으로 한정하는데, 이 역시 시전진배문서가 주로 내수사 호방과의 거래를 기록하고 있다는 자료상의 제약으로 인한 것이다. 거래 상대인 시전 중에서는 잡곡전(雜穀廛)을 선정하였으며, 그 이유에 관해서는 뒤에서 설명한다.

2. 자료

1) 내수사의 회계장부

왕실에서 내수사를 통해 물자를 조달한 상세 내역은 현존하는 회계장부류에서 확보된다. 내수사의 입장에서 전·궁(殿宮)에 대한 물자 공급은 재정의 지출에 해당하는데, 내수사의 재정지출은 차하책에 상세히 기재되어 있다. 차하책의 기록은 전·궁에 대한 물자공급 내역인 동시에 서울의 시장을 통해 물자를 구입한 내역이기도 하다. 즉 차하책에는 내수사가 각 전·궁에 공급한 현물의 내역과 물자를 구입·조달하기 위해 지출한 자금 — 동전[錢文] — 의 내역이 모두 기록되어 있다. 그중에서 특히 동전의 지출을 통한 물자 구입의 대상이 바로 서울의 시전이다.

내수사가 서울의 시전에서 물자를 구입하여 각 전·궁에 조달하거나 자체적으로 소비하였음은 잘 알려져 있으나, 양자 간의 구체적인 거래 양상이 어떠하였는지 밝혀지지 못한 주된 이유는 자료상의 제약 때문이다.[2] 따라서 차하책의 기재 내역을 통해 내수사와 시전간의 거래 실태를 확인할 수 있음은 다행스러운 일이다. 그런데 차하책에 수록된 물자 구입의 정보에는 두 가지 문제점이 내재하고 있다. 첫째는 구입한 물자의 내역과 가격을 기재하면서, 구입의 목적(용처)은 기입하고 있으나 거래 대상(판매자)에 관한 정보는 명기하고 있지 않다는 점이다. 즉 시전 또는 상인에 관한 정보가 기록되어 있지 않다.[3] 둘째는 물자를 구입한 시점은 확인되지만 대금의 결제 시기는 알 수 없다는 점이다.[4] 이 장에서는 차하책이 안고 있는 이러한 문제점들을 일부 해결함으로써, 당대 서울 시장의 주요 경제주체였던 내수사와 시전 간의 거래 양

---

2 궁방이나 각사(各司)와 시전 간의 거래를 다룬 대표적인 연구인 卞光錫(2001 : 96-119)은 주로 관찬 연대기를 활용하여 18세기의 궁방·관부에 의한 늑매(勒買)와 그 결과로서의 시전의 궁핍화, 즉 시전에 대한 궁방·관부의 부채(負債) 누적을 다루었다. 또 사상(私商)에 관한 연구인 吳星(1989), 李旭(1996) 등도 각사 또는 궁방과 목재상 간의 거래에 관해 언급하고 있으나, 역시 관찬 연대기에 의존하고 있다는 한계를 공통적으로 안고 있다. 최근 연구로서 Owen Miller(2007a)는 호조와 면주전(綿紬廛)간의 거래를 고찰함으로써 19세기 후반의 진배(進排) 관행과 위기 상황을 훌륭히 포착하였다. 하지만 면주전측의 문서만을 다룸으로써 거래 당사자로서의 관부와 시전 양자의 장부(기록)를 동시에 분석하지 못했다는 점에서 근본적인 한계를 가진다.

3 『수진궁미하금청구(壽進宮未下金請求)』에서도 차하책의 문제점으로 "일괄(一括) 기입(記入)하여 납입자(納入者)의 명칭(名稱)이 없다"라고 지적하고 있다.

4 이는 차하책의 내역에 지급분과 미지급분이 섞여 있기 때문이다. 이 책의 제3장에서 대금의 결제 시점에 관한 문제의 해결이 초본(草本)의 검토를 통해 일부 가능함을 밝힌 바 있다.

상을 살펴보고자 한다.

규장각에 소장되어 있는 내수사의 차하책에는 여러 이본(異本)이 있으며(〈표 3-1〉 참조), 그중에서 호방(戶房)의 지출내역을 수록하고 있는 것은 『내수사각방차하책[內需司各房上下冊]』과 『내수사호방차하책[內需司戶房上下冊]』이다. 『내수사각방차하책』에는 호(戶)·예(禮)·형(刑)·공방(工房), 즉 4방(房)의 지출내역 및 각각의 합계인 "이상(已上)"이 수록되어 있고, 전체 합계에 해당하는 "각방 도이상(各房都已上)"이 계산되어 있다. 1795년부터 1894년에 이르기까지 부정기적으로 32개 연도의 지출 내역이 현존하며, 나머지 연도는 결락되어 있다. 『내수사호방차하책』은 1866~1877년간의 11개 연도, 1894~1906년간의 12개 연도의 지출내역을 수록하고 있는데, 1898년의 것은 누락되어 있으나 『내수사예방차하책[內需司禮房上下冊]』에 혼입되어 있음이 확인된다. 이들을 이용하면, 『내수사각방차하책』의 결락 연도를 채울 수 있다. 이 장에서는 분석의 대상 시기인 1878년부터 1906년까지 중에서 1894년 이전의 것은 『내수사각방차하책』, 이후의 것은 『내수사호방차하책』—1898년은 『내수사예방차하책』—을 활용하였으며, 통칭하여 차하책이라 한다.

이 장의 주요 분석 대상은 차하책이지만, 받자책[捧上冊]과 회계책(會計冊)의 정보도 필요에 따라 추가적으로 활용한다. 차하책과 마찬가지로 내수사 호방의 받자책과 회계책도 『내수사각방받자책[內需司各房捧上冊]』과 『내수사호방받자책[內需司戶房捧上冊]』, 『내수사각방회계책(內需司各房會計冊)』과 『내수사호방회계책(內需司戶房會計冊)』의 형태로 현존하고 있다. 이 책의 제3장에서 살펴본 바와 같이 받자책은 수입을 기록한 장부로서, 창고에 들어온 각종 물품의 품목, 수량 및 원천이 수록되어 있다. 또한 회계책에는 각종 물품의 전기 재고[前在], 당기 수입[捧上], 당기 지출上下, 당기 재고時在가 기록되어 있다. 내수사 호방의 입고량과 출고량은 대개 3~6개월 단위로 정산되고 있었으며, 이를 기록한 것이 회계책이다.[5]

2) 시전진배문서

차하책만으로는 내수사의 조달경로나 시전과의 거래 관계에 대해서 파악하기가 어렵기 때문에, 내수사와 시전간의 거래 내역이 '직접적으로' 드러난 자료들을 추가적으로 동원할 필요가 있다. 다행히도 규장각에 소장되어 있는 내수사의 회계장부류 속에 시전과의 거래 내역이 수록된 문서들이 섞여 들어가 있음을 발견할 수 있었다(이하에서는 이들 문서를 편의상 '시전진배문서'로 통칭한다).

시전진배문서 중에서 내수사 호방과 시전의 거래 내역은 『내수사호방회계책』과 『호방받자수결책[戶房捧上手決冊]』에 들어있다. 우선 『내수사호방회계책』에는 「면자전미하성책(綿子廛未下成冊)」, 「면자전성책(綿子廛成冊)」, 「내수사진배잡곡초출기(內需司進排雜穀抄出記)」, 「잡곡전성책(雜穀廛成冊)」 등이 혼입되어 있다. 「면자전미하성책」은 면화(솜)를 취급한 면자전으로부터 내수사 호방이 물자를 진배 받은 내역 중에서 연도별로 대금을 지급한 내역을 수록하고 지급되지 않은[未下] 잔금의 내역을 계산해 놓은 1898년(광무 2년) 11월의 자료이며, 미지급의 기간은

---

5   예컨대, 붉은팥(赤豆)의 경우, 전기 말의 붉은팥 재고[前在]에 받자책의 붉은팥 수입량[捧上]을 더하고 차하책의 붉은팥 지출량[上下]을 빼면 당기 말의 붉은팥 재고[時在]가 계산되는 형식이다.

1888~94년간이다. 「면자전성책」은 1900년(庚子) 9월에 작성되었는데, 「면자전미하성책」과 달리 연도별 내역은 없고 진배와 미지급의 집계 내역만 있으며, 대상 기간은 1888~94, 1897, 1900년이다. 「내수사진배 잡곡초출기」는 잡곡전이 내수사 호방에 물자를 진배한 내역을 '미수가 도표(未受價都票)'로, 대금을 지급받은 내역을 '수가질(授價秩)'로 정리하고, 차액을 계산하여 미지급액을 적고 있다. 작성 시점은 1908년(戊申) 이며, 수록 내역은 1886~94년의 것이다. 「잡곡전성책」은 1900년(庚子) 9월에 작성된 것으로서 「면자전성책」과 같은 성격을 가진다.

다음으로 『호방받자수결책』에는 「잡곡전진배증서(雜穀廛進排證書)」, 「저포전진배증서(苧布廛進排證書)」, 「내수사점미진배질(內需司粘米進排秩)」, 「저포전수가성책(苧布廛授價成冊)」 등이 혼입되어 있다. 「잡곡전진배증서」 는 166매, 「저포전진배증서」는 144매에 달하는데, 이른바 '체지[帖紙]'이 다.[6] 매 거래마다 작성된 낱장의 문서들이며, 시기는 1886~94년간에 걸쳐 있다. 「내수사점미진배질」은 하미전(下米廛)의 진배 내역과 수가 내역을 1908년 11월에 기록한 것으로서 '내수사호방진배(內需司戶房進 排)'와 '흘리수가질[流伊受價秩]'로 구성되어 있다. 「저포전수가성책」은 1900년 9월 1일자의 문서로서 '호방미하조(戶房未下條)'만을 기록하고 있다.

요컨대, 시전진배문서는 대체로 1870년대 후반부터 1908년까지의 기록으로서,[7] 진배(進排), 수가(授價) 또는 수가(受價), 미하(未下) 또는 미 수가(未受價)라는 세 가지 정보를 담고 있다. 그중에서 진배의 내역을 수

---

6 '진배증서'라는 표현은 서울大學校圖書館(1983b : 745)을 참고한 것이며, 「면자전미 하성책」, 「면자전성책」, 「내수사진배잡곡초출기」 등에서는 이를 '체지[帖紙]'라 칭하 고 있다. 저포전의 체지 중에는 전호(廛號)을 "저포전(苧布廛)"이라 한 것도 있고, "저 전(苧廛)"이라 한 것도 있으며, 전명이 없는 것도 있는데, 모두 저포전의 체지이다.

7 기록은 1908년까지 되어 있으나, 내수사 호방과 각 시전[各廛]의 거래(진배)내역은 1894년까지의 것이다.

록한 자료는 일자, 품명, 수량, 가격 등이 세부적으로 기재되어 있어 내수사의 차하책과 항목별로 대조할 수 있다. 이 경우, 가액보다는 주로 각 물자의 수량에 초점을 맞추어 실물 거래를 파악할 수 있다. 또한 수가(지급)와 미하(미지급)의 내역을 수록한 자료들은 실물 거래의 이면인 현금(錢文) 거래의 실태를 보여준다. 그리고 낱장의 문서들인 체지와 관련 성책(成冊)으로서의 도표(都票)가 모두 현존하는 경우에는 당시의 진배와 수가의 절차가 어떠하였는지를 구체적으로 알 수 있다.[8] 즉 이들 문서를 활용함으로써 차하책의 자료적 한계를 극복할 수 있는 것이다.

시전진배문서에 보이는, 내수사 호방과 거래한 시전은 잡곡전, 저포전, 하미전, 면자전의 네 곳인데, 그중에서 특히 잡곡전을 중심으로 분석하는 이유는 다음과 같다. 우선 면자전의 경우에는 나머지 전(廛)과 달리 구체적인 진배 내역은 확인되지 않고 미지급액만 확인 가능하다. 또 저포전의 경우에는 잡곡전에 비해 거래 횟수와 거래량이 적어서 분석의 유용성이 떨어진다. 마지막으로 하미전은 쌀을 취급한 곳인데, 쌀은 그 특성상 내수사의 수입 경로 ― 소유 전답으로부터의 세미(稅米) ―를 통해 일단 확보되고 부족분만 시중에서 구입하였다는 점, 쌀 자체가 상품인 동시에 현물 화폐로 기능하고 있었다는 점 등으로 인해 분석에 일정한 한계가 있다. 또한 뒤에서 살펴보겠지만 시전에 대한 내수사의 부채 규모도 4개 시전 중에서 잡곡전이 가장 컸다. 그런데 「내수사진배잡곡초출기」에 의하면 내수사 호방과 잡곡전 간에는 1886~

---

8 구체적인 거래의 내역이 기재된 체지나 도표 등은 잡곡전, 저포전, 하미전이 각각 어떤 물자를 조달하고 있었는지를 알려 준다. 저포전은 흰모시[白苧布]만을 진배하였고, 하미전은 흰쌀[白米]과 찹쌀[粘米]을 진배하였다. 잡곡전은 보리, 밀, 콩 등을 취급한 곳인데, 내수사 호방에는 붉은팥[赤豆], 녹두(菉豆), 누런 콩[黃太]을 진배하였다. 붉은팥은 신적두(新赤豆)와 구적두(舊赤豆)로 구별되기도 했으며, 누런 콩은 푸르대콩[靑太]으로 대체되기도 하였다.

94년간 총 164건의 거래가 이루어졌고, 그중에서 붉은팥(赤豆)의 거래가 가장 빈번하여 144건으로 압도적이다. 따라서 잡곡전의 거래 물종 중에서도 특히 붉은팥을 중심으로 분석을 진행하기로 한다.

3. 거래 주체

1) 내수사의 기능과 조직

내수사는 조선의 건국 초기부터 설치되어 왕실의 수요와 관련된 업무를 관장하였던 기관이다. 널리 인용되고 있는 바와 같이, 『경국대전(經國大典)』의 규정에 의하면 조선 초기의 내수사는 "궁중에서 쓰는 쌀·삼베 및 잡물, 노비를 관장"하는 정5품 아문이었다.[9] 궁내(宮內)의 수용(需用)을 조달하던 내수별좌(內需別坐)가 세종대(世宗代)에 내수소(內需所)로 개칭되었고,[10] 다시 세조대(世祖代)의 "경정관제(更定官制)"를 통해 내수사(內需司)로 개편된 것이다.[11] 조선 중기에 들어 존폐 논란과 더불어 폐지와 복구가 되풀이되었지만, 18~19세기에 걸쳐 여전히 존속하였다. 갑오개혁에 의해서 기능이 현저히 줄어들었으나 완전히 폐지되지 않았으며, 1907년에 이르기까지 '영구존속(永久存續)'하게 된다.

---

9   『경국대전(經國大典)』 1, 이전(吏典) 경관직(京官職), "內需司掌內用米布及雜物奴婢".
10 『세종실록(世宗實錄)』, 세종 12년(1430) 6월 25일, "吏曹啓內需別坐請改稱內需所從之".
11 『세조실록(世祖實錄)』, 세조 12년(1466), 1월 15일, "內需所改稱內需司".

조선 초기 내수사의 역할이 그대로 조선 후기의 전 시기에 걸쳐 지속되었는지에 대해서는 거의 알려진 바가 없다. 내수사에 대한 한말의 인식도 여전히 "궁중재정기관(宮中財政機關)의 하나에 속"하는 것으로서 (이 책의 〈표 1-2〉), 조선 전기와 마찬가지의 기능을 하고 있었던 것으로 이해되었다. 하지만 조선 후기에는 4궁(수진궁·명례궁·용동궁·어의궁)의 존재로 인하여 왕실에 대한 물자조달의 기능이 분담되었기 때문에, 내수사의 성격은 조선 전기와 조선 후기에 있어서 차이를 보이게 된다.

주지하듯이 임진왜란(王辰倭亂) 이후부터 궁방의 면세결이 창설되기 시작하였는데, 초기에는 임란전(王亂前)과는 달리 직전(職田)을 보유하지 못하게 된 왕실의 생계를 위한 것이 주목적이었다. 이후 면세결을 보유한 궁방 중에서 4궁은 이른바 내탕(內帑)으로서 왕실에 대한 물자조달의 역할을 맡게 된다. 4궁이 내수사와 같은 위상을 지닌 기구로서 존재하게 된 시기는 인조대(仁祖代), 즉 17세기 초반으로 추정되는데(이욱 2002 : 149-152), 이는 기존에 내수사가 담당한 기능이 17세기에 들어 4궁에 의해 분담되었음을 의미한다. 다만 내수사는 대전(大殿)의 내탕,[12] 명례궁은 중궁전(中宮殿)의 내탕 등의 형식으로 물자 조달의 대상[殿宮]이 세분화된 것이며, 내수사는 4궁과 사실상 동일한 위상을 가지게 된다.

하지만 내수사는 4궁과 마찬가지의 기능 ─대전의 내탕에 속함─ 을 함과 동시에 여러 궁방들에 관한 관리 및 제반업무의 처리를 맡고 있었다는 점에서 4궁과 근본적 차이를 보인다. 4궁에 대한 내수사의 우위는 다음 인용문에서 확인되듯이 "상주(上奏)의 권한(權限)"에 있었다.

---

12 『현종개수실록(顯宗改修實錄)』, 현종 4년(1663) 9월 5일, "上則有內需司".

내수사(內需司)는 하나의 궁중 직사(宮中職司)로서 업무상 다른 관청과 조회(照會)하고, 또 직접 국왕에 상주(上奏)하는 권한(權限)을 가지고 있었고, 다른 각 궁(各宮)은 직사(職司)는 아니었기에 이런 권한을 가지지 못했다. 그래서 사건의 처리에 있어서는 반드시 내수사를 경유하여 내수사에 의한 상주 또는 조회의 수속(手續)을 해야 했다(和田一郎 1920 : 124).

상주의 권한마저 상실되어 내수사가 4궁과 동일한 입지로 전환되는 제도적 계기는 갑오개혁이었다. 개혁의 과정에서 궁방을 총괄하는 내수사의 업무가 공식적으로 궁내부(宮內府) 내장원(內藏院)에 의해 대체되었다. 내수사에 소속된 입역노비(立役奴婢)도 신분의 굴레에서 해방되었고, 결국 재산의 관리나 물자조달 및 회계에 관련된 일부 인원만 남게 되었다.[13] 이후 4궁과 마찬가지로 폐지 시점인 1907년까지 "각종 조달의 일"만을 관장하였다.[14] 그러므로 제실채무 정리과정의 기록에서 내수사를 "국초부터 있었던 황실의 내탕"이라 하면서, 그 담당업무를 궁중에서 제사지낼 때의 요리를 만들어 바치는 것, 국왕이 사용하는 각종 비품을 만드는 것, 임시로 상을 내리는[賞賜] 삼베[布], 무명[木], 쌀[米] 등의 공급에만 한정하고 있는 것이다.[15]

---

13 "내수사는 갑오개혁 때 폐지하였지만 그 소속 재산은 어디에도 이속(移屬)되지 않은 채 약간의 원역(員役)이 이를 관리하였고, 다른 각 궁(各宮)과 마찬가지로 그 재산으로부터 발생하는 수입으로써 제향품(祭享品)의 조진(調進)을 담당했다"(朝鮮總督府 1918 : 130-131).

14 『각궁사무정리소사무성적조사서』, '정리소 설치의 전말(整理所設置ノ顚末)', "各種調達ノ事ヲ管掌".

15 『내수사에 공급한 물품대금청구(內需司ニ供給セシ物品代金請求)』, '내수사의 직무(內需司ノ職務)'. 『제실채무정리지현황(帝室債務整理之現況)』에서도 내수사를 "황실(皇室)의 내탕(內帑)으로서 제사용(祭祀用) 요리(料理)의 조진(調進), 어용(御用) 각종(各種) 비품(備品)의 제조(製造) 및 신하(臣下)에게 하사(下賜)하는 삼베[布], 쌀[米] 등을 조진(調進)하는 기관(機關)"이라 하였다.

앞서 내수사의 역할이 조선 후기에 들어 변화했다고 하였는데, 이는 조직 구성의 변화를 통해서도 확인된다. 『경국대전』이 규정하고 있는 조선 초기 내수사의 직제와 19세기의 그것 사이에 일정한 변화가 발생하여 차이가 존재하게 되었음은 내수사의 직제에 관하여 확인 가능한 대표적 정보를 망라한 〈표 5-1〉을 통해 알 수 있다.[16]

---

16 여기에 포함하지는 않았으나 『신증동국여지승람(新增東國輿地勝覽)』, 『대동지지(大東地志)』, 『한경지략(漢京識略)』, 『동국여지비고』 등에도 내수사의 직제가 수록되어 있다. 조선 전기의 내수사 서제에 대해서는 申解淳(1988)을 참조하라.

<표 5-1> 내수사의 직제 변천

①	②	③	④	⑤	⑥
정5품 典需(1)	정5품 典需(1), 別坐(1)	典需(1)	內侍 大次知(1)	事務長官 大次知(1)	〈1〉大次知(1)
	종5품 別坐(1)	別坐(2)	정5품 典需(1)	別提(3)	別提(2)
정6품 副典需(1)	정6품 別提(1)	別提(2)	종5품 別坐(1)		
	종6품 副典需(1)·別提(1)	副典需(1)	정6품 副典需(1)		
			종6품 別提(1)		
종7품 典會(1)	종7품 典會(1)	典會(1)	종7품 典會(1)		
종8품 典穀(1)	종8품 典穀(1)	典穀(1)	종8품 典穀(1)		
종9품 典貨(1)	종9품 典貨(2)	典貨(2)	종9품 典貨(2)		
	書題(20)	吏屬書員(16)	書題(4)	執吏(4)	〈2〉執吏(4): 工房, 禮房, 刑房, 戶房
			書員(16)		書員(若干)
			加出書員(12)		
			書寫(1)		
			庫直(4)	庫直以下奴子(30餘)	庫直(4)
			徒隷 奴子(56)	婢子(15)	私庫直(若干)
					奴子(若干)

출처: ①『세조실록』, 세조 12년(1466) 1월 15일, 이전(吏典). ②『경국대전』 1, 이전(吏典). ③『등록류비고(謄錄類備考)』 96, 『직관고(職官考)』 6., ④『육전조례(六典條例)』 「옥당 성적조사서」, 『정리소 설치의 전말(整理所設置/顚末)」. ⑥『내수사에 공납한 응당은 몰품 매뉴정구』, 내수사관리인수(內需司官吏員數).

주: 괄호안의 숫자는 인원수임.

즉 기존에는 전수(典需) 이하 전화(典貨)에 이르기까지 정5품부터 종9품까지 품계가 부여된 직책이 중심이었던 반면에, 한말에는 품계가 부여되지 않은 채로 대차지(大次知)-고지기[庫直]의 체제로 구성되어 있었다. 이 책의 제1장에서 소개한 바와 같이 대차지-고지기 형태의 조직구성은 4궁에서는 일반적인 것이었다. 내수사의 조직이 경각사(京各司)의 직제를 따르고 있다가, 19세기 중엽 이후가 되면 4궁과 같은 체제로 전환된 것이다. 이러한 체제 변화의 과도기적 조직구성을 반영하고 있는 것이 〈표 5-1〉의 ④이다. 즉 19세기 후반 내수사의 조직과 체제는 사실상 4궁과 같은 부류에 속하는 것이었다.

또한 〈표 5-1〉의 ⑥에서 보이는 〈1〉과 〈2〉의 구분, 즉 상급 관리와 하급 관리의 구별은 이 책의 〈표 1-6〉에서 살펴본 4궁의 인적 구성에서 나타나는 전형적 특징이다. 이는 상부의 결재나 관리(管理) 또는 사무(事務)를 담당한 직책과 실무(實務) 또는 노역(勞役)를 담당한 하위 직책간의 구분을 뜻한다. 〈2〉에 속하는 실무를 담당한 자들은 다시 실무의 관리직인 집리(執吏) 또는 서원(書員)과 실제의 물자 조달 업무를 맡은 고지기[庫直] 이하로 구별된다. 이렇게 한말 내수사의 직제는 3층 구조로 이루어져 있었으며, 물자조달 과정에서 서울 시전과 직접 거래를 행했던 자들은 고지기 이하에 해당한다.

〈표 5-1〉에서 조선 전기와 달리 조선 후기의 내수사 운영에서만 보이는 또 하나의 특징은 '4방(四房)' 체제이다. 정확한 연원은 확인되고 있지 않으나,[17] 내수사의 '조달' 업무는 "그 조달 물품의 성질 등에 의해

---

17 『승정원일기(承政院日記)』 및 『일성록(日省錄)』의 정조 2년(1778) 4월 2·6일자에도 내수사의 "4방 집리 서원 등처(四房執吏書員等處)", "4방 고자 등(四房庫子等)", "4방 집리 고자 등(四房執吏庫子等)"과 같은 내용이 수록되어 있고, 18세기 말의 내수사 회계장부류도 각방별로 구성되어 있는 것으로 보아, 4방 체제는 18세기 중엽 이

(…중략…) 호방(戶房), 형방(刑房), 공방(工房), 예방(禮房)의 4방으로 분치 (分置)"되어 있었다.[18] 각방이 담당한 업무와 조달한 물자의 분류는 〈표 5-2〉와 같다.

〈표 5-2〉 내수사 4방의 담당 업무와 조달 물자

각방 (各房)	기본 업무 ①	조달 물자		
		②	③	④
호방 (戶房)	조달에 관한 비용 및 제수입(諸收入) 처리	쌀, 잡곡, 직물 등	쌀, 잡곡, 직물, 기타 잡품	잡곡
예방 (禮房)	제전(祭典)에 관한 조달	요리	기름, 꿀, 밀가루, 삼마(麻), 과일, 소고기, 술 등	요리
형방 (刑房)	각궁사등속원(各宮司等屬員)의 범죄를 단속	삼베, 무명, 금(金), 쌀 등 임시 상사(賞賜)의 재료	금은(金銀), 쌀, 무명, 삼베, 기타 임시 진배	쌀·직물
공방 (工房)	어용(御用) 비품의 제조	비품의 작성	비품 제작	기구

출처 : ① 『각궁사무정리소사무성적조사서』. ② 『내수사에 공급한 물품대금청구』, '내수사의 각방(內需司 ノ 各房)'. ③ 『내수사에 공급한 물품대금청구』의 '공술서(供述書)' 중에서 예방 고지기[禮房庫直] 전흥길(全興吉), 공방 고지기[工房庫直] 김덕현(金德鉉), 형방 집리(刑房執吏) 최석범(崔錫範), 호방 고지기[戶房庫直] 서재성(徐在成)의 답변서. ④ 『내수사에 공급한 물품대금청구』, '김덕현 공술(金德鉉供述)'.

〈표 5-2〉를 통해 호(戶)·예(禮)·형(刑)·공(工)의 각 방(各房)은 독자적 인 업무를 수행함①과 동시에 조달 업무를 물종별로 분담②~④하고 있었음을 알 수 있다. 호방뿐만 아니라 모든 방이 물자의 조달 업무를 담당하고 있었던 것이며, 이는 내수사의 회계장부를 통해서도 확인된 다. 『내수사각방차하책』에 의하면 각 방별로 취급하는 물자의 종류가 확연히 달랐다.[19] 즉 단순히 호방을 통해서 모든 물자가 수입(收入)되고,

---

전으로 소급하는 것으로 추정할 수 있다. 또한 〈표 5-1〉의 ④에서 고지기의 인원수 를 4명으로 규정하고 있는 것도 각 방별 고지기를 의미하는 것으로 해석할 수 있다. 국초부터 4방 체제였는지에 대해서는 불명이다.

18 『각궁사무정리소사무성적조사서』, '정리소 설치의 전말', "其調達物品 ノ 性質等 ニ 依 リ 內需司中 ニ 戶房, 刑房, 工房, 禮房 ノ 四房 ヲ 分置シ".

이후에 그것이 각 방별로 분배되어 회계 상의 내역만 장부(帳簿)에 기재되는 방식은 아니었던 것으로 판단된다. 요컨대, 내수사의 호방은 내수사 전체의 수입을 총괄함과 동시에 가장 기본적이고 중요한 품목인 쌀, 잡곡 및 직물류의 조달을 담당한 내수사의 주요 부서였다.

2) 시전 도중의 진배

내수사 호방이 전·궁(殿宮)에 대하여 쌀, 잡곡, 직물류 등의 조달을 담당하고 있었던 사정과 물자의 조달 내역은 차하책에 의해 명백히 확인되지만, 앞서 언급한 바와 같이 이들 물자가 개별 상인에 의해 공급되었는지, 공계(貢契)나 시전(市廛) 등의 단체에 의해 공급되었는지에 대해서는 알기 어렵다. 하지만 시전진배문서에서 잡곡전, 저포전, 하미전 및 면자전이 호방과 거래하였음이 확인된다. 이들 4개 전(廛)은 모두 무푼전[無分廛]보다 국역의 부담이 컸던 유푼전[有分廛]이라는 공통점이 있으며, 특히 저포전은 육주비전(六注比廛)에 속한다(조영준 2013d). 즉 무푼전이 취급한 물종들에 비하여 상대적으로 필수적이고 중요한 재화를 취급한 유푼전에 의해 '진배(進排)'의 형식으로 안정적인 물자 조달이

---

19 『내수사각방차하책』에는 4방이 조달한 물종의 내역이 수량 및 가격 정보를 포함하여 기재되어 있다. 내수사에서 구입하여 조달한 물종의 수는 18세기 말에서 20세기 초에 걸쳐 약 1,500종에 달하는 것으로 확인된다. 이들 물종은 사치적 수요라기보다는 일상적 수요 또는 왕실의 의례 거행을 보충하기 위해 쓰인 것들이 대부분이라는 점에서 호조 및 선혜청에 의한 공상(供上)과 확연히 구별된다. 이를 테면, 예방의 조달 물종은 대체로 함흥(咸興)과 영흥(永興)의 본궁(本宮)에서 지내는 제수(祭需)의 조달이나 궁중의 각종 다례(茶禮)에 쓰인 것들로 구성되어 있다. 또한 공방의 조달 물종은 궁중 각종 비품의 개조(改造), 건물이나 담장의 수보(修補)를 비롯한 유지·보수의 성격을 가지는 것들이다.

이루어지고 있었던 것이다.[20]

각 물종의 진배는 개별 상인의 차원에서 이루어진 것이 아니라, 상인의 단체인 시전(市廛), 즉 도중(都中)에 의해 행해졌다. 이는 시전진배문서 각각의 말미에 기입된 직책과 성명을 통해 알 수 있는데, 이를 테면 「잡곡전성책」, 「면자전성책」, 「저포전수가성책」에는 각 시전 삼소임(三所任)[21]의 성명이 적혀 있다.[22] 「면자전미하성책」에는 보다 구체적으로 삼소임의 성명은 물론 그들 개인의 주소까지 적혀 있으며,[23] 「내수사진배잡곡초출기」나 「내수사점미진배질」에는 삼소임의 성명을 기재한 후에 도중의 사무소격인 '도가(都家)'의 주소가 기재되어 있기도 하다.[24]

---

20 통상적인 진배(進排)의 개념과 절차에 관해서는 Owen Miller(2007a)를 참조하라. 또한 『비변사등록(備邊司謄錄)』의 기술을 토대로 하면, 진배의 종류를 '무가 진배(無價進排)', '선수가 후진배(先受價後進排)', '선진배 후수가(先進排後受價)' 등으로 구분할 수 있다. 이와 관련하여 卞光錫(2001 : 107-108)을 참조하라. 그런데 『수진궁미하금청구』의 "대개 진배라고 하는 것은 아래에서 위로 상납한다는 의미이지만, 각 궁의 진배는 사실 진배가 아니라 소관 각전(各殿)에서 각기 사유(私有)하신 재산(財産), 즉 궁유재산(宮有財産)으로써 일반 어수용(御需用)에 대해서 필요한 일부분을 보용(補用)하시는 바"라는 기술에서 볼 수 있듯이(이 책, 〈부록 2〉의 ④), 시전(또는 공계)의 진배와 궁방(내수사 포함)의 무역은 같은 개념으로 이해할 수 있다. 예컨대, 趙映俊(2008e : 134)의 각주 34)에서 볼 수 있듯이 수진궁과 현방 간의 거래행위를 수요 측인 수진궁의 입장에서는 '무역(貿易)'으로, 공급 측인 현방의 입장에서는 '진배(進排)'로 표현하였다. 이는 비단 수진궁과 현방간의 거래뿐만 아니라, 내수사와 잡곡전 등 시전 간의 거래에도 마찬가지로 적용된다. 즉, 동일한 거래 행위에 대하여 물자의 구매인 궁방과 판매인 시전이 각기 관행적으로 다르게 표현하고 있었을 뿐이다.

21 삼소임은 도중의 사무를 담당한 대행수(大行首), 상공원(上公員), 하공원(下公員)을 지칭하는 것으로 알려져 있다(고동환 2002 : 72-73).

22 「잡곡전성책」, "삼소임(三所任) 박영식(朴永植) 한홍식(韓弘植) 김창식(金昌植)". 「면자전성책」, "삼소임(三所任) 우성필(禹成弼) 한세현(韓世玄) 장영용(張永鎔)". 「저포전수가성책」, "삼소임(三所任) 이덕근(李德根) 최선호(崔善鎬) 김순정(金淳禎)".

23 「면자전미하성책」, "삼소임(三所任) 서부(西部) 반송방(盤松坊) 지하계(池下契) 신촌(新村) 제13통(第十三統) //2호(二戶) 주형근(朱亨根) //서부(西部) 인달방(仁達坊) 봉상사계(奉常司契) 내섬동(內贍洞) //9통(九統) 6호(六戶) 장성환(張盛煥) //중부(中部) 견평방(堅坪坊) 전동(典洞) 1통(一統) 8호(八戶) 이강영(李康英)".

24 「내수사진배잡곡초출기」, "삼소임(三所任) 태덕준(太德峻) 손순영(孫順永) 송기선

이와 같이 내수사와의 거래 및 미하 내역을 확인한 주체가 각 시전의 삼소임이었음은 궁방과 시전간의 '진배' 거래가 개인과 개인 간 또는 기관과 개인 간의 거래가 아닌 기관과 기관 간의 거래였음을 의미한다.[25] 따라서 대금이 미지급되는 상황이 발생하였을 때 상인 개인이 가산을 탕진한다거나 하는 사례는 발생할 여지가 적었고, 상인 단체인 도중의 재정 곤란을 야기할 소지가 있었던 것으로 볼 수 있다.[26]

주지하듯이 시전은 국역을 부담하고 있었으며, 그에 대한 반대급부로 독점적 영업권 또는 수세권을 부여받거나 경영 위기 또는 실화(失火)에 대한 구제를 받고 있었다는 점에서 왕실의 동반자 역할을 하고 있었다. 시전의 진배도 국역의 일종으로 부과된 의무에 속하는 것으로, 자유로운 매매 행위는 아니었다. 이러한 진배의 성격은 서울의 시장을 통해 내수사나 궁방이 조달한 물자들이 익명의 개별 상인이 아닌 특정한 시전에 의해 정례적으로 공급되고 있었다는 점에서 잘 드러난다. 또한 진배는 왕실의 재정이 안정적으로 유지되는 상황에서는 시전에게 일정한 이윤을 보장해 줄 수도 있지만, 그렇지 않은 경우에는 오히려 수탈의 수단이 될 수도 있는 양면적 성격을 가진 것이었다.

(宋基善) // 중부(中部) 장통방(長通坊) 염곡계(塩谷契) 18통(十八統) 8호(八戶)". 「내수사점미진배질」, "하미전(下米廛) 소임(所任) 신선익(申善益) 박용준(朴容準) 김제승(金濟昇) // 동부(東部) 배오개[梨峴] 연화방(蓮花坊) 107통(一百七統) 2호(二戶) 도가(都家)".

25 삼소임에 의한 진배는 비단 시전에만 국한되는 것은 아니었다. 시전에 준하는 현방(懸房)의 사례에서도 대왕대비전(大王大妃殿) 탄일(誕日)에 육종(肉種)을 진배하면서 "현방의 삼소임이 함께 진배[懸房三所任眼同進排]"라고 표현하고 있다(『수진궁등록(壽進宮謄錄)』 주(宙), 1853년(癸丑) 5월 15일).

26 이와 같이 상인 개인이 아니라 단체인 시전이 진배의 주체였음은 면주전의 사례에서도 마찬가지였다(Owen Miller 2007a). 단체인 시전이 왕실에 대한 진배의 주체로 역할하였음은 명확하지만, 시전의 구성원으로서 일정한 지분(持分)을 가지는 개별 상인의 재정상황, 시전의 조직 구성 및 각자의 지분에 따른 물종의 확보 경로 등에 대해서는 여전히 연구사(研究史)의 공백으로 남아 있다.

4. 거래 내역

1) 내수사의 조달 상황

우선 내수사 호방의 지출 내역을 기록한 차하책을 통해 전·궁(殿宮)에 대한 내수사의 붉은팥 조달 상황에 대해 살펴보자. 〈자료 5-1〉은 차하책 상의 기재내역 중에서 1878년 1·2·11월의 붉은팥 출입과 관련된 것만 모두 발췌하여 정리한 것이다.

〈자료 5-1〉 내수사 차하책에 기재된 붉은팥 출입 내역 (1878년)

1月朔	赤豆	5斗	永保堂	
	赤豆	5斗	內安堂	
	錢文	10兩9分	赤豆11斗6升價	中經所入
2月朔	赤豆	5斗	永保堂	
	赤豆	5斗	內安堂	
	錢文	10兩4錢4分	赤豆11斗6升價	大經所入
	(…중략…)	(…중략…)	(…중략…)	(…중략…)
11月朔	赤豆	5斗	永保堂	
	赤豆	5斗	內安堂	
	赤豆	4石	內入	豆湯例入
	赤豆	4石	大王大妃殿入	豆湯例入
	赤豆	4石	王大妃殿入	豆湯例入
	赤豆	2石	順和宮入	豆湯例入
	赤豆	1石	完和君房	豆湯例入
	赤豆	4石	大行大妃魂殿入	豆湯例入
	赤豆	1石	初10日判付據方淑儀卒逝別致賻上下	
	錢文	415兩8錢	赤豆30石價	貿易

주 : 아라비아숫자는 인용자에 의함. 이하에 이어지는 내용은 생략함.
출처 : 『내수사각방차하책』(奎 19008).

차하책 전체에 기재된 붉은팥 관련 지출의 모든 내역은 창고 재고의 지출, 구매와 동시에 지출, 구매 후 입고의 세 가지 양식으로 범주화할 수 있다. 각 유형에 대해 순서대로 살펴보자. 첫째, 내수사의 창고에 있는 붉은팥의 재고[時在] 중에서 일부를 지출하는 경우이다. 가장 자주 기재한 사례는 "붉은팥 5말; 영보당[赤豆5斗 永保堂]"의 형식이며, 여기서 "영보당"은 지출의 대상을 의미한다. 1월과 2월 모두 붉은팥 5말씩을 지출하고 있는 것처럼, 영보당과 내안당(內安堂)에 대한 붉은팥 지출은 매달 정기적으로 이루어지고 있었다.[27] 또 동짓달인 11월의 경우에는 "팥죽에 들어가는 것[豆湯例入]"이라 하여, 동지 팥죽의 재료로 붉은팥을 각 전·궁(殿宮)에 지출하였다. 분량은 1섬[石]에서 4섬까지로서 영보당이나 내안당에 매월 지출된 분량보다 훨씬 크다. 그리고 간헐적이기는 하지만, "방숙의의 졸서에 대한 별치부[方淑儀卒逝別致賻]"처럼 장례에 대한 부의(賻儀)의 성격을 가진 지출 내역도 보인다.

이와 같이 차하책에 기재된 붉은팥의 지출량을 연간 합계하여 도시한 것이 〈그림 5-1〉이다. 일부 연도에서 차하책이 현존하지 않음을 감안하더라도, 1894년까지는 지속적으로 일정 규모의 지출이 이루어지고 있었음이 확인된다. 대체로 〈자료 5-1〉에서 살펴본 것과 같은 후궁에 대한 지급이나, 궐내(闕內) 전·궁 등에 대한 팥죽 재료의 지급 등에 해당하는 것이다.

〈그림 5-1〉에서 1885년에 유독 높은 수치를 보이는 것은 "각 전·궁의 생것방과 소주방에 달마다 예입(例入)하는 열두 달치를 한꺼번에 지출"한 28섬 12말이 포함되어 있기 때문이며,[28] '예입'이라고는 하지만

---

27 영보당과 내안당은 각각 고종(高宗)의 후궁이다.
28 "赤豆貳拾捌石拾貳斗; 各 殿宮生物房燒廚房 朔例入十二朔條都下".

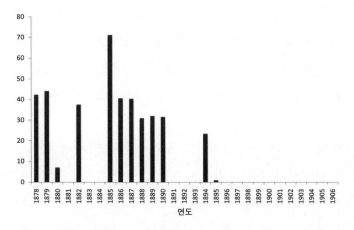

〈그림 5-1〉 내수사 차하책에 기재된 붉은팥의 연간 지출량(단위 : 石)
주 : 1881·1883·1884·1891~93년은 차하책이 현존하지 않음. 1880년은 1~4월분만 현존.
출처 : 1878~90년은 『내수사각방차하책』(奎 19008), 1894~97·1899~1903, 1904년 1~9월은
『내수사호방차하책』(奎 19018), 1898년은 『내수사예방차하책』(奎 19020), 1904년 10~12월,
1905~06년은 『내수사호방차하책』(奎 19089).

다른 연도에서는 동일한 내역이 없는 것으로 보아 연례적인 지출은 아
닌 것으로 판단된다. 이를 제외하면, 1894년까지는 대개 연간 30~40섬
수준의 붉은팥이 내수사로부터 각 전·궁으로 공급되었다. 1895년 이
후에 지출 내역이 보이지 않는 이유는 갑오개혁 이후 내수사의 물자 조
달 방법이 바뀌었기 때문이다. 갑오개혁 이전에는 붉은팥과 같은 실물
을 직접 내수사의 창고로부터 각 전·궁에 공급하는 방법과 현금(錢文)
의 지출을 통해 시전으로부터 구입하여 조달하는 방법으로 구성되어
있었다면, 갑오개혁 이후에는 후자로 일원화되었기 때문이다.

둘째, (창고에 있는 붉은팥이 아니라) 동전을 지급하여 시전으로부터 붉은
팥을 구매하고, 이를 각 전·궁에 바로 지출(조달)한 경우이다. 대체로
〈자료 5-1〉의 1월에서 보이는 "동전 10냥 9푼; 붉은팥 11말 6되 값; 중경
(中經)에 들어감"의 형식이다.[29] 즉 붉은팥의 구입량과 가액 및 구입의

---

29 중경(中經), 대경(大經) 등은 궁중에 승려를 불러 행한 독경(讀經)의 일종이다. 독경

'용도'가 적혀 있다. 이 경우에는 구입뿐만 아니라 해당 용도로의 지출까지 함께 기록하고 있는 것이므로, 붉은팥이 창고에 들어갔다가 다시 지출되는 것은 아니다. 따라서 뒤에서 설명하듯이 받자책에는 이러한 내역이 기재되지 않는다.

셋째, 〈자료 5-1〉에서 11월의 기록에 30섬의 붉은팥을 415냥 8전을 주고 구입한 것이 있는데, '용도'를 적은 것이 아니라 '무역(貿易)'이라 하여 구입의 '경로'를 적고 있다. 무역은 '시전을 통한 구입'을 가리키는데, 무역된 붉은팥은 내수사의 창고로 들어갔다. 따라서 뒤에서 설명하듯이 받자책에는 무역의 내역이 차하책과 마찬가지로 기재된다.

이와 같이 붉은팥이 구매와 동시에 지출되는 경우와 창고로 들어가는 경우 모두 지출 내역은 동전으로 기입되었는데, 이렇게 동전을 지급하고 구입한 붉은팥의 양을 연간 합계하여 도시한 것이 〈그림 5-2〉이다. 동전 단위의 가액으로 표시하지 않고 붉은팥의 실물 단위인 '섬'으로 표시한 것은 기타 자료와의 비교를 용이하게 하기 위해서인데, 특히 인플레이션이 심했던 시기임을 감안한다면 화폐보다는 실물 단위의 비교가 더 큰 의미를 가지기 때문이기도 하다.

결락된 연도를 고려하고 살펴보더라도, 대체로 연간 30∼40섬 수준에서 구입이 이루어지고 있었으며, 1895년 이후에는 지극히 미미한 수준의 구입만이 행해졌음을 알 수 있다. 1894년에 유독 구입량이 많은데, 이는 '무역'의 양이 64섬 13말로서 다른 연도에 비해 컸기 때문이다. 〈그림 5-2〉에서의 붉은팥 구입량도 〈그림 5-1〉에서의 붉은팥 지출량

을 줄여서 '경(經)'이라고도 하였다. 1사4궁에서는 수시로 독경에 필요한 지출이 행해졌고, 붉은팥을 포함한 여러 품목들이 수요되었다. 관련 자료로서 고종대(高宗代) 명례궁의 『독경정례(讀經定例)』가 있는데, 중경을 비롯하여 지신경(地神經)·조왕경(竈王經) 등 다양한 형태의 독경이 행해졌음을 전하고 있다.

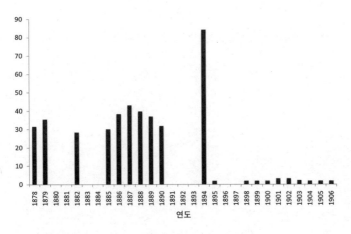

〈그림 5-2〉 내수사 차하책에 기재된 붉은팥의 연간 구입량(단위 : 石)
출처 : 〈그림 5-1〉과 동일.

과 마찬가지로 연간 30~40섬 수준으로 비슷하지만, 구입한 붉은팥 중에는 창고로 들어간 것과 그렇지 않은 것이 있음을 고려하면, 입고량보다 출고량이 훨씬 많았다고 할 수 있다. 즉 차하책만을 보더라도 창고의 붉은팥 재고는 매년 감소하였을 것임이 자명하다. 이를 보다 명확히 하기 위해서, 입고량이 기재된 받자책을 함께 검토해 보도록 하자. 1879~86년간 내수사의 받자책에 기재된 붉은팥의 모든 내역을 발췌한 것이 〈자료 5-2〉이다.

〈자료 5-2〉를 통해 받자책에 기재된 붉은팥 수입의 유형을 다음과 같이 대별할 수 있다. 첫째, 붉은팥의 수입[庫入]은 연중 수시로 이루어진 것이 아니라 특정 달에 집중되어 있다. 특히 11월에 다량의 '무역'을 통해 입고되며, 이는 1894년까지는 일반적인 현상이었다. 앞서 차하책에서 11월에 '무역'이 행해짐을 확인한 것과 짝을 이루는 것으로서,[30]

---

30 11월의 '무역'이 가지는 시기적 특징은 앞에서 언급한 바와 같이 동지 팥죽[冬至 팥湯]에 쓴다거나 하는 세의(歲儀)의 용도이다.

<자료 5-2> 내수사 받자책에 기재된 붉은팥의 수입 내역

己卯(1879)	1月朔	赤豆	35石	貿易
	12月朔	赤豆	5石	內贍寺來
	12月朔	赤豆	5石	內資寺來
庚辰(1880)	11月朔	赤豆	30石	貿易
	12月朔	赤豆	5石	內贍寺來
	12月朔	赤豆	5石	內資寺來
(…중략…)		(…중략…)	(…중략…)	(…중략…)
壬午(1882)	6月朔	赤豆	3石	內下
	11月朔	赤豆	25石	貿易
(…중략…)		(…중략…)	(…중략…)	(…중략…)
甲申(1884)	9月朔	赤豆	32石	貿易
	11月朔	赤豆	30石	貿易
	12月朔	赤豆	5石	內贍寺來
乙酉(1885)	6月朔	赤豆	28石12斗	換色倉米代
	11月朔	赤豆	25石	貿易
	12月朔	赤豆	5石	內贍寺來
丙戌(1886)	11月朔	赤豆	30石	貿易

주 : 아라비아숫자 및 서력 연대는 인용자에 의함. 1881, 1883년은 『받자책』이 현존하지 않음. 1886년의
이어지는 내용은 생략함.
출처 : 『내수사각방받자책』(奎 19009).

차하책에서의 '동전 지출'이 받자책에서의 '붉은팥 수입'의 일부를 구성
한다. 둘째, 내하(內下)라 하여 왕실로부터 하사받거나, 내섬시(內贍寺)
또는 내자시(內資寺)로부터 이전(移轉)되는 경우가 있으나, 무역에 비하
면 그 수량은 미미하다. 그마저도 1880년대 후반 이후에는 보이지 않
는다. 셋째, 정례적이 아닌 일시적인 수입으로서 "환색창미대(換色倉米
代)"가 있다. 이는 창고에 있는 쌀(倉米)을 붉은팥으로 바꾸었음(換色)을
뜻하며, 붉은팥의 재고가 부족한 경우 쌀을 붉은팥으로 바꾸어 지출하
기도 했음을 보여준다.

받자책에 기재된 붉은팥의 연간 수입량을 1878~1906년에 대해 수
입의 원천에 따라 구분하여 도시한 것이 <그림 5-3>이다. 가장 먼저 관

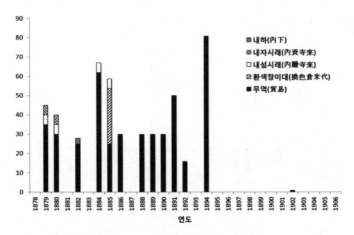

〈그림 5-3〉 내수사 받자책에 기재된 붉은팥의 입고 내역(단위 : 石)
주 : 1878 · 1881 · 1883 · 1887 · 1893년은 받자책이 현존하지 않음.
출처 : 1879~80, 1882, 1884~86, 1888~92년은 『내수사각방받자책』(奎 19009). 1894~1906년
은 『내수사호방받자책』(奎 19093).

찰되는 사실은 붉은팥 수입의 대부분이 무역의 형태로 이루어지고 있
었다는 점이다. 받자책에 기재된 수입 내역에서 주종을 이루는 쌀이나
동전이 주로 실물로 입고되고 있었던 것과는 대조적인 현상으로서,[31]
붉은팥 수입에 있어서 내수사의 시장 거래에 대한 의존도를 반영한다.
일부 결락 연도를 감안하고 살펴보면, 대개 연간 30~50섬 수준의 수입
이 이루어지고 있었다. 창고에 붉은팥이 부족했을 때에는 내하, 이전,
환색 등을 통해 부족분이 보충되었는데, 그중에서 환색의 비중이 가장
컸다. 왕실로부터의 하사에 해당하는 내하는 붉은팥과 같은 실물보다
는 주로 동전을 위주로 구성되어 있었기 때문이다.

붉은팥의 입고량보다 출고량이 더 큰 경우에는 창고의 붉은팥 재고
량이 감소하게 된다. 〈그림 5-1〉과 〈그림 5-3〉을 교차하여 붉은팥의 연
간 입고량과 출고량의 차액[收支], 즉 재고의 연간 증감액을 도시한 것이

---

31 쌀이나 동전의 수입 원천은 주로 궁방전 소출의 세미(稅米)나 세전(稅錢)이다.

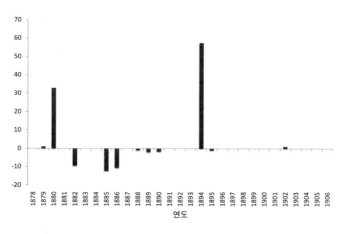

〈그림 5-4〉 내수사의 연도별 붉은팥 수지(단위 : 石)
출처 : 〈그림 5-1〉, 〈그림 5-3〉의 자료 중 연도별로 양자 모두 존재하는 경우.

〈그림 5-4〉이다.

1879~80년간에는 매년 붉은팥의 입고량이 출고량을 초과하였으나, 1882년부터 1890년대 초반까지는 매년 입고량보다 출고량이 많아 붉은팥 수지의 적자가 지속되었다. 1894년에 약 57섬의 붉은팥 순입고(=입고 −출고)가 관찰되지만, 이는 받자책과 차하책이 동시에 말해주고 있듯이 '무역'을 통해 이루어진 것으로서 동전 재고의 감소를 통한 것이다.

이러한 연간 수지의 누적이 붉은팥 재고에 어떤 영향을 미치고 있었는지 검토해 보도록 하자. 비록 현존하는 자료가 부실하지만 회계책의 연말 붉은팥 재고를 정리하면 〈표 5-3〉과 같다. 1880년 연말의 붉은팥 재고는 약 70섬이었는데, 1890년 말에는 '가용(加用)' 43여 섬이 기록되

〈표 5-3〉 내수사 회계책에 기재된 붉은팥의 연말 재고(단위 : 石)

연도	1880	1890	1894	1895	1896	1897	1898	1899	1900	1901	1902
시재(時在)	70.3	-43.9	0	-1	-1	-1	-1	-1	-1	-1	0

주 : 반올림한 값임. 1890년은 4월 말 기준. 1878~79, 1881~89, 1891~93년은 회계책이 현존하지 않음.
출처 : 1880 · 1890년은 『내수사각방회계책』(奎 19010). 1894~1906년은 『내수사호방회계책』(奎 19026).

어 있다. 1894년 말이 되면 모든 '가용'이 청산되고 재고가 '무(無)'로 전환되며, 이후 1섬의 가용이 1901년까지 유지된다.

〈그림 5-4〉와 연계하여 판단하자면, 1880년대에 들어 붉은팥의 수지는 매년 적자였고, 출고량은 항상적으로 입고량을 초과하였다. 그 과정에서 재고는 고갈되어 갔으며, 붉은팥의 연말 재고가 플러스에서 마이너스로 접어든 것은 1880~90년간의 어느 한 시점이었다. 일단 마이너스로 들어선 재고는 1894년까지는 플러스로 전환된 경우가 없었고, 가용의 절대값은 증가 일로에 있었다. 1894년에 약 57섬의 순입고가 이루어짐으로써 재고가 비로소 '무'로 전환되었음은 1894년 직전까지는 가용액이 약 57섬이었음을 의미한다.

하지만 1894년의 입고를 통한 붉은팥 항목의 가용 상황 해소가 반드시 내수사 재정의 안정화를 뜻하는 것은 아니다. 왜냐하면 동전 항목은 이미 오래 전부터 가용 상태에 있었으며, 1894년 연말의 가용액은 무려 8만 9천 냥을 넘는 수준이었다.[32] 즉 1894년의 붉은팥 가용 해소 조치는 갑오개혁으로 인해 화폐 위주의 재정 운영으로 전환되는 과정에서 단순히 붉은팥의 가용을 동전의 가용으로 대체한 것으로서, 내수사의 재정 상황은 개선(改善)되기보다는 오히려 악화(惡化)되고 있었던 것이다.

---

32 『내수사각방회계책』(奎 19010)과 『내수사호방회계책』(奎 19026)에 의하면 호방의 각 연도별 동전(錢文) 재고(時在)는 다음과 같다. 1880년 말, -625.63냥; 1890년 4월 말, -15,378.72냥; 1894년 말, -89,456.64냥.

2) 잡곡전의 진배 절차와 내역

앞에서 논의하였듯이 내수사의 호방에서 특정 용도의 붉은팥 수요가 발생하였을 때 동전을 지출하여 붉은팥을 구매하였음이 차하책에 수록되어 있다. 구매를 통한 조달의 구체적인 절차가 어떠하였는지 확인하기 위해 시전진배문서를 살펴보도록 하자. 시전진배문서를 분석하는 과정에서 차하책의 성격도 일부 밝혀질 수 있다.

가장 먼저 살펴보아야 할 자료는 체지이다. 독경 등의 붉은팥 수요가 발생하면 내수사 호방은 잡곡전에 체지를 발행하고 붉은팥을 조달하였다. 체지는 매 거래마다 1매씩 작성하였으며, 1매에 한 가지 품목만 적은 경우도 있고 붉은팥과 녹두 등 복수의 품목을 함께 적은 경우도 있다. 이 책의 제4장에서 1886년(丙戌)의 체지 중 2매를 선별하여 예시한 바 있다〈그림 4-11〉.

체지에는 수신자인 해당 전(廛)의 명칭을 적고, 다음에 거래 품목명, 수량 및 용도를 적었다. 이때, 해당 수량을 시두(市斗)로 환산하여 '시 3말 1되[市3斗1升]'라고 부기하거나〈그림 4-11〉의 ①, '하품(下品)'과 같이 붉은팥의 품질을 적기도 하였다〈그림 4-11〉의 ②. 이어 기재된 '즉각 진배할 것[卽刻進排事]'(①)이나 '진배하고 나서 수가할 것[進排後受價事]'(②) 등의 표현은 진배와 동시에 대금을 결제하지는 않았음을 보여준다.[33] 즉 체지는 잡곡전으로 하여금 붉은팥을 조달하라는 내수사의 명령서(命令書) 또는 발주서(發注書)인 동시에, '선진배 후수가(先進排後受價)'임을 명기함

---

[33] 잡곡전, 저포전 등의 체지에는 '즉각진배사(卽刻進排事)', '즉위진배사(卽爲進排事)', '성화진배사(星火進排事)', '진배후수가사(進排後受價事)' 등의 표현이 등장하며, 이는 해당 물품의 납상(納上)을 지체 없이 행할 것을 주문하는 것으로 볼 수 있다.

으로써 추후에 대금을 결제하겠다는 지급계약서(支給契約書) 또는 채무증서(債務證書)의 역할을 한 문서이다. 다음으로 체지의 작성 날짜를 적고, 담당자의 성(姓)을 적은 후 작성기관인 내수사를 명기하였다.[34] 일부 체지에는 '한 되에 2냥 3전씩[每升2兩3戔式]'과 같이 단가(單價)가 계산되어 있기도 하며(②), 단가나 가액을 뒷면[紙背]에 기재하기도 했다.

체지의 발급은 내수사의 조달 담당자—〈그림 4-11〉의 '해장(該掌)'—인 고지기[庫直]에 의해 이루어졌는데, 1886~89년간에는 담당자의 성(姓)으로 최(崔)와 서(徐)가 번갈아 등장하지만, 1890년 이후에는 서(徐)만이 등장한다.[35] 이는 잡곡전과의 거래를 담당한 내수사 측의 관원이 1~2명 수준에서 장기적으로 고정되어 있음을 보여 주는 것이다. 저포전의 체지에도 최(崔)와 서(徐)만이 등장하는 것으로 보아 호방을 통틀어 잡곡전뿐만 아니라 나머지 시전에 대한 구매까지 이들 1~2명이 담당하고 있었던 것으로 보인다.

매 거래마다 발급된 낱장의 체지는 해당 전(廛)에서 합철(合綴)하여 보관하였고,[36] 이를 이기(移記)하여 도표(都票) 또는 도표(都標)를 작성하였다. '선진배 후수가'의 관행에 따라 대금의 결제, 즉 수가(受價)—내수사의 입장에서는 수가(授價)—는 즉시 이루어진 것이 아니고 추후에 이루어졌는데, 수가 시점에도 모든 잔액을 결제한 것이 아니라 일부의 결제만 이루어졌다. 이에 도표의 구체적 명칭을 '미수가도표(未受價都

---

34 체지의 가운데에 내수사의 도서(圖署)를 날인하거나 담당자의 도장을 찍어, 내수사가 발행한 문서임을 증명하였다. 1사7궁의 도서 인영에 대해서는 〈부록 1〉을 참조하라.
35 여기서 서(徐)는 내수사 호방의 고지기였던 서재성(徐在成)이다. 『내수사에 공급한 물품대금청구』의 '공술서(供述書)' 중에서 호방 고지기 서재성의 답변서를 참조하라.
36 이는 체지가 유통되지 않았음을 의미하며, 내수사에 대한 채권(債權)이 일반적인 어음과 같이 거래의 대상으로 성립하지는 않았음을 보여준다.

票)'라 한 것이며,[37] 수가한 내역은 '수가질(授價秩)'에 따로 작성하였다. 즉 미수가도표는 그 명칭만으로 판단하자면 수가하지 않은 내역으로 보아야겠지만, 체지 및 수가질과 대조해 보았을 때 사실상 수가와 미수가의 내용이 모두 미수가도표에 들어있음이 확인된다. 「내수사진배잡곡초출기」의 미수가도표 중 첫 부분에 해당하는 1886년[丙戌] 분을 발췌한 것이 〈자료 5-3〉이다.

〈자료 5-3〉 내수사 호방에 대한 잡곡전의 '미수가도표(未受價都票)'

丙戌二月二十八日香陪所用赤豆一石價六十四兩六錢
　三月初三日讀經所入赤豆十一斗六升價五十二兩七錢
　　十二日讀經所入赤豆市一斗價十七兩
　六月初五日讀經所入赤豆一石八斗二升價一百四十三兩七錢五分
　　十二日赤豆官二斗四升價十六兩七錢五分
　　二十二日讀經所入赤豆價官十一斗六升價八十三兩二錢

주: 첫 부분만 발췌하여 제시했음.
출처: 「내수사진배잡곡초출기」.

〈자료 5-3〉을 〈그림 4-11〉과 대조해 보면, 체지의 1매에 수록된 내역이 미수가도표의 1행을 구성하고 있음을 알 수 있다. 미수가도표에서 각 행의 기록은 일자, 용도, 수량, 가액의 순으로, 체지에는 없던 '가액' 정보가 추가되어 있다. 또 한 가지 특기할 만한 점은 〈그림 4-11〉의 ① 에서와 마찬가지로 6월 12일의 "붉은팥 관 2말 4되 값[赤豆官二斗四升價]"과 같이 수량을 측정한 양기(量器)를 관(官)·시(市)로 구분한 경우가 있다는 점이다. 즉 매 거래마다 관두(官斗) 또는 시두(市斗) 중의 어느 하나만을 이용한 것이 아니라 혼합되어 쓰였는데, 주로 관두가 많고 시두가 적다. 시두로 기재된 경우에는 4를 곱하면 관두로 환산된다.[38]

37　이는 잡곡전이 내수사 호방으로부터 지급받지 못한 금액을 채권(債權)으로 의식하였음을 보여준다.

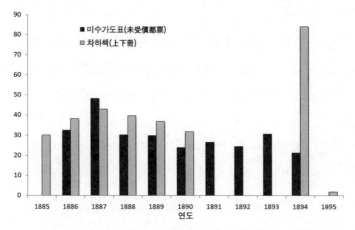

〈그림 5-5〉 미수가도표와 내수사 차하책의 붉은팥 연간 합계 비교(단위 : 石)
주 : 관두(官斗)로 환산한 것임. 미수가도표는 1886~94년간의 것만 현존함. 1891~93년간의 차하책
은 현존하지 않음.
출처 : 『내수사진배잡곡초출기』, 『내수사각방차하책』(奎 19008), 『내수사호방차하책』(奎 19018).

미수가도표에 기재된 내역, 즉 잡곡전의 내수사 호방에 대한 진배의
연간 합계를 (관두로 환산하여) 해당 연도에 대한 호방의 붉은팥 구입량
(〈그림 5-2〉)과 함께 비교하여 도시한 것이 〈그림 5-5〉이다. 양자가 반드
시 일치하는 것은 아니지만, 1894년만 제외한다면 미수가도표의 진배
량과 차하책의 구입량은 대체로 비슷한 수준이다. 미수가도표는 거래
날짜별로 작성되고, 차하책은 월별로 종합하여 작성되었으므로, 시기
에 따라 양자 간에 약간의 오차가 발생하는 것은 무시할 수 있다. 결국
내수사 호방의 붉은팥 구매는—다른 시전과의 거래 없이—오직 잡
곡전의 진배를 통해서만 이루어지고 있었다고 볼 수 있다.

미수가도표에 대금이 지급되지 않은 부분이 포함되어 있음을 감안한
다면, 〈그림 5-5〉는 차하책의 기재 내역이 실물의 구입 시점을 기준으

---

38 차하책의 모든 기록은 관두로 환산된 것이다. 관두와 시두의 용적에 대해서는 趙映
俊(2008e : 124)를 참조하라.

로 한 것일 뿐 대금 지급에 관한 정보는 포함하고 있지 않음을 다시금 확인시켜 준다. 즉 〈자료 5-1〉에서 살펴본 "동전 10냥 9푼; 붉은팥 11말 6되 값; 중경(中經)에 들어감"과 같은 경우, 1878년 1월에 동전 10냥 9푼의 지출이 실제로 이루어졌는지는 알 수 없으나, 붉은팥 11말 6되가 내수사로 들어와 중경에 쓰이기는 했다는 것으로 해석할 수 있다.

4. 대금 결제

1) 대금 결제의 관행

'선진배 후수가'의 형식으로 거래 관행이 형성되어 있었기에, 차하책이나 미수가도표에 의해서는 대금 결제의 시기, 즉 수가의 시점이 확인되지 않으며, 오직 수가질을 통해서만 알 수 있다. 수가질의 앞부분만 일부 발췌하면 〈자료 5-4〉와 같다.

〈자료 5-4〉 내수사 호방의 잡곡전에 대한 수가질(授價秩)

丙戌(1886)十一月日七百十兩 冬至赤豆價中
　　十二月日一千兩 歲儀赤豆菉豆價中
丁亥(1887)十一月日五百兩 冬至赤豆價中
　　十二月日一千兩 歲儀赤豆菉豆價中
　　　又一百五十兩 赤豆菉豆價中
戊子(1888)七月日一百兩

주: 첫 부분만 발췌하여 제시했음. 서력 연대는 인용자에 의함.
출처: 「내수사진배잡곡초출기」.

수가는 11·12월 등 해마다 한두 차례에 걸쳐서만 일괄적으로 이루어졌는데, 매 수가에 대해 날짜, 수가액, 용도를 적고 있다. 특정 용도로 조달된 붉은팥에 대한 수가가 모두 한꺼번에 이루어진 것이 아님은 "동지 붉은팥 값 중에서[冬至赤豆價中]"라는 표현을 통해 알 수 있다. 그런데 앞서 미수가도표에서는 개별 진배 각각에 대해서 단가를 기준으로 하여 '143냥 7전 5푼'과 같은 형태로 세부적인 화폐 단위까지 기재되고 있는 반면에(〈자료 5-3〉), 수가질에서는 50냥, 100냥씩 묶어서 '냥(兩)' 단위로만 이루어지고 있으며, '전(錢)'이나 '푼(分)' 단위는 등장하지 않고 있다. 이러한 사실은 '선진배 후수가'의 관행에 있어서, '선진배'는 특정 용처에 대하여 그때그때 세부적으로 이루어지고, '후수가'는 묶음의 형태로 일괄적으로 이루어졌음을 의미한다. 진배와 수가 간의 이러한 차이로 인하여 시전의 부담이 발생하게 되는 구조인 것이다.[39]

또한 수가는 붉은팥, 녹두 등 잡곡전이 진배한 여러 물종들에 대하여 일괄하여 지급되었기 때문에, 보다 구체적으로 잡곡전의 미수가 상황을 파악하기 위해서는 붉은팥, 녹두, 누런 콩 등 모든 거래 품목에 대한 진배 가액, 수가액, 미하액을 비교할 필요가 있다. 이 경우 앞에서와 같은 실물[실질액] 단위의 연간 비교는 불가능하고, 명목액 단위의 비교만 가능하다.

---

[39] 따라서 거래 기록만으로 개별 거래 각각에 대한 대금 지급의 여부를 확인하기는 쉽지 않다. 이러한 회계의 불투명성이 차하책에 그대로 녹아 들어가 있는 것이다. 또한 정산된 대금의 지급이 늦어진다고 하더라도 이자(利子)를 부담하지는 않았기 때문에, 진배 대금으로서의 무역가에 역가(役價) 성격의 프리미엄(premium)이 포함되어 있었다고 하더라도 시장상황이 악화되는 과정에서도 관행적으로 거래를 지속한 시전의 부담은 커질 수밖에 없었을 것이다. 즉 시전의 진배 관행은 경제의 위기 상황에 있어서는 전혀 합리적인 행위가 아니었다. 1년에 한두 차례 대체로 11월이나 12월에 대금의 결제가 이루어진 것은 여타 궁방과 마찬가지로 내수사 전답의 결전(結錢)이 가장 많이 입고(入庫)되는 시기였기 때문으로 볼 수 있다.

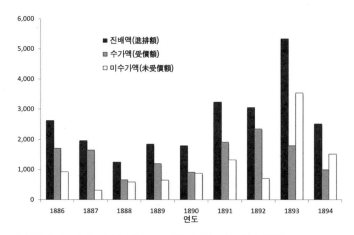

〈그림 5-6〉 내수사에 대한 잡곡전의 진배 가액, 수가액, 미수가액 (명목액)(단위 : 兩)
주 : 붉은팥, 녹두 등 모든 물종을 포함.
출처 : 「내수사진배잡곡초출기」.

　「내수사진배잡곡초출기」에서는 미수가도표의 총액에서 수가질의 총액을 제한 실미수가액(實未受價額)을 일부 연도에 대하여 산출하고 있다. 〈그림 5-6〉은 모든 연도에 대하여 잡곡전이 내수사 호방에 진배한 붉은팥, 녹두, 누런 콩 등에 대한 진배 가액(미수가도표에 기재된 금액으로서 계약 내용에 해당), 수가액(수가질에 기재된 결제 대금), 미수가액(당해 연도의 진배 가액에서 수가액을 뺀 것으로서 내수사 호방의 미하액에 해당)을 계산하여 도시한 것이다. 잡곡전의 입장에서 진배 가액은 외상 거래의 발생을, 수가액은 현금의 수입을, 미수가액은 당해 연도까지의 누적 미수가액 중에서 전년까지의 미수가액을 제외한 것으로 보아야 한다.[40]

　또한 〈그림 5-5〉에서 붉은팥 진배의 (실질) 규모가 시기별로 크게 변동하지 않는 것과는 달리, 〈그림 5-6〉은 명목액을 제시한 것이므로 인

40　'선진배 후수가'의 관행상 수가액이 반드시 당해 연도의 진배에 대한 결제만을 의미하는 것은 아니므로, 당해 연도의 진배액에서 당해 연도의 수가액을 뺀 나머지가 당해 연도의 미수가액이라고 해석해서는 안된다.

플레이션이 반영되어 진배 가액이 1890년대 들어 대폭 상승하는 것처럼 보인다. 이는 내수사에 대한 잡곡전의 진배에 있어서 가격 결정의 원리가 공가(貢價) 결정의 원리와는 상이하였음을 보여준다. 즉 진배 가격(進排價格) ― 무역가(貿易價) ― 은 공가와 같이 정식화(定式化)된 것이 아니라 趙映俊(2008e : 137-144)에서 고찰한 바와 같이 시가(時價)에 연동되어 있었던 것이다.

이와 같이 〈그림 5-6〉이 명목액으로 표시되었음을 감안한다면, 각 수치의 절대 규모 변동을 살피는 것은 큰 의미가 없다. 도출 가능한 가장 의미 있는 정보는 진배 가액에 대하여 수가액과 미수가액의 비중이 어느 정도였는지, 또는 수가액에 대한 미수가액의 비중이 어떻게 변하고 있었는지이다. 1892년까지는 당해 연도 진배 가액에 비해 절반 이상에 해당하는 대금을 수가하고 있었던 반면에, 1893년부터는 절반 이상을 수가하지 못하고 있다. 진배량이 거의 동일한 수준에 머물러 있었던 상황에서 미수가액의 비중이 이와 같이 증대된 원인은 1880년대 내수사의 재정 파탄에서 찾을 수밖에 없다. 내수사의 동전 계정은 앞에서 언급한 바와 같이 1894년까지 9만 냥에 이르는 가용(加用)이 누적될 정도로 나빠지고 있었기 때문이다. 결국 재정 악화와 미수가 누적이 상호 간에 반복적인 영향을 미치며 악순환의 고리를 형성하고 있었던 것이다.[41]

---

41 왕실재정의 악화 상황에 대해서는 이 책의 제7장을 참조하라.

2) 시전의 채권과 청산

　'선진배 후수가'의 관행 하에서 미수가는 수시로 발생할 수 있는 것
이고, 어느 정도의 미수가는 상시적일 수밖에 없다.[42] 〈그림 5-6〉에서
는 자료상의 제약으로 인해 1886~94년간에 대해서만 제시하였는데,
실제로 1886년 이전에도 미수가액은 누적되고 있었던 상황이었으며,
1878~86년간의 미수가액까지 포함하여 1908년까지의 전체 기간에 걸
쳐 연간 누적 미수가액을 도시하면 〈그림 5-7〉과 같다.

　〈그림 5-7〉은 내수사 재정의 파탄 상황에서 잡곡전이 수가하기가 얼
마나 힘든 것이었는지를 단적으로 보여 준다. 미수가의 누적액은 점진
적으로 상승하는 추세였는데, 특히 1892~94년간 급상승하였다. 1870
년대 후반부터 1894년까지 호방의 잡곡전에 대한 미하액은 일시적으
로 청산되기 힘들 정도로 누적되었고, 불가역적으로 고착화하였다. 결
국 1만 2천여 냥에 이르는 채무가 1907년에 내수사가 폐지되고 난 이후
까지도 청산되지 못하였다. 1880~90년대에는 인플레이션이 급속히
진행되고 있었으므로 화폐로 표시된 채권(債權)을 가진 잡곡전의 부담
은 누적된 미하액의 명목 가치보다 클 수밖에 없었다. 또한 미수가한
결제 대금에 대한 금융 이자가 전혀 고려되고 있지 않았기 때문에, 기

42　卞光錫(2001) 등의 기존연구에서는 시전의 채무 부담이 17~18세기에도 자주 있었
던 것으로 보고 있다. 하지만 그 부담이 주기적으로 발생하고 해소되는 상황에 있었
는지, 아니면 구조적으로 누적되고 있던 것이었는지에 대해서는 실증적으로 확인
된 바 없다. 이는 관부나 궁방의 회계장부, 시전이나 상인의 거래내역서 또는 대금
결제정보가 확보되지 않는 자료적 한계 속에서 관찬 연대기의 기술(記述) 정보만을
활용해 왔기 때문이다. 다만 원자료를 활용하여 분석한 Owen Miller(2007a)에 의해
호조에 대한 면주전의 '선진배 후수가' 관행이 — 경기적(景氣的)이 아닌 — 불가역
적(不可易的) 위기 상황을 낳게 되는 시점이 1880년대로 규정되고 있다는 점은 이
장의 분석 결과에 상응한다.

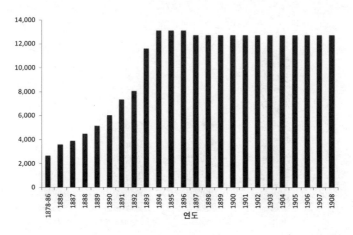

〈그림 5-7〉 잡곡전의 누적 미수가액 (명목액) (단위 : 兩)
주 : 붉은팥, 녹두 등 모든 물종을 포함. 1878~86년분은 1878년 1월 16일부터 1886년 2월 6일까지의
미수가액임.
출처 : 「내수사진배잡곡초출기」.

회 비용까지 고려한 잡곡전의 실부담은 훨씬 큰 것이었다.

이러한 사정은 내수사의 기타 시전과의 거래에 있어서도 마찬가지였다. 인플레이션을 감안한다면, 연간 실물거래량이 거의 고정된 상황에서 미하액이 누적되고 있었음은 왕실의 물자 조달을 위한 재정 지출의 유지나 팽창을 추구한 내수사 입장에서는 상당히 유리하게 작용하였을 것이다. 저포전, 면자전, 잡곡전, 하미전에 대한 호방의 미하액 적체는 — 1900년 초에 극히 일부의 소액이 수가된 것을 제외하면 — 사실상 1897~1908년간 방치되었다. 1900년 말 시점에서 각 시전에 대한 호방의 미하액은 〈그림 5-8〉과 같다. 잡곡전, 저포전, 하미전, 면자전 순으로 미하액의 규모에 차이가 있었는데, 4개 시전의 미하액 합계는 거의 3만 냥에 달했다.

이와 같이 시전이 납품한 물품에 대한 대금을 결제 받지 못한 것[未下]은 비단 내수사라는 일개 내탕(內帑)의 특수한 상황이 아니었다. 호조(戶曹)에 대한 저포전의 소회(所懷)를 담은 1892년의 다음 기사는 이러한 당

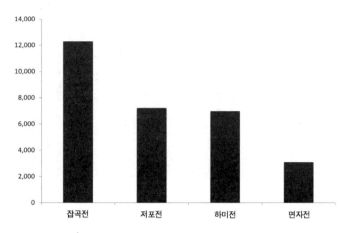

〈그림 5-8〉 1900년 말 현재, 각전의 미수가액 (명목액)(단위 : 雨)
출처: 「내수사진배잡곡초출기」, 「저포전수가성책」, 「내수사점미진배질」, 「면자전성책」.

대의 상황을 잘 말해주고 있다.

저포전의 시전 상인[市民]들이, "수가(受價) 미하(未下)가 돈으로 42,325
냥이고, 무명으로 20동(同) 26필(疋), 삼베로 1동 44필이니 특별히 획하(割
下)해 주소서. (…중략…)"라고 하였습니다. 수가를 미하한 것은 관할하는
곳에서 마땅히 참작하여 획급해 주어야 합니다.[43]

하지만 호조나 선혜청 등 정부 재정기관의 미하 공가[未下貢價]가 갑
오개혁 시기에 일괄적으로 지급된 것에 비하여(金載昊 1997a : 31-32), 1사4
궁은 왕실의 내탕으로 분류되었기에 갑오-을미 연간의 개혁대상으로
성립되지 않았다. 1894년 이후 1906년에 이르기까지 채무의 청산이 전
혀 이루어지지 못했던 상황은 1907년에 일본인들에 의해 해소된다. 보

---

43 『고종실록(高宗實錄)』, 고종 29년(1892) 12월 6일, "苧布廛市民等以爲受價未下錢四萬
三千三百二十五兩木二十同二十六疋布一同四十四疋特爲割下 (…중략…) 受價之未下
者句管之地自當斟酌措劃".

호국기의 제실채무 정리 과정에서 각 궁방 관련자들이 미하금을 동시 다발적으로 청구하였기 때문이다. 그런 상황에서 내수사의 고지기나 관련 시전 도중도 채무액에 대한 청구를 행하였고, 그 결과 일정 부분의 미하액을 '애휼금(愛恤金)' 명목으로 돌려받게 된다.

미수가액이 법적으로 당연히 돌려받아야 할 채권으로서 인정받지 못한 것은, 1895년에 시행된 회계법(會計法)의 '기만면제(期滿免除)' 규정 — 근현대 민법(民法)에서의 '소멸시효(消滅時效)'와 같은 것 — 에 의해 일부 채권의 시효가 소멸되었고, 나머지 채권에 대해서도 거래가 관행적으로 이루어지는 과정에서 물자 조달에 대한 객관적 증거가 확보되지 못하였기 때문이다.[44] 이에 각 전(各廛)은 정상을 참작한 '애휼금'의 형식으로만 구제받을 수 있었으며, 애휼금의 가액은 청구 총액의 3할(割)로 한정되었다. 이러한 사실은 다음과 같이 제실채무심사회(帝室債務審査會)에서 1909년 2월 26일에 필(畢)한 최후 심의(最後審議)에서 잘 드러난다.

각궁채무(各宮債務)는 이를 확인할 증거가 없으므로 청원인의 청구를 인정할 수 없음. 단, 각궁에서의 종래의 관행 및 사정을 작량(酌量)하여 적당한 기한을 정하고, 그 기한 내에 청원을 하는 자에 한하여 가용(加用) 금액의 3할까지를 애휼금(愛恤金)으로 하부(下付)하는 것이 타당하다.[45]

---

44 증거 부족으로 판정한 근거는 대개 차하책만으로 조달 사실을 입증하고자 했기 때문이다. 앞에서 소개하였듯이 차하책에는 구매 물품의 판매자 정보가 기재되어 있지 않다.

45 『관보(官報)』 제4335호, 융희 3년(1909) 3월 27일, "各宮債務는 此룰 確認홀 証據가 無키로 請願人의 請求룰 認홈을 不得홈. 但, 各宮 從來의 慣行及事情을 酌量ᄒ야 適當ᄒ 期限을 定ᄒ고 其期限內에 請願을 ᄒ는 者에 限ᄒ야 加用金額의 三割까지룰 愛恤金으로 下付홈을 安當이라".

〈표 5-4〉 내수사 호방에 진배한 각 전별 미하금 내역과 채권자 대표

채권자	대표*	주소	금액(圜)
저포전 상인 (苧布廛市民)	이덕근 (李德根)	중부 전동 13통 5호 (中部磚洞十三統五戶)	140,530
하미전 상인 (下米廛市民)	신선익 (申善益)	동부 배오개 107통 2호 [東部梨峴一百七統二戶]	139,482
면자전 상인 (綿子廛市民)	주형근 (朱亨根)	서부 반송방 신촌 13통 2호 (西部盤松坊新村十三統二戶)	61,820
잡곡전 상인 (雜穀廛市民)	태덕준 (太德峻)	중부 장통방 염곡 18통 8호 (中部長通坊塩谷十八統八戶)	246,136
계			587,968

주 : * 원문에는 대표(代表)임이 명시되어 있지 않다. 하지만 채권자들의 성명이 앞에서 소개한 삼소임 명단에서도 확인된다는 점은 이들이 개인이 아닌 시전 도중의 채권을 주장하였음을 시사하므로, 채권자 대표라고 표현하였다.
출처 : 『내수사에 공급한 물품대금청구』.

　　제실채무 정리에 관한 문서에 의하면 내수사 호방과 거래한 각 전의 미하금 총액 —"상민사발금(商民仕撥金)"— 은 신식화폐로 환산하여 587환(圜) 96전(錢) 8리(厘)였으며, 각 전별 미하금액과 채권자(대표) 및 주소는 〈표 5-4〉와 같다. 이는 갑오개혁으로 인해 시전의 조직[도중]이 해체된 후에도 내수사에 대한 채권이 조직의 기존 구성원에게 분담되어 있었음을 보여준다.

　　장기간 미하가 누적되고 있었지만 왕실에 청구하지 못하고 있다가 왕실의 권위가 유명무실해진 보호국기에 들어서 채권의 청구가 가능했던 것은 왕실과 시전 간의 관계가 국역과 그에 대한 반대급부로서의 특권으로 맺어진 동반자적(同伴者的) 성격을 가지고 있었기 때문이다. '선진배 후수가' 형태의 조달 방식에 있어서 대금 결제가 연체되는 경우는 18세기에도 존재하고 있었음은 이미 잘 알려진 바와 같다. 이러한 거래 관계가 오랜 관행으로서 성립해 있었기 때문에 18세기 이래로 행해진 정례적인 공시인순막(貢市人詢瘼)을 통해서도 밝혀지기 어려운 폐단이 있었음이 저포전이 포함된 아래 인용문에서 잘 드러난다.

임금이 궁궐로 돌아왔다. 사복시[太僕寺]에 나가서 공시당상(貢市堂上)을 불러 시전 상인[市民]을 거느리고 대령(待令)하게 하여 선전 상인[立廛市民]에게 왕손(王孫)이 가게에 지고 있는 빚을 하문(下問)하자, 3~4백 냥이라고 대답하였으며, 또 백목전(白木廛), 저포전(苧布廛)의 상인에게 하문하자, 모두 없다고 앙대(仰對)하였는데, 임금이 그들이 속이고 숨긴다고 생각하여 병조로 하여금 두 시전의 상인들을 곤장으로 다스리게 하였다.[46]

시전과 왕실 간의 관계에서 왕실은 구매 고객으로서 판매자와 대등한 위치에 있었던 것이 아니라 주종 관계로 우위를 점하여 독점적 고객으로 자리 잡고 있었다. 따라서 왕실 채무에 대해서는 함구(緘口)하는 것이 시대를 초월한 시전 상인[市民]의 일반적 대응이었음은 아래 인용문에서도 확인된다.

지난 경자년(1900)에 순명황후(純明皇后)께서 미하(未下)가 많아서 저희 궁(수진궁)의 궁속(宮屬)의 사정이 곤란함을 통촉(洞燭)하시고 저희 궁에 칙교(勅敎)하여 말씀하시기를, "미하가 많이 있어서 궁속이 심히 곤란하다 하니 실로 긍측(矜惻)하도다. 경진년(미하가 생기기 시작한 해; 1880)부터 경자 9월 이전까지 21년간의 미하분은 이를 일괄하여 전미하(前未下)로 하고, 경자 9월 이후의 장부에는 이를 추월(推越)하여 기입(記入)하지 못하게 하면, 이를 지급부터 매달 200환(圜)씩 여러 달로 나누어 지급하마"하셨기에, 감히 거역하지 못하고 이에 복종하여, 그 달부터 달마다 200환씩(혹 20

---

46 『영조실록(英祖實錄)』, 영조 47년(1771) 2월 1일, "上還宮御太僕寺召貢市堂上率市民待令問立廛市民以王孫所負廛債對以三四百兩又問白木廛苧布廛市民皆以無仰對 上意其欺隱令兵曹棍治兩廛民".

0엔 안팎이 되는 때도 있었음) 수령하다가 지난 갑진년(1904), 즉 붕서(崩逝)하신 해까지 이를 지급하셨으니"[47]

그러므로 양자 간의 관계를 단순히 경제적 주종 관계로 보기는 어려우며, 왕실이라는 신분적 우위에 있는 거래 대상의 특성이 강하게 반영되어 있다고 볼 수 있다. 따라서 20여 년에 걸쳐 잠복하고 있었던 미하금에 대한 청구 의지가 1907~08년에 봇물 터지듯 발현된 것은 제실채무의 정리가 본격화하고 1사7궁이 폐지되는, 즉 조선 왕실이 실권(實權)을 상실한 보호국기이기에 가능했던 것이다.[48]

6. 맺음말

내수사의 호방은 갑오개혁 이전까지는 상시적으로 왕실의 각 전·궁에 대하여 일정한 양의 붉은팥을 지출하고 있었는데, 이들 붉은팥은 주로 잡곡전으로부터 구매하여 확보한 것이었다. 왕실재정의 궁핍화로 인한 위기가 심화되는 1880년대에 들어서면, 내수사 호방의 붉은팥 입고량이 항상적으로 출고량보다 적은 상황이 연출되었다. 부족한 붉은팥 재고의 확보를 위해서는 동전의 지출을 통한 구매가 필요하였는

---

47 『수진궁미하금청구』, '신청서(申請書)'(이 책, 〈부록 2〉의 ④).
48 만약 1사7궁의 폐지 절차가 진행되지 않았다면 미하금의 청구가 현실화되기는 쉽지 않았을 것으로 보인다.

데, 동전 역시도 심각한 적자 기조에 들어선 상황이었다. 대금 지급 능력이 점차 쇠퇴해 가는 와중에도 전·궁에 대한 내수사 호방의 붉은팥 공급은 지속되었으며, 그 과정에서 시전에 부담이 전가되는 결과를 낳았다.

시전의 붉은팥 진배는 '선진배 후수가(先進排後受價)'의 형식으로 이루어지고 있었는데, 이러한 관행 하에서 대금의 임시적인 미결제는 피할 수 없는 것이었다. 하지만 1870년대부터 외상의 누적이 점차 심각해져 갔으며, 돌이킬 수 없는 국면으로 접어들었다. 갑오개혁 시기까지 누적된 외상은 이후 거래가 거의 이루어지지 않은 10여 년 동안에도 청산되지 못하였다. 시전의 부담이 해소되지 못한 가장 큰 이유는 재정의 위기 상황에서도 왕실이 소비 행위를 지속하였기 때문이다. 결국 국역을 담당한 '동반자'인 시전을 구휼할 여력을 갖추지 못한 상황에서 왕실의 유지는 시전의 희생을 담보로 할 수밖에 없었다.

정부재정의 영역에서는 갑오개혁 과정에서 공인들에게 미하금을 지급함으로써 '근대적' 재정개혁의 기초를 그나마 닦을 수 있었던 반면에, 1사4궁이라는 내탕의 영역은 정부재정과 별도로 왕실에 의해 독자적으로 운영되었기 때문에 위기 상황에서의 재정운영이 민간의 희생이라는 형식으로 파행적으로 이루어지는 것을 막을 수 있는 제도적 장치가 없었다.

제6장 왕실의 재정지출과 서울상업 (2)
수진궁과 현방의 사례

1. 머리말

서울 시장에서의 소비자로서 1사7궁이 구매한 주요 품목들은 대체로 '일상적' 수요품인 미곡류(米穀類), 포목류(布木類), 어육류(魚肉類) 등이었다. 그중에서도 특히 소고기[牛肉]는 상대적으로 고가(高價)의 '사치적' 재화이면서도 각종 의례(儀禮), 특히 제사(祭祀)에 요구되는 '필수품'이었다. 왕실에 소고기를 공급한 상업주체는 현방(懸房)이었는데,[1] 현방의

---

[1] '현방(懸房)'은 우리말로 '다림방'이라 하였는데, 소를 도살하여 소고기를 "달아 놓고" 판매하였기 때문이라고 알려져 있다(宋贊植 1984 : 101). 다음 기사에서와 같이 속설에는 "매달아서 잡"았기 때문이라고도 한다. "지금은 고기 파는 집을 수육판매소(獸肉販賣所) 또는 관집(舘집)이라 하지만은 전일에는 다림방이라 하얏다. 다림방은 한자(漢字)로 현옥(懸屋)이니 그때에는 소를 매다러서 잡는 까닭에 현옥(懸屋)이라 하얏다. 그리고 현옥(懸屋)도 제한이 잇서서 경성(京城)에 전부 다섯 현옥(5懸屋)을 두엇는데 수표교(水標橋) 다림방이 가장 큰 것으로 수십년 전까지도 잇섯다." (『별건곤(別乾坤)』 23, 「경성어록(京城語錄)」, 65)

존재는 1사7궁과 더불어 제실재산(帝室財産)의 정리기(整理期)까지 지속되고 있었다.[2]

조선 후기 현방에 관한 연구는 20여 년 전 宋贊植(1984; 1985)에 의해 개척적(開拓的)으로 이루어진 바 있다. 그는 연대기 자료의 치밀한 수집과 정리를 통하여 당대 현방의 존재 형태와 경영 실태에 대한 체계적인 접근을 수행하였다. 이후 현방 연구는 최은정(1997)에 의해 발전적으로 계승되었다. 연대기 자료의 추가 발굴과 상업사 연구 성과의 종합을 통해 18세기 상품경제의 발전과정 속에서 현방의 존재형태 변화와 상업 활동의 양상이 새롭게 조명되었다.

또한 연구대상을 현방에 특정하지는 않았으나, 조선 후기 서울경제에 관한 여러 연구에서 현방은 수시로 언급되었다. 특히 양조업(釀造業), 장빙업(藏氷業), 우피 무역(牛皮貿易)의 세 가지 관점에서의 접근에 주목할 수 있다(金東哲 1993; 1995; 고동환 1994). 소고기는 고급의 술안주였으므로 양조와 무관할 수 없었고, 소고기의 신선도 유지를 위한 보관 문제는 장빙업과 불가분의 관계에 있었기 때문이다. 그리고 부산물로서의 우피 교역 문제를 다루기 위해서는 도축을 담당한 현방을 거론하지 않을 수 없었다. 또한 조선 후기의 주요 경제정책인 '3금(三禁)' 중의 하나인 농우(農牛)의 임의 도축 금지와 관련하여, 현방은 통제와 억제의 객체로 자리매김 되고 있었기에, 우금(牛禁) 관련 연구에서 부분적으로 다

---

2 물론 서울 시장에서 소고기의 소비가 왕실에 의해서만 이루어진 것은 아니며, 사대부가(士大夫家) 등 서울 주민들도 주요한 소비자였다. 소고기는 한국사에 있어서 연원을 따지기 어려울 정도로 상당히 오래 전부터 주요한 소비 품목으로 자리 잡고 있었으며, 특히 18~19세기에는 일상적 소비품의 하나로 정착하였다. 이 장의 분석 대상 시기인 20세기 초를 비롯하여 이후의 식민지 시기에도 경성(京城)의 소고기 수요는 상당히 중요하고 항상적(恒常的)인 것이었으며, 해방 이후 현대에 이르기까지도 소고기는 한국인의 식생활에서 빠질 수 없는 것으로 자리매김하고 있다.

루어진 바 있다(김대길 2006). 기타 연구에서도 현방에 관해 단편적으로 기술한 사례들이 있지만(韓沽劤 1965; 金玉根 1988; 전경욱 1997; 1999; 白承哲 2000; 김동철 2001; 卞光錫 2001),[3] 현방 그 자체가 주요한 관심의 대상으로 성립한 것은 아니었다.[4]

한국상업사 연구 일반의 한계 상황과 마찬가지로 현방이 직접 남긴 기록이나 장부의 검토 없이 관찬 연대기에만 의존하였다는 점에서 기존의 현방 연구는 일정한 한계를 가진다. 또한 자료의 미비라는 근본적 문제뿐만 아니라 시각적(視角的)으로도 일정한 한계를 가지고 있다. 현방의 주요 공급물자인 소고기는 술안주로서 소비됨과 동시에, 제수용품(祭需用品)으로서도 상당히 중요한 위상을 차지하였음이 의궤(儀軌) 등 각종 자료를 통해 쉽게 확인된다. 하지만 제수용 소고기의 수요에 관심을 가진 연구는 찾아보기 어렵다. 특히 서울 시장의 최대 수요자였던 왕실은 수시로 제사를 거행하였기에 소고기의 수요 규모가 여타 소비자에 비해 훨씬 컸을 터이지만, 현방과 왕실의 관계가 직접적으로 파헤쳐진 바는 없다.

소고기의 판매자(현방 상인)로부터 소비층(왕실 또는 사대부가)에 이르기

---

3   대체로 현방을 시전(市廛)의 일종으로 분류하고 있으나, 韓沽劤(1965)과 金玉根 (1988)은 공계(貢契)의 일종으로 파악하고 있다. 18세기 자료에서는 현방이 『시폐』가 아닌 『공폐』에 포함되어 있으나, 19세기 자료에서는 『동국여지비고』나 『한경지략』의 시전 목록 뒤에 첨부되어 있다. 관련 해설로서 조영준(2013d : 184-185)을 참조하라.

4   지역적으로 보다 광범위한 차원에서 접근해 보면, 서울을 중심으로 형성되어 있었던 현방 이외에도 도우(屠牛) 및 소고기 유통·판매에 관계한 업종에 관한 연구들은 오래 전부터 양산되어 왔다. 백정(白丁)이나 포사(庖肆)에 관한 연구가 바로 그것이다(今西龍 1918; 鮎貝房之進 1931; 楊尙弦 1995; 박종성 2003). 하지만 백정이나 포사의 경제 행위가 현방의 그것과 어떤 차이를 보이는지에 대해서는 거의 알려진 바 없다. 이는 백정·포사·현방을 아우르는 소고기 판매업 또는 유통업 차원의 종합적 연구가 아직 체계적으로 진행되지 못하였기 때문이다.

까지의 유통 경로에 대한 구명도 시도된 바 없어서, 소의 구입 및 도우(屠牛)로부터 보관, 판매(도·소매), 가공, 조리, 취식에 이르기까지 소고기의 생산·유통·소비에 걸친 전 과정에 대한 재구성을 기대하기 어려웠다. 이러한 실정 하에서 서울 시장에서 소고기의 공급량과 수요량의 수준 및 변화 양상은 추정조차 불가능하였으며, 현방에서 공급한 소고기의 종류에 관해서도 거의 알려진 바 없었다. 따라서 당대 경제 활동의 대표적인 지표 중 하나인 소고기의 가격 수준과 동향에 관한 정보도 검출되지 못했던 것이다.

기존 연구에서 관찬 연대기를 통해 확인된 서울의 소고기시장에 대한 이해에서 한 걸음 더 나아가 공급 측인 현방의 경영실태, 수요 측인 왕실이나 사대부가의 소비실태 등에 대한 미시적 분석을 추가적으로 수행한다면, 당대 서울 소고기시장의 구조에 대한 보다 실증적인 이해가 가능할 것이라는 문제 의식이 이 장에서의 논의의 출발점이다. 기존의 학계에 알려져 있었으나 적극적으로 활용되지 않은 자료인『안기양일기장(安奇陽日記帳)』을 재해석·재평가하고 기초적 분석을 행함으로써, 소고기라는 특정 재화에 대한 서울 시장에서의 수요와 공급을 구조적으로 파악하고, 향후 관련 연구의 재생산 확대에 기여하고자 한다.[5]

---

5 소고기시장의 동향을 수요와 공급의 양 측면에서 살펴보는 것은 소고기 소비의 역사적 연원을 따지는 것 이상의 의의를 가진다. 우선 소고기시장을 통해 여타 재화에 대한 시장 동향의 바로미터를 확보할 수 있다. 앞서 지적한 것처럼 전통 상인의 장부가 현존하는 사례가 극히 드물기 때문에, 현존하는 현방의 회계장부인『안기양일기장』의 사료적 가치는 상당히 큰 것이며, 이를 분석함으로써 당대인이 가진 경제 관념의 특질을 일부나마 포착할 수 있는 것이다.

2. 자료 : 『안기양일기장』

이 장의 주요 분석대상인 『안기양일기장』은 규장각에 소장되어 있는 현방의 회계장부이다. 마찬가지 유형의 장부로서 『만곡(萬斛)』도 있는데, 양자 모두 현존하는 (현방의) 회계장부라는 점에서는 공통적이다.[6] 하지만 〈표 6-1〉에 정리한 바와 같이 『만곡』은 편자 미상의 자료로서 작성자의 성명이나 상호(商號)를 알 수 없고, 1책으로서 1907년의 10개월분 정보만을 담고 있다는 점에서 본격적인 분석대상으로 삼기는 어려우며, 『안기양일기장』의 일반성을 검증하기 위한 비교 대상 정도로서 의의를 가진다.

〈표 6-1〉 규장각에 보관되어 있는 현방의 회계장부 2종

청구기호	표제	편자	책수	기재 기간
奎 19168	『안기양일기장』	안기양	6	1902년 10월부터 1908년 1월까지 (65개월*)
奎 19169의 2	『만곡』	미상	1	1907년 2월부터 11월까지 (10개월)

주 : * 1904년 1월 누락. 1903・1906년에는 윤달이 존재.

반면에 『안기양일기장』은 안기양(安奇陽)이라는 실명(實名)이 확인되

---

6 종래에는 『안기양일기장』의 성격에 관한 파악이 제대로 이루어져 있지 않았다. 서울大學校 奎章閣(1997 : 372)에서는 『안기양일기장』을 '방채(放債)'에 관한 장부라고 해설하였으며, 현방은 대금을 차입한 채무자로 이해되었다. 하지만 장부의 작성주체인 안기양은 대금업자가 아니라 현방 상인이며, 따라서 현방은 채무자가 아니라 물품을 판매하고 대금을 수납하지 못한 채권자에 해당한다. (반면에 『만곡』에 대해서는 적절한 해설이 이루어졌으며, 『안기양일기장』의 구조 파악에 도움을 준다.) 이와 같은 혼선이 발생한 이유는 장부 그 자체만의 검토를 통해서는 해당 장부의 기재 내역이 가지는 성격을 파악하기 어려운 면이 있기 때문이다. 따라서 이 장에서의 분석과 같이 관련 자료와의 비교 등 종합적 판단을 통해 장부의 내역을 세밀히 검토함으로써 장부의 실체에 접근할 필요가 있는 것이다.

는 상인 개인의 장부이며, 『만곡』과는 달리 6책에 이르는 분량으로 1902
년 10월부터 1908년 1월까지 7개 연도의 거래내역을 담고 있다. 오랜
기간 동안의 거래 정보를 연속적으로 수록하고 있다는 점에서 유용한
분석 대상이 된다. 특히 수진궁(壽進宮), 영친왕궁(英親王宮), 죽동궁(竹洞
宮)[7] 등 왕실과의 거래 정보도 담고 있다는 점에서 민간의 교역(交易)과 왕
실에의 납상(納上) ― 진배(進排) ― 을 함께 분석할 수 있다는 장점이 있다.

상인 개인의 장부인 『안기양일기장』이 국가 기관인 규장각에 소장
되어 있는 이유에 대해서는 다음과 같은 설명이 가능하다. 『수진궁미
하금청구(壽進宮未下金請求)』에 따르면, 안기양은 수진궁에 소고기를 납
품하고도 받지 못한 대금이 있었다. 보호국기 일본인들은 제실채무를
정리하는 과정에서 미수금이 있는 상인들에 대해 채무 변제를 하기 위
해 공술(供述)을 받았으며, 이때 관련 증거물을 제출하게끔 하였는데,
안기양도 자신의 회계장부를 당국에 제출하였던 것이다.[8]

『안기양일기장』에 수록된 각 거래내역에는 매일(每日)을 단위로 하
여 거래처(去來處), 당기 매출액(當期賣出額), 전기 미수액(前期未收額), 당기
수금액(當期收金額), 수금일(收金日), 당기 미수액(當期未收額)=외상 잔액(外
上殘額) 등의 정보가 포함되어 있다. 실제 장부를 예시하면서 '전형적'

---

7   죽동궁은 죽도궁(竹刀宮)이라고도 하였으며, 동녕위궁(東寧尉宮) 또는 명온공주방
     (明溫公主房)을 가리킨다.
8   『안기양일기장』에는 당시 채무관계의 검토를 위해 당국에서 확인하는 과정에 쓰인
     것으로 보이는 첨지(籤紙) ― 무기재(無記載)의 백지(白紙) ― 가 다수 부착되어 있
     다. 첨지의 재질은 일기장의 지질과 다르며, 일부 첨지에는 붉은 색으로 '인쇄국제
     (印刷局製)'라고 인쇄되어 있다. 또한 첨지는 대체로 무역(貿易), 수진(壽進), 수진궁
     (壽進宮) 등 왕실과의 거래에 관련된 항목이나 일기장 여백의 계산 결과 등의 하단
     에 부착되어 있다. 즉, 이들 첨지는 안기양과 왕실 간의 거래 내역을 대조, 결산하기
     위한 것으로 보인다. 또한 장부의 표제는 본래 '화천(貨泉)'이라고 묵서(墨書)되어
     있었고, '안기양일기장'이라는 서명(書名)은 당국의 일본인이 써 붙인 제첨(題簽)으
     로 보인다.

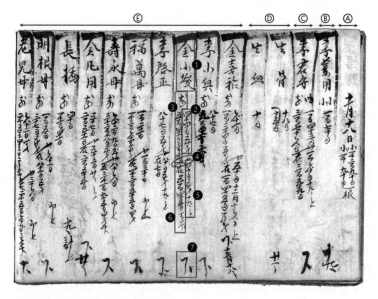

〈그림 6-1〉 『안기양일기장』의 기재 사례
출처 : 『안기양일기장』, 1902년(壬寅) 11월 18일.

기재양식을 살펴보도록 하자.[9] 〈그림 6-1〉은 『안기양일기장』에서 임의로 발췌한 1902년 11월 18일자 기록의 첫 부분 일부이다.

장부의 구조와 특징을 〈그림 6-1〉을 통해 살펴보도록 하자. 우선 매일의 거래내역 기장(記帳)은 가장 오른쪽에 날짜를 적는 것으로부터 시작하였는데(A), 여기서는 '11월 18일(十一月十八日)'에 해당한다. 날짜의 아래에는 당일 들어온 소(牛) 각각의 크기와 가격 및 구매처를 적고 있다. 예컨대, 여기서는 "작은 것 1,290냥, 작은 것 1,090냥(小一千二百九十兩 小一千九十兩)"을 병렬로 적은 다음에 아래에 등자(鐙子; ﹅)로 묶어서 '근(根)'이라고 적고 있다. 이는 크기가 '작은(小)' 소 두 마리를, 한 마리는

---

9   여기서 소개하는 '전형적' 기재 양식을 기본으로 하면서도, 여러 곳에서 특수한 기재 사례들이 관찰된다. 기재 양식의 특수성과 거래 유형별 회계 양식의 특질 등에 관해서는 후속 연구를 기약한다.

1,290냥에, 다른 한 마리는 1,090냥에 구입하였으며, 판매자(구입처)의 약칭이 '근(根)'이라는 의미이다. 크기의 구분은 기본적으로 '대(大)'와 '소(小)'의 두 가지이지만, 때로는 '대대(大大)'나 '대대대(大大大)'로 기재된 경우도 보인다.[10] 판매자는 전체 장부에서 여러 명이 산견되는데, '근 (根)'이 압도적으로 다수를 차지하고 있다.[11]

날짜를 적은 후에 왼쪽으로 거래 내역을 적어 나가게 되는데, 거래 의 기본이 되는 것은 역시 소고기의 거래이다(E). 매일의 거래 내역에 서 날짜(A)와 소고기 거래(E) 사이에는 살코기가 아닌 기타 부위(속칭 부 속, offal)의 거래내역이 기재되는데, 크게 세 가지로 구분할 수 있다. 우 선 이업용(李業用)과의 거래에서처럼 소의 크기인 '소소(小小)'를 적고 가 액을 기재한 경우로서(B), 아마도 도축 후에 마리당 나오게 되는 소가 죽[牛皮]의 판매내역이 아닌가 싶다. 그렇다면 이업용은 구래의 창전(昌 廛) 또는 소가죽 판매상일 가능성이 높다. 다음으로 이군수(李君守)와의 거래에서처럼 '기름[油]'을 적은 후에 가액을 기재한 경우로서(C), 아마

---

10 일부 일자에 있어서는 매일 다수의 소를 구입하는 데 따른 거액의 회계를 위해, 당대 상인들이 일반적으로 사용한 '호산(胡算)'을 안기양도 활용하고 있었다. 예컨대, 1903년 1월 1일에는 대(大) 한 마리와 소(小) 두 마리의 세 마리 소를 각각 700냥, 950 냥, 1,045냥에 구입하면서 하단에 '‖‒𠃌8'라고 적어 두어 합계가 2,695냥임을 확 인하였으며, 같은 달 13일에는 대(大) 두 마리와 소(小) 세 마리의 다섯 마리 소를 각 각 1,710냥, 1,610냥, 1,260냥, 850냥, 840냥에 구입하면서 '⊥‖⊒'이라 적어 두어 합 계가 6,270냥임을 확인하고 있다. 호산 또는 표산(標算)에 대해서는 朝鮮總督府 (1925 : 140-141)를 참조하라.

11 일반적인 기재내역을 통해서는 날짜의 아래에 적은 대(大)・소(小) 구분과 가액 및 판매자(약칭)에 관한 정보가 과연 '소의 구입'을 가리키는 것인지에 대해 확신하기 어렵다. 다행히도 1903년 4월 18일자 거래 내역에서 '대 2,000냥 매우 문옥이(大二千 兩買牛文玉伊)'라 기록되어 있는 것을 "큰 소 한 마리를 문옥이로부터 2천 냥을 주고 샀음"을 뜻하는 것으로 풀어 이해할 수 있으므로, '소의 구매(買牛)'를 기재한 것으로 판명할 수 있었다. 하지만 '근(根)' 등의 약칭이 누구를 가리키는 지에 대해 확인할 수 있는 정보는 아직 부족하다.

도 소기름 — 우방(牛肪) 또는 우지(牛脂) — 의 거래를 가리키는 듯하다. 그렇다면 이군수는 구래의 우방전(牛肪廛) 또는 소기름 판매상일 가능성이 높다. 다음으로 '생골(生骨)'과 '생혈(生血)'이 보이는데(D), 이는 거래 상대방이 아닌 판매 품목명으로서 소의 뼈[牛骨]와 피(선지)를 가리킨다. 생골과 생혈의 가액은 대체로 당일 도축한 소의 숫자에 비례하는 경향을 보이고 있다.

이상에서 살펴 본 바와 같이 〈그림 6-1〉에서와 같은 『안기양일기장』의 기재 순서(A-E)에는 조선 후기 서울의 소고기 유통구조가 반영되어 있는 것으로 보이며, 기존의 연구 성과에 연계하여 재구성하면 〈그림 6-2〉와 같이 도식화할 수 있다.

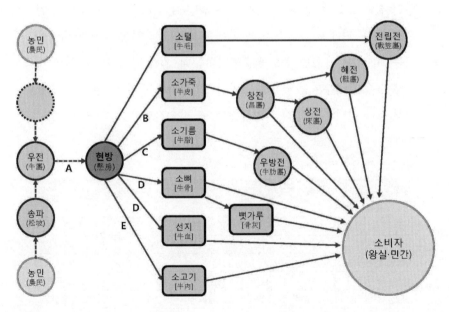

〈그림 6-2〉 조선 후기 서울의 소고기 유통 구조
주 : 중간 상인 중의 하나인 각종 음식점은 생략하였음.
출처 : 조영준(2013d : 183).

宋贊植(1984; 1985)에 따르면 현방은 19세기 중엽까지 보장된 특권을 바탕으로 우전(牛廛), 창전(昌廛), 우방전(牛肪廛) 등의 영업까지 겸영(兼營)하기에 이르렀으며, '구입 시장'(A)에서의 수요독점(monopsony)과 '판매 시장'(B-E)에서의 공급독점(monopoly)을 아우르고 있었다. 즉 20세기 『안기양일기장』에는 18~19세기 현방의 존재 형태의 유제(遺制)가 고스란히 남아 있는 것이다.

다음으로 김희조(金喜祚)부터 시작되는 소고기 거래의 개별 내역(E)을 기재한 양식에 대해서, 임의의 수요자인 김소준(金小俊)과의 거래를 중심으로 살펴보자. 김소준과의 거래내역을 알기 쉽게 정서(正書)하여 정리한 것이 〈표 6-2〉이다.

우선 최상단에는 거래자 정보를 적고 있다(①). 거래자는 개인의 성명인 경우도 있고, 성(姓)과 직책명, 동리명(洞里名) 또는 궁호(宮號) 등일 수도 있다. 거래자 성명의 아래 단에는 우측에 당일 발생한 거래액을 적는다(②). 이 액수는 매출액에 해당하는데, 거래 가액만을 표시한 것으로서 수금 여부와는 별개의 것이다. 그 좌측에는 먼저 '전(前)'이라 표기한 후에 전날까지 누적된 외상잔액, 즉 미수잔액을 기재하였다(③).

〈표 6-2〉 김소준의 사례로 본, 소고기 거래의 기재 방식

번호	항목	내용	냥
①	고객 (거래처)	金小俊	
②	당기 매출액	四十四兩五戔	44.50
③	전기 미수잔액 (외상액)	前 五百四十一兩二戔五卜	541.25
④	계정 구분	內	
⑤	당기(또는 차기) 수금액 및 수금일	四十兩五戔 十九日上	40.50
⑥	당기(또는 차기) 미수잔액 (외상액)	在 五百四十五兩二戔五卜	545.25
⑦	후속 거래 유무	下	

주 : 강조한 글자는 회계부호를 가리킴.
출처 : 〈그림 6-1〉.

다음에 그 아래에는 대차 관계(貸借關係)를 구분하는 일종의 부호인 '내(內)'를 좌우로 길게 적었다④. 그 하단의 우측에는 입금액(또는 수금액), 즉 상환된 외상액을 적고, 수금한 날짜를 기입한 후 '상(上)'이라 적었다⑤. 단, 당일 수금한 경우에는 '즉상(卽上)' 또는 '즉상(則上)'이라 기재하였는데, 〈그림 6-1〉에서의 만복어미[福萬母], 수영어미[壽永母], 명근어미[明根母], 노아어미[老兒母]의 사례가 이에 해당한다. 그 좌측에는 '재(在)'라고 적고, 수금한 후에 여전히 남은 외상잔액을 적어 두었다⑥. 해당 거래자와의 당일분 정산이 완료되면 거래자명에 'ㄱ' 표시를 하여[12] 결제 또는 이월을 확인하고 있다.

최하단에는 '하(下)' 또는 특정 일자를 적고 있는데⑦, 이는 해당 거래자와의 추가적인 거래가 익일 또는 지정된 날짜에 발생하였음을 의미하는 것이다. 예컨대, 〈그림 6-1〉의 오른쪽에서 5번째 열의 김희조(金喜祚)를 보면, 최하단에 '하 12월 18일(下十二月十八日)'이라고 기재되어 있다. 이는 김희조와의 거래가 11월 19일부터 12월 17일 사이에는 없으며, 12월 18일에 가서야 발생함을 의미한다. 물론 실제로 12월 18일자 기록에는 김희조와의 거래 내역이 기재되어 있다. 거래 내역의 정산이 일괄적으로 이루어지는 경우에는 '계상(計上)'이라고 기재하였는데, 여기서는 왼쪽에서 3번째 열의 장교(長橋)에서 최하단에 '19일 계상(十九日計上)'이라고 한 것이 일례이다.

당연한 이야기가 되겠지만 ①-③의 내역은 11월 18일의 당일에 기재한 것이고, ④-⑥은 추후에 입금이 이루어질 때, 예컨대 여기서의 김

---

12 흔히 고문서에서 내용의 마지막에 나타나는 'ㄱ' 표시는 '끝'을 의미하는 '제(際)'에 해당한다. 하지만 여기서와 같이 회계 기록에 매건(每件)마다 표시한 'ㄱ'은 '확인'을 의미하는 '거침표(經由符)'로 보아야 할 것이다. 이와 관련한 내용으로는 李福揆(1996 : 463-464)를 참조하라.

소준과의 거래의 경우에는 익일(11월 19일)에 기입한 것으로 보아야 한다. 이후에 'ㄱ' 또는 '하(下)'의 표기가 이루어진 것까지 감안하면, 각 거래 내역은 최소한 3회 이상에 걸쳐 작성된 것임을 알 수 있다.[13]

이상에서 살펴본 바와 같이 『안기양일기장』은 거래 가액 및 현금의 출입 내역 또는 외상 잔고만 수록하고 있을 뿐 거래 물품의 종류나 수량에 관한 정보는 제공하지 않는다. 즉 소고기 자체의 출납에 관한 사항은 알 수 없으므로, 장부만의 분석으로는 소고기 유통에 관한 풍부한 정보를 검출하기 어렵다. 다시 말해, 현방 회계 장부의 DB화를 통한 분석은 소고기의 공급 측면에 있어서 현방의 경영 실태에 관한 유용한 정보들을 제공해 줄 수는 있으나, 수요 측면의 정보는 자세히 알기 힘들다. 이를 보완하기 위해서는 관련 자료를 추가로 활용할 필요가 있으며, 뒤에서 설명한다.

---

13 여기서 주의해서 보아야할 점은 모든 거래자에 대하여 ②, ③, ⑤, ⑥의 항목이 모두 기재되지는 않았다는 사실이다. 따라서 『안기양일기장』을 활용하여 수량적 분석을 행하기 위해서는 기재 내역의 데이터베이스(DB)를 구축하는 과정에서 빈 공간을 채워 넣을 필요가 있다. 이때, 다음과 같은 두 가지 원칙에 기반해야 한다. 첫째, 각 항목의 수치 간에는 '⑥≡(②+③)-⑤'의 항등식이 유지되어야 한다. 예컨대, 〈표 6-2〉의 김소준에 대해서는 '545.25=(44.50+541.25)-40.50'가 성립해야 하는 것이다. 둘째, 금일의 당기 미수잔액은 동일 거래자가 추후에 다시 거래할 경우의 전기 미수잔액에 그대로 반영된다. 따라서 특정 인물의 거래내역을 일자별로 추적해가면서 숫자를 대조하면, DB의 완성도를 높일 수 있다.

3. 소고기 거래의 관행 : 외상

앞에서 『안기양일기장』의 성격이 기본적으로 '거래 장부'이자 '외상 장부'임을 확인하였다. 장부상에서 포착되는 상행위의 관행은 '외상' 거래에 기반하고 있다는 점에서 전통 상업의 특질이 그대로 전달되고 있다. 물품의 판매와 대금의 결제는 별도의 시기에 이루어지는 경우가 많았으며, 미결제액이 누적되는 경우가 외상 잔고의 증대로 나타나고 있다.[14]

대금 결제를 기준으로 하면, 거래의 형태는 다음과 같이 세 가지로 유형화된다. 우선, 구입과 동시에 대금을 결제한 경우로서, 거래 당일에 바로 현금을 지급한 경우에 해당한다. 그런데 당일에 대금을 완납한 경우도 있고, 일부만 납부한 경우도 있기 때문에 미결제분이 발생하기도 한다. 따라서 이 경우에도 '구입 즉시 완납'과 '구입 즉시 부분납'의 두 가지로 유형화할 수 있다. 또한 보다 일반적으로는, 그날에 결제하지 않고 다음날 또는 며칠 후, 심지어 몇 달 후에 대금을 납부한 경우가 있으며, 이를 '구입후 미납'으로 유형화할 수 있겠다. 일부의 금액이라도 수금한 경우, 일자가 확인되는 경우에 한정하여 해당 수금일자와 거래일간의 시차(time lag)가 어느 정도인지 알 수 있는데, 분석 대상이 되는 전체 시기에 걸쳐 큰 변화는 관찰되지 않는다.

---

14 현방과 궁방 간의 외상 거래가 가지는 역사성은 기존 연구에서 인용하고 있는 여러 기사에서 나타나는데, 대표적으로 다음과 같은 두 가지를 들 수 있다. "懸房市民等 (…중략…) 明禮宮壽進宮於義宮龍洞宮貿易奴子等所率差人逐日輪行於各懸房憑藉貿易 (…중략…) 現捉於法司價錢亦不趁卽備給難以卽今未捧者言之各宮些少外上不敢——指告而龍洞宮奴屬處外上爲一百四十兩"(『일성록(日省錄)』 정조 23년(1799) 5월 30일). "進排肉種之愆期失價至於六千餘金"(『비변사등록(備邊司謄錄)』 순조 10년(1810) 1월 10일).

외상 형식의 거래 관행의 구체적인 실태는 왕실과의 거래에서 확연히 드러난다. 다른 고객들과의 거래는 장부상의 기재만을 통해 확인되지만, 왕실이 소비할 물자를 조달한 수진궁이 안기양의 현방으로부터 소고기를 구입하는 과정에서 일정 기간 동안의 거래에서 발생한 외상 잔액은 『안기양일기장』의 곳곳에 첨부된 별지(別紙)를 통해 증빙되고 있었다. 주로 수진궁의 사환노자(使喚奴子)와의 거래에 해당하는데, 장부상의 거래자명은 '문고지기[文庫直]', '전고지기[全庫直]' 등의 '고지기'로 표현되고 있다.[15] 이들 고지기가 발행한 별지는 『안기양일기장』에 첨부되었으며, '표(票)'라고 지칭되었다.

유독 왕실에 대해서만 장부에 '표'를 첨부하여 회계한 이유에 대해서는 안기양 자신의 기록을 참조할 수 있다. 안기양이 "표를 첨부한 항목은 봉차 셈이 있고, 표를 첨부하지 않은 항목은 셈하여 봉차가 없음"이라 한 것으로 보아,[16] 표를 첨부한 이유는 '봉차(捧次)'라 표현된 외상 잔고가 남아 있었기 때문이며,[17] '봉차'가 없는 경우에는 당연히 따로 증빙할 필요가 없었던 것이다. 또한 일기(日記)가 없거나[18] 분실한 경우에도[19] 표를 첨부하거나 일기장의 여백에 잔고를 기록하였다.[20] 첨부된

---

15 여기서 사환(使喚), 고지기[庫直] 등의 용어가 구분되지 않고 혼용됨이 관찰된다.

16 『안기양일기장』, "부표(附票)ᄒᆞᆫ 조목(條目)은 봉차셈[捧次細音]이 유(有)ᄒᆞ고 미부표(未附票)ᄒᆞᆫ 조목(條目)은 셈[細音]ᄒᆞ야 봉차(捧次)가 무(無)ᄒᆞᆷ".

17 조익순·정석우(2006 : 203)에서는 '봉차(捧次)'를 "치러 받아야 할 돈"으로 해석하고 있다.

18 『안기양일기장』, "을사(乙巳) 2월(二月)의 대(對)ᄒᆞ야셔는 일기(日記) 유(有)ᄒᆞᆫ 일(日)도 유(有)ᄒᆞ고 일기(日記) 무(無)ᄒᆞᆫ 일(日)도 유(有)ᄒᆞ야 당사(當事)ᄒᆞᆫ 전효범(全孝範) 표지(票紙)로 회계(會計)ᄒᆞᆷ".

19 『안기양일기장』, "갑진(甲辰) 1월(正月) 1삭(一朔)은 치부(致簿)ᄒᆞᆫ 일기(日記)롤 서실(閪失) 고(故)로 문태현(文泰賢)의 발기[件記]로 시행(施行)ᄒᆞ야 회계총수(會計總數)를 갑진(甲辰) 2월(二月) 초3일(初三日) 치부장(致簿帳) 내(內)의 기록(記錄)ᄒᆞᆷ". 일반적으로 장부에 기록하는 행위를 '치부(置簿)'라고 표현하는데, 여기서는 '치부(致簿)'로 적고 있음이 눈에 띈다.

〈자료 6-1〉『안기양일기장』에 부착되어 있는 '표(票)'의 사례

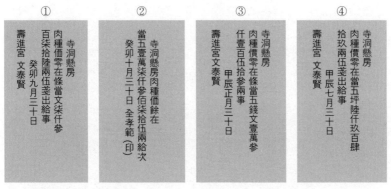

주 : ①과 ②는 〈그림 4-13〉과 동일함.
출처 : 『안기양일기장』, 1903년 9월(①), 1903년 10월(②), 1904년 1월(③), 1904년 7월(④).

표와 일기장 여백의 기록을 몇 가지 사례를 통해 살펴보면 〈자료 6-1〉
및 〈자료 6-2〉와 같다.

〈자료 6-1〉에서 알 수 있듯이, '표'의 가장 오른쪽에는 수진궁에서 조
달하고자 하는 점포—여기서는 사동 현방(寺洞懸房)—가 기재되며, 이
어서 조달품목의 종류—육종(肉種)—를 명기하고 '영재(零在)', 즉 그
대금의 잔액이 얼마인지를 기재하고 있다. 여기서 화폐단위는 '당오(當
五)' 또는 '당문(當文)'이라 하여 당오전(當五錢)임을 알 수 있다. 다음으로
'표'의 발행일자와 발행인을 적고 있는데, 여기서의 발행인인 문태현,
전효범 등은 수진궁의 사환노자이다. 발행일자로 미루어 보건대, 매월
말일에 정산하는 것을 원칙으로 하였음을 알 수 있다.

20　이상과 같은 안기양의 표현을 들여다보면, 매일 작성하는 '일기(日記)'가 있고, 이를
'일기장(日記帳)'—치부장(致簿帳)—에 옮겨 적는 방식으로 회계하였음을 알 수
있다. 그러므로 『안기양일기장』에 기록이 없는 날은 거래가 발생하였음에도 기록
(일기)이 누락된 경우도 있고, 아예 거래가 이루어지지 않은 경우도 있었을 것이다.
거래가 이루어지지 않은 대표적 시기는 정초(正初)이며, 이는 세시에 따른 전통적
관행이었음이 일수 금융거래에 관한 연구인 李榮薰・趙映俊(2005 : 345)에서도 지
적된 바 있다.

〈자료 6-2〉『안기양일기장』의 여백에 기록한 정산의 사례

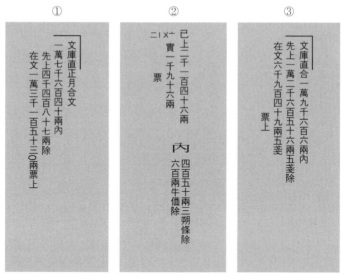

출처: 『안기양일기장』, 1904년 1월(①), 1904년 3월(②), 1904년 7월(③).

'표'를 기초로 외상 잔고를 일기장 여백에 적고 회계하였음은 〈자료 6-1〉의 ③과 〈자료 6-2〉의 ① 또는 〈자료 6-1〉의 ④와 〈자료 6-2〉의 ③을 대조함으로써 양자에 기재된 잔액이 정확히 동일함을 통해 확인할 수 있다.

수진궁의 사환노자와 안기양 간의 정산 잔액은 안기양 측에서만 파악되고 있었던 것은 아니다. 왜냐하면 수진궁 사환노자들도 자신이 안기양에게 지급해야 할 금액이 얼마인지에 대하여 파악하고 있어야 했을 것이기 때문이다. 이는 제실채무 정리과정에서 결산된 미결제액 —미하총액(未下總額) — 중에서 '사동현방(寺洞懸房)'의 몫을 '사동현방회계(寺洞懸房會計)'라 하여 〈자료 6-3〉과 같이 따로 정산하고 있었음을 통해 알 수 있다.

〈자료 6-3〉은 안기양에 대한 전두석 — 전효범의 조카[姪子] — 의 미

壬寅(1902)十二月朔	肉種價余文	一千七十三兩	1,073.0
癸卯(1903)十月朔	上同	一萬七千三百七十五兩	17,375.0
甲辰(1904)十月朔	上同	七千九百八十七兩五戔	7,987.5
甲辰(1904)十二月朔	上同	二萬一千七十一兩	21,071.0
乙巳(1905)二月朔	在文	四萬一千五百兩	41,500.0
四月朔	在文	二萬七千六百六十九兩	27,669.0
八月朔	在文	四萬七千五百兩	47,500.0
十月朔	在文	一萬二千三百六十五兩	12,365.0
丙午(1906)二月朔	在文	一萬一千兩	11,000.0
七月朔	在文	四萬一千三百七十五兩	41,375.0
合文		二十二萬八千九百十五兩	228,915.5

주 : 서력 연대는 인용자에 의함.
출처 : 『수진궁미하회계(壽進宮未下會計)』.

하액에 한정된다. 앞서 살펴보았듯이 안기양은 전효범 외에도 문태현과 거래하였으며, 수진궁으로부터 받아야할 그의 누적 채권액(商債額)은 1907년 현재 전두석과의 거래가 4,578.31엔(円), 문태현과의 거래가 4,419.98엔으로 8,998.29엔에 달하였다(이 책의 〈표 7-10〉).

이상에서 살펴 본 바와 같이 현방의 소고기 판매는 외상 거래를 통해 이루어졌으며, 왕실과의 거래에 있어서는 그 거래 가액이 상당 정도에 달했기 때문에 주기적으로 외상 잔액의 정산과 상호 확인을 거치는 절차가 관행적으로 이루어지고 있었다.

4. 소고기시장의 공급자 : 현방

안기양은 하나의 현방을 경영한 상인에 불과하다. 서울의 소고기시장 전체에서 안기양이라는 일개 현방 상인이 차지한 위상을 점검하기 위해서는 이 장의 분석 대상이 되는 1900년대 초의 도성(都城) 안에서 현방 상인의 분포 상황이 어떠하였는지를 검토할 필요가 있다.

19세기 중엽의 현방 분포는 『동국여지비고』에 수록되어 있으나 위치에 관한 정보만을 제공할 뿐 경영자, 경영 규모 등 구체적인 내용은 전혀 담고 있지 않다.[21] 『동국여지비고』에서는 "현방; 소를 도살하여 고기를 판매하는 곳; 반인(泮人)이 그 판매를 맡았음; 고기를 매달아 놓고 팔았기에 현방이라 불렀음"이라고 하면서[22] 〈표 6-3〉과 같이 도성내 23처 현방의 목록을 제시하고 있다.

그렇다면 한말에는 소고기 판매 상인들이 도성 내에서 어떻게 분포하고 있었을까? 19세기 중엽에 비해 어떤 변화가 발생하였는지, 그렇지 않은지를 살펴볼 필요가 있다. 이를 점검할 수 있는 자료로는 소위 '광무호적(光武戶籍)'이라 통칭하는 교토대학(京都大學) 소장의 『한국호적성책(韓國戶籍成冊)』이 있다. 물론 현존하는 광무호적의 지역적 편차로 인해 모집단(population) 전체에 대한 완벽한 복원은 힘들겠지만, 〈표 6-4〉에서와 같이 직업란에 '현방(懸房)', '우육 판매(牛肉販賣)', '우상(牛商)' 등으로 기입한 상인들을 확인할 수 있다.

---

21 『동국여지비고』에 보이는 19세기 중엽 현방의 정의와 위치에 관한 이하의 소개는 최은정(1997), 金東哲(2001), 김대길(2006) 등의 기존 연구에서도 이미 일부 소개된 바 있다.
22 『동국여지비고』, "懸房 屠牛賣肉之所 泮人主其販賣 懸肉以賣 故稱之以懸房".

〈표 6-3〉 19세기 중엽 도성 안 현방의 분포

행정구역	처수	위치
중부(中部)	5	하량교(河良橋)·이전(履廛)·승내동(承內洞)·향교동(鄕校洞)·수표교(水標橋)
동부(東部)	3	광례교(廣禮橋)·이교(二橋)·왕십리(往十里)
남부(南部)	4	광통교(廣通橋)·저동(苧洞·苧廛洞)·호현동(好賢洞)·의금부(義禁府)
서부(西部)	7	태평관(太平舘)·소의문 밖(昭義門外·西門外)·정릉동(貞陵洞)·허병문(許屛門·虛屛門)·야주현(冶鑄峴)·육조 앞(六曹前)·마포(麻浦)
북부(北部)	3	의정부(議政府)·수진방(壽進坊·壽進坊洞)·안국방(安國坊·安國坊洞).
계	23	

주: 『동국여지비고』의 필사본은 국내외의 여러 아카이브즈에 소장되어 있으며 내용이 조금씩 상이하다. 여기서는 규장각 소장본 2종(가람 古915.1-D717, 奎 古4790-10)을 반영하였다. 또한 국립중앙도서관 소장본에서는 "현방. 소를 잡아서 고기를 파는 곳. 반인이 그 판매를 주관함. 모두 24곳(懸房 屠牛賣肉之所 泮人主其販賣 凡二十四處)"이라 하여 23곳 외에 한 곳 더 있는 것으로 파악하고 있다.
출처: 『동국여지비고』.

〈표 6-4〉 광무호적에서 확인되는 서울의 소고기 판매 상인

성명	연령	직업	주소	자료
이병순 (李秉淳)	38	우육상민 (牛肉商民)	중서 정선방 김만년계 누동 제35통 제4호 (中署 貞善坊 金萬年契 樓洞 第三十五統 第四戶)	1906년 4월 (光武十年四月)
양봉순 (梁奉淳)	28	우상 (牛商)	중서 정선방 배오개계 묘동 제2통 제6호 [中署 貞善坊 梨峴契 廟洞 第二統 第六戶]	1906년 4월 (光武十年四月)
박덕준 (朴德俊)	29	우육판 (牛肉販)	중서 정선방 [中署 貞善坊　契　洞第　統 第　戶]	1906년 4월 (光武十年四月)
김덕보* (金德甫)	34	우육판매 (牛肉販賣)	중서 견평방 어물전계 승동 제26통 제2호 (中署 堅平坊 魚物廛契 承洞 第二十六統 第二戶)	1906년 4월 (光武十年四月)
안우성 (安禹成)	22	현방 (懸房)	중서 견평방 전의감계 전동 제48통 제6호 (中署 堅平坊 典醫監契 典洞 第四十八統 第六戶)	1906년 4월 (光武十年四月)
김덕보* (金德甫)	34	우육판매업 (牛肉販賣業)	중서 견평방 어물전계 수전동 제24통 제5호 (中署 堅平坊 魚物廛契 水典洞 第二十四統 第五戶)	1906년 4월 (光武十年四月)
이기영 (李基永)	39	현방 (懸房)	중서 경행방 오순덕계 교동 제4통 제10호 (中署 慶幸坊 吳順德契 校洞 第四統 第十戶)	1906년 4월 (光武十年四月)
이화실 (李化實)	27	수육판매 (獸肉販賣)	중서 경행방 오순덕계 교동 제15통 제5호 (中署 慶幸坊 吳順德契 校洞 第十五統 第五戶)	1906년 4월 (光武十年四月)
홍대진 (洪大鎭)	53	현방상민 (懸房商民)	중서 수진방 제용감계 수동 제31통 제2호 (中署 壽進坊 濟用監契 壽洞 第三十一統 第二戶)	1906년 4월 (光武十年四月)
원문선 (元文善)	38	현방 (懸房)	중서 관인방 대사동계 대사동 제31통 제3호 (中署 寬仁坊 大寺洞契 大寺洞 第三十一統 第三戶)	1906년 4월 (光武十年四月)
홍경서 (洪敬瑞)	47	현방 (懸房)	중서 관인방 일패계 사동 제18통 제7호 (中署 寬仁坊 一牌契 寺洞 第十八統 第七戶)	1906년 4월 (光武十年四月)
김희주 (金喜周)	38	현방 (懸房)	남서 광통방 미동계 미동 제37통 제7호 (南署 廣通坊 美洞契 美洞 第三十七統 第七戶)	1903년 3월 (光武七年三月)

출처: 『한국호적성책』(교토대학 소장).
주: 순서 없음. * 김덕보(金德甫)는 동일 연령의 인물이 호적에 이중으로 편철되어 있음.

본래 '현방(懸房)'은 소고기 판매업에 종사한 상인을, '우상(牛商)'은 소를 파는 상인을 지칭하는 것이었지만, 이 시기에는 사실상 구분되지 않고 혼용되었다. 이는 광무호적 외에도 갑오개혁 시기부터 보호국기에 이르는 시기에 걸쳐 왕실에 소고기을 납품한 상인들에 관한 정보를 확보할 수 있는, 제실채무 정리과정에서의 미하금 청구 자료에 근거한 것이다.[23] 예컨대, 〈표 6-4〉의 홍대진(洪大鎭)은 호적상에 '현방 상민'이라고 기재하였으나『명례궁미하금청구』의 공술서(供述書)에서는 그의 아들 홍종면(洪鍾冕)이 자신의 아버지가 '우상'이라고 답하고 있다.[24] 즉 당대인들은 '우상'과 '현방'을 굳이 구분하려 하지 않았던 것이다. 이는 〈표 6-4〉의 상인들을 현방 경영자를 포함한 서울의 소고기 판매업자로 함께 묶을 수 있음을 의미한다.

〈표 6-4〉에서 확인되는 한 가지 중요한 사실은 자료의 불완비를 감안하더라도 중서(中署) — 기존의 중부(中部) — 의 소고기 판매업자가 최소한 10명에 달한다는 점이다. 19세기 중엽의 중부에 5처의 현방이 존재하였던 것에 비하여(〈표 6-3〉), 공급자의 증대가 이루어졌다. 물론 이러한 판단에는 행정구역 상의 변화가 감안되어야 할 것이고,[25] 또한 하

---

23 『명례궁미하금청구(明禮宮未下金請求)』,『수진궁미하금청구』 등 일련의 미하금 청구 자료들은 소고기 거래에 있어서 왕실의 고지기[庫直] 등 무역노(貿易奴)와 현방 상인이 상호 거래의 주된 당사자였음을 보여주고 있다. 따라서 이 자료들을 살핌으로써 도성 안에 위치한 현방 상인들의 대강에 관한 정보를 추가할 수 있는 것이다. 또한 고지기나 상인의 공술 기록(供述記錄)은 왕실의 소고기 조달 관행을 살필 수 있는 좋은 자료가 된다.

24 수진궁에 소고기를 공급한 상인은 안기양 혼자였지만, 명례궁의 경우에는 홍대진 외에도 두 명이 더 있었다. 한 명은 이성로(李成魯)였는데, 이성로 역시 공술을 대리한 김금석(金今石) — 이성로의 매제(妹弟) — 에 의해 직업이 '우상'으로 표현되고 있다. 다른 한 명은 김희주(金喜周)로서 역시 〈표 6-4〉에서 '현방'이라 하였으나, 공술서에서는 자신의 직업을 '우상'이라 하고 있다.『수진궁미하금청구』에 따르면, 안기양 역시 자신의 직업을 '우상'이라 표현하고 있다.

25 예컨대, 〈표 6-3〉에서 허병문(許屛門·虛屛門)은 서부로 분류되어 있으나, 한말에는

나의 현방에 둘 이상의 상인이 종사하였다고 볼 수도 있을 것이다. 그런데 광무호적에서 직업 기재를 호주(戶主)의 경우에만 하게끔 되어 있었다는 점을 고려하면, 현방 상인의 수가 2배 이상 증대된 것으로 파악하여, 소고기 판매업자의 수가 증가하는 추세였던 것으로 보더라도 무리는 없을 것이다.

소고기 판매업자의 증대 현상에 대하여 실증을 곁들인 해석을 하기에는 아직 조심스럽기는 하지만, 아마도 갑오개혁 이후 시전 체제가 '제도적'으로 폐지되면서 국가에 의한 상점 설립의 통제가 다소 완화되는 과정에서 소고기 수요의 증대에 발맞추어 공급자가 난립하게 된 것으로 볼 수 있지 않을까 싶다. 종래의 현방은 비록 평시서(平市署)의 시안(市案)에 등재되어 있지는 않았지만 시전(市廛)에 준하는, 국가에 의한 통제의 객체였고,[26] 사상(私商)과의 대립 속에서도 속전(贖錢)의 납부를 통해 부여되는 특권을 향유할 수 있었겠지만, 갑오개혁 이후 속전이 포사세(庖肆稅)로 대체되고 난 20세기 초의 시점에서는 그렇지 못하였던 것으로 보인다.[27]

그렇다면 안기양의 현방은 어디에 위치하였을까? 앞의 〈자료 6-1〉에서 수진궁 사환노자들의 '표'가 '사동 현방' 앞으로 발행되었고, 또한 〈자료 6-3〉에서 전두석의 회계가 '사동 현방'이었음을 통해, 안기양의

중부에 속하였다. 이는 수진궁에 채소(野菜) 등 잡물(雜種)을 조달한 상인 최명환(崔明煥)의 주소지가 '중부 허병(中部 許屏)'으로 기재되었음을 통해 확인된다. 『수진궁미하금청구』, 「전수진궁공진물종가등미지발액질(前壽進宮供進物種價等未支撥額秩)」, 융희 2년(1908) 9월 일.

26 각주 3)에서 언급하였듯이 『시폐』에는 없지만 『공폐』에는 등재되어 있음.
27 이와 같은 소고기 판매업자의 난립 상황은 앞서 논의한 현방·우상 간의 미구분 실태와 동시적으로 진행된 것으로 볼 수 있다. 포사세에 대해서는 楊尙弦(1995)를 참조하라.

현방이 '사동(寺洞)'에 있었다고 이해할 수 있겠다. '사동'은 한성부의 행정구역상 중부 관인방(中部 寬仁坊)에 속한 곳으로서 당대인들이 '절골'이라 칭한 곳이다.[28] 또한 안기양의 주소지는 "중부 전동 48통 7호"였는데,[29] 그는 중부에 거주하면서, 영업도 중부에서 하고 있었던 것이다. 다만 〈표 6-3〉의 중부 현방 목록에서 '사동'이 보이지 않기 때문에, 안기양의 현방이 조선 후기 이래 지속되어 온 것인지의 여부를 명확히 하기는 어렵겠지만, 수진궁이라는 왕실과의 거래를 행하고 있었다는 점에서 신흥 현방으로 단정하기에도 이르다.

5. 소고기시장의 수요자 : 왕실

다음으로 안기양이 공급한 소고기의 주요 소비 계층이 어떻게 구성되어 있었는지 살펴보도록 하자. 안기양의 소고기 판매 대상, 즉 수요층은 장부에 기입된 거래자 명단을 검토하는 과정에서 명확히 할 수 있다. 우선 확인되는 점은 거래자의 기재가 기본적으로 차자(借字) 방식으로 표기되고 있다는 사실이다. 즉 한자(漢字)로 기입하는 것이 원칙이었지만, 어디까지나 우리말 독음에 기초한 자의적인 것이었다. 몇 가지 사례를 들어 보면, 수영어미[壽永母 · 守永母], 이철동[李哲同 · 李喆同], 양선

---

28 현재의 종로구 인사동 일대에 해당하는 것으로 알려져 있다. 〈표 6-4〉에서는 홍경서가 중서 관인방 일패계의 사동에 거주하고 있음을 볼 수 있다.

29 『수진궁미하금청구』, 「전수진궁공진물종가등미지발액질」, 융희 2년(1908) 9월 일, "中部典洞四十八統七戶". 현존하는 광무호적에서는 안기양이 확인되지 않는다.

경[梁善京·梁善敬], 홍희정[洪喜禎·洪喜貞], 김소준[金小俊·金小埈], 복만어미[福萬母·福万母], 황운석[黃云石·黃雲石] 등으로 기입된 경우들이 보인다. 심지어 한글과 한자를 섞어서 '이문곡(李文谷)'을 '이문곡(李文곡)'이라고 적은 경우도 발견되며, 인명 이외의 물품명이나 지명의 경우에도 생골[生골·生骨], 원동[圓洞·園洞] 등과 같은 사례가 발견됨은 마찬가지이다. 따라서 거래자의 분류는 독음에 따라 1차적으로 분류할 필요가 있다.[30]

또한 직책이나 점포명으로 실명을 대신하는 사례, 약칭으로 줄여서 적은 경우 등이 발견되므로 동일 거래자의 확정에 신중을 기할 필요가 있었다. 예컨대, 김참봉(金參奉)을 김참봉댁(金參奉宅)으로, 황주사(黃主事)를 황주사댁(黃主事宅)으로, 백치범(白致凡)을 백첨지(白僉知)로, 수진현방(壽進懸房)을 수진(壽進)이나 수진전[壽進전]으로, 정서방(鄭書房)을 정서방춘근(鄭書房春根)으로 표기하는 등의 사례에 대해서는 표현의 차이가 발견되더라도 동일한 거래자로 확정하였다. 또한 자주 거래하는 사람이 아닌 경우에는 '박오방 전동(朴五房 典洞)', '김상인 안동(金喪人 安洞)' 등으로 지역명이 병기되기도 하였고, '소홍아비[小興父]'가 '이소홍(李小興)'의 아버지를 가리키는 등 특정인과의 혈연관계가 드러나기도 하며, '장인치수(匠人致壽)'가 '이치수 장인(李致壽 匠人)'를 가리키는 것처럼 성을 생략하고 직업을 적기도 하였다는 점을 고려해야 한다. 이상과 같은 사항들에 유의하면서 『안기양일기장』에 등장하는 거래자, 즉 고객들의 명단을, 임의로 선택한 1903년 11월의 1개월분에 대해서만 분류하면 〈표6-5〉와 같다.

안기양과 소가죽[牛皮]·소기름[牛脂]를 거래한 것으로 추정되는 고객

30　하지만 김계명(金桂明)과 김계명(金啓明)의 사례처럼 발음이 같다고 해서 반드시 동일 인물이 아닌 사례도 있다.

표기 방식	고객 (거래처)	구분
성명	홍희명(洪喜明)* 김인흥(金仁興)	B
	강영보(姜永甫) 김귀남(金貴男) 김도선(金道先) 김봉구(金奉玖) 김봉천(金奉天) 김소준(金小俊) 김순철(金順哲) 김재흥(金在興) 김진석(金辰石) 김초길(金初吉) 김필석(金必石) 김화태(金火台) 김희록(金喜祿) 박갑석(朴甲石) 박덕준(朴德俊) 안우성(安禹成) 양선경(梁善景) 양운석(梁運石) 원점선(元点先) 이계정(李啓正) 이소흥(李小興) 이용집(李用集) 이철동(李哲同) 정순용(鄭淳用) 홍석희(洪石喜) 홍성조(洪聖祚) 홍완식(洪完植) 홍작은놈(洪老味·洪小斤老味·洪小老味) 홍장중(洪長仲) 홍준조(洪俊祚) 홍희정(洪喜禎) 황운석(黃云石)	E
○○댁	기백댁(箕伯宅) 병판댁(兵判宅) 비안댁(比安宅) 영감댁(令監宅)	E
○○어미	노아어미[老兒母] 두겁어미[두겁母] 명근어미[明根母] 복만어미[福萬母] 수영어미[壽永母]	E
장소	수진전[壽進젼] 수표(水票) 장교(長橋) 한동(漢洞)	E
장인(匠人)	장인 산이(匠人山伊) 장인 한경(匠人漢景)	E
왕실	무역(貿易) 은안궁(恩安宮) 의친궁(義親宮) 이고지기 의화(李庫直 義和) 죽동궁(竹洞宮) 진상(進上)	E
직역	홍선달(洪先達)*	B
	이군수(李君守)	C
	심서방 월주(沈書房 越酒) 이서방(李書房) 이안산(李安山) 이완산(李完山) 차선달(車先達) 최서방(崔書房)	E
기타	생골(生골)	D

주 : 구분의 B-E는 〈그림 6-1〉에 따름. * 홍희명과 홍선달은 동일 인물이지만, 표기를 달리하고 있다.
출처 : 『안기양일기장』, 1903년 11월 1일부터 29일까지.

(B·C)은 홍희명(홍선달), 김인흥, 이군수의 3명에 한정되어 있어, 장기·고정적으로 구매한 것으로 보인다. 그리고 일반 고객(E) 중에서는 왕실(궁방)이 확연히 구별되고 있으며, 성(姓)이 같으면서 항렬자(行列字)를 가지는 것으로 추정되는 인물군(人物群)이 관찰된다. 장소명으로 표기된 경우는 별도의 현방이었을 가능성이 높다.

거래자의 유형을 분류하는 데 있어서 명확히 하기 어려운 부분은 성명이 기재된 자라고 하더라도 그가 소고기의 최종 소비자인지 아니면 도매상 또는 소매상에 해당하는 중간 상인인지를 확인하기 어렵다는 점이다. 예컨대 〈표 6-5〉에서 밑줄 친 '안우성(安禹成)'의 경우 〈표 6-4〉

에서의 현방 상인 '안우성'과 동일인물이라고 보는 편이 타당하다. 즉 '안우성'의 사례는 사실상 현방이었을 것으로 추정되는 '수진전', '수표', '장교' 등의 장소로 표기된 거래자와 함께 분류하는 편이 좋다. '수진전' 등 '전'으로 표기된 곳들 외에도, 〈표 6-5〉에는 없지만, 다른 일자의 기록에 '야주(冶疇·上冶疇·下冶疇)', '허병(許屛)' 등의 거래처도 보이는데, 이들은 바로 〈표 6-3〉에서 살펴본 서부(西部)에 위치한 현방에 해당한다. 이외에도 '상사동(上寺洞)'과 같이 사동 내에도 현방이 또 있었던 것으로 보인다.

요컨대, 현방의 고객 중에는 일반 소비자나 중간 상인이 아닌, 다른 곳의 현방도 존재하였다는 점에서 현방들은 상호 간에 활발히 거래를 하고 있었음을 알 수 있다. 이는 대행수(大行首)를 위시한 현방 상인들의 조직이 존재하였음을 반영하는 것인 동시에, 앞에서 소개한 수요독점이나 공급독점이 이 시기에도 여전히 이루어지고 있었을 가능성을 높여 준다.

그런데 거래자의 대부분은 일시적인 고객이 아니라, 매일 또는 며칠마다 한 번씩 계속하여 거래를 하는 단골들이었다. 〈표 6-5〉에 정리한 64처의 거래자들의 거래 빈도별 분포를 보여주는 〈그림 6-3〉의 U자형 분포를 통해 알 수 있듯이, 이들 거래자들은 단골 거래자와 일시적 거래자로 양분되는 경향을 보이고 있다. 특히 월 20회 이상 거래를 지속한 경우가 26처로서 전체 거래처 64처의 약 40%를 차지하고 있다. 대체로 익명성에 기반한 다수의 소비자를 대상으로 하는 시장 거래가 아닌 정기적 단골 거래의 형태로 거래가 이루어졌던 것으로 평가할 수 있다. 소고기 구입의 규모와 빈도를 감안한다면, 이들 구매자들은 최종 소비자가 아니라 중간 상인이었을 가능성이 높다.

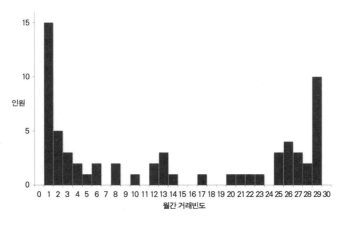

〈그림 6-3〉 고객(거래처)의 월간 거래 빈도별 분포
출처 : 『안기양일기장』, 1903년 11월 1일부터 29일까지.

 따라서 『안기양일기장』을 통해 서울 시장에서의 소고기 수요층을 구체적으로 파악한다거나 서울 주민의 구성을 복원하는 데에는 무리가 따를 것으로 판단된다. 다만 중간 상인이 아니라 실체가 명확히 드러나는 소고기 소비자로서 왕실의 재정기관인 수진궁과의 거래가 『안기양일기장』에 수록되어 있으므로 이를 통해 소고기의 부위별 소비 상황을 추론할 수 있다. 수진궁은 안기양의 주요 고객으로서 거래액이 다른 거래자들에 비해 상대적으로 큰 편이었다.

 『안기양일기장』이 거래 가액이나 외상액에 관한 정보만을 전달하고 거래 품목에 대해서는 알려주지 못한다는 한계를 극복하는 데 있어서, 수진궁의 지출장부인 『수진궁차하책[壽進宮上下冊]』이 도움이 된다. 『수진궁차하책』의 수록 정보를 이용하면 왕실이 현방으로부터 구입하여 소비한 소고기[肉種]의 종류, 수량 및 가액을 파악할 수 있으므로, 『안기양일기장』의 미비점을 보완하여 소고기 소비 또는 수요 측면의 해석을 시도할 수 있는 것이다.

『수진궁차하책』을 활용하면, 대체로 소의 도살[屠牛]을 통해 생산되는 살코기를 비롯하여 각종 기타 부위들(속칭 부속)이 모두 왕실에 의해 소비되고 있었음을 알 수 있을 뿐만 아니라,[31] 소고기의 종류에 대한 검토에서 한 걸음 더 나아가 구매한 소고기를 어떠한 용도에 사용하였는지도 알 수 있다.

수진궁의 소고기 구입은 거의 모두 안기양의 현방과 거래함으로써 이루어졌다. 주요 구입품은 등골뼈[牛脊骨], 등뼈[背骨], 업진[業之곳], 양지머리[兩之頭·陽支頭], 안심[內心肉], 등심[背心肉], 양[胖], 쇠간[肝], 볼기살[牛臀], 처녑[千葉], 부아[腑花·府花], 곤자소니[昆者損·昆子異·昆者異·坤左巽], 콩팥[豆太], 대창[大腸], 갈비[乫伊·小加里] 등으로 다양하다. 이러한 축산물의 구입을 수진궁의 지출장부인 『수진궁차하책』에서는 '육종 무역(肉種貿易)'이라 칭하고 있다. 수진궁이 소비한 식재료 중 축산물로는 쇠[牛]를 비롯하여 돼지[猪], 닭[鷄], 오리[鴨子], 꿩[生雉], 메추라기[鶉鳥], 우유[駝酪] 등이 있었다. 그중에서 가장 자주 그리고 많이 구입된 것은 소고기였으며, 주로 제수용(祭需用)으로 소비되었다.

『수진궁차하책』에는 달마다 지출 내역의 말미에 해당 월에 구입한 소고기의 대금, 즉 '육종 무역가(肉種貿易價)'가 일괄적으로 기재되어 있다. 주로 무역노자(貿易奴子), 사환노자(使喚奴子), 시비자(市婢子)에게 지급되었는데, 각자가 담당한 여러 물종에 대해 전체 금액을 한꺼번에 묶어서 지출되었으므로, 대체로 고액(高額)이다. 다행히도 다른 연도와는 달리 1904년 8~9월분의 기록 ─ 초본(草本) ─ 에서 사환노자가 조달한

---

31 소비된 소고기의 종류에 대해서는 기존 연구에서는 양지머리[陽地頭] 정도가 거론되었을 뿐이다. 각종 의궤(儀軌)에도 소고기의 여러 부위가 등장하지만 단가(單價) 정보까지 도출할 수는 없다.

〈표 6-6〉 사환노자가 조달한 부위별 소고기의 내역 (1904년)

월	담당자	조달 물품	수량	가액(兩)	조달 물품	수량	가액(兩)
8	전효범 [孝範]	볼기살[牛臀]	7부(部)	126	곤자소니[坤左巽]	14부	14
		양[胖]	17부	255	양지머리[兩之頭]	2부	72
		쇠간[肝]	14부	168	처녑[千葉]	1부	5
		도가니[都干里]	13부	156	업진[業之云]	1부	9
		안심[內心肉]	4.5부	66	부아[腑花]	1부	6
		등골[背骨]	36부	23.4	소갈비[小加里]	4쩍[隻]	8
		등심[背心肉]	1부	26	양깃살[胖領]	4부	44
9	문태현 [泰賢]	안심[內心肉]	4부	60	도가니[都干里]	3부	45
		등골[背骨]	37부	25.9	소갈비[小加里]	4쩍	8
		쇠간[肝]	13부	186	부아[腑花]	4부	24
		양[胖]	22.5부	405	처녑[千葉]	2부	10
		볼기살[牛臀]	7부	152	업진[業之云]	1부	11
		쇠골[頭骨]	7부	10.5	곤자소니[坤左巽]	10부	13
		양지머리[兩之頭]	2부	72			

주 : 『수진궁차하책』상의 기재 순서를 그대로 따랐음.
출처 : 『수진궁차하책』(奎 19102-48).

물종들의 가액과 내역을 세부 품목 수준까지 자세히 확인할 수 있으며, 그중에서 육종(肉種)에 대해서만 정리하면 〈표 6-6〉과 같다.

1904년 8월에는 전효범이 14종의 부위별 소고기를, 9월에는 문태현이 13종의 부위별 소고기를 조달하였다. 종류의 차이는 크지 않지만, 일부 품목에 있어서는 수량의 차이가 보이고 있다. 이는 일상적 수요 외에도 제수(祭需)가 포함되어 있었기 때문이며, 수진궁이 수행한 제향 업무가 달마다 동일하지는 않았음에 기인한다.[32] 다만 여기서는 8~9월의 자료만 알 수 있기 때문에 월별, 계절별 동향을 파악하기에는 한계가 있다.

---

32 수진궁의 제향 업무에 대해서는 이 책의 보론을 참조하라.

6. 맺음말

이 장에서는 『안기양일기장』의 분석을 통해 한말 서울 소고기시장의 구조를 거래 관행, 주요 공급자, 주요 수요자의 측면에서 각각 살펴보았다. 이 책의 제5장에서는 시전 체제가 유지되는 갑오개혁 시기까지 왕실의 조달기관인 내수사(內需司)에 대한 시전의 진배 관행과 그에 따른 미하금의 누적이 잡곡전, 면자전, 저포전, 하미전 등에 있어서 일반적 현상이었음을 밝혔다. 이러한 외상 거래의 억압적 구조가 갑오개혁 이후에도 궁방 및 제실재산의 해체기에 이르기까지 지속되어 왔음을 이 장의 소고기 거래 분석 결과를 통해 알 수 있다.

소고기시장의 경제적 조건과 현방의 경영상황을 살펴보는 것은 '전통' 상인이 '근대적' 자본가로 성숙해 나갈 수 있는 여건이 어느 정도 일반적으로 형성되어 있었는지를 확인할 수 있는 중요한 근거가 된다.[33] 자본의 축적 여건이 충실한 상황이었다면, 축적된 상업 자본을 토대로 소위 산업자본가로 전화(轉化)하기 쉬웠을 것으로 예측할 수 있다. '상층' 상인의 근대적 전화에 관해서는 기존의 연구 성과를 더러 참조할수 있지만, '중·하층' 상인에 대해서는 연구가 전무하다. 이 장의 분석 결과는 중·하층 상인이 영위한 경영 실태의 일례로 추정된다.[34]

---

33 이 장에서는 『안기양일기장』이라는 자료를 발굴, 소개하고 한말의 소고기시장의 존재 형태를 개관하는 수준에 머물렀으며, 『안기양일기장』의 상세한 내용을 통계적으로 정리하여 현방의 경영 실태를 입체적으로 분석하는 것은 추후의 과제로 남겨두었다.

34 1900년대 초의 현방 상인 안기양(安奇陽)은 소고기 판매를 통해 상업을 영위하고 있었지만, 이후에는 1930년대에 포목상(布木商)으로 업종을 변경하였음이 확인된다. 『조선중앙일보(朝鮮中央日報)』, 1936년 3월 6일자 2면, "5(五)일 오전 한 시 경에 부

내 견지동(堅志洞) 8(八)번지 한성포목상점(漢城布木商店) 안기양(安奇陽) 씨의 집에 어떠한 괴한이 침입한 것을 주인의 아들 안우영(安禹英)이가 발견하고 목침(木枕)으로 괴한의 이마를 내갈기고 전 가족이 협력하야 붓잡은 후(…하략…)". 하지만 안기양의 식민지화 이후의 행보에 대해서 (현재로서는) 자세히 알기 어렵다.

제7장 왕실재정의 위기와 전가

수진궁의 사례

1. 머리말

조선 후기 내탕(內帑)의 운영에 관한 본격적인 분석을 위해서는 1사4궁의 재정수입과 지출 그리고 재고가 어떻게 구성되어 있었는지, 또 각각의 규모가 어떻게 변동하고 있었는지를 확인할 필요가 있다. 이는 현존하는 회계장부에 수록된 내역을 면밀히 검토함으로써 가능하다. 특히 규모의 장기적 변동 추이를 살펴보기 위해서는 명목액의 집계가 필요하며, 연후에 실질액으로의 환산 작업을 거쳐야 한다. 이 장에서는 대표적 궁방의 하나인 수진궁을 사례로, 내탕의 운영 실태 및 변화 양상에 대하여 회계장부를 활용한 분석을 시도하고자 한다.

하지만 단순히 수입과 지출의 구성과 변화 추이만을 정리하는 것은 무의미하므로, 이 책의 제5장에서 시전과의 거래관계를 통해 일부 표출된 19세기의 재정위기 상황을 왕실의 재정구조 차원에서 종합적으로 파악하고자 한다. 즉 19세기의 경제위기가 왕실재정에서는 어떤 형태로 표출되고 있었으며, 그러한 위기에 대하여 왕실이 대처한 양상은 어떠했는지, 또한 위기의 부담은 누구에게 어떻게 전가되고 있었는지를 주요한 관심의 대상으로 삼았다. 재정위기의 진행 과정을 살펴보면서 동시에 수진궁의 운영 실태에 대한 이미지를 형성하고자 한다.

수진궁이라는 일개 궁방의 사례 분석이라고 하더라도, 제실채무 정리과정에서 표출된 각궁 채무(各宮債務)의 처리 과정을 통해 궁방재정의 운영과 위기가 1사7궁에서 공통적임이 확인되므로, 내탕을 구성한 1사4궁의 전체적인 운영 실태나 재정 위기도 수진궁의 사례와 크게 다르지 않을 것으로 짐작된다. 그만큼 수진궁 재정의 사례 분석은 내탕 운영의 분석에 있어서 대표성을 가진다.

2. 분석 대상과 자료

왕실의 내탕으로 기능한 내수사와 4궁 중에서 특히 수진궁을 분석의 대상으로 선정한 이유는 세 가지이다. 첫째, 국초부터 있었던 내수사를 논외(論外)로 하면, 수진궁은 4궁 중에서 가장 먼저 창설되었다. 4궁은 수진궁을 시작으로 명례궁, 어의궁, 용동궁 순으로 창설되었는데, 수진궁의 경우 그 연대가 예종대(睿宗代, 1468~1469)까지 거슬러 올라간다(小田省吾 1934 : 75-76). 즉 궁방의 창설과 폐지의 역사에서 가장 오랜 기간 동안 존속한 궁방이 바로 수진궁이다.

둘째, 수진궁의 자료가 여타 궁방에 비해 충실하다. 수진궁은 명례궁과 더불어 회계장부의 현존 상황이 내수사, 용동궁, 어의궁에 비해 좋은 편이다. 19세기 중엽 이후의 회계장부만 현존하는 궁도 있는 데 비하여, 수진궁의 경우에는 일부 연도를 제외하고는 19세기 전체 시기의 변화를 관찰할 수 있을 정도로 자료의 연속성이 뛰어나다〈표 3-1〉 참조〉.

셋째, 4궁 중에서 수진궁의 궁방전(면세결) 보유 규모는 독보적이었다. 궁방전은 궁방의 수입원 중에서 가장 큰 비중을 차지하는 것으로서 재정규모의 대표적 지표이다. 19세기 4궁의 면세결총을 정리한 〈그림 7-1〉을 통해 한눈에 확인할 수 있듯이, 수진궁의 면세결수는 다른 궁에 비해 압도적인 대규모였다.[1]

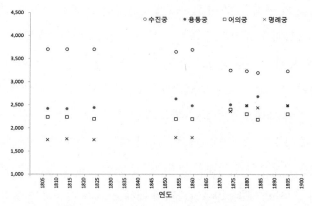

〈그림 7-1〉 수진 · 용동 · 어의 · 명례, 4궁의 면세결총(免税結摠)(단위 : 結)
출처 : 〈부표 11〉.

---

[1] 수진궁의 전답보유규모가 다른 궁방에 비해 큰 이유는, 다수의 사판(祠版)을 봉안(奉安)하고 있었기에 내탕(內帑)인 동시에 제궁(祭宮)의 역할을 하는 점이 감안되어 법적으로 다른 궁방보다 추가 지급된 전결이 있었기 때문이다. 〈표 2-6〉에서 "제위조의 면세전이 있어, 그 숫자에 따름(有祭位免稅隨其數)"이라 하였음을 참조하라.

수진궁은 1사4궁으로 구성되는 내탕의 하나이지만, 기존 연구에서 "무사속(無嗣續)의 후궁(後宮), 미봉작(未封爵) 또는 미출합(未出閤)의 대군(大君), 왕자(王子), 공·옹주(公·翁主) 등의 제사를 지냈다"라고 표현되고 있듯이 4궁 중에서 유독 제사의 기능이 전담되어 제궁(祭宮)으로서의 성격을 강하게 가지고 있었다〈표 1-2〉 참조).[2] 그러므로 수진궁의 재정 운영을 분석하기 위해서는 제궁과 내탕이라는 두 가지 기능을 모두 검토할 필요가 있다.

이 장에서 분석에 활용한 수진궁의 회계장부는 원고(元庫)와 별치(別置) — 또는 외치(外置) — 중에서 전자에 한정한다. 원고의 회계장부는 『수진궁받자책[壽進宮捧上冊]』, 『수진궁차하책[壽進宮上下冊]』, 『수진궁회계책(壽進宮會計冊)』으로 구성된다. 이 책의 제3장에서 살펴보았듯이 받자책은 수입부(收入簿), 차하책은 지출부(支出簿), 회계책은 수지대조표(收支對照表)의 성격을 가지며, 수진궁의 '3책'은 대체로 1810~20년대부터 1906년까지를 대상으로 하는 초본(草本), 중초본(重草本) 또는 정서본(正書本)의 형태로 현존하고 있다. 장부의 내용 전체를 전산 입력하여 수량 분석의 기반을 다질 수 있었는데, 받자책과 회계책은 정서본의 현존 상황이 좋아 그대로 입력하여 활용하였지만, 차하책은 그렇지 못하여 정서본에 다수의 결락 연도가 존재하기 때문에, 초본 또는 중초본까지 입력하여 정서본의 결락분을 메워 넣었다. 이렇게 구축된 데이터베이스 중에서 1814년부터 1904년까지에 대해 자료가 허용하는 한 10년 단위로 발췌하여 분석에 활용하였다.[3]

---

2 수진궁의 연원과 제향 기능에 관해서는 이 책의 보론을 참조하라.
3 모든 연도에 대해 분석하지 않고 10년 단위로 분석한 이유는 '3책' 중에서 차하책의 분량이 너무나 방대하기 때문이다. 아직 완성되지는 않았지만, 현재 활용 가능한 『수진궁차하책』 DB의 레코드 수는 13만 3천여에 이른다. 차하책에서의 지출은 특

3. 분석의 준비

1) 입고전 분배의 확인

이 절에서는 수진궁 재정의 수입 규모와 경로를 검토한다. 궁방전으로부터의 소출이 궁에 입고되기까지의 과정을 보여주는 자료로는 응봉책(應捧冊), 정간책(井間冊), 향미책(鄕味冊) 등이 있다. 그중에서 응봉책은 각 궁방전에 대하여 수취의 시기와 수취량에 관한 정보를 위주로 하는 반면에, 향미책의 경우에는 수취 과정에서의 분배 내역까지 포괄하고 있다. 따라서 수취의 전체 과정을 세밀하게 분석하기 위해서는 향미책의 분석이 핵심적이다(이 책의 제3장 참조).

대체로 궁방전으로부터의 세전곡(稅錢穀) 수취 방법은 ①지방 각관(各官)의 수령에 의한 것[自官上納], ② 궁속(宮屬)인 차인(差人)에 의한 것 —마름(舍音)이 관리하고, 경차(京監) 또는 궁감(宮監)이 수취 —, ③ 도장(導掌)에 의한 것[導掌上納]으로 구분된다.[4] 수령에 의한 수취는 호조의 공식적

정 용처에 대하여 일괄적으로 이루어지는 경우가 많고, 일련의 지출 품목 및 수량을 기록한 후 맨 마지막에 "이상(以上)"이라고 적고 지출의 용도를 기재함으로써 지출의 묶음을 표시하는 특정 때문에(이 책의 제3장 참조), 입력된 DB를 활용하여 지출을 용처별로 분류하는 작업을 행하는 과정에는 상당한 시간과 노력이 필요하다. 따라서 이 장에서는 약 100년간에 걸쳐 10년 단위의 발췌 비교를 행함으로써 장기적 추세를 확인하는 수준에서 분석하고, 『수진궁차하책』 DB의 완성 및 공개와 용처별 분류 등 공동 연구를 요하는 대규모 작업은 추후의 과제로 미루어 둔다.

4   金載昊(1997b : 269-270)에 따르면, 궁방전은 관리 방법에 따라서 감관전답(監官田畓)・도장전답(導掌田畓)・본군전답(本郡田畓)・불명전답(不明田畓)의 네 유형으로 구분된다. 본문의 ①은 본군전답, ②는 감관전답, ③은 도장전답에 해당하며, 『수진궁등록(壽進宮謄錄)』 황(黃), 1838년(戊戌) 윤4월 등의 자료에서 본군전답은 '자관상납(自官上納)'으로, 도장전답은 '도장상납(導掌上納)'으로 표현되고 있다.

재정 경로를 통해 서울로 운송된 이후에 각 궁방으로 나누어지게끔 되어 있었다. 하지만 서울로 상납되자마자 호조의 창고로 들어가기도 전에 궁방의 궁속들이 궁방의 몫을 가져가는 폐단이 존재하고 있었다.[5]

수취 과정에서 최말단에 해당하는 타량(打量)과 추수(秋收)에 관한 분석은 이미 다수의 연구에서 개별 사례를 대상으로 행해진 바 있다. 따라서 이 절에서는 추수 이후 입고까지의 과정을 대상으로 하여, 서울로 상납된 세전·세곡이 궁방에 입고되기 전에 어떻게 분배되었으며, 그 결과 실제 궁방전의 소출 중에서 어느 정도가 실제로 궁방에 입고되었는지, 그리고 그러한 경향이 장기에 걸쳐 어떻게 변동하고 있었는지를 검토한다.

궁방전으로부터의 소출이 입고되기 전에 궁속들의 향미로 분배됨은 이 책의 제3장에서 살펴본 바와 같다. 즉 상납된 세전곡(稅錢穀) 중에서 향미를 뺀 나머지 중에서 다시 궁속의 '요(料)'를 뺀 부분이 각 궁의 운영과 왕실 조달에 활용되었다. 궁방전으로부터의 소출에 대한 향미의 분배 비율은 사실상 궁속들의 지분(持分)이었다. 향미의 수취권이 궁속에게 할당된 일종의 지분권(持分權)으로 형성되어 있었음은 '깃[衿]'이라는 표현을 통해 추론할 수 있다.[6]

---

5 일례로 다음과 같은 『승정원일기(承政院日記)』, 고종 17년(1880) 10월 10일자 기사를 들 수 있다. "각 궁방(宮房)의 면세미(免稅米)는 번번이 양세(兩稅)에 붙여서 함께 실어 오고 호조에서 액수를 대조하여 나누어 보내는 것이 원래의 정식(定式)인데, 근년에는 세선(稅船)이 와서 닿자 해조(該曹)에서 점검하기도 전에 각각 당해 궁방의 노예들이 미리 알고 급히 가서 조금도 꺼리지 않고 뜻대로 먼저 가져갑니다".

6 '깃'이라는 표현은 『수진궁차하책』에 섞여 들어가 있는 『임오향미책(壬午鄕味冊)』(奎 19102-31)에 등장한다. 예를 들어, "임오(壬午) 5월 29일"을 보면 "상주 전답의 신사년조 세전문 580냥(尙州田畓辛巳條稅錢文五百八十兩)"과 "금산 전답의 신사년조 세전문 120냥(金山田畓辛巳條稅戔文一百二十兩)"의 향미 분배 내역 말미에 "두 곳의 외향 85냥 중에서 42깃에 각 2냥 2푼씩, 고지기는 2깃을 더함(兩處外鄕八十五兩內四十二衿各二兩二分式 庫直加二衿)"이라고 적고 있다. 또 "임오(壬午) 9월 일"의 양천

깃[衿]은 분배 몫의 단위를 가리킨다. 그런데 모든 향미책에서 깃의 할당 비율을 명시적으로 적고 있지는 않으나 대체로 일정한 비율로 분배되고 있음을 확인할 수 있다. 깃의 정확한 계산을 위해 향미가 분배된 품목 중에서 압도적으로 대다수를 차지하고 있는 동전[錢文], 쌀[米], 벼[租], 콩[太], 새우[白蝦], 굴젓[石花醢], 소금[塩], 밀[眞麥]의 8종에 대한 분배 내역을 검토해 보자. 1831년(辛卯)과 1882년(壬午)을 대상으로 하여, 향미 분배 내역에서 대청지기[大廳直]를 1깃으로 하여 기준(reference)으로 삼은 다음, 여타 직책이 분배 받은 몫(share)의 상대 비율을 계산해 보면 〈표 7-1〉과 같은 결과가 도출된다.

〈표 7-1〉 수진궁 향미 분배 몫의 상대 비율

직책	1831년(辛卯)				1882년(壬午)				깃[衿]
	평균	최대값	최소값	표준편차	평균	최대값	최소값	표준편차	
당상댁(堂上宅)	4.9	5.3	4.0	0.2	4.9	9.7	0.0	0.9	5.0
소차지(小次知)·장무(掌務)	3.9	4.3	3.0	0.2	3.9	4.9	1.3	0.4	4.0
숙궁(稤宮)·서원(書員)	3.4	3.8	2.5	0.2	*	*	*	*	3.5
고지기(庫直)	1.9	2.1	1.5	0.1	2.0	2.1	1.3	0.1	2.0
대청지기[大廳直]	1.0	1.0	1.0	0.0	1.0	1.0	1.0	0.0	1.0
색장(色掌)	2.0	2.3	0.5	0.2	1.9	2.1	0.7	0.2	2.0
노자(奴子)**	3.9	4.3	1.9	0.3	3.9	4.4	1.3	0.4	4.0
청지기[廳直]	0.3	1.5	0.2	0.1	0.3	1.0	0.1	0.1	0.3
내인(內人)**	1.6	3.0	1.4	0.2	1.8	3.0	0.5	0.3	1.7
비자(婢子)**	1.1	3.0	1.0	0.2	1.2	2.0	0.4	0.2	1.1

주: 대청지기를 1로 하여 기준을 삼은 것임. * 1882년에 숙궁이나 서원의 깃이 없는 것은 해당 직책이 1860년대에 소멸되었기 때문이다. ** 노자, 내인, 비자는 1인당 분배 몫이 아니라 총원을 기준으로 한 것임.
출처: 『수진궁차하책』(奎 19102)에 혼입되어 있는 『신묘향미책(辛卯鄕味冊)』(제41책), 『임오향미책(壬午鄕味冊)』(제31책).

신속 교초(陽川 新屬郊草) 부분의 말미에 "꿩고기 대신 납부하는 돈 12냥 중에서 20깃은 4전, 20깃은 2전(生雉代錢十二兩內 二十衿四錢 二十衿二錢)"이라고 적혀 있다.

모든『수진궁향미책』에서 당상 5깃, 소임 4깃, 고지기 2깃 등으로 〈표 7-1〉에서 계산한 깃과 정확히 일치하는 것이 대부분이며, 일부 분배 내역에서 오차가 발생하고 있으나 대체로 편차가 극히 적은 수준이다. 따라서 추정된 깃이 향미의 분배에 공식적으로 적용된 비율임을 알 수 있다. 시기에 따라 인원수의 변동이 있었음을 감안한다면, 인원의 변동에 따라 깃이 함께 변동했을 가능성도 제기해 볼 수 있겠지만, 〈표 7-1〉에서는 51년의 시차가 존재하는 1831년과 1882년의 깃에 변동이 없었음이 확인된다.

즉, 향미의 분배 원리를 다음과 같이 정리해 볼 수 있다. 궁방전으로부터 소출이 세미(稅米) 또는 세전(稅錢)으로 서울에 올라오면, 그중에서 수진궁에 상납해야 하는 절반가량을 제외한 나머지 중에서 다시 색락(色落) 등을 제외한 부분을, 각 궁속이 할당받은 고정된 깃에 따라 전체 인원수에 비례하여 나누어 가졌던 것이다.

이와 같이 일정한 비율로 분배된 향미액이 각 궁속들의 수입에서 얼마만큼의 비중을 점하고 있었을까? 향미가 전국에 산재한 각 궁방전에서의 소출로부터 모두 발생하였음을 감안한다면, 각 궁속의 연간 수입을 재구성하기 위해서는 연간 향미액을 확인해 볼 필요가 있다. 이를 확인하기 위해 1831년과 1882년을 대상으로 하여 각 궁속들의 연간 향미액을 품목별로 합산해 본 것이 〈표 7-2〉이다. 각 직책의 궁속은 무려 15종 이상의 품목으로 구성된 향미를 분배받고 있었으며, 가장 큰 비중을 차지한 것은 동전과 쌀이었다.

궁속이 수취한 향미의 양이 상대적으로 어느 정도였는지는 삭료(朔料) 등 급여와의 비교를 통해 구체화된다. 『수진궁차하책』에 의하면, 수진궁의 궁속들은 매월 단위로 삭료를, 매분기[四等] — 춘등(春等)·하등(夏等)·추등(秋等)·동등(冬等) — 에 대해서 의자(衣資)를, 매년 연말에

연도	품목	단위	직책										계
			당상댁(堂上宅)	소차지(小次知)·장무(掌務)	숙궁(稤宮)·서원(書員)	고지기(庫直)	대청지기(大廳直)	색장(色掌)	노자(奴子)	청지기(廳直)	내인(內人)	비자(婢子)	
1831 (辛卯)	동전[錢文]	냥(兩)	258.7	206.8	182.1	103.4	56.0	91.3	181.3	11.9	71.4	47.6	1,210.5
	쌀[米]	말[斗]	207.4	165.4	144.0	82.5	41.8	82.2	163.9	10.7	64.1	42.6	1,004.6
	가향미(加鄕味)	말[斗]	4.5	3.6	3.2	1.8	0.9	1.8	3.6	0.3	1.5	1.0	22.2
	벼[租]	말[斗]	70.0	56.2	48.7	28.2	14.4	25.0	49.9	3.3	20.1	13.4	329.2
	밀[眞麥]	말[斗]	5.4	4.3	3.8	2.1	1.1	1.6	3.1	0.2	1.4	0.9	23.9
	콩[太]	말[斗]	13.5	10.8	9.5	5.4	2.7	5.4	10.8	0.7	4.2	2.8	65.8
	돈후지(敦厚紙)	장(張)	2.0	1.0	1.0	0.5	0.5						5.0
	백지(白紙)	장(張)	8.0	6.0	6.0	4.0	2.0						26.0
	상지(常紙)	장(張)	101.0	81.0	70.0	40.0	21.0	41.0	81.0	5.0	33.0	22.0	495.0
	땔나무[柴木]	동(同)	156.0	125.0	110.0	71.0	40.0			18.0			520.0
	교초(郊草)	동(同)	28.0	22.0	19.0	12.0	6.0			2.0			89.0
	무[根菁]	단(丹)	26.0	26.0	26.0	13.0	13.0						104.0
	무청[葉菁]	단(丹)	110.0	73.0	62.0	39.0	39.0			26.0	26.0		375.0
	소초(疏草)	괴(塊)	12.0	9.0	8.0	5.0	5.0	1.0	1.0	2.0	1.0	1.0	45.0
	엿[白糖]	홉[合]	30.0	10.0	10.0	10.0	10.0	2.3	1.2	5.0	2.0	1.3	81.8
	흰신[白鞋]	개(介)	7.0	4.0	4.0	3.0	3.0	1.0	1.0	2.0			25.0
	짚신[草鞋]	개(介)	5.0	2.0	2.0	2.0	2.0	1.0	1.0			2.0	17.0
	새우젓[白蝦]	되[升]	45.0	36.0	31.0	18.0	10.0	12.0	23.0	2.0	11.0	7.0	195.0
	굴젓[石花醢]	홉[合]	13.8	11.0	9.5	5.5	2.8	5.5	11.0	0.7	4.4	3.0	67.2
	소금[塩]	되[升]	70.4	56.3	49.0	28.1	14.1	28.2	56.3	3.6	22.6	15.1	343.7
1882 (壬午)	동전[錢文]	냥(兩)	182.8	142.7	*	74.8	40.9	63.7	126.8	8.2	52.4	35.0	727.3
	쌀[米]	말[斗]	162.6	129.9	*	64.9	33.1	64.5	128.9	8.2	59.2	39.4	690.7
	벼[租]	말[斗]	18.2	14.6	*	7.3	3.7	7.3	14.6	0.9	7.5	5.0	79.1
	밀[眞麥]	말[斗]	4.1	3.2	*	1.6	0.9	1.2	2.3	0.2	1.2	0.8	15.5
	콩[太]	말[斗]	27.5	22.1	*	10.9	5.5	11.1	22.1	1.5	12.0	8.0	120.7
	돈후지(敦厚紙)	장(張)	2.0	2.0	*								4.0
	백지(白紙)	장(張)	67.0	57.0	*	28.0	15.0	29.0	57.0	4.0	22.0	15.0	294.0
	장지(壯紙)	장(張)	6.0	3.0	*	2.0	1.0						12.0
	땔나무[柴木]	동(同)	103.0	81.0	*	42.0	22.0			11.0			259.0
	소초(疏草)	괴(塊)	15.0	11.0	*	6.0	6.0	1.0	1.0	2.0	7.0	15.0	64.0
	엿[白糖]	홉[合]	30.0	10.0	*	10.0	10.0	2.5	1.1	5.0	20.0	20.0	108.6
	흰신[白鞋]	개(介)	6.0	4.0	*	3.0	3.0	1.0	1.0	1.0			19.0
	짚신[草鞋]	개(介)	5.0	2.0	*	2.0	2.0	1.0	1.0	2.0		2.0	17.0
	굴젓[石花醢]	홉[合]	10.2	8.0	*	4.0	2.0	4.1	8.1	0.7	4.0	2.5	43.6
	소금[塩]	되[升]	52.0	41.0	*	20.0	10.0	20.0	41.0	2.7	21.0	14.0	221.7
	메주[燻造]	말[斗]	52.6	29.0	*	14.5	9.4		4.6	4.5		2.8	117.4

주 : * 1882년에 숙궁이나 서원의 수입이 없는 것은 해당 직책이 1860년대에 소멸되었기 때문이다.
출처 : 『수진궁차하책』(奎 19102)에 혼입되어 있는 『신묘향미책(辛卯鄕味冊)』(제41책), 『임오향미책(壬午鄕味冊)』(제31책).

는 세찬(歲饌)을 지급받았다.[7] 삭료는 대개 쌀[米]로, 의자는 포목(布木)으로, 세찬은 쌀과 누룩[麴子]으로 지급되었는데, 각각의 품목들은 때에 따라 대전(代錢)하여 동전으로 지급되기도 하였다.[8] 〈표 7-2〉의 향미액 중 1831년과 비교하기 위해, 인접한 연도인 1834년의 급여 ─삭료·의자·세찬─정보를 살펴보면(〈표 7-9〉 참조), 내인의 연간 삭료는 쌀 73.2말(=6.1말×12개월), 의자는 무명 4.2필(=2.1필×상·하반기), 세찬은 쌀 2.5말이었고, 고지기의 삭료는 쌀 96말(=8말×12개월), 의자는 무명 4필(=2필×상·하반기), 세찬은 쌀 4말이었다. 즉 각 궁속은 삭료, 의자, 세찬이라는 공식적 급여 성격의 수입보다도 훨씬 많은 양의 수입을 향미를 통해 확보하고 있었던 것이다.[9]

요컨대, 향미의 분배는 임의적인 것이 아니었고 일정한 분배율에 의해 사실상 공식화되어 있었다. 궁속들은 향미에 대하여 일종의 지분권과 같이 당연한 것으로 인식하고 있었다. 또한 이들의 수입에 있어서 삭료보다 더 큰 비중을 차지하고 있었던 것이 바로 향미였던 것이다. 즉 이 장에서는 원고의 수입과 지출 장부인 『수진궁받자책』과 『수진궁차하책』의 분석만으로 수진궁의 재정을 논하겠지만, 원고의 장부에 기입되지 않은 향미의 존재까지 고려한다면, 궁의 재정 운영 규모는 원고의 물자 출입량보다 약 2배가량에 이르는 것으로 평가할 수 있다.

---

7 궁속이 받은 향미(鄕味)에 관한 정보는 『수진궁차하책』에 수록되어 있지 않다.
8 모든 궁속이 이 같은 3종의 급여를 지급받은 것은 아니다. 예를 들어, 능라장(綾羅匠)이나 구아기[舊阿只]에게는 의자와 세찬이 지급되지 않고 삭료만 지급되었는가 하면, 마름[舍音]이나 산지기[山直]에게는 세찬이 지급되지 않고 의자와 삭료만 지급되었다. 나머지 궁속들에 대해서는 대체로 삭료, 의자, 세찬이 모두 지급되었다.
9 이는 삭료·의자·세찬의 3종만으로 궁속의 임금에 관한 분석을 진행하기는 어려움을 의미한다. 3종의 급여는 노동에 대한 보수라기보다는 상징적 의미의 연례적 지급이라는 성향을 강하게 가지고 있었다. 제실채무 정리과정에서의 미하금 청구에서도 삭료 등 3종보다는 향미가 중요시되고 있다.

2) 품목별 단가 및 가격지수의 확보

'3책'에 기재된 품목들은 동전(錢文)을 포함하여 40여 종에 이를 정도로 다양하다. 따라서 재정의 규모나 구조를 파악하고 시기별 변동 양상을 살피기 위해서는 수입, 지출, 시재를 단일한 품목으로 환산하여 집계할 필요가 있다. 동전 또는 쌀(米)이 유력한 후보가 될 수 있는데, 이 장에서는 동전으로 환산하는 방식을 택했다.[10]

동전으로의 환산을 위해서는 각 품목의 단가(單價) 정보가 필요하다. 기존 연구에서는 기준 연도의 단가 또는 대전가(代錢價) — 공식 교환비율 — 를 전체 연도에 대해 일괄적으로 적용하는 방식을 채택하였으며 (박석윤 · 박석인 1988; 박이택 2004; 2005), 이는 서울의 가격 시계열을 확보할 수 없다는 한계로 인해 부득이한 것이었다. 하지만 이러한 방식을 채택할 경우 분석 결과의 신뢰도가 떨어지게 되는데, 동전으로 환산하여 집계한 명목액을 실질액으로 환산하는 과정에서 문제가 발생하기 때문이다. 기준 연도의 단가나 대전가로 동전 이외의 품목들의 수량을 동전으로 환산하여 원래의 동전과 합산하는 경우, 원래의 동전은 화폐요인이 개재된 명목액으로 남지만 원래 동전이 아니었던 품목은 화폐요인이 제거된 실질액이 된다. 원래의 동전 비중이 더 큰 경우, 두 가지가 합산된 혼합 지표는 명목액으로 볼 수밖에 없는데, 인플레이션이 진행된 상황에서 시기별로 비교하기 위해서는 이를 다시 디플레이트하

---

10 쌀이 아닌 동전으로 환산한 이유는 세 가지이다. 첫째, '3책'에 기재된 품목들 중에서 가장 빈번하게 등장하는 것이 동전이다. 둘째, 동전으로 환산하든 쌀로 환산하든 집계액에서 동전이 차지하는 비중이 가장 크다. 셋째, 수진궁이 물품을 구매하고 지급한 결제수단은 거의 모두 동전이고, 쌀로 결제한 사례는 소소하다. 따라서 쌀로 표시된 가격보다 동전으로 표시된 가격 정보가 훨씬 풍부하다.

여 실질액으로 환산하는 과정을 거쳐야 한다. 이때 기존의 비화폐 항목, 즉 원래 동전이 아니었던 품목의 실질액은 동전의 실질액에 비해 과소평가된다.

따라서 이 장에서는 그러한 맹점을 극복하기 위하여, 완벽하지는 않겠지만 기준 연도의 단가나 대전가가 아닌 당해 연도의 시가(時價)를 이용한 환산을 시도하였다. 엄밀히 말하자면 시가라기보다는 무역가(貿易價)라고 표현하는 편이 더 정확하다. 품목별 가격 정보는 『수진궁회계책』에서는 보이지 않고 『수진궁받자책』과 『수진궁차하책』에서 검출되는데, 『수진궁받자책』에서는 발매가(發賣價)나 대전가(代錢價)만 확보되지만, 『수진궁차하책』에서는 대전가와 무역가를 모두 얻을 수 있다는 점에 착안한 것이다.

하지만 차하책에 나타난 표현만으로는 대전가와 무역가의 구별이 용이하지 않다. 차하책에 기재된 가격 정보는 기재 양식에 따라서 크게 세 가지로 구분할 수 있다. 이를 테면, 찹쌀[粘米] 1섬[石]을 구입하기 위해 또는 찹쌀 1섬을 대신하여 그에 상당하는 동전을 지출한 경우, 그 항목을 ① "찹쌀 1섬 무역가[粘米1石貿易價]", ② "찹쌀 1섬 대[粘米1石代]", ③ "찹쌀 1섬 값[粘米1石價]"의 세 가지 표현으로 적고 있다.[11] ①은 시장에서의 거래를 통해 구입된 가격[貿易價]을, ②는 공식 교환비율에 의해 지정된 가격[代錢價]를 뜻한다. 하지만 ③의 경우에는 표현만으로는 무역가인지 대전가인지 구별할 수 없다. 따라서 차하책의 내용을 연도별, 지출 항목별로 주의 깊게 비교함으로써 ③이 가리키는 가격이 어떤 성격

---

11 "○○소입(所入)"이나 "○○차(次)" 등으로 표기된 사례 중의 일부에 있어서 단가 정보를 추출할 수 있는 경우도 존재한다. 하지만 대체로 위와 같은 세 가지로 범주화할 수 있다.

의 것인지를 판단해야만 한다.[12] 즉 단순히 기재상의 표현이나 양식만으로는 그 가격의 성격을 파악할 수 없으며, 지출의 구체적인 내역과 함께 검토할 필요가 있는 것이다.[13]

이 장에서는 지출 내역을 검토하여 대전가임이 확실하다고 판정되는 경우를 제외한 나머지 모든 가격을 무역가로 보았다. 무역가를 곧 시가(市價)로 판정할 수 있느냐 하는 문제도 있지만,[14] 이 장에서와 같이 시장 상황의 분석에 초점을 맞추는 것이 아닌 경우에는 그다지 영향을 주지 않을 것이다. 오히려 당해 연도 장부상의 수량을 당해 연도 장부상의 무역가(時價)를 이용하여 명목액으로 환산한다는 점에서 정합적이다. 무역가를 이용한 환산을 통한 재정 규모의 시기별 비교를 행하고자, 분석 대상 연도별로 각 품목별 연평균 단가를 추출하여 정리하면 〈표 7-3〉과 같다.[15] 〈표 7-3〉에서 무역가 정보가 존재하지 않는 경우에는 부득이하게 대전가를 적용하였고, 아예 가격 정보가 존재하지 않는

---

12 동일한 지출 내역임에도 불구하고 기타의 모든 연도에 대해서 "○○대(代)"라고 표현하고 있는데, 특정 연도에서만 "○○가(價)"라고 표현하였다면, 이는 사실상 대전가에 해당하는 것으로 판단해도 무리가 없을 것이다. 몇 가지 예만 들어 보면, "식승 3말값[食升三斗價]"이 "식승 3말대[食升三斗代]"를, "소금 1섬값[塩一石價]"이 "소금 1섬대[塩一石代]"를, "누룩 2동 8원값[麴子二同八圓價]"이 "누룩 2동 8원대[麴子二同八圓代]"를, "삼베 38필값[布三十八疋價]"이 "삼베 38필대[布三十八疋代]"를 가리키는 경우가 발견된다.

13 이는 차하책에서 지출 내역의 검토 없이 표현에만 의거하여 단순히 추출한 자료로 가격 시계열을 구성하였을 때 심각한 오류가 발생할 수 있음을 의미한다.

14 궁방이 지급한 무역가가 서울에서 일반적으로 통용된 시장가격인지의 여부는 별도의 연구 대상이다.

15 19세기 후반으로 갈수록 지급 수단이 동전으로 수렴하는 경향이 있기 때문에, 시기가 이를수록 연평균 가격을 산출하는 과정에서 이용되는 항목의 수가 적은 경우가 많다. 따라서 월별, 계절별 변동(seasonal variation)이 존재하는 곡물 가격의 경우에, 특정 달의 값이 연평균 가격을 대표할 수밖에 없는 경우가 발생한다. 하지만 이 장에서와 같은 100년의 장기를 대상으로 한 10년 단위의 분석에서는 — 장기의 가격 변동폭이 크다면 — 월별·계절별 변동폭이 미치는 영향은 극히 적다고 볼 수 있다.

〈표 7-3〉『수진궁차하책』에서 추출한 품목별 연평균 단가(단위 : 兩)

품목	단위	연도									
		1814	1826	1834	1844	1854	1863	1874	1884	1894	1904
벼[租]	1섬[石]	2.0	2.0‡	2.0*†	2.0*†	2.0†	2.0†	2.0†	2.0†	2.0†‡	2.0†‡
쌀米·白米	1섬[石]	10.0	5.0*	10.5	4.5	6.5*	14.3	15.2	43.5	122.5	117.7
찹쌀粘米	1섬[石]	11.4	8.7	13.3*	10.8*	8.9	13.0*	17.4	50.1	169.8	108.3
밀가루[眞末]	1섬[石]	7.5	7.0	15.0	11.0	5.6	9.5	12.9	23.1	120.0	61.8
겉보리[皮牟·皮稷]	1섬[石]	1.0	1.0‡	1.0	1.0	1.0	1.0	1.0	1.0	1.0‡	1.0‡
누룩[麴子]	1동(同)	1.0	1.0‡	1.0	1.0	1.0	1.0	1.0	1.0	1.0‡	n/a
콩太·靑太·黃太	1섬[石]	4.7	3.9	6.5	4.1	4.7	7.2	7.9	20.6	101.3	63.8
붉은팥赤豆	1섬[石]	5.9	7.2	12.1	5.9	6.1	10.3	15.1	34.3	130.3	70.5
녹두(菉豆)	1섬[石]	7.0	5.7*	13.5*	6.3	6.0	10.3	14.2	37.8	144.8	87.2
검은팥黑豆	1섬[石]	7.5	4.7	7.5	6.0	6.2	8.2	15.1	34.3	121.3	71.9
메주燻造	1섬[石]	n/a	5.5*	n/a	n/a	5.0‡	5.0*	5.5‡	5.5*	70.0‡	42.0
들깨(荏子)	1섬[石]	9.1	9.6	19.4	17.2	18.0	15.9	33.9	86.4	164.3	145.7
곶감乾柿	1첩(貼)	1.2	1.0	1.2	1.2	1.1	1.8	1.7*	5.0	24.7	8.0
배[生梨]	1첩(貼)	11.9	10.9	14.3	18.3	14.5	16.8	27.1	26.3	80.0	109.5
실백잣[實柏子]	1섬[石]	90.0	90.0	90.0	90.0	90.0	90.0	90.0	186.6	487.5	296.3
잇꽃[紅花]	1근(斤)	1.5*	1.2	1.2‡	1.2‡	2.2*	2.2‡	2.2‡	2.2‡	n/a	n/a
소금[塩]	1섬[石]	2.8	2.5	2.3	3.3	3.0	3.0	3.5	2.3	30.0	21.3
무명[木]	1필(疋)	2.2	2.0†	2.2	2.4	2.0†	2.0†	2.0†‡	2.0†‡	2.0†‡	10.0
비단[紬·白紬]	1필(疋)	6.5	6.5	6.8	8.0	7.4	7.0	n/a	n/a	n/a	n/a
베[布]	1필(疋)	2.2	1.7	2.1	1.5†	1.6	2.2	1.5†	1.5†	30.0‡	19.5*
목화솜(去核)棉花	1근(斤)	1.1	0.7	1.3	1.0	1.1	1.2*	2.2	1.8*	30.0‡	n/a
돈후지(敦厚紙)	10권(卷)	15.0	20.0*	30.0	30.0	23.0	24.0	40.0‡	120.0‡	210.0‡	150.0‡
백지(白紙)	10권(卷)	8.0	8.0	10.0	11.7	2.0	2.5*	4.3	12.8*	21.1	15.5
상지(常紙)	10권(卷)	2.5	2.5*	2.5	3.3	3.0*	n/a	n/a	n/a	n/a	n/a
장지(壯紙)	10권(卷)	18.5	n/a	n/a	n/a	8.7	8.3	8.0	8.0	150.0‡	98.7
백청(白淸)	1섬[石]	112.5	120.0	150.0	150.0	120.0	120.0	300.0	575.0	1500.0	750.0
청밀(淸蜜)	1섬[石]	90.0	105.0	120.0	135.0	105.0	105.0	270.0	546.7	1425.0	720.0
땔나무柴木	100동(同)	7.3‡	7.3*	7.3	7.3	7.0	7.0	12.0	13.0	50.0‡	30.0
편포片脯	10장(張)	4.5‡	4.5‡	4.5	4.5	4.0	4.0	n/a	n/a	n/a	n/a

주 : 반올림하여 소수 첫째 자리까지만 제시. 자료가 없으며 환산에 활용되지 않은 것은 'n/a'(not available)로 표시.* 인근 연도의 값으로 보삽한 것. † 대전가. ‡ 자료가 없으나 임의로 추정한 것.
출처 : 『수진궁차하책』, 각 연도.

연도에 대해서는 인근 연도의 가격으로 보삽하거나 임의로 추정(rule of thumb)했다.16

---

16 결락된 가격정보의 보삽은 선형 보간(線形補間; interpolation)을 기본으로 하였으며, 임의로 추정한 경우에는 동일 상품이 아니라고 하더라도 동종의 상품 가격이 존재하는 경우에 해당 상품의 추세를 적용하는 방식을 택하였다. 또한 대전가 또는 무역가

각 연도별로 수입이나 지출의 구성을 살필 때에는 집계한 명목액을 그대로 이용해도 좋겠지만, 시기별 변화를 관찰하고 비교하기 위해서는 디플레이트를 통한 실질액 도출을 할 필요가 있고, 이를 위해서는 물가지수의 확보가 요구된다. '3책'에 기재된 여러 품목 중에서 동전을 제외하고 가장 빈번하게 등장한 쌀[米], 콩[太], 붉은팥[赤豆], 백청(白淸)에 대하여 〈표 7-3〉에 기재된 가격을 이용하여 1826년 기준의 가격지수를 계산해보면 〈표 7-4〉와 같다.

〈표 7-4〉『수진궁차하책』에서 계산한 품목별 가격지수 (1826년=100)

품목	연도								
	1826	1834	1844	1854	1863	1874	1884	1894	1904
쌀	100.0	210.0	90.0	130.0	286.0	304.0	870.0	2,450.0	2,354.0
콩	100.0	166.7	105.1	120.5	184.6	202.6	528.2	2,597.4	1,635.9
붉은팥	100.0	168.1	81.9	84.7	143.1	209.7	476.4	1,809.7	979.2
백청(꿀)	100.0	125.0	125.0	100.0	100.0	250.0	479.2	1,250.0	625.0

출처 : 〈표 7-3〉.

품목별로 가격지수의 변동폭에서 다소간의 차이가 관찰되지만, 고급의 사치품인 백청(白淸)을 제외하면, 나머지 품목의 가격지수 변동 방향은 거의 비슷하다. 특히 1884년부터 1894년까지 가격이 급등하는, 당오전(當五錢) 발행으로 인한 인플레이션도 공통적으로 관찰된다. 로그값으로 변환하여 도시한 〈그림 7-2〉를 통해 가격지수의 변화 추이가 유사함을 더욱 확연히 알 수 있다.

를 전혀 찾을 수 없는 향(香), 비웃젓[靑魚醢] 등의 몇 가지 품목들은 생략하였는데, 이들 품목이 전체 재정에서 차지하는 비중은 극히 작기 때문에 무시해도 좋을 것이다.

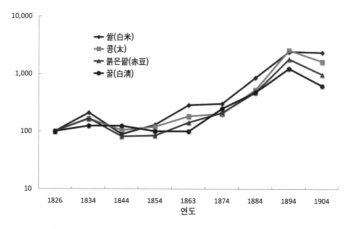

〈그림 7-2〉『수진궁차하책』에서 계산한 품목별 가격지수 (1826년=100)
주 : 상용로그(common logarithm)값임.
출처 : 〈표 7-4〉.

이러한 상황을 전제로 하여, 이 장에서는 따로 물가지수를 계산하지
않고 가장 중요한 비중을 차지한 품목인 쌀(백미)의 가격지수를 디플레이
터로 삼아 실질액 도출에 활용한다.[17] 1904년의 백미가격지수 하락폭이
다른 품목에 비하여 작지만, 뒤에서 살펴보게 되듯이 이 시기에는 동전
이외 품목의 장부상 출입이 거의 없으므로 별로 문제가 되지 않는다.

또한 〈표 7-4〉와 〈그림 7-2〉에서 1904년에 가격지수가 하락하는 것
처럼 보이는 것은 실제로 물가가 하락한 것이 아니라 화폐제도의 변화
가 반영된 것일 뿐이다. 궁방 회계장부상의 동전[錢文] 회계는 전 기간

---

17 쌀의 가격지수만을 이용하게 되면, 상품간의 상대가격 변화를 반영하지 못한다는
한계를 가질 수밖에 없다. 시기별 상대가격 변화에 대한 분석과 더불어 물가지수의
작성에 이르는 가격사(價格史) 차원의 분석은 이 장에서 본격적으로 다루지 않는다.
다만 기존의 가격사 연구에는 주로 지방의 쌀 가격을 중심으로 진행되어 왔다는 한
계가 있었고, 장기적으로 시계열이 충실한 자료를 쉽게 확보할 수 없었다는 점을 지
적해두고 싶다. 이 장에서 다룬 궁방의 무역가 정보는 일찍이 李榮薰(2005; 2010)이
소개 · 분석하였듯이 ①지방이 아닌 서울의 물가를 보여주는 장기 시계열이라는 점
과 ② 쌀뿐 아니라 다양한 재화의 가격 정보를 얻을 수 있다는 점에서 의의를 가지는
중요한 자료이다.

에 걸쳐 냥-전-푼(兩-錢-分)을 단위로 이루어졌다. 하지만 1894년 7월의 신식화폐발행장정(新式貨幣發行章程) 공포 이후에는 궁방 회계장부에 기재된 화폐의 성격이 변화하였다.[18] 신식화폐제도에서는 '5냥(兩)=1원(元)'이었으므로, 궁방 회계장부에서는 동전을 일률적으로 1/5로 조정[作元]하여 기재하였다.[19] 하지만 계량단위인 냥(兩)을 원(元)으로 바꾸어 적지 않고 구래의 냥-전-푼의 형식을 그대로 유지한 것이다.[20]

이러한 화폐 기록상의 특징을 감안하면, 1895년 이후부터 대부분의 품목에 대해서 가격이 1/5 수준으로 낮아지는 경향을 이해할 수 있다. 결국 품목에 따라 다소간의 차이가 존재하고 있기는 하지만, 1895년 이후의 장부상 가격은 모두 일률적으로 5배로 처리하여야만 이전 시기와의 일관성이 유지된다. 이 장에서는 이점을 감안하여 1904년에 있어서 〈표 7-3〉의 단가와 〈표 7-4〉의 가격지수에 대해 일률적으로 5를 곱하여 분석에 활용한다.

---

18 신식화폐발행장정 시행 이후 서울에서 유통된 화폐는 구엽전(舊葉錢) — 상평통보(常平通寶) 당일전(當一錢)·당오전(當五錢) 등 — 과 신엽전(新葉錢) — 백동화(白銅貨) 등 엽전(葉錢) — 의 두 가지로 구성되어 있었으며, 궁방의 동전 수입과 지출 역시 이들 두 가지 화폐로 이루어졌다. 일례로, 내수사의 회계책 초본(草本)에서는 동전[錢文]의 시재(時在)를 기재하면서 엽전(葉錢)과 당오전(當五錢)으로 구분하였고, 이들 사이의 환산율(換算率)을 적용하여 일률적으로 통일하고 있다.

19 이러한 정황은 『수진궁받자책』 제70책(奎 19031-70)에 기록되어 있는 "남원의 전답에서 상납한 돈을 5배로 환산한 것[南原畓上納錢 5倍 加計條]"이라는 표현에서도 확인된다. 또한 이 책의 제2장에서 소개한 『각궁방절수무토면세결총수』에서의 '작원(作元)'을 상기하라.

20 제실채무 정리과정에서 일본인들이 조사한 내역에서도 신식화폐이지만 냥-전-푼으로 표시된 장부상의 가액에 대하여 단순히 10으로 나눔으로써 1905년 화폐정리사업(貨幣整理事業) 이후의 엔(円)으로 환산하고 있다. 이를 궁방의 물자조달에 관계한 당대의 모든 상인(商人)이나 궁속(宮屬)이 그대로 받아들이고 있었음은 1894년 이후 궁방 회계장부에서의 화폐 기재방식이 본문에서 주장하는 바와 같았음을 뒷받침한다.

4. 재정 위기의 양상

　수진궁의 재정운영 규모가 어느 정도였으며, 어떻게 변동하였는지, 즉 재정운영의 양적 변화를 살펴보기에 앞서 질적 변화를 먼저 검토해보자. 수진궁 재정운영의 성격과 그 변화 양상은 궁속(宮屬)의 구성과 인원수 변동을 통해 일정 정도 파악이 가능하다. 차하책에 수록된 궁속에 대한 정기적인 급여 지급 내역을 활용하여 인원 변동을 추정해보도록 하자.[21] 분석 대상이 되는 각 연도별로 삭료·의자·세찬이 지급된 궁속의 수를 정리하면 〈표 7-5〉와 같다.

　구성원수의 변동 상황을 통해 관찰되는 사실들은 다음과 같다. 우선, 수진궁 구성원의 총계는 1863년을 제외하고는 114~129명 사이에서 전체 시기에 걸쳐 큰 변화가 관찰되지 않는다. 즉 수진궁의 운영 규모가 증감했다거나 업무가 과중해졌다거나 하는 일은 그다지 없었던 것 같다. 다음으로, 1863년을 전후로 하여 일련의 변화가 관찰된다. 내인(內人)의 수가 10~11명에서 7~8명으로 감소하고 있으며,[22] 숙궁(稤宮)과 서원(書員)이라는 직책이 사라지는 대신에 장무(掌務)가 증원된다. 그리고 각 묘소(墓所)의 마름[舍音]이 더 이상 보이지 않는다. 이러한 인원 구성의 변화는 수진궁의 제사 업무가 분리되어 별도의 회계로 관리되기 시작하였기 때문이다(이 책의 보론 참조). 요컨대, 원고를 기준으로

21　급여를 정기적으로 지급받은 사람들이 실제로 수진궁의 업무를 담당한 궁속들이라고 할 수 있으며, 이들의 규모와 구성이 곧 수진궁의 성격 변화를 살피는 주요한 지표가 된다. 다만 차하책에서는 개별 궁속의 실명 등 구체적 인적 사항은 확인되지 않는다.
22　단지 인원수만 감소하는 것이 아니라 기재상의 명칭도 "사당 내인(祠堂內人)"에서 "궁 내인(宮內人)"으로 변화한다.

〈표 7-5〉 수진궁 궁속의 인원수

직책	연도									
	1814	1826	1834	1844	1854	1863	1874	1884	1894	1904
내인(內人)	10	10	11	11	11	14	8*	7*	7*	7*
소차지(小次知)	1	1	1	1	1	1	1	1	1	1
장무(掌務)	9	8	11	12	17	25(11)	27*	28*	29*	25*
숙궁(稤宮)	5	6	6	5	4	1(1)	*	*	*	*
서원(書員)	1	1	2	2			*	*	*	*
소계	26	26	31	31	33	41	36	36	37	33
고지기 이하 노자[庫直以下奴子]	47	47	47	51	52	52	48	49	50	48
본방노자(本房奴子)		1	1	1	2	2	3	2	2	2
개장노자(盖匠奴子)			1	1	1	1		1	1	1
목수노자(木手奴子)			1	1	1	1	1	1	1	1
이장노자(泥匠奴子)								1	1	1
색장노자(色掌奴子)						1		2(2)	2(2)	2(2)
비자(婢子)	15	15	15	15	15	15	15	15	14	14
본방비자(本房婢子)	2	2			1	1	2	2	2	2
청지기[廳直]	1	1	1	1	1	1	1	1	1	1
능라장(綾羅匠)			1	2	2	2	1	2	2	
구아기[舊阿只]			1	1	1	1	1	1	1	
숙수(熟手)	4	4	4	4	5	7(2)	5	5	5	6(1)
소계	69	70	70	76	80	84	76	82	81	78
각 묘소 마름[各墓所舍音]	8	9	9	9	8	10	*	*	*	*
쇠곶이벌지기[鐵串坪直]	3	3								
두모포마름[豆毛浦舍音]	1	1	1	1	1	1	1	1	1	1
삼봉산 시장 산지기[三峰山柴場山直]	2	2	2	2	2	2	2	3	2	
양근 시장 마름[陽根柴場舍音]	1	1	1	1	1	1	1	1	1	
양근 시장 산지기[陽根柴場山直]	4	4	4	4	4	4	4	4	4	4
소계	19	20	17	17	16	18	8	9	8	5
총계	114	116	118	124	129	143	120	127	126	116

주 : 괄호 속의 숫자는 전체 인원 중 가출(加出) ― 해당 연도에 추가로 임명 ― 의 수를 가리킴. * 1870년대에 나타나는 구조적인 변화로서, 본문에서 설명함.
출처 : 『수진궁차하책』, 각 연도.

수진궁의 고유 업무인 제사 기능은 사라졌으나, 재정운영의 규모에는 큰 변화가 없었던 것이다.

고종대에는 수진궁의 제궁으로서의 성격이 원고의 회계에서 소멸됨과 동시에 주요한 수입원인 면세결이 감소된다. 〈그림 7-1〉을 통해 알수 있듯이 1870년대가 되면 이전 시기에 비해 약 450결 수준의 면세결이 수진궁의 몫으로부터 떨어져 나가게 된다. 이는 대원군의 궁방전 개혁으로 인한 면세결 재편의 결과로 해석된다(이 책의 제2장 참조). 본래 수진궁의 면세결이 여타 궁방에 비해 많았던 것은 사판(祠版)의 봉안(奉安)과 제향(祭享) 업무로 인한 것인데, 이 기능이 사라지게 되자 일정한 감축이 있었던 것이다.[23]

이상과 같은 수진궁의 성격 변화와 면세결수 변화를 염두에 두고, 재정운영의 규모 변화를 살펴보도록 하자. 수진궁 재정의 규모는 수입액과 지출액의 변동 상황을 통해 확인되며, 회계책을 이용하여 연간의 수입액과 지출액을 집계하면 〈그림 7-3〉, 〈그림 7-4〉와 같다.

우선 〈그림 7-3〉과 〈그림 7-4〉의 명목액(①)을 보면, 수입과 지출에서 공통적으로 1863년까지는 안정적인 수준을 유지하다가 1874년부터 증가추세를 보이게 되는데, 1904년이 되면 급격히 증가하여 수입액은 135만 냥, 지출액은 170만 냥에까지 이르게 된다. 하지만 이는 인플레이션이 반영되었기 때문이므로, 이를 통해 재정 운영의 팽창을 논하기는 힘들다. 왜냐하면 화폐요인을 제거한 실질액(②)으로 보면 재정규모의 일관된 팽창 추세가 보이지 않기 때문이다. 명목액 증가 시점인 1863년 이전에는 1844~63년간 실질액의 감소가 관찰되지만, 1874년에 다시 급상승하였다가 1874~94년간 다시 감소하는 추세를 보이고

---

23 수진궁 면세결의 감소분이 호조로 환속되었는지에 대해서는 보다 자세한 검토가 필요하겠지만, 〈그림 7-1〉에서의 명례궁 면세결이 증대된 것과 관련하여 해석할 수 있다. 이 책의 제2장에서 살펴보았듯이 고종대에 들어 명례궁이 중궁전의 내탕으로 역할하게 되면서 재산의 규모가 팽창하였는데, 그 과정에서 수진궁 등의 궁방에서 결수를 재편하여 환수한 면세결을 명례궁에 지급하였을 가능성이 높다.

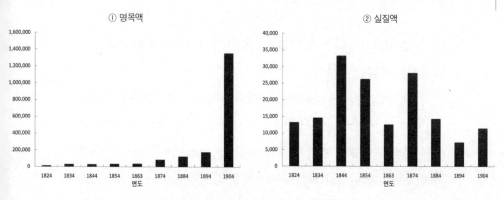

〈그림 7-3〉 수진궁의 연간 수입액(단위 : 兩)
출처 : 『수진궁회계책』.

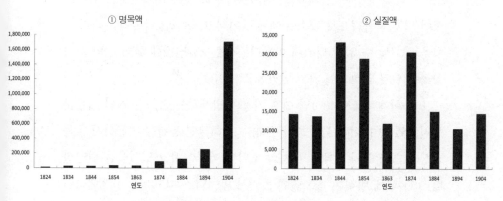

〈그림 7-4〉 수진궁의 연간 지출액(단위 : 兩)
출처 : 『수진궁회계책』.

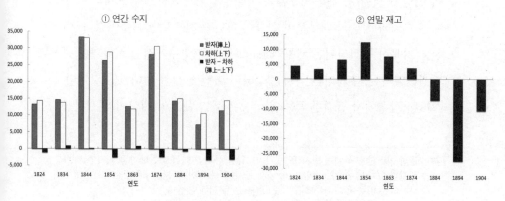

〈그림 7-5〉 수진궁의 연간 수지와 연말 재고 (실질액)(단위 : 兩)
출처 : 『수진궁회계책』.

있다. 즉 연간 재정규모의 변동으로부터 장기적으로 일관된 추세를 찾아내기는 어렵다.

하지만 재정수지에 있어서는 사정이 달랐다. 〈그림 7-5〉는 수진궁의 연간수지와 연말재고를 실질액으로 계산해 본 것이다. 수입액과 지출액의 차액을 비교한 연간 수지를 보면(①), 1863년까지는 적자와 흑자가 번갈아 나타나지만 1874년 이후에는 정도의 차이는 있으나 일관되게 적자만이 나타나고 있다. 이러한 연간수지의 누적 결과가 연말 재고에서의 가용(加用) 증대이다. 즉 연말 재고(②)는 1854년을 정점으로 하여 이후 지속적으로 감소 추세에 들어서고, 1884년 이후에는 적자 상황을 벗어날 수 없게 되기에 이른다. 이는 1880년대에 들어 궁의 재정상황이 날로 악화되어 가고 있었음을 보여 준다.[24]

또한 회계책에서 1874년 이후 가용이 발생하는 품목은 거의 대부분 동전이었으며, 이는 물품을 구매하고 그 대금인 동전을 지급하지 않는 외상(外上) 거래의 형태로 물자의 조달이 이루어지고 있었음을 반영한다. 1894년에 비하여 1904년에 들어서 마이너스 재고[加用]의 절대값이 작아지고 있는데, 이는 대금의 결제율이 높아졌다기보다는 화폐요인이 반영된 것이다. 뒤의 〈그림 7-7〉에서 살펴보겠지만 갑오개혁 이후에는 수입과 지출의 대부분이 실물이 아닌 동전으로만 이루어졌다. 이전 시기부터 누적되어온 채무액[加用額]에 더하여 추가적인 적자가 매년 발생하였지만, 추가되는 적자는 실물이 아닌 동전의 형태였던 것이다. 그러한 상황에서 급격한 물가의 상승은 실질 재고의 개선이라는 결과

---

24 물론 이러한 분석에는 별치(또는 외치), 금융 등의 변화를 고찰해야 하겠지만, 뒤에 제시한 〈그림 7-8〉과 〈그림 7-10〉에서 볼 수 있듯이 전체 수입이나 지출에서 금융이 차지하는 비중이 미미하였음을 고려한다면 무시해도 좋다.

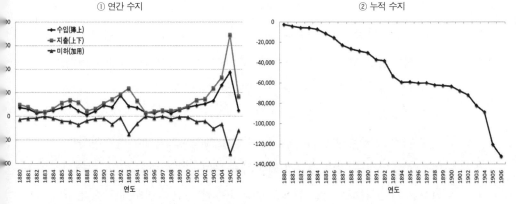

〈그림 7-6〉 1880~1906년간 수진궁의 수지(명목액)(단위 : 円)
출처 : 『불명문권(不明文券)』, 「각궁각사차하전미지발조사서[各宮各司上下錢未支撥調査書]」, 『수진궁미하금청구(壽進宮未下金請求)』.

를 낳았다.[25]

1880년대 이후의 재정위기 상황이 얼마나 심각한 것이었는지 확인하기 위해 제실채무 정리과정에서의 기록을 추가로 살펴보도록 하자. 1880년부터 1906년에 이르기까지 27년에 걸쳐 연도별로 집계된 수입과 지출 및 마이너스 재고는 〈그림 7-6〉의 ①과 같다. 수입보다 지출이 적었던 경우는 1895년과 1897년의 2개 연도에 불과하고 흑자액의 수준도 인근 연도와 비교해 볼 때 상당히 미미한 수준이다. 나머지 25개 연도에 있어서는 일관되게 적자 상황을 벗어날 수 없었다. 전체 연도에 대해 살펴보면 수진궁 재정의 명목규모가 팽창한 시기에 가용의 규모도 동시에 팽창하는 양상을 보인다.

요컨대, 1880년대부터 수진궁의 재정은 구조적 적자 상황을 면할 수 없는 지경에 이르렀다. 이와 같은 적자의 누적은 재고의 일관된 감소라는 결과를 낳았고, 악화 일로의 마이너스 재고는 외상 구매가 계속적

---

25 뒤에서 설명하듯이 인플레이션으로 인해 감소된 채무자 — 왕실 — 의 부담은 결국 채권자 — 궁속 및 상인 — 에게 고스란히 전가될 수밖에 없었다.

으로 증대되었음을 의미한다. 수진궁의 연말 재고에 준하는 연간 수지의 누적액을 1880~1906년간에 대해 도시한 것이 〈그림 7-6〉의 ②이다. 가용액의 누적 속도는 1894~1897년간에 다소 둔화되었다가 1900년 이후 급증하는 양상이 관찰된다.[26]

한 가지 부연설명을 하자면, 〈그림 7-3〉에서 〈그림 7-6〉까지의 수지 변동에 있어서 수입의 증감과 지출의 증감이 동조화하고 있다. 이러한 현상은 기본적으로 궁방의 재정 운영이 수입 측면의 변화에 강하게 규정되어 있었음을 반영한다. 결국 궁방 자체의 재원이 얼마나 큰 비중을 차지하고 있었는지가 재정 운영의 안정성을 대변하게 된다. 이와 관련하여 절을 바꾸어 살펴보기로 하자.

5. 재정 위기의 원인

1) 수입 구성의 변동

수진궁 재정 위기의 원인은 어디에 있었던 것일까? 이를 구명하기 위해 수입과 지출의 구성과 변동 상황을 검토해 보도록 하자. 우선 회

---

26 〈그림 7-6〉과 관련된 논의에서 활용한 「각궁각사차하전미지발조사서」는 앞에서 논의한 화폐제도의 변화와 회계장부 기재의 특질을 파악하지 못한 상황에서 집계된 것으로 보인다. 즉 〈그림 7-6〉의 ①에서 갑오개혁 이후에 재정규모가 감소하는 것처럼 보이는 것이나, ②에서 1900년 이후에 가용액의 누적속도가 급격히 빨라진 것처럼 보이는 것은 화폐 요인이 개재된 것에 불과하다. 하지만 이 장에서 재정 수지가 적자를 벗어나지 못하였으며 외상액이 누적되고 있었음을 보여주기에는 충분하다.

계책을 활용하여 수진궁의 원고에 출입된 각 품목이 전체에서 차지한 비중을 살펴보자. 각 품목의 명목액이 당해 연도의 전체 수입량과 지출량에서 차지하는 비중을 도시하면 〈그림 7-7〉과 같다.

　40여 종에 달하는 갖가지 품목의 구성비를 8가지 분류로 묶어서 제시해 보았는데, 동전[錢文], 쌀[米], 콩·팥[豆類]의 순으로 비중이 높았다. 대개는 동전과 쌀이며, 그중에서도 동전의 비중이 높았음이 확인된다. 동전은 1894년 시점까지 절반가량의 비중을 차지하고 있다가 1904년에 들어서면 거의 전체를 차지하고 있다. 19세기 전체에 걸쳐 동전의 비중이 증가하는 추세는 보이지 않으며, 갑오개혁 이후에 재정 운영의 기본 수단이 동전으로 급격히 일원화되었다고 볼 수 있다. 이는 갑오승총으로 인한 무토(無土)의 호조 환수가 실물 단위의 재원 확보에 어려움을 준 것임을 시사함과 동시에, 갑오개혁 이전까지 수진궁 재정의 출입에서 동전이라는 화폐 형태의 거래가 압도적이지는 않았음을 의미한다. 또 수입의 품목 구성과 지출의 품목 구성이 비슷한 패턴으로 증

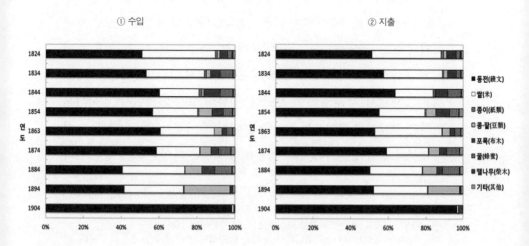

〈그림 7-7〉 수진궁 수입과 지출의 품목별 구성
출처 : 『수진궁회계책』.

감하고 있음이 확인된다. 이는 지출 품목의 구성비 변화가 수입 품목의 그것에 의존하고 있을 뿐임을 보여준다.

수진궁 재정 수입이 원천에 따라 어떻게 구성되어 있었는지를 확인하기 위해서는 받자책을 활용할 필요가 있다. 받자책에 수록된 모든 수입 내역은 원천별로 다음과 같이 유형화할 수 있다. 첫째, '전답', 즉 궁방전으로부터의 수입이다. 대부분 동전 또는 쌀로 이루어져 있으나, 포목, 종이, 소금 등도 일부 포함되어 있다. 둘째, 왕실이 내리는 하사금, 즉 '내하(內下)'이다. 내하는 거의 모두가 동전인데, 부정기적이지만 대개 2만 냥 수준에서 많게는 5만 냥에 이르기도 했다. 셋째, '선혜청납(宣惠廳納)', '호조납(戶曹納)', '군자감납(軍資監納)' 등으로 표현되는 것 — 편의상 '직납(直納)'으로 약칭한다 — 으로서, 중앙의 재정기관들이 왕실에 대한 공상(供上)을 직접 수진궁에 지급한 것이다. '탄일 진헌(誕日進獻)', '삭선(朔膳)' 등의 명목이 부기되고 있는 것으로 보아 특별한 경우에 임시적으로 행해졌던 것으로 보인다. 넷째, 타 기관으로부터 '이전(移轉)'받은 것이다. '내수사래(內需司來)', '용동궁래(龍洞宮來)' 등 다른 궁방으로부터의 이전 수입, '별치 이래(別置以來)'와 같이 수진궁이지만 원고 이외의 곳으로부터의 수입, '궁내부래 결전(宮內府來結錢)' 등을 모두 여기에 분류하였다.[27] 다섯째, 일부 연도에 있어서 다른 기관으로부터 빌려온 것으로서 '무래(貿來)'가 보인다. 일종의 금융 거래이지만, 어디서 빌려온 것인지에 대해서는 파악할 수 없다.[28] 여섯째, '무역(貿易)', 즉 시장에서의 구입 항목이다.[29] 무역의 대상 품목은 다양한데, 상황에 따라

---

27 '영온옹주방(永溫翁主房)' 등으로부터의 '제수(祭需)' 항목을 제외하면, '직납'과는 달리 명목 등 특수 목적이 기재되지 않고 있다.

28 다만 "이자를 갖추어 되갚았음[具邊還報]"이 차하책에 기재되었다.

29 이 책의 제3장에서 살펴보았듯이 무역은 받자책과 차하책에 동시에 기재된다. 즉

현물 수입에서 부족분이 생길 때 보충하는 형식이다. 이외에 기타 항목으로서 건민어(乾民魚), 새우[白蝦] 등의 진상품(進上品)이나 용정(舂精), 마말(磨末), 포백[曝白] 등의 서비스 대금이 있다.

　이상의 각 유형이 전체 수입에서 차지하는 비중을 도시하면 〈그림 7-8〉과 같다. 1824년에 주로 전답으로부터의 수입을 중심으로 재정운영이 이루어졌다면, 이후에는 직납, 이전 등의 비중도 늘어나게 된다. 전답으로부터의 수입은 1874년과 1904년에 급감하는데, 각각 고종대의 면세결총 감소(〈그림 7-1〉), 갑오승총에 의한 무토의 호조 환수가 그 원인이다. 1870년대부터 전답으로부터의 수입이 차지하는 비중이 줄어들었음은 수진궁의 재정자립도가 낮아졌음을 의미한다.[30] 직납이나

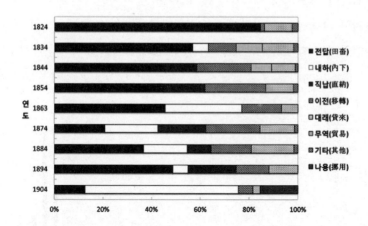

〈그림 7-8〉 수진궁 수입의 원천별 구성
출처 : 『수진궁받자책』.

시장에서 물품을 구입하여 입고한 경우 동전의 지출은 차하책에, 입고된 물품은 받자책에 기재되는 형식이다.

30　이 책의 제2장에서 살펴본 궁방 면세결에 대한 대원군의 개혁 목적은 정부재정의 건실화에 있었으므로, 왕실재정 쪽에서 본다면 내탕의 재원 축소로 귀결될 수밖에 없었던 것이다.

이전 수입의 비중도 감소하는 추세인데, 이는 재정의 궁핍화가 비단 수진궁만이 아니라 여타 궁방에 있어서 마찬가지로 진행되고 있었음을 시사하며, 각 아문의 적자로 인한 재고 감소(박석윤·박석인 1988)와 맥락을 같이 하는 것이다. 또한 수진궁 별치(또는 외치)의 재고도 바닥났음을 간접적으로 보여준다.

그리고 이전 시기와 달리 1863년부터 내하의 비중이 커지며 상시화(常時化)됨이 확인된다. 특히 1904년이 되면 절반 이상의 수입이 내하를 통해 이루어졌다. 실상 수진궁 재정의 위기가 도래하는 1874년 이후에는 연간 수회에 걸쳐 내하가 이루어졌으며, 그 규모도 증가하는 양상이었다. 재정위기가 도래하였을 때 왕실의 내하가 수진궁 재정의 운영에 있어서 중요한 비중을 점하게 되었고 또한 상시화되고 있었음은 제실채무 정리당국에서 1880~1906년간의 내하를 연도별로 집계한 〈그림 7-9〉를 통해 재확인할 수 있다. 27개 연도 중에서 1882년과 1896년을 제외한 대다수의

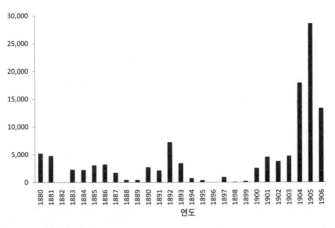

〈그림 7-9〉 수진궁의 연도별 내하금 (명목액) (단위 : 円)
출처 : 『수진궁미하금청구』, '수진궁 각년 내하금 조사표[壽進宮各年(自庚辰至丙午二十七年間)內下金調査表]'.

연도에 있어서 정도의 차이는 있으나 매년 내하가 이루어지고 있었다.

제실채무 정리당국이 조사한 1900~1906년간 내수사 및 각궁의 내하금 내역을 종합한 〈표 7-6〉에 의하면, 내하금 지급의 상시화가 수진궁만의 특수한 사정이 아니라 모든 궁방에 대해 공통적 현상이었음을 알 수 있다.[31]

〈표 7-6〉 1900~06년간 내수사 및 각궁의 내하금 조사표(단위 : 円)

연도	내수사	수진궁	명례궁*	어의궁	용동궁	경우궁	육상궁	계
1900(庚子)	430.00	2,562.46	25,526.00	2,120.00	300.00	200.00	200.00	31,338.46
1901(辛丑)	2,480.00	4,560.00	31,606.10	2,735.20	157.80	342.02	2,142.02	44,023.14
1902(壬寅)		3,800.00	23,318.20	2,297.40		60.00	120.00	29,595.60
1903(癸卯)	153.54	4,749.91	127,262.30	6,792.40		170.00	460.00	139,588.15
1904(甲辰)	4,955.16	17,925.30	125,620.51	21,065.23		50.00		169,616.20
1905(乙巳)		28,552.60	13,193.24	21,019.00		100.00	100.00	62,964.84
1906(丙午)	1,000.00	13,290.00	50,125.20	3,614.00	4,000.00	200.00	677.00	72,906.20
합계	9,018.70	75,440.27	396,651.55	59,643.23	4,457.80	1,122.02	3,699.02	550,032.59

주 : * 명례궁의 경우, 내하금 조사표가 현존하지 않으므로 『명례궁받자책[明禮宮捧上冊]』의 내하 내역 중 동전[錢文] 항목만을 집계, 엔(円)으로 환산하여 제시하였음.
출처 : 『내수사에 공급한 물품대금청구』, 『수진궁미하금청구』, 『명례궁받자책』, 『어의궁에 공급한 물품대금청구의 건(於義宮ニ供給セシ物品代金請求ノ件)』, 『용동궁에 공급한 물품대금청구의 건(龍洞宮ニ供給セシ物品代金請求ノ件)』, 『경우궁에 공급한 물품대금청구의 건(景祐宮ニ供給セシ物品代金請求ノ件)』, 『육상궁에 공급한 물품대금청구의 건(毓祥宮ニ供給セシ物品代金請求ノ件)』.

---

31 이상의 논의에서 내하의 상시화에 대한 현상적 이해는 이루어지고 있으나, 내하의 원천이 무엇인지에 대해서는 의문이 남는다. 내하의 존재는 1사4궁이라는 내탕의 영역보다도 더욱 '사적(私的)'인 왕실의 재원이 있었음을 의미한다. 예를 들어, 『명례궁차하책』, 『수진궁차하책』, 『내수사각방차하책』에서 '내하 동전의 짐꾼 품삯[內下錢(文)負持(軍)雇價]' 또는 '내하전을 옮겨온 품삯[內下錢推來雇價]' 등의 명목으로 지출된 동전의 내역이 기재되어 있다. 이는 내하전[銅錢]의 실물을 어디선가 운반해 왔으며, 그에 따른 운임을 지급하였음을 의미한다. 내하의 원천으로는 내탕고(內帑庫)가 하나의 유력한 후보가 될 수 있다. 또 하나의 후보로는 전환국(典圜局)을 들 수 있다. 전환국은 1883~1904년간에 운영된 왕실 직영의 조폐 기관(造幣機關)이었다. 왕실재정의 위기에 대한 대응의 일환으로서 화폐의 발행을 통한 내탕 운영의 보조가 이루어졌을 가능성이 있는 것이다. 만약 1880년대 이후 내하의 원천이 내탕고가 아니라 전환국이었다면, 이는 재정위기가 도래한 상황에서 실물 재원의 확보가 곤란해지자 주조차익(鑄造差益, seigniorage)을 노린 화폐발행의 방식으로 처방할 수밖에 없었던 것으로 이해할 수 있을 것이다. 이와 관련한 논의로서 李榮薰(2011)을 참조하라.

〈그림 7-8〉에서 또 한 가지 주목해야 할 것은 1904년의 '나용(挪用)', 즉 전용(轉用) 항목이다. 다른 연도에서는 보이지 않던 것이 유독 1904년에 존재하는데, 상당히 높은 수준인 15%이상의 비중을 차지하고 있다. 이는 장부상에 '재령의 향미 중에서 전용했음[載寧鄕味中挪用]'으로 표현된 '43,311냥 7전 2푼'을 가리킨다. 수진궁의 재정이 궁핍해지면서 궁속의 급여와 유사한 성격을 가지는 향미까지 궁의 수입에 보태고 있는 것이다. 즉 재정의 자립도가 낮아지게 됨에 따라 왕실 내하금으로 수입을 보충하다가 그마저 여의치 않게 되자 궁속의 급여까지 전용함으로써, 재정위기의 일부를 궁속들에게 전가하고 있었던 사정을 여실히 보여주고 있다. 향미 전용에 관한 제실채무 정리과정에서의 인식은 다음 인용문을 통해 어느 정도 알 수 있다.

　　최근 수십 년 동안 수입금은 감소되고 지출금은 증가하여, 각 해당 겸역(兼役)의 자본금이 탕진되어서 남은 돈이 없을 때에는 상민(商民)의 각 물종 값을 지급하지 못하였고, 해당 물품의 가액(價額)이 해마다 늘어나고도 어공(御供)을 때때로 계속하지 못할 경우에는 해당 궁의 대소 차지(大小次知)와 장무(掌務)가 다른 곳에서 빚을 얻어 시급한 공진(供進)에 보충하여 썼다가 재령의 토지에서 수입하는 향미액으로 해당 채무액을 보상하는 것이 연례(年例)를 이루어.[32]

　　즉 〈그림 7-3〉부터 〈그림 7-6〉까지에서 수입액의 증감과 지출액의 증감이 마치 동조화하고 있는 것처럼 보이지만, 사실상 "수입금은 감

32　『수진궁미하금청구』, '수진궁 채무액 중에 대하여[壽進宮債額中에對ᄒ야]'(이 책, 〈부록 2〉의 ③).

소되고 지출금은 증가"하고 있었던 것이다. 이를 보전한 수단이 일차적으로는 "다른 곳에서 빚을 얻"는 것이었고, 그 채무를 보상하기 위해 궁속의 향미를 전용하게 되었던 것이다. 수진궁에서 전용한 향미의 구체적 실상은 〈표 7-7〉과 같다. 향미의 전용은 비록 매년 이루어진 것은 아니었지만, 1880년대부터 이미 행해지고 있었던 것이다. 받지 못한 향미액에 대한 궁속의 청구액과 채무정리 담당자들의 조사액 사이에 다소간의 차이가 존재하지만, 그 명목 가액의 합계액은 대체로 4만2천엔 수준이었던 것으로 보인다.

또한 채무정리 담당자들의 조사에 따르면 향미의 전용 범위는 제조상궁이나 대차지를 비롯한 고급 관리들을 비롯하여 소임 급을 포함하고 고지기, 내인, 비자 등 전체 궁속들에 걸친 것이었음을 〈표 7-8〉을 통해 알 수 있다. 향미의 전용에 대하여 "공진 혼입(供進混入)"이라고 표현하기도 하였는데, 전용한 액수는 〈표 7-8〉에서 확인되는 바와 같이 "해마다 같지 않았다(各年 不同)". 해마다 해당 궁속이 받아야할 향미의 전액(全額)을 전용한 것은 아니었음을 "전부를 몰입하지 않고 10분의 6

〈표 7-7〉『수진궁받자책』에 기재된 향미 전용액 (명목액)(단위 : 円)

연도	청구액(A)	조사액(B)	차액[差引](B-A)
1882(壬午)-1900(庚子) 윤8월	33,265,548	33,265,548	
1901(辛丑)	1,495,545		
1902(壬寅)	1,535,880	890,841	
1903(癸卯)	4,859,457	372,122	
1904(甲辰)	112,344	4,331,172	
1905(乙巳)		823,866	
1906(丙午)	525,057	無	
계	41,793,831	43,032,539	1,238,708

출처 : 『수진궁미하금청구』, '1904년 이후 받자책에 기재된 향미 전용액(甲辰 以後 捧上冊에 記載된 鄕味 挪用高)', '각년 요·향미 전용액 조사표[各年料鄕味挪用額調査表]', '각년 요·향미 전용액 청구표[各年料鄕味挪用額請求表]', '전 수진궁 미하 요·향미 미지발액질(前壽進宮未下料鄕味未支撥額秩)'.

~7분, 혹은 4~5분이 공진에 혼입되어"라는 기술에서 확인할 수 있다.[33] 즉 매년 자신에게 할당된 깃만큼의 향미액 중에서 40~50%에서 60~70% 수준의 액수만큼을 수진궁의 경비에 보태어 썼던 것이다. 이러한 향미의 전용은 임시방편적인 수입의 창출로서, 궁속들은 전용된 향미액에 대해 채권(債權)을 보유한 것으로 인식하고 있었고, 이에 제실채무 정리과정에서의 청구 대상으로 성립하게 된다.

---

33 "全部分은 沒入지아니ᄒ고 十分에 六七分 或은 四五分이 供進에 混入ᄒᆞ미". 『수진궁 미하금청구』, '수진궁 채무액 중에 대하여'(이 책, 〈부록 2〉의 ③).

〈표 7-8〉 수진궁의 직책별 향미 전용액(명목액) (단위 : 円)

직책	성명	1882~1899 (18년간)	1900	1902	1903	1904	1905	1882~1905 (24년간)
제조(提調)	안상궁(安尙宮)	406,421	19,427	11,091	42,612	41,522	10,116	531,189
대차지(大次知)	이민화(李敏和)	510,000	22,800	14,250	59,700	69,450	13,200	689,400
소차지(小次知)	안필주(安弼柱)	510,000	22,800	14,250	59,700	69,450	13,200	689,400
장무(掌務)	이제윤(李濟潤) 외 24명*	510,000	22,800	14,250	59,700	69,450	13,200	689,400
고지기[庫直]	김석윤(金錫允) 외 42명*	340,000	15,200	9,500	39,800	46,300	8,800	459,600
내인(內人)	김상궁(金尙宮)	900,550	40,750	25,000	98,000	122,200	22,800	1,209,300
비자(婢子)	삼석(三錫)	1,293,550	57,750	36,000	150,000	175,000	32,700	1,745,000
서기(書記)	박제풍(朴齊豊)	230,750	10,300	6,200	26,000	31,350	5,850	310,450
숙수(熟手)	윤갑술(尹甲戌)	119,950	5,350	3,300	14,000	16,250	3,050	161,900
	노승탁(盧昇鐸)	114,750	5,100	3,000	13,000	15,550	2,900	154,300
청지기[廳直]	김국현(金國鉉)·이성환(李聖煥)*	86,000	3,750	2,400	10,000	11,650	2,100	115,900
	이화실(李和實)	25,000	1,100	0.700	2,900	3,450	0.650	33,800
땔나무지기[柴木直]	전순용(全順用)	119,950	5,350	3,300	14,000	16,250	3,050	161,900
고간지기[庫間直]	장도환(張道煥)	10,000	0.450	0.280	1,100	1,350	0.250	13,430
마의(馬醫)	지창석(池昌錫)	10,000	0.450	0.280	1,100	1,350	0.250	13,430
노탄지기[爐炭直]	장범이(張範伊)	49,980	2,200	1,400	5,800	6,750	1,250	67,380
역인(役人)	서군성(徐君永)	30,000	1,350	0.840	3,500	4,050	0.750	40,490
걸조(乞租)	김유성(金有成)	49,980	2,200	1,400	5,800	6,750	1,250	67,380
계(85명)		31,922,881	1,428,477	890,841	3,721,112	4,331,172	823,866	43,118,349

주 : 1901년도 자료 없음. * 1인당 향미 전용액.
출처 : '수진궁미하금청구', '수진궁에 인역의 향미를 나눠준 분배표(壽進宮에 人額의 餉味를 挪用한 分排票)'. 전체 인원의 명단은 부표 1에 정리하였음.

2) 지출 구성의 변동

수입이 감소하는 상황에서 내하의 상시화나 향미의 전용이라는 수단까지 동원하였음에도 재정 위기가 가속화될 수밖에 없었는데, 그 이유는 무엇이었을까? 이를 확인하기 위해 차하책을 활용하여 재정 지출의 용도별 구성과 변동 상황을 살펴보도록 하자. 차하책의 지출 내역은 다음과 같이 유형화할 수 있다.

첫째, 수진궁의 통상적인 운영에 들어가는 경비, 즉 '운영비'이다. 매월 정기적으로 지출되는 것도 있지만[34] 부정기적이고 임시적인 지출도 있으며, 매년 또는 몇 년 단위로 고정적으로 이루어지는 사례도 있다.[35] 또 사당(祠堂)의 건물을 수보(修補)하거나 기명(器皿)을 새로 비치하는데 들어간 비용, 즉 유지·보수비의 성격을 가지는 항목들도 포함된다.[36] 둘째, 수입(收入)의 과정에 소요되는 부대비용, 즉 '수입 경비'이다.[37] 셋째, 수진궁의 본연의 성격으로서 가장 흔히 이해되고 있는 제사의 수행에 들어가는 비용, 즉 '제사비'이다. 수진궁의 제궁으로서의

---

34 매월 고정적, 정기적인 지출이 이루어지는 대표적 사례로는 ① '문서 소용(文書所用)'의 종이, 필묵, 진말(眞末) 등에 들어가는 비용, ② '시유(柴油)', 즉 서제소(書題所) 등의 조명을 위해 필요한 등유가(燈油價)나, 도청(都廳), 상직방(上直房) 등의 연료로 쓰이는 온돌목(溫堗木), ③ 짐말(卜馬)에 소용되는 사료나 마철가(馬鐵價) 등으로 구성되는 마료(馬料) 등이 있다.

35 '입춘차(立春次)'로 기재된 춘첩자(春帖字)의 제작 비용이 대표적이다.

36 예를 들어, '비가 새는 곳을 고치는 데 들어간 것[雨漏處修補所入]', '수축(修築)', '개옥(盖屋)', '개복(盖覆)' 등이 있다. 그리고 내인 등이 각처에 왕래하는 경우에 필요한 노자[路費], 식물(食物), 마세(馬貰) 등도 포함된다.

37 ① 궁방전에서의 소출 중에서 창고에 들어가는[庫入] 세미(稅米)를 운반해 오는[輸來] 과정에서 발생하는 마세(馬貰), 식물(食物), 선가(船價), ② 시장(柴場)으로부터 땔나무를 운반할 때 발생하는 재운선가(載運船價), 수입마세(輸入馬貰), ③ 타작(打作), 추수(秋收) 등을 위해 전답의 소재지로 내려 간[下去] 노자(奴子)의 노자[路費] 등이 여기에 포함된다. 구체적 사례는 이 책의 제3장에서 소개한 바 있다.

성격으로 인해 부대적으로 발생하는 모든 비용도 여기에 포함된다. 넷째, 왕실 소용의 물자 조달을 뜻하는 '내입(內入)'이다. 내입은 수진궁의 내탕 기능을 대변하는 것으로서, 정기적으로 행해진 '삭내입(朔內入)'보다는 부정기적인 것들이 대부분이다.[38] 다섯째, 궁속(宮屬)에게 정기적으로 지급된 '급여'가 있다. 앞에서 분석한 삭료·의자·세찬 외에도 '신사고휼(身死顧恤)', '휼전(恤典)' 등의 부의금[39]이나 상격(賞格),[40] 별급(別給)[41] 등도 여기에 포함된다.[42] 그밖의 항목들은 금융, 축(縮), 무역(貿易) 등으로 분류할 수 있다. 금융에는 빌려온 돈[貸來錢]의 '이자를 갖추어 되갚음[具邊還報]'이나 '별치로 옮겨감[別置移去]' 등이 포함되고, 축에는 '다시

---

38 특별한 행사가 있는 경우로서 탄일(誕日), 생신(生辰), 회갑(回甲), 경효전 주다례(景孝殿晝茶禮), 산실청(産室廳) 또는 호산청(護産廳) 등을 예로 들 수 있다. 또한 특별한 경우가 아니어도 '진어상음식소입(進御床飮食所入)' 등 다양한 명목의 지출이 이루어졌다. 단순히 '내입(內入)'이라고만 기재되어 있기도 하지만, 구체적인 조달 대상이 명기된 경우도 많다. 예를 들어, '안소주방입[內燒廚房入]', '밧소주방입[外燒廚房入]', '생것방입[生物房入]', '장고입(醬庫入)' 등으로 표현하거나, '대전(大殿)', '중궁전(中宮殿)', '교태전(交泰殿)' 등으로 적기도 하고, '각 전궁 진배(各殿宮進排)'라고 묶어서 표현하기도 했다.

39 차하책에서 '신사예하(身死例下)', '치부(致賻)', '부의(賻儀)', '재상(在喪)' 등으로 표현되기도 하였다. 이와 같은 부의금 지급에는 일정한 정식(定式)이 있었다. 예컨대, 궁내인(宮內人)의 휼전(恤典)도 "동전 15냥, 쌀 1섬, 무명 1필, 삼베 2필"의 포트폴리오로 정식화(定式化)되어 있었다. 『수진궁등록』 주(宙), 1853년(癸丑) 5월 초3일, "宮內人恤典錢十五兩米一石木一疋布二疋自今爲始定式上下事".

40 상격(賞格)의 구체적 명목이나 수량은 『수진궁등록』의 '수진궁별단(壽進宮別單)'에 기재되어 있다. 특정 의례(또는 행사)가 성공적으로 완료된 후에 모든 궁속들에게 적절히 분배되었으며, 주로 무명[木]이나 삼베[布]가 대부분이고, 특산품이 지급되는 경우도 있었다. 상격은 반드시 물품의 지급만으로 주어진 것은 아니며, 가자(加資)하는 경우도 있었다. 차지(次知)의 경우, 잦은 가자로 인한 자궁(資窮)으로 대가(代加)하는 경우가 많았다.

41 별급(別給)은 대개 자교(慈敎)에 의해 정식화(定式化)되었는데, 병식비자(餠食婢子)나 차지(次知) 등에 대하여 소금[塩] 또는 메주[燻造]를 지급하는 것을 규정하였다. 『수진궁등록』 주, 1853년(癸丑) 4월 일, "因 慈敎餠食婢子處每年塩一石式定式上下事 慈敎內 次知每年燻造二石式別 賜給事".

42 이상의 내용을 종합해 보면, 각 궁속의 총 수입은 삭료(朔料), 의자(衣資), 세찬(歲饌), 향미(鄕味), 상격(賞格), 휼전(恤典), 별급(別給) 등으로 구성되어 있었음을 알 수 있다.

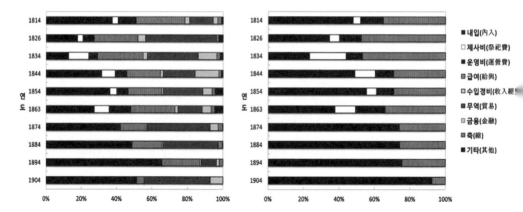

〈그림 7-10〉 수진궁 지출의 용처별 구성
출처 : 『수진궁차하책』.

되었을 때의 모자란 분량(改量縮)', '침전되어 줄어든 분량(滓縮)' 등 일종
의 오차 및 누락이 해당된다. 무역은 앞에서 소개한 바와 같이 시장에
서의 구입에 따른 비용 지출을 뜻한다. 나머지 각종 미미한 지출 내역
들은 모두 기타 항목으로 분류하였다.

이상의 각 유형이 전체 지출에서 차지하는 비중을 도시하면 〈그림
7-10〉의 ①과 같다. 〈그림 7-10〉의 ②는 전체 지출 중에서 수입경비, 금
융, 축, 무역 등의 항목이 사실상 수입과 연계되어 있음을 근거로 하여,
순수한 지출 항목은 아니라고 판단하여 제외하고 내입, 제사비, 운영
비, 급여만 발췌한 것이다. 따라서 〈그림 7-10〉의 ②를 중점적으로 살
핌으로써 지출의 구성 변화를 포착해 보도록 하자.

우선 가장 눈에 띄는 점은 제사비 항목이 1863년까지만 보인다는 점
인데, 이는 앞에서 논의한 바와 같이 수진궁의 제향 업무가 이후 원고
(元庫)의 회계에서 분리되기 때문이다. 그런데 제사궁으로서의 기능이
유지되던 1814~1863년간에도 제사비의 비중은 그다지 높지 않은 반

면에 내입 항목이 40% 전후의 비중을 차지하고 있었다. 즉 제궁의 역할을 수행하면서도 왕실 소용의 일상물자를 공급하는 내탕으로서의 기능을 일찍이 병행하고 있었을 뿐만 아니라, 오히려 내탕 기능이 중심을 이루고 있었던 것이다. 전체적으로 가장 큰 비중을 차지하는 것은 내입 항목이며, 1874년 이후가 되면 그 비중이 더 커지게 된다. 이는 고종대에 들어 수진궁의 왕실 내탕으로서의 기능이 한층 강화되고 있었으며, 갑오개혁 이후에도 마찬가지였던 상황을 보여준다.

1880년대에 본격화된 수진궁 재정 위기의 원인이 지출의 증가에 있고, 지출의 구성 중에서 내입이 차지하는 비중이 크다면, 내입의 내용이 어떻게 달라졌는지가 문제시될 것이다. 즉 '어떤' 지출이 증가하였는가라는 문제가 제기된다. 하지만 위기가 본격화하기 이전의 시기와 위기가 심화되는 시기를 대조해 보아도 내입의 구성항목에는 그다지 큰 변화가 관찰되지 않는다. 결국 개항 이후 유입된 새로운 상품의 소비 등 사치적 수요의 증대가 내탕 운영 차원에서 이루어지지는 않았던 것으로 보이며, 오히려 수입의 감소에도 불구하고 종래 행하던 왕실의 일상적, 의례적 소비가 지속되어 온 것이 인플레이션 상황에서 지출의 상대적 '가다(加多)'로 나타났던 것이다. 특히 대한제국기인 1904년에 내입의 비중이 총지출의 80% 이상이었다는 사실과 〈그림 7-8〉에서 총수입의 60% 이상이 내하를 통해 확보되고 있었다는 점은 수진궁의 자립적 운영이 거의 불가능해진 상황을 보여주고 있다.

내입에 이어 큰 비중을 차지하는 항목은 급여인데, 후기로 갈수록 그 비중이 감소하고 있다. 〈표 7-5〉에서 보았듯이 인원수 변동에 큰 변화가 없었음을 고려할 때, 급여의 비중이 감소하고 있는 이유는 1인당 급여가 감소하였거나 급여의 지급이 미뤄지고 있었기 때문이라고 추론할 수 있다. 1인당 급여 수준의 변화 유무는 차하책의 내역을 토대로 검토할 수 있는데, 이를 위해 〈표 7-5〉에서 구분한 3층의 분류에 따라 각각을 대표하는 내인(內人), 노자(奴子), 마름(舍音)의 연도별 급여량을 발췌한 것이 〈표 7-9〉이다. 한 눈에 확인되듯이 각 직책별 '실질' 급여의 수준은 장기간 고정적이었다. 오히려 1884년부터 일부의 삭료가 인상되고 있음이 확인된다. 따라서 급여 자체가 감소했다고 볼 수는 없으며, 급여 지급의 연체가 발생했을 가능성이 높다.

차하책을 통해 삭료 지급의 연체 실태를 간단히 점검해 보면, 분석 대상 기간 중 초기의 삭료 지급에는 연체가 거의 없었으며, 있었다고 하더라도 1~2개월 수준이었다. 오히려 1814년 윤2월의 지출 내역에서 확인되듯이 "오는 9월의 삭료[來九月朔料]"라고 하여 미리 지급된 사례도

〈표 7-9〉 수진궁 궁속의 급여

| 연도 | 직책 | | | | | | | |
| | 내인(內人) | | | 고지기노자[庫直奴子] | | | 두모포마름[豆毛浦舍音] | |
	삭료	의자	세찬	삭료	의자	세찬	삭료	의자
1814	5.6	2.1	2.5	8	2	4	5.1	1
1826	5.6	2.1	2.5	8	2	4	5.7	1
1834	6.1	2.1	2.5	8	2	4	5.7	1
1844	6.1	2.1	2.5	8	2	4	6.5	1*
1854	6.1	2.1*	2.5	8	2*	4	6.5	1*
1863	5.6	2.1	2.5	8	1.8	4	7	1*
1874	5.6	2.1	2.5	8	2	4	7.4	1
1884	6.6	2.1	2.5	8	2	4	9	1
1894	6.6	2.1	2.5	8	2	4	8*	1
1904	6.8*	n/a	2.5	8*	n/a	4	8*	1

주 : 삭료는 각 연도 7월 한 달간의 1인당 쌀[米] 지급량으로서 단위는 말[斗]임. 의자는 각 연도 봄·여름(春夏等)의 1인당 무명[木] 지급량으로서 단위는 필(疋)임. 세찬은 각 연도의 쌀 지급량으로서 단위는 말[斗]임. 모두 반올림하여 소수 첫째자리까지 제시하였음. * 대전(代錢)으로 지급한 경우이며, 이외에는 모두 실물을 지급하였으므로 명목 급여가 아닌 실질 급여에 해당함.
출처 : 『수진궁차하책』.

발견된다. 이러한 상황이 장기간 지속되다가 궁의 재정 수지가 악화된 후에 급여 지급의 연체가 1년 이상 장기화되는 경향을 보이고 있다.[43] 즉 재정 지출에서 급여 비중의 감소는 체불로 인한 것으로 판단되며, 향미의 전용과 마찬가지로 수진궁의 재정 위기가 급여 체불의 방식으로 궁속들에게 일부 전가되고 있었음을 의미한다.

요컨대, 재정위기를 가속화한 지출의 명목은 주로 왕실에의 물자 조달, 즉 내입의 유지 또는 증대였던 것이다. 이를 위해 부족한 수입분은 왕실의 내하금과 궁속의 향미 전용을 통해 보충되고 있었고, 이를 통해서도 지출을 보전할 정도의 수입이 확보되지 못하였다. 결국 궁속들의 급여를 체불하는 형식으로 지출을 줄이고자 노력하였으나, 이마저도 적자 상황의 타개를 도모하기에는 역부족이었다.

6. 재정 위기의 전가

1) 미지급, 체당 및 공명첩

수진궁의 재정 상황이 19세기 후반에 들어 급격히 악화되고 있었고, 그러한 위기 상황의 일부가 궁속에게 전가(轉嫁)되고 있었음은 앞에서

---

43 朴二澤(2005 : 52)에 의하면 종친부 원역(員役)의 임금이 체불되는 상황은 전체 원역에 대해 동시에 발생하였다. 하지만 수진궁의 경우는 모든 궁속의 임금이 동시에 체불되는 것이 아니라 각각 별도로 체불이 진행되는 경우가 많이 등장한다.

살펴본 바와 같다. 그러나 위기의 전가가 비단 궁속의 향미나 급여에만 한정된 것은 아니었다. 오히려 재정 위기를 반영하는 가용금(加用金)의 누적, 즉 마이너스 재고로 표현되는 미하(未下)—물품구입 대금의 미지급분—는 물자의 조달 과정에서 궁속이나 상인에게 추가적인 부담으로 현실화되고 있었다. 이는 이 책의 제5장에서 살펴본 내수사와 잡곡전 간의 사례에서처럼 '선진배 후수가(先進排後受價)'라는 조달 관행으로 인한 것이었다.[44]

재정 수지가 악화되는 상황에서는 대금의 결제 시기가 점점 늦춰질 수밖에 없었고, 이러한 부담은—당시 제실재산을 정리한 일본인의 표현에 의하면—'상채(商債)'와 '입체금(立替金)'이라는 두 가지 형태로 전가되었다. 상채는 물품을 납상(納上)한 상인(市民)에게 대금을 지급하지 않아 발생한 채무로서, 수진궁의 미하금(未下金)에 해당한다. 입체금은 '선당금(先當金)'이라고도 하였는데, 무역을 담당한 고지기노자, 사환노자 등이 자신의 자금(資本金)으로 수진궁을 대신하여 상인에게 대금을 먼저 지급하고 추후에 수진궁으로부터 지급받아야 할 금액, 즉 체당(替當)한 금액을 가리킨다.[45] 제실채무 정리과정에서 조사된 체당과 미지급의 내역은 〈표 7-10〉과 같다.

〈표 7-10〉은 십수년 간에 걸친 채무의 원금만을 집계한 것으로서, 이

---

44 '선진배 후수가', 즉 일단 물품을 조달하고 대금은 나중에 지급하는 관행 하에서는 외상(外上) 거래가 빈번할 수밖에 없었는데, 재정수지가 양호한 상황에서는 경기적인 현상일 뿐이어서 짧은 기간 내에 수시로 결제가 이루어질 수 있었을 것이다.

45 『제실채무정리보고서』에서 "각 궁에 있어서는 소요되는 물품을 직접 상인으로부터 구매하는 방법을 채택하여 겸역이라 칭하는 하급 역원이 자기의 명의로써 상인과 거래를 하고, 궁에 대해서는 겸역이 물품 납입의 명의자였던 관습이있(各宮ニ於テハ所要ノ物品ヲ直接商人ヨリ購買スルノ方法ヲ採ラスシテ兼役ト稱スル下級役員カ自己ノ名義ニ於テ商人ト取引ヲ爲シ宮ニ對シテハ兼役カ物品納入ノ名義者タル慣習ナリ)"다고 설명하고 있다.

<표 7-10> 수진궁 궁속이 체당한 금액과 상인에 대한 미지급액(단위 : 円)

직책·직업	성명	분류	요구액	시효 만료	잔액
고지기[庫直]	김석윤(金錫允)	체당	19,430.336	9,837.894	9,592.442
진유상(眞油商)	이성오(李聖五)	미지급	2,171.180	754.000	1,417.180
청밀상(淸蜜商)	박후용(朴厚容)	미지급	1,714.000	697.600	1,016.400
유과상(油果商)	김한성(金漢成)	미지급	676.000	64.000	612.000
진말상(眞末商)	한용화(韓龍化)*	미지급	672.000	-	672.000
지물상(紙物商)	김재훈(金在勳)	미지급	165.340	-	165.340
소계 (미지급)			5,395.350	1,516.420	3,878.930
소계 (체당+미지급)			24,825.686		
무역(貿易)	정완수(丁完洙)	체당	23,092.842	15,611.141	7,481.701
과종상(果種商)	이완식(李完植)	미지급	2,737.390	1,074.900	1,662.492
잡곡상(雜穀商)	이형로(李亨魯)	미지급	700.000	-	700.000
소계 (미지급)			3,523.392	1,074.900	2,448.492
소계 (체당+미지급)			26,616.234		
사환(使喚)	전두석(全斗錫)	체당	6,081.568	2,415.838	3,665.730
현병[肉商]	안기양(安奇陽)	미지급	4,578.310	368.960	4,209.350
소계			10,659.878		
사환(使喚)	문태현(文泰賢)	체당	7,633.426	1,106.294	6,527.132
현병[肉商]	안기양(安奇陽)	미지급	4,419.980	410.590	4,009.390
소계			12,053.406		
시비자(市婢子)	모(某)	체당	1,642.050	-	1,642.050
잡종상(雜種商)	최명환(崔明煥)	미지급	983.510		983.510
소계			2,625.560		2,625.560
마부(馬夫)	전규석(全奎錫)	체당	296.220	-	296.220
색고(色庫)	장영환(張永煥)	체당	8,940.115	4,965.843	3,974.272
구사환(旧使喚)	최형순(崔亨淳)	체당	1,430.471	1,430.471	-
구시비자(旧市婢子)	모(某)	체당	1,768.475	178.570	1,589.905
총계			89,216.045	38,916.921	50,299.124

주 : '미지급'은 상채(商債)를, '체당'은 본인입체금(本人立替金)을 가리킴. * 청나라 사람[淸國人].
출처 : 『수진궁미하금청구』, '입체금 및 상채 결산서(立替金及商債決算書)'.

자(利子)는 전혀 고려되고 있지 않다. 그 결과 채권자인 무역노와 상인
들은 인플레이션으로 인한, 화폐로 표시된 채권의 가치 하락과 무이자
라는 이중적 부담을 떠안을 수밖에 없었다. 또한 미지급액의 규모보다

도 체당액의 규모가 훨씬 큰 경향이 확인된다. 즉 수진궁의 재정 위기가 지출 측면으로 전가되는 데 있어서 조달 담당자인 무역노와 판매자인 상인에게 공통적으로 채무의 부담이 발생하고 있었는데, 상인보다는 무역노의 부담이 더 컸던 것이다. 이에 무역노들은 자신들의 사정이 긴박함을 다음과 같이 호소하고 있었다.

> 공진(供進)한 물품 값의 미지급분으로 인하여 (…중략…) 가산(家産)을 거의 모두 탕진하고 빈사지경(濱死之境)에 이르렀으며, 또 여러 상민(商民)에게 채무가 산더미처럼 쌓여 있어서, 그 빚을 갚으라고 독촉함이 극도에 달하여, 참아서 지켜낼 수 없는 지경이니[46]

그러므로 궁방에서 미하(未下)가 발생한 상황은 재정 수입의 감소와 지출의 상대적 증대에 따른 구조적인 문제에 기인하는 것으로서, 궁속의 남용이나 착복 또는 횡령에 의한 것으로 추정하기는 힘들다. 하지만 당시의 시전 상인들은 궁의 재정이 나쁘지 않다고 판단하고 있었고,[47] 이에 궁에서는 대금의 지출이 이루어졌으나 궁속이 도중에 착복하여 미수가(未受價)가 청산되지 않아 시전 상인[市民]에게만 피해가 주어졌다고 인식하는 경향이 있었다. 1894년 이래의 명례궁 미하금에 대한 시전 상인의 인식은 다음 기사에서 잘 드러난다.

---

46 『수진궁미하금청구』에서 고지기[庫直] 김석윤(金錫允) 등이 "供進호 物種價 未下條로 因"하여 "家産을 擧皆 蕩敗호고 至於濱死之境이오며 且 各商民處에는 積債如山호야 其 侵督債償이 極度에 達호와 不能忍耐支保之境이"라 하였다.
47 왕실의 지출이 계속적으로 행해지는 상황에서는 궁방재정의 내부 상황에 대하여 시전 상인[市民]들이 알기 어려웠을 것이다.

시전 상인[市民] 10여 명이 명례궁(明禮宮)에 각항(各項)의 물종(物種)을
진배(進排)한 것이 4년 동안에 여러 만금(萬金)어치인데, 상인들이 알기에
는 그 돈이 조조(條條)히 다 이미 지급[上下]이 되었을 터이거늘, 궁속(宮屬)
들이 중간(中間)에서 범용(犯用)하고 주지 않아 상인들이 굶어 죽을 지경인
데, 궁의 소차지(小次知) 최학규(崔鶴圭)씨는 이런 일을 모르는 체 한다고
누가 본사(독립신문사)에 편지하였더라[48]

일종의 특권을 가지고 사리를 추구하는 존재로 비춰진 무역노는 왕
실재정이 풍요로운 상황에서는 그 특권을 마음껏 향유할 수 있었겠지
만, 재정 위기가 도래하자 상인들과 함께 몰락해가고 있었다. 미지급
액이 누적적으로 증대되고 있던 상황에서 상인들이 납품을 지속할 수
밖에 없었던 사정은 이 책의 제5장에서 살펴본 바와 같이 공급 대상이
왕실이라는 특수성에 기인한 것이었다.[49] 재정 궁핍으로 인해 왕실의
비호가 그 역할을 다하지 못하는 상황에서는 시장 환경의 변화에 대처

---

48 『독립신문』, 1898년 7월 18일자, '시민 미슈가', "시민 십여명이 명례궁에 각항 물종
    진비 훈것이 소년 동안에 여러 만금엇치인디 시민들 알기에는 그 돈을 죠죠히 다 임
    의 챠하가 되엿슬 터이어늘 궁쇽들이 중간 범용 훈고 아니 주어 시민들이 굴머 죽을
    디경이로더 궁 쇼차지 최학규씨는 이런 일을 모르는톄 훈다고 누가 본샤에 편지 훈
    엿더라".
49 『명례궁미하금청구』에는 우상(牛商), 밀상(蜜商), 연지상(臙脂商), 미상(米商), 신탄
    상(薪炭商), 과물 · 어상(菓物 · 魚商) 등의 상인들에 대한 공술(供述)과 고지기(庫直)
    등의 겸역(兼役)에 대한 공술 기록이 있다. 각 상인에 대한 공술은 직업, 납품 물종,
    납품 기간, 납품 대상 겸역, 미지급 금액, 물품 납입 절차, 계산 방법 등에 대한 문답
    으로 구성되어 있다. 1895년부터 1906년까지 명례궁에 육류를 납품하였던, 이 책의
    제6장에서 소개한 '우상(牛商)' 홍대진(洪大鎭)의 아들 홍종면(洪鍾冕)의 공술 기록
    (供述記錄)에 의하면, "일단 황실에 상납을 시작하면 미하가 생겨도 중지할 수 없어
    계속하였다"고 한다. 홍대진은 명례궁의 사환(使喚) 노종성(盧鍾成) · 정태준(鄭泰
    俊) 및 무역(貿易) 홍대준(洪大俊)과 거래하고 있었는데, 그가 증거로 제출한 명례궁
    노자 발행의 도표(都票)에 의하면, 정태준으로부터 6,400엔(円), 홍대준으로부터
    200엔, 노종성으로부터 8,563엔, 도합 15,163엔의 미하금을 받지 못하고 있었다.

하지 못하고 구제도를 답습하였던 거래 방식 또한 위기의 전가를 당하고 있었다고 평가할 수 있다.

이상과 같이 수입 측면에서 내하의 상시화와 향미의 전용 및 급여의 연체, 지출 측면에서 체당과 미지급을 통해 재정 위기에 대처하고자 한 것이 궁방의 일반적 대응이었다. 하지만 이러한 방책들은 임시방편적인 것이어서 오히려 재정 위기를 가속화시켰다. 여기에 더하여, 재정 위기에 대처하기 위한 추가적 재원 마련을 위해 왕실은 공명첩(空名帖) 발행 — 일종의 매관매직(賣官賣職) — 의 형태로 대처하기도 하였다. 대표적인 사례가 고종대의 내수사 소관 사찰(寺刹)에 대한 수보(修補) 물력(物力)의 조성이며, 구체적 실례는 〈표 7-11〉과 같다.[50]

〈표 7-11〉 고종대 내수사 소관 사찰의 수보 물력 조성을 위한 공명첩 발행(단위 : 帳)

일자	사찰명	소재지	공명첩 발행수
1866년 1월 3일	석왕사(釋王寺)	함경 안변(安邊)	300
1879년 3월 25일	석왕사(釋王寺)	함경 안변(安邊)	300
1879년 11월 15일	용주사(龍珠寺)	경기 수원(水原)	300
1880년 10월 10일	회룡사(回龍寺)	경기 양주(楊州)	500
	신원사(神院寺)	충청 공주(公州)	500

출처: 『고종실록』, 『승정원일기』.

본래 이들 사찰에 대한 수보는 소관 궁방인 내수사의 재정을 통해 확보되어야 하는 것인데,[51] 내수사의 재정 상황이 여의치 못하자 공명첩

---

50 사찰의 수보물력 조성에는 공명첩 발행을 통해 조달된 재원뿐만 아니라 내하금도 포함되어 있었다. 『석왕사성축여전사청중건물력구획급하기성책(釋王寺城築與典祀廳重建物力區劃及下記成冊)』에 의하면 1866년[丙寅]에 석왕사(釋王寺)의 성축(城築)과 전사청(典祀廳)의 중건(重建)을 위해 조성된 금액은 총 3,596냥이었는데, 그 중에서 2,596냥은 〈표 7-11〉에 보이는 공명첩 300장의 가전(價錢)이고 나머지 1,000냥은 대원위 대감의 획하전[大院位大監劃下錢]이었다.

발행을 통해 재원을 확보한 것이다. 공명첩의 발행이 추가적인 폐해를 낳기도 하였음은 고성(高城) 유점사(楡岾寺) 중수(重修)에 관한 부교리 조성학(趙性鶴)의 상소에서 보인다.[52]

2) 체당의 실태 : 땔나무의 사례

시전 상인에 대한 납품 대금 미지급에 대해서는 이 책의 제5장 및 제6장에서 분석한 바 있다. 그러므로 이 장에서는 재정 지출 측면의 위기 전가 중 가장 큰 비중을 차지하였던 체당의 실태에 관하여 살펴보도록 하자. 모든 조달 내역을 일일이 검토하기에는 자료의 상황이 좋지 않으므로, 진배 내역이 확보되는 땔나무의 사례를 검토한다. 수진궁에서 1900년 하반기인 7~12월의 7개월간(윤8월 포함)에 대하여 원고(元庫)의 땔나무(柴木)를 지출한 내역을 요약하면 〈표 7-12〉와 같다.

〈표 7-12〉 1900년 하반기 수진궁의 땔나무 지출(단위 : 同)

지출의 용처	월간 지출	7개월간 지출
상내인 1인 온돌목(上內人一人溫埃木)	4	28
내인 6인 온돌목(內人六人溫埃木)	18	126
내인 도청 취반목(內人都廳炊飯木)	12	84
서제소 노자상직방 온돌목(書題所奴子上直房溫埃木)	45	315
소계		553
7월부터 12월까지에 걸쳐 궁중에 들인 흰떡 만드는 데 쓴 것 및 궁중에서 잡다하게 쓴 것(七月以十二月至流伊內入白餠所入及宮中雜用)		4,595
총계		5,148

출처 : 『수진궁차하책』.

---

51 이들 사찰은 소위 '원당(願堂)' 또는 '원찰(願刹)'이다.
52 『승정원일기』 고종 19년(1882) 9월 29일, "공명첩이 비록 500장이라고 하지만 실은 5,000장이나 되게 되어 한갓 요승(妖僧)들이 백성을 침탈하는 도구만 됩니다".

총 5,148동의 땔나무 지출 중에서 용처가 세부적으로 기재된 것은 매월의 내역에 한정된 553동에 불과하며, 이는 전체 7개월간의 지출 중에서 약 10%에 지나지 않는다. 나머지 약 90%에 달하는 4,595동의 지출은 "궁중에 들인 흰떡 만드는 데 쓴 것 및 궁중에서 잡다하게 쓴 것"이라는 명목으로 일괄 지출되었다. 이와 같은 일괄 기재 방식이라는 특성으로 인해 실제로 전체 땔나무 지출의 90%가 어떤 용도로 쓰였는지에 대해 차하책만으로는 구체적인 내역을 확보하기 어렵다. 따라서 차하책의 지출 내역을 보다 자세히 전해주는 자료인 『수진궁시목진배책(壽進宮柴木進排冊)』을 살펴보도록 하자.

수진궁에서 땔나무의 진배를 담당한 자는 땔나무고지기[柴庫直]이었다.[53] 『수진궁시목진배책』은 1900년대에 수진궁의 땔나무고지기였던 장영환(張永煥)에 의해 작성된 것으로서 1900년 7월부터 1906년 12월까지 선 6삭(先六朔; 1∼6월)과 후 6삭(後六朔; 7∼12월)으로 구분하여 매 6개월마다 결산하였는데, 연간 봄·가을[春秋] 2회에 걸친, 수진궁 보유 시장(柴場)으로부터의 땔나무 받자[捧上] 내역을 적고 이어 땔나무의 차하[上下] 내역을 월별로 적은 후 합계하여 반기별로 회계(會計)하고 있다. 맨 처음의 1년분에 해당하는 1900년 7월부터 1901년 6월까지의 땔나무 지출 내역을 정리한 것이 〈표 7-13〉이다.

우선 〈표 7-12〉의 차하책에 수록된 정보보다 약 2배 이상의 땔나무가 지출되고 있었음을 〈표 7-13〉에서 확인할 수 있다. 땔나무의 지출 내역은 크게 나누어 전·궁에서 소비하는 내입(內入)과 수진궁 안에서

---

53 땔나무의 진배를 '땔나무고지기[柴庫直]'가 담당하였음은 〈부록 2〉의 ①에서도 확인된다. 땔나무고지기를 '땔나무지기[柴木直]'(〈표 7-8〉) 또는 '색고(色庫)'(〈표 7-10〉)라고도 하였다.

구분	용처	계	진어상 (進御床)	진전 다례 (眞殿茶禮)	탄일 (誕日)	기타
내입 (內入)	흰떡[白餠]	8,060	2,100	930	2,310	2,720
	붉은팥[赤豆]	1,651	535	221	775	120
	녹두(菉豆)	1,576	535	246	675	120
	들깨[荏子]	1,183	348	195	520	120
	검은깨[黑荏子]	1,007	373	159	355	120
	콩[太]	420	105	70	190	55
	물떡[水餠]	1,428	675	200	453	100
	인절미[仁切餠]	2,610	820	485	935	370
	해삼(海蔘)	205	75	35	95	
	애저찜[兒猪蒸]	100		100		
	소계	18,240	5,566	2,641	6,308	3,725
궁소용 (宮所用)	궁 고사(宮告祀)	350				
	청파 묘소(靑坡墓所)	100				
	궁 내인(宮內人)	378				
	도청방(都廳房)	201				
	대청방(大廳房)	4,180				
	서사(書士)	60				
	상직방(上直房)	216				
	조과청(造果廳)	50				
	소계	5,535				
	총계	23,775				

출처 : 『수진궁시목진배책』.

소비하는 궁소용(宮所用)으로 대별된다. 내입은 진어상(進御床), 진전 다
례(眞殿茶禮), 탄일(誕日) 등 궁중에서 행하는 의례에 조달하는 공상(供上)
의 성격을 띠는 것들이다. 주로 흰떡[白餠]의 구입이 대종을 이루며, 기
타 콩·팥이나 떡의 구입에 땔나무를 지출하고 있다. 즉 내입에 소용되
는 흰떡 등을 구입하기 위해 땔나무를 지출하고 있었던 것이며, 땔나무
자체의 사용가치보다는 교환가치가 중요시되고 있었음을 알 수 있
다.[54] 이와 같은 사실들로 미루어 볼 때 수진궁의 땔나무는 그 자체의

용도보다는 회계 수단 또는 지급 수단으로서의 성격을 강하게 가지고 있었음을 알 수 있다. 반면에 궁소용의 땔나무는 주로 실물이 지출된 것으로서 내인들이 집무를 본 도청방(都廳房)이나 궁내(宮內)의 대청방(大廳房) 또는 서제소(書題所)의 상직방(上直房) 등에 대한 지출이 대부분으로서, 불을 켠다거나(點火), 밥을 짓는다거나(炊飯), 세숫물을 데우는(洗手去冷) 등의 용도에 쓰였다.

하지만 수진궁의 땔나무 수입원은 두 곳의 시장(柴場) ── 양근(楊根) · 광주 삼봉산(廣州 三峰山) ── 으로 고정되어 있었으므로, 연도별 지출의 증감에 대처하기 어려웠다. 수진궁의 땔나무 수입과 지출의 내역을 반기별로 대비해 본 〈표 7-14〉에서와 같이 땔나무의 수입량보다 10배 이상의 지출이 이루어지고 있었고, 1900년 하반기 이래 6년 반 동안 13만 4천여 동의 땔나무가 가용(加用) 상태에 있었다.

이렇게 땔나무 회계에서 적자가 계속 누적된 것에 비하여, 수진궁에서는 6개월[6朔] 단위로 40~146냥 수준의 동전을 땔나무 대금으로 장영환에게 미리 지급[先上下]하였는데, 이는 극히 부족한 금액이었다. 지급받지 못한 나머지 땔나무 대금은 1901~05년간에 대해 매동(每同) 7전씩, 1906년에 대해 매동 5전7푼씩으로 작전(作錢)하여 6년 반 동안 가용(加用)한 땔나무[柴木]를 동전으로 환산한 금액[代文額]은 백동화(白銅貨) ── 신엽전(新葉錢) ── 로 환산하여[葉合錢] 89,401냥 6전 3푼에 이르렀다. 이를 일본 화폐[紙貨]로 환산한 8,940원(元) 16전(錢) 3리(里)의 금액을 장영환이 제실채무 정리당국에 청구하게 되는 것이다.[55] 이는 곧 〈표 7-14〉에서

---

54 땔나무를 판매한 대금으로 흰떡 등을 구입하여 공급한 것인지, 단지 장부상의 회계 단위로 땔나무를 사용하고 있었는지는 명확하지 않다.

55 〈표 7-10〉에서 색고 장영환의 체당 금액[本人立替金] ── 요구액(要求額) ── 이 8,940.115엔이었음을 참조하라.

〈표 7-14〉 수진궁의 땔나무 수입·지출 및 수지 대조(단위:同)

연도	기간	수입	지출	수지
1900	하반기	1,100	10,865	-9,765
1901	상반기	600	12,910	-12,310
	하반기	1,100	10,668	-9,568
1902	상반기	600	10,653	-10,053
	하반기	1,100	11,308	-10,208
1903	상반기	600	10,656	-10,056
	하반기	1,100	10,182	-9,082
1904	상반기	600	9,902	-9,302
	하반기	1,100	9,436	-8,336
1905	상반기	600	10,294	-9,694
	하반기	1,100	8,968	-7,868
1906	상반기	600	17,258	-16,658
	하반기	1,100	13,162	-12,062
합계		11,300	146,262	-134,962

출처: 『수진궁시목진배책』.

수진궁이 가용한 것으로 확인되는 땔나무의 대금을 장영환이 체당하였음을 의미한다.

그렇다면 마지막으로 한 가지 문제만이 남게 된다. 원고(元庫)에 땔나무의 재고가 없는 상황에서 수진궁이 보유한 시장(柴場)으로부터 추가적으로 조달될 수도 없었던 땔나무를, 장영환은 어떤 경로를 통해 조달하였을까? 이 질문에 대한 가장 유력한 해답은 '서울 시장을 통한 것'이다. 19세기 서울 시전(市廛)의 목록에서 보이는 시목전(柴木廛)을 통해 조달되었을 가능성이 높다.[56] 즉, 왕실의 땔나무 지출이 증대되는 상황에서, 장영환은 자신의 돈으로 체당하여 시목전에서 구매한 땔나무를 궁에 조달하였던 것이다.

---

56 시목전에 대해서는 조영준(2013d : 229-230)을 참조하라.

7. 맺음말

수진궁은 제궁과 내탕이라는 두 가지 기능을 동시에 수행하고 있었는데, 기존에 이해되고 있던 것과는 달리 제사 수행의 기능보다는 왕실의 수요물자 조달이라는 내탕의 역할이 더 중점적이었다. 특히 1860년대 후반부터는 제사의 업무가 분리되어 내탕 기능을 중심으로 운영되었다. 이 장에서는 수진궁의 재정에 관한 분석을 원고의 회계장부를 기준으로 진행하였으며, 별치나 향미 등이 누락된다는 점에서 수진궁 재정, 나아가 왕실재정의 전체상을 복원하는 데에는 무리가 따를 수 있다. 하지만 수진궁의 본연의 업무에 초점을 맞추어 분석한다는 점에서 원고에 대한 분석이 가지는 의의는 무시할 수 없다.

수진궁의 재정규모는 명목적으로는 확대일로에 있었으나, 인플레이션을 제거하고 살펴보면 실질 규모의 변동에서 일정한 패턴을 관찰하기는 어렵다. 다만 1850년대부터 재고가 감소하기 시작하여 1880년대부터는 구조적인 적자 재정이 심화되었음이 확인된다. 이러한 적자 상황은 수진궁의 폐지 시점인 1907년에 이르기까지 전혀 해소되지 못하였다.

적자 재정의 심화 원인은 수입의 감소와 지출의 증가로 설명할 수 있다. 수입의 감소는 제도적인 요인과 결부되어 있었는데, 면세결로 대표되는 궁방전의 감소로 인한 것이다. 궁속의 인원수로 판단해 보건대 갑오개혁 시기까지는 수진궁의 운영 규모에 큰 변동이 없었다. 수입이 감소하게 되자 내하를 상시화하고 향미를 전용하는 등의 수단을 통하여 부족한 수입을 보전하고자 노력하였는데, 이를 통해서도 적자를 메울 수는 없었다. 그 이유는 수진궁의 왕실 수요물자 공급 기능(내탕)이 여전히 유지되고 있었을 뿐만 아니라 오히려 확대됨으로써 지출의 증가를 주도하고 있었기 때문이다.

수진궁은 재정위기를 타개하기 위하여 내하의 상시화나 궁속의 향미 전용 외에도 급여를 연체하는 방향으로 대처를 하고 있었다. 뿐만 아니라 수진궁의 왕실 물자 조달에 관계한 무역노나 거래 상인 등에게 부담을 전가하고 있었다. 즉 무역노를 포함한 궁속과 상인을 수탈하는 구조였다. 왕실은 이를 해소할 방안을 가지고 있지 못했을 뿐만 아니라 애써 외면할 수밖에 없었던 것이다.

보론 수진궁의 연원과 제향 업무

왕실의 내탕 기능을 수행한 1사4궁 중에서 수진궁이 유독 차별화되는 가장 큰 이유는 다수의 사판(祠版)을 봉안(奉安)하여 제사(祭祀) 기능을 수행하였기 때문이다(이 책의 〈표 1-2〉와 〈표 2-6〉 참조). 하지만 수진궁이 봉안한 사판의 종류나 합사(合祀) 시기에 관한 구체적 정보는 널리 알려진 바 없다. 그렇다면 예종(睿宗)의 둘째 아들 제안대군(齊安大君) 현(琄)이 훙거(薨去)한 후에 그의 사저(私邸)가 후궁이나 왕자녀의 제향을 전담하게 된 경과와 제향의 내용은 어떠하였을까?

우선 제안대군의 저택을 수진궁으로 명명하게 된 과정을 살펴보자. 수진궁이라는 명칭은 제안대군 사후(死後)에 바로 부여된 것이 아니며, 처음에는 신본궁(新本宮)이라 부르다가 나중에 수진궁(壽進宮)으로 궁호(宮號)를 바꾼 것이다.[1] 신본궁은 중종(中宗)의 잠저(潛邸)이기도 했는데, 중종이 즉위 후에 궁호를 변경하면서 수진방(壽進坊)에 위치했기에 수

---

1 『육궁고사(六宮故事)』, "壽進宮本是齊安大君本宅而古號新本宮後改今號".

진궁(壽進宮)이라 명명한 것이다.[2]

　제안대군의 집이 수진궁으로 불리우고, 또 그가 1525년(中宗20)에 사망하고 나서도,[3] 광해군대까지는 제안대군제(齊安大君第),[4] 제안대군가(齊安大君家),[5] 제안대군궁(齊安大君宮)[6] 또는 제안대군방(齊安大君房)[7] 등으로 지칭되었던 것으로 보아, 적어도 17세기 초까지는 수진궁이 제향을 전담하는 궁으로 기능한 것이 아니며, 제안대군의 사판만이 봉안되어 있었던 것으로 볼 수 있다. 하지만 17세기 말에 들어서는 수진궁을 "제사궁가(祭祀宮家)"라 하고 있다.[8] 따라서 수진궁이 제사궁으로서의 기능을 수행하기 시작한 시기는 17세기 중반 무렵으로 추정된다. 하지만 1734년에 호조판서 송인명(宋寅明)이 "궁가(宮家)에 후사(後嗣)가 없는 경우에는 그 제수(祭需)를 본조(本曹)에서 거행"했다고 한 것으로 보아,[9] 18세기 중엽 이후에 들어서야 수진궁의 합사(合祀) 기능이 본격적으로 작동하기 시작한 것으로 이해할 수 있다.

　왕자녀(王子女)나 후궁(後宮) 등의 사판이 수진궁에 합사된 시기 중에서 전거(典據)가 확보되는 대표적인 사례를 몇 가지 들어 보면, 의창군(義昌君)과 낙선군(樂善君)의 신주(神主)는 1772년에 수진궁에 함께 봉안되었고,[10] 명선공주방(明善公主房), 명혜공주방(明惠公主房), 김귀인방(金貴人

2　『승정원일기』 1760년 2월 13일, 14일, 16일, 17일. 수진방이라는 명칭은 『태조실록(太祖實錄)』(태조 5년(1396) 4월 19일)에서 최초로 등장하므로, 수진궁이 위치한 지역이기에 수진방이라 명명한 것은 아니다.

3　『중종실록(中宗實錄)』 중종 20년(1525) 12월 14일, "齊安大君玗卒".

4　『인종실록(仁宗實錄)』 인종 1년(1545) 6월 29일.

5　『명종실록(明宗實錄)』 명종 즉위년(1545) 8월 6일. 『광해군일기(光海君日記)』 광해군 5년(1613) 5월 21일.

6　『광해군일기』 광해군 5년(1613) 5월 6일, 7일.

7　『광해군일기』 광해군 5년(1613) 5월 10일, 30일, 8월 2일.

8　『숙종실록(肅宗實錄)』 숙종 21년(1695) 9월 19일.

9　『영조실록(英祖實錄)』 영조 10년(1734) 1월 10일.

房), 유소의방(劉昭儀房)은 1776년에 수진궁에 합사되었다.[11]

하지만 수진궁에서의 제사 예법이 종묘(宗廟=太廟)처럼 엄격히 지켜지지 않고 문란하여 제사의 시기가 빈번한 바가 있었는데, 1776년에 이러한 수진궁 제향의 폐단을 바로 잡게 된다.[12] 이때의 전교(傳敎)에 의해 만들어 진 것이『수진궁상제등록(壽進宮上祭謄錄)』이며, 1798년에 인성대군(仁城大君)이 합사될 때까지 1776~98년간 수진궁에서 주관한 제사의 지침이 되었다.『수진궁상제등록』과 동일한 내용을 담고 있는『정조실록』의「수진궁소재궁내사판급산소제품제의제일별단(壽進宮所在宮內祠版及山所祭品祭儀祭日別單)」을 정리한 것이 〈표 8-1〉이다.

〈표 8-1〉에 의하면, 평원대군 이하 15위(位)의 사판은 (수진)궁내(宮內)의 5묘(廟=祠堂)에 봉안하고 그곳에서 제사[祭=時享]를 지냄과 동시에 묘소에서도 제사[祭=墓祭]를 지낸 반면, 나머지 대군아기씨 이하 5위는 사당 없이[無廟] 묘제(墓祭)만 지냈다. 궁내의 5묘에 대한 제사는 음력 5·8월에 해당월 중순의 정일(丁日)에 설행(設行)하는 방식으로 매년 2회 실시되었고, 묘제는 매년 한식에 1회 설행되었다.

이후 1799년부터 1865년까지는 사판이 추가되기는 하였으나[13] 제사

---

10 『영조실록』영조 48년(1772) 8월 28일.『육궁고사』, "乾隆三十七年壬辰八月 大駕親臨于同宮祠堂義昌君樂善君神主移安于壽進宮奉行香火事". 이렇게 함께 봉안되는 과정에서 제수조로 수진궁에 원결(元結)을 하사하였다.

11 『정조실록(正祖實錄)』정조 즉위년(1776) 4월 10일.『육궁고사』, "丙申四月初十日 傳敎 明善公主明惠公主金貴人劉昭儀房田結幷還屬戶曹祠版幷入本宮事". 의창·낙선군의 사례와는 달리 궁방전이 호조로 환속되고, 사판만이 합사되었다. 명선·명혜의 두 공주방과 소의방의 경우, 이전에도 수진궁으로의 이속이 건의되었으나 임금이 따르지 않았다(『경종실록(景宗實錄)』경종 1년(1721) 2월 21일).

12 『정조실록』정조 즉위년(1776) 4월 16일.『육궁고사』, "丙申四月十六日 傳敎 壽進宮祭位廟則春秋墓所寒食爲事其外之祭一倂廢去祭位中無爵號大君及淑媛張氏淑儀羅氏明嬪金氏贈慶嬪李氏五位只存墓祭廟主埋置本墓事".

13 이 기간 동안 사당[廟]과 묘소[墓]가 추가된 사례로 숙의박씨와 영온옹주가 있고, 묘소[墓]만 추가된 사례로는 인성대군과 원빈홍씨가 있다(〈표 8-2〉참조).

祠版	墓(山所)	廟(宮內)	祭祀時期
平原大君	廣州		
江寧府夫人	廣州		
齊安大君	廣州	6位1廟	
商山府夫人	廣州		
永昌大君	廣州		
龍城大君	豊壤		
義昌君	豊壤		
陽川郡夫人	豊壤	4位1廟	·春秋仲朔中丁日設行
樂善君	靑松		·一只祭每年寒食墓所
東原郡夫人	靑松		
淑愼公主	西山	1位1廟	
明善公主	廣州	2位1廟	
明惠公主	廣州		
貴人金氏	忘憂里	2位1廟	
昭儀劉氏	津寬		
大君阿只氏	廣州		
淑儀羅氏	西山		
淑媛張氏	延曙	無廟	·每年寒食祭設行
明嬪金氏	峩嵯山		
贈慶嬪李氏	豊壤		

출처 : 『正祖實錄』卷49, 1798年(正祖22) 9月 7日 丁卯.

의 정식에는 큰 변화가 없었던 것으로 보인다. 『수진궁상제등록』의 이
와 같은 정식이 준수되고 있었음은, 제수 비용의 '실제' 지출내역을 기록
하고 있는 『수진궁차하책』에 의해 확인된다. 『수진궁차하책』상에 보이
는 기본적인 제사는 크게 두 가지로 구분되는데, 하나는 '시제향(時祭享)'
이라고 하여 매년 정기적으로 사당(廟)에서 치러진 제사이며, 다른 하나
는 '한식제향(寒食祭享)'이라고 하여 각 묘소에서 거행된 제사이다.[14]

14　『정조실록』(정조 22년(1798) 9월 7일)에 따르면 사판에 대한 제사는 '시향(時享)', 묘
　　소에 대한 제사는 '절향(節享)'이라 하였다. 사판에 대한 시향은 내시가 아닌 궁인들

고종대에 들어서 수진궁의 제향업무에 일대 변화가 발생한다. 더 이상 사판을 수진궁 내에서 봉향하지 않고, 각 묘소의 제청(祭廳)으로 이안(移安)하게 된 것이다. 이 조치가 1865년[乙丑] 12월 15일의 '제향신정식(祭享新定式)'이며, 1866년[丙寅] 1월부터 시행되었는데, 그 내역은 〈표 8-2〉와 같다.

제사의 설행 주기는 15위의 묘제(墓祭)는 전과 같이[依前] 한식에 묘 앞에서[墓前] 설행하고, 묘제(廟祭)는 매년 2회 하던 것을 줄여서 해마다 8월 중정 때[每年八月仲丁時]에 1회만 설행한 반면에, 숙의박씨와 영온옹주 2위에 대해서는 한식과 추석에 묘 앞에서[墓前] 설행하고 기신제향(忌辰祭享)을 묘위(廟位)에 설행하는 것으로 하였다. 사당이 없는[無廟] 7위 중 6위에 대해서는 전과 같이 한식에 묘전에서 설행하였으나, 원빈홍씨에 대해서만 한식과 추석에 묘전에서 제사지냈다.

제사를 지내는 과정에서는 전과 같이 향사(香使)를 보내었음에는 변함이 없으나, 그 회계(會計)를 더 이상 수진궁의 원고(元庫)에서 하지 않고 별도로 기록하여 성책[別錄成冊]하게 된다.[15] 즉 1866년에 이르러 수진궁의 합사 제향(合祀祭享) 기능이 별도의 회계로 관리됨으로써, 사실상 수진궁의 제사궁으로서의 기능은 본연의 것에서 벗어나게 되는 것이다.[16] 한말의 기록 또는 식민지기의 조사 기록에서 더 이상 수진궁을 제궁(祭宮)으로 보지 않고 여타 궁방과 같은 내탕(內帑), 이를 테면 '황후 소용의 내탕'으로 파악하는 이유가 여기에 있다.

'제향신정식'에 의해 규정된 수진궁의 제향 대상은 추후에 신규로 사

___

이 거행하였고, 묘제는 내시가 맡아 왔는데 이후 모두 내시가 거행하도록 건의하고 있다.
15 『각사당각묘소제향신정식등록(各祠堂各墓所祭享新定式謄錄)』.
16 『수진궁차하책』에서도 1864년 이후 제수비용 지출내역이 더 이상 등장하지 않음은 〈그림 7-10〉에서 살펴본 바와 같다.

祠版	墓	廟	祭祀時期
平原大君	2位1墓 (廣州壽進洞)	5位1廟 (廣州壽進洞)	
江寧府夫人			
齊安大君	2位1墓 (廣州壽進洞)		
商山府夫人			
永昌大君	1位1墓 (廣州壽進洞)		
龍城大君	1位1墓 (楊州豊壤)	3位1廟 (楊州豊壤)	
義昌君	2位1墓 (楊州豊壤)		
陽川郡夫人			
樂善君	2位1墓 (楊州靑松)	2位1廟 (楊州靑松)	· 十五位則寒食祭享依前墓前設行 · 廟位則每年八月仲丁時祭享一次爲之
東原郡夫人			
淑眞公主	1位1墓 (高陽西山)	1位1廟 (高陽西山)	
明善公主	1位1墓 (廣州炭洞)	2位1廟 (廣州炭洞)	
明惠公主	1位1墓 (廣州炭洞)		
貴人金氏	1位1墓 (楊州忘憂里)	1位1廟 (楊州忘憂里)	
昭儀劉氏	1位1墓 (楊州神穴面)	1位1廟 (楊州神穴面)	
淑儀朴氏	1位1墓 (楊州靑坡)	2位1廟 (楊州靑坡)	· 依前寒食秋夕祭享墓前設行 · 忌辰祭享廟位設行
永溫翁主	1位1墓 (楊州靑坡)		
大君阿只氏	1位1墓 (廣州壽進洞)	無廟	
淑儀羅氏	1位1墓 (高陽西山)	無廟	
淑媛張氏	1位1墓 (高陽延曙)	無廟	
明嬪金氏	1位1墓 (楊州峨嵯山)	無廟	· 寒食祭享依前墓前設行
贈慶嬪李氏	1位1墓 (楊州豊壤)	無廟	
仁城大君	1位1墓 (高陽順懷墓局內)	無廟	
元嬪洪氏	1位1墓 (楊州安巖川)	無廟	· 寒食秋夕祭享亦爲依前墓前設行

출처: 『各祠堂各墓所祭享新定式謄錄』(奎 19290).

판이 추가되기도 하고 일부가 사손가(祀孫家)에 봉안되기도 한다. 1870
년에는 영빈김씨 사판을 수진궁의 묘소제청에 이안하고 제향한 반면
에,[17] 1874년에 인성(仁城), 제안(齊安), 용성(龍城) 세 대군의 사판이 수진
궁으로부터 새로 정한 사손(祀孫) 집으로 이안되었다.[18] 즉 수진궁의 제
향 업무는 상황에 따라 확대되기도 하고 분담되기도 하는 양상이었다.

〈표 8-1〉과 〈표 8-2〉를 통해 알 수 있듯이 수진궁이 제향을 담당한 산소
[墓]와 제청(祭廳)은 각처에 산재해 있었는데, 고종대에 수진궁이 봉향한
묘소는 광주(廣州)의 6처, 양주(楊州)의 10처, 고양(高陽)의 4처로 도합 20처
에 달했다. 이들 지역은 서울에 인접한 곳들로서, 추석이나 한식에 묘소
를 왕래하는 여비와 제수비용이 모두 『수진궁차하책』에 기록되어 있다.

---

17 『수진궁등록(壽進宮謄錄)』 홍(洪), 1870년[庚午] 1월 6일.
18 『승정원일기』 1874년 10월 29일.

〈부록 1〉 1사7궁의 도서(圖署) 인영(印影)

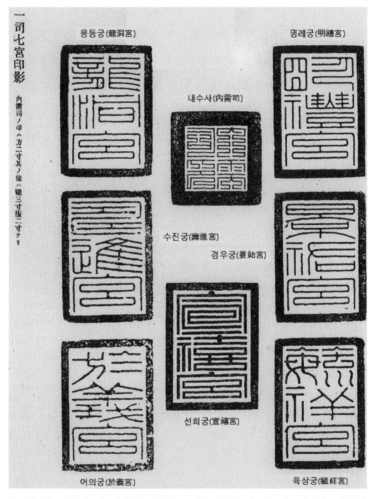

주 : 내수사의 도장은 가로세로의 길이가 모두 2촌(寸)이며, 나머지는 세로 3촌, 가로 2촌이라고 해설되어 있다.
출처 : 朝鮮總督府 臨時財産整理局(1911), '1사7궁의 인영(一司七宮印影)'. 朝鮮總督府 臨時土地調査局(1918) 에도 수록되어 있다.

〈부록 2〉『수진궁미하금청구(壽進宮未下金請求)』의 일부

① 壽進宮各兼役ヨリ進排スル担當物品ノ區別表

職責	擔當物品
庫直	白米, 米, 粘米, 眞末, 白淸, 淸蜜, 造果, 眞油, 法油 等
使喚	肉種, 魚種 等
貿易	各果種, 雜穀, 臺所備品(料理所用), 乾魚物, 塩魚物, 炭, 燭, 菌屬, 苦草 等
馬夫	太, 燻造, 塩 等
市婢子	各種茱蔬及雜饌品 等
柴庫直	柴木

② 載寧ヨリ收穫セシ賭租四千二百七十八石ノ用途

租四千二百七十八石	賭租ト稱スルモノニシテ天災アラン限リハ石數一定セルモノナリ
內二千三百九十九石十五斗八升*二合	大次知以下一般宮屬ノ鄕味トシテ差引分(捧上二記入セス)
差引一千八百七十八石二斗一升	宮ノ原收入トシテ捧上冊二記入スル分
內七百九十三石一斗九升六合	小次知以下一般宮屬ノ料トシテ特定セシ分
差引一千〇八十五石二斗二合	純單タル宮ノ公用トシテ消費スル分

주 : * 원문의 '斗'를 '升'으로 바로잡았음.

③ 壽進宮債額中에 對ㅎ야

問壽進宮債額中에 鄕味가 混入이라ㅎ니 鄕味名稱이 何를 謂흠인지 甚히 不明ㅎ니 其意義와 原因을 昭詳說明ㅎ야 調査上에 未解흠이 無케흠

答鄕味名稱이各宮에皆有ᄒᆞ니大盖其種類인즉祿俸과無異ᄒᆞ나其性質
이稍히相殊ᄒᆞᆷ이左와如ᄒᆞᆷ

一該宮各土地의每年實收穫高에셔其半部分은原官納으로認定ᄒᆞ야收
入簿(捧上冊)에記入ᄒᆞ고其餘半額部分은該宮一般官吏가前例를依
ᄒᆞ야分等取食ᄒᆞ니此를鄕味라名稱ᄒᆞᆷ

二壽進宮은從來로附屬ᄒᆞᆫ土地가不足ᄒᆞ야各項供進ᄒᆞᆷ을該宮固有産財
로ᄂᆞᆫ支用치못ᄒᆞ고內下金額으로供進ᄒᆞᆷ을維持ᄒᆞ든니近自數十年以
來로收入金은減少되고支出金은加多ᄒᆞ야各兼役에未支撥額이年々
添加ᄒᆞ야各該兼役에資本金이蕩盡ᄒᆞ야餘存이無ᄒᆞᆯ時에ᄂᆞᆫ商民의各
物種價를支給지못ᄒᆞ야該物價額이年々增加되고도猶且 御供ᄒᆞᆷ을
往々히繼續지못ᄒᆞᆯ境遇에ᄂᆞᆫ該宮大小次知와掌務가他債를得ᄒᆞ야時
急ᄒᆞᆫ供進에充用ᄒᆞ얏다가載寧土地에셔收入ᄒᆞᄂᆞᆫ鄕味額으로該債額
을報償ᄒᆞᆷ을年例를成ᄒᆞ야一般宮屬에鄕味가年々히供進中에添入인
즉會計冊에未下額이十三萬一千餘円內에各兼役의先當ᄒᆞᆫ資本과各商
民에物種價의未給條를計ᄒᆞ면其外四萬一千七百餘円은宮官吏의載寧
鄕味額으로挪用ᄒᆞᆫ것시니此를比例로言ᄒᆞ면宮官吏의鄕味額을收聚
ᄒᆞ야供進一部分을擔當ᄒᆞᆷ인즉其性質이一個兼役과其資格이同一ᄒᆞᆷ

三壽進宮官吏의鄕味額을年々이供進에充用ᄒᆞ나全部分은沒入지아니
ᄒᆞ고十分에六七分或은四五分이供進에混入ᄒᆞ민鄕味租가假量二十
餘石이면其價額이年各不同ᄒᆞ야近年에至ᄒᆞ야ᄂᆞᆫ每石에一円五六十
錢或은二円二三十錢式에發賣ᄒᆞᆷ

該鄕味額이供進에混入ᄒᆞᆷ이各年이不同ᄒᆞ나其每年混入額을分別
ᄒᆞ량이면該未下額中에各兼役債額을除ᄒᆞᆫ以外에ᄂᆞᆫ卽該額이現出ᄒᆞᆷ
(月別年別이一例)

載寧土地每年實收穫高租四千二百七十八石內

　　支撥

　　庫入一千八百九十七石四升八勺　　租價는各年不同홈

　　宮監酬勞五十石

　　監官料下七十石

　　宮官吏年例鄕味二千二百六十石一斗七升五合二勺　　供進混入各年

　　　　　　　　　　　　　　　　　　　　　　　　　　　　不同홈

④ 申請書

　　中部禁府後洞三十三統五戶前壽進宮庫直金錫允㊞

　　中部壽進洞四統二戶　　　　　　仝貿易丁完洙㊞

　　中部壽進洞三十統九戶　　　　　仝使喚文泰賢㊞

　　中部壽進洞二統七戶　　　　　　仝使喚全斗錫㊞

　　事實

本月二日에　貴局債務調查課에셔本人等을呼出ᄒ야前壽進宮各年未下金
中庚辰自壬寅至二十三個年間未下金은開國五百四年會計法第二十九條의
規定을因ᄒ야期滿免除로써此를支給치아니ᄒ고癸卯自丙午至四個年間
에未下金이나支給ᄒ깃다고本人等의게公佈ᄒ시온바其當時에本人等이
此를聞ᄒ고落膽失魄ᄒ와其答홀바를不知ᄒ고　貴局을退出ᄒ後此를思量
ᄒ온즉右會計法을此에準用ᄒ다ᄒ시나此는　皇室에셔御用ᄒ시는四宮
(明壽龍於)과　皇室間에關係如何를　貴局에셔詳察치못ᄒ시는緣故라謂홀
지로다何者오原來　皇室의稱과各宮(右四宮)의名이其稱號는雖異ᄒ나其

實際關係及性質을言ᄒᆞ면闕外에出在ᄒᆞᆫ 皇室各殿의一分室이오各其進排ᄒᆞᄂᆞᆫ物品으로論ᄒᆞᆯ지라도皇室各殿에셔直接 進御ᄒᆞ시ᄂᆞᆫ日常料理의原料品과臨時 進御ᄒᆞ시ᄂᆞᆫ料理及其他日用雜品及雜費等이라故로前日所謂各貢契와도有異ᄒᆞ고官制로ᄡᅥ設置ᄒᆞ얏던前日司饔院尙衣院과近日典膳司內藏院과도有異ᄒᆞ야宮內府管轄을受ᄒᆞᆷ이毫無ᄒᆞ고特別會計로ᄡᅥ所管各殿의附屬ᄒᆞᆫ者ㅣ니其起源을略陳ᄒᆞ면往昔에在ᄒᆞ야 皇室에셔日用諸品에用度敏活을計圖ᄒᆞ기爲ᄒᆞ사官制上御用品에供進官廳이有ᄒᆞᆷ을不拘ᄒᆞ시고特히此를冊設ᄒᆞ사以後屢百年今日에至ᄒᆞ기까지一定不變ᄒᆞᆫ者ㅣ라大抵進排라稱ᄒᆞᆷ은下에셔上에上納ᄒᆞᆫ다ᄂᆞᆫ意味나各宮의進排라稱ᄒᆞᆷ은其實이進排가아니오所管各 殿에셔各其私有ᄒᆞ신財産(宮有財産)으로ᄡᅥ一般御需用에對ᄒᆞ야必要ᄒᆞᆫ一部分의補用ᄒᆞ시ᄂᆞᆫ비라然ᄒᆞᆷ으로往昔에在하야ᄂᆞᆫ恒常時在가有ᄒᆞ더니挽近數十年以來로限度가有ᄒᆞᆫ財源으로ᄡᅥ限度가無ᄒᆞᆫ臨時用度가頻煩ᄒᆞᆷ심으로自然收支가相補치못ᄒᆞ와年々未下가積聚ᄒᆞᄂᆞᆫ中去甲辰年分에當 殿에 國恤를當ᄒᆞ야意外의用度가頓加ᄒᆞᆷ으로今日에至ᄒᆞ야未下가巨額에達ᄒᆞᆷ에至ᄒᆞᆫ지라雖然이나此未下에對ᄒᆞ야此를宮內府 帝室會計를掌ᄒᆞᆫ官廳에셔支給ᄒᆞ거나又此에對ᄒᆞ야其支給을請求ᄒᆞ난規例가本無ᄒᆞ고本宮次知나女官이所管 殿에此를時々로上 奏ᄒᆞ면未下에一部分을下賜ᄒᆞ시거나又下賜ᄒᆞ심이無ᄒᆞᆯ지라도其困難을忍耐ᄒᆞᆯᄲᅮᆫ이오宮屬等이文字로ᄡᅥ所管 殿에請求ᄒᆞᆷ은自古未曾有ᄒᆞᆫ失敬千萬의一變則이라若其命을不顧ᄒᆞ기外에ᄂᆞᆫ此를不得ᄒᆞᆷ은三尺童子라도悉皆知得ᄒᆞᄂᆞᆫ비오收入支出計算ᄒᆞᄂᆞᆫ方法에至ᄒᆞ야도官廳에關係ᄂᆞᆫ毫無ᄒᆞ고古昔에慣例를從ᄒᆞ야捧上上下會計三種帳簿를修上ᄒᆞ면所管各 殿에셔啓字나達字나慈敎字를捺下ᄒᆞ사其計算에正確ᄒᆞᆷ을裁決ᄒᆞ시ᄂᆞᆫ비니此ᄂᆞᆫ各種帳簿에照ᄒᆞ야旣爲 洞悉ᄒᆞ신비인즉 帝室에對ᄒᆞᆫ一般債權과ᄂᆞᆫ性質이逈殊ᄒᆞ고又

各宮職員으로論ᄒᆞ야도次知掌務의職名이他官廳에ᄂᆞᆫ本無ᄒᆞ고唯獨各宮에만存在ᄒᆞᆫ名稱이오又此等職員의任免을官報에揭佈치못ᄒᆞ고 皇室에勅令으로만此ᄅᆞᆯ行ᄒᆞᄂᆞᆫ者ㅣ니其性質을究ᄒᆞ면半官半民에一種特別ᄒᆞᆫ職役이라以上事實로써此로觀ᄒᆞᆯ지라도右四宮은 皇室各殿의分室卽所管 殿에附屬物됨이明白ᄒᆞᆯ지라故로右四宮未下에對ᄒᆞ야ᄂᆞᆫ會計法二十九條ᄅᆞᆯ準用ᄒᆞᆷ이不可ᄒᆞᆯᄲᅮᆫ아니라尙且本宮未下金에關係ᄂᆞᆫ他宮과도有異ᄒᆞ니此ᄂᆞᆫ非他라去庚子年分에 純明皇后게ᄋᆞᆸ셔未下가多ᄒᆞ야本宮々屬의事情이困難ᄒᆞᆷ을洞燭ᄒᆞ시고本宮에 勅敎ᄒᆞ사曰未下가多有ᄒᆞ야宮屬이甚히困難ᄒᆞ다ᄒᆞ니實로矜惻ᄒᆞ도다庚辰(未下生ᄒᆞᆫ年)庚子九月以前間二十一年分未下條ᄂᆞᆫ此ᄅᆞᆯ一括ᄒᆞ야前未下로ᄒᆞ고庚子九月以後의帳簿에ᄂᆞᆫ此ᄅᆞᆯ推越記入치勿ᄒᆞ면此ᄅᆞᆯ自今으로每月二百圜式排月支拂ᄒᆞ마ᄒᆞ오시기로敢히拒逆치못ᄒᆞ고此ᄅᆞᆯ服從ᄒᆞ와同月부터每月二百圜式(或二百円內外되ᄂᆞᆫ時도有ᄒᆞᆷ)受領ᄒᆞ다가去甲辰年卽崩逝ᄒᆞ시던年ᄭᅡ지此ᄅᆞᆯ支拂ᄒᆞ셧슨즉此로見ᄒᆞ야도庚子以前條ᄂᆞᆫ더욱期滿免除라謂치못ᄒᆞᆯ者ㅣ니此等證據ᄂᆞᆫ捧上冊에前未下內下라고記載된者오又此外에本宮은屢十年間을 純明皇后(甲辰年崩逝ᄒᆞ신純明皇后)殿에附屬ᄒᆞᆫ宮인故로其用度도他宮보다煩多치아니ᄒᆞ고兼ᄒᆞ야下賜金은僅少ᄒᆞ며此에對ᄒᆞᆫ利益도至薄ᄒᆞᆷ은一般世人이共知ᄒᆞᄂᆞᆫ바이오며供進ᄒᆞᆫ物種價未下條로因ᄒᆞ야家產을蕩敗ᄒᆞ고濱死ᄒᆞᆯ境에至ᄒᆞ와 貴局에셔從速支撥ᄒᆞ심을晝宵顒望이ᄋᆞᆸ더니今에期滿免除로壬寅以前未下額은不給ᄒᆞ신다ᄒᆞ오니本人等이如醉如狂ᄒᆞ와其向ᄒᆞᆯ바ᄅᆞᆯ不知ᄒᆞ올지라各商民處에所負外上代金과本人等의先當金을何로써磨勘乎잇가一般宮屬의數十年鄕味未下와本人等에供進物種價未下額을悉皆領收치못ᄒᆞ면呼天自刎ᄒᆞ야도其冤抑ᄒᆞᆷ은死後에도不消ᄒᆞᄀᆞᆺ기玆에此事由ᄅᆞᆯ詳細伏告ᄒᆞ오니

洞燭ᄒ신後本宮未下條ᄂ悉皆支給ᄒ심을伏望

隆熙二年十二月十五日

臨時財産整理局長官 閣下

⑤ 請願書

中部堅平坊禁府後洞三十三統五戶金錫允㊞

中部壽進坊壽進洞二統七戶　　全斗錫㊞

中部壽進坊壽進洞三十統九戶　　文泰賢㊞

中部壽進坊壽進洞四統二戶　　丁完洙等㊞

事實

本人等이前壽進宮擧行으로

皇室에各項物品進排ᄒ費額이多至十三萬一千九圜八十七錢이온디因此巨

額으로家産을擧皆蕩敗ᄒ고至於濱死之境이오며且各商民處에ᄂ積債如山

ᄒ야其侵督債償이極度에達ᄒ와不能忍耐支保之境이옵나이다情勢去益

急迫ᄒ와時日을難堪이옵기其間各宮事務整理所에請願ᄒ온題旨一度와

宮內府題旨二度와 帝室財産整理局題旨一度合四度를粘連齊訴ᄒ오니

矜燭情狀이신後生民之命脉을顧念ᄒ오셔右金額을從速支撥ᄒ시와俾家

救活生成之澤케ᄒ시믈伏望

隆熙二年九月十四日

臨時財産整理局長官 閣下

⑥ 請願

各宮을廢止ᄒ오실時에未下金額을從速報給ᄒ야쥬오실줄바라옵더니昨
年에供進所로各郡所在田畓은秋收ᄒ옵고未下金額은將至二年에尙未蒙
處分이오니宮屬과各商賈輩에窮冬情勢가難堪ᄒ옵기로不勝悶迫ᄒ와玆
에請願ᄒ오니　洞燭事狀ᄒ오신後에本宮年來進排ᄒ온未受價金十三萬一千
十四圜九十七戔六里을卽爲劃下ᄒ옵셔俾活衆命之地을伏望
隆熙二年一月 日請願人
　　　　　　前壽進宮小次知安弼柱㊞
　　　　　　　掌務朴東植㊞
　　　　　　　　張鎭赫㊞
　　　　　　　　文學謨㊞
　　　　　　　　崔泓植㊞
宮內府大臣　　　　　閣下

〈부표 1〉 수진궁 궁속의 거주지 (1905년 기준)

직(職)	성명	부(部)	동(洞)
제조(提調)	안상궁(安尙宮)	중부(中部)	두석동(豆錫洞)
대차지(大次知)	이민화(李敏和)	중부(中部)	익동(益洞)
소차지(小次知)	안필주(安弼柱)	중부(中部)	두석동(豆錫洞)
장무(掌務)	이재윤(李載潤)	남부(南部)	홍문동(弘門洞)
동(仝)	박동식(朴東植)	서부(西部)	내자동(內資洞)
동(仝)	안태환(安泰煥)	중부(中部)	두석동(豆錫洞)
동(仝)	변도영(卞道英)	서부(西部)	동령동(東嶺洞)
동(仝)	최익형(崔翊亨)	북부(北部)	옥동(玉洞)
동(仝)	문두상(文斗相)	서부(西部)	도염동(都染洞)
동(仝)	장진혁(張鎭赫)	북부(北部)	사포동(司圃洞)
동(仝)	최익명(崔翊明)	북부(北部)	동십자교(東十字橋)
동(仝)	최익풍(崔翊豐)	서부(西部)	내수사내(內需司內)
동(仝)	유경렬(劉慶烈)	중부(中部)	부정동(富井洞)
동(仝)	안용상(安用相)	서부(西部)	사동(篩洞)
동(仝)	윤태욱(尹泰郁)	중부(中部)	두석동(豆錫洞)
동(仝)	최대식(崔大植)	서부(西部)	봉상동(奉常洞)
동(仝)	김도원(金道源)	서부(西部)	장생동(長生洞)
동(仝)	이수환(李壽煥)	남부(南部)	하다동(下茶洞)
동(仝)	엄기원(嚴基元)	남부(南部)	갑동(甲洞)
동(仝)	유진효(劉鎭孝)	남부(南部)	대산림동(大山林洞)
동(仝)	홍은주(洪垠柱)	중부(中部)	금후동(禁后洞)
동(仝)	최주환(崔周桓)	중부(中部)	상미전동(上米廛洞)
동(仝)	오경흠(吳敬欽)	중부(中部)	전동(典洞)
동(仝)	안상모(安商謨)	북부(北部)	옥동(玉洞)
동(仝)	안상순(安商淳)	중부(中部)	상사동(相思洞)
동(仝)	박경돈(朴慶敦)	서부(西部)	영빈궁내(英嬪宮內)
동(仝)	김경식(金景植)	중부(中部)	박동(磚洞)
동(仝)	천태곤(千泰坤)	남부(南部)	상다동(上茶洞)
고지기[庫直]	김석윤(金錫允)	중부(中部)	금후동(禁后洞)
동(仝)	이경근(李敬根)	북부(北部)	수문동(水門洞)
동(仝)	김윤홍(金潤弘)	중부(中部)	외상사동(外相思洞)
동(仝)	박만성(朴萬成)	서부(西部)	모화관(慕華館)
동(仝)	한성운(韓成雲)	중부(中部)	전동(典洞)
동(仝)	김인봉(金仁鳳)	서부(西部)	삼호(三湖)
동(仝)	김천길(金千吉)	중부(中部)	수진궁내(壽進宮內)
동(仝)	전복성(全福成)	중부(中部)	수진궁내(壽進宮內)
동(仝)	이명학(李命學)	중부(中部)	전동(典洞)
동(仝)	이재업(李在業)	서부(西部)	석교(石橋)
동(仝)	정홍규(丁弘奎)	중부(中部)	수진궁내(壽進宮內)
동(仝)	김건영(金健榮)	중부(中部)	전동(典洞)
동(仝)	장흥성(張興成)	서부(西部)	냉동(冷洞)
동(仝)	전학성(全學成)	중부(中部)	운현궁협호(雲峴宮挾戶)

직(職)	성명	부(部)	동(洞)
동(仝)	장영환(張永煥)	중부(中部)	수진궁내(壽進宮內)
동(仝)	전의완(全義完)	북부(北部)	원동(苑洞)
동(仝)	전규석(全奎錫)	중부(中部)	수진동(壽進洞)
동(仝)	이천석(李千錫)	중부(中部)	전동(典洞)
동(仝)	홍정필(洪正弼)	북부(北部)	삼청동(三淸洞)
동(仝)	박재호(朴載鎬)	중부(中部)	전동(典洞)
동(仝)	전윤성(全潤成)	중부(中部)	대사동(大寺洞)
동(仝)	전용성(全龍成)	서부(西部)	신문외(新門外)
동(仝)	장흥선(張興善)	동부(東部)	동문외복교(東門外卜橋)
동(仝)	이기춘(李基春)	중부(中部)	수동(壽洞)
동(仝)	이순성(李順成)	중부(中部)	수동(壽洞)
동(仝)	문태현(文泰賢)	중부(中部)	수동(壽洞)
동(仝)	김수길(金壽吉)	중부(中部)	수동(壽洞)
동(仝)	원수명(元壽明)	중부(中部)	이동(泥洞)
동(仝)	김수천(金壽千)	북부(北部)	소안동(小安洞)
동(仝)	문덕룡(文德龍)	중부(中部)	수동(壽洞)
동(仝)	전두석(全斗錫)	중부(中部)	수동(壽洞)
동(仝)	황종식(黃鍾植)	북부(北部)	신교(新橋)
동(仝)	박관식(朴寬植)	서부(西部)	냉동(冷洞)
동(仝)	지계운(池啓運)	중부(中部)	수동(壽洞)
동(仝)	박상근(朴相根)	중부(中部)	수동(壽洞)
동(仝)	이삼룡(李三龍)	중부(中部)	수동(壽洞)
동(仝)	정호영(丁鎬英)	중부(中部)	수진궁내(壽進宮內)
동(仝)	윤인성(尹仁成)	동부(東部)	동대문외(東大門外)
동(仝)	이태식(李台植)	서부(西部)	석교(石橋)
동(仝)	김완근(金完根)	중부(中部)	익동(益洞)
동(仝)	박창렬(朴昌烈)	북부(北部)	장동(壯洞)
동(仝)	원순룡(元順龍)	중부(中部)	익동(益洞)
동(仝)	강정순(姜貞淳)	중부(中部)	익동(益洞)
내인(內人)	김상궁(金尙宮)	북부(北部)	수문동(水門洞)
비자(婢子)	삼석(三錫)	서부(西部)	석교(石橋)
서기(書記)	박제풍(朴齊豊)	서부(西部)	근동(芹洞)
숙수(熟手)	윤갑술(尹甲戌)	북부(北部)	효자동(孝子洞)
청지기(廳直)	노승탁(盧昇鐸)	중부(中部)	익동(益洞)
동(仝)	김국현(金國鉉)	중부(中部)	익동(益洞)
동(仝)	이성환(李聖煥)	중부(中部)	두석동(豆錫洞)
동(仝)	이화실(李和實)	중부(中部)	익동(益洞)
땔나무지기(柴木直)	전순용(全順用)	중부(中部)	수동(壽洞)
고간지기(庫間直)	장도환(張道煥)	중부(中部)	수동(壽洞)
마의(馬醫)	지창석(池昌錫)	중부(中部)	수동(壽洞)
노탄지기(爐炭直)	장범이(張範伊)	중부(中部)	전동(典洞)
역인(役人)	서관영(徐寬永)	중부(中部)	수진궁내(壽進宮內)
걸조(乞租)	김유성(金有成)	중부(中部)	금후동(禁后洞)

출처 : 『수진궁미하금청구』, '수진궁에 인액의 향미를 나용한 총계의 분배표(壽進宮에 人額의 餉味를 挪用한 摠計에 分排票)'.

〈부표 2〉『탁지지』의 '제궁방면세총수(諸宮房免稅摠數)' (단위: 結)

궁방명	면세총수
내수사(內需司)	1,390.62
수진궁(壽進宮)	3,720.24
어의궁(於義宮)	2,181.00
명례궁(明禮宮)	1,688.15
용동궁(龍洞宮)	2,366.88
육상궁(毓祥宮)	1,898.02
의열궁(義烈宮)	3,053.50
경수궁(慶壽宮)	900.00
호녕대군방(護寧大君房)	9.00
효녕대군방(孝寧大君房)	9.00
월산대군방(月山大君房)	9.00
덕흥대원군방(德興大院君房)	70.60
광해군방(光海君房)	447.28
경평군방(慶平君房)	99.50
경선군방(慶善君房)	50.00
영성군방(寧城君房)	41.00
정근옹주방(貞瑾翁主房)	75.59
정화옹주방(貞和翁主房)	99.38
인평대군방(麟坪大君房)	587.25
숭선군방(崇善君房)	193.20
숙안공주방(淑安公主房)	150.00
숙명공주방(淑明公主房)	146.90
숙휘공주방(淑徽公主房)	144.34
숙정공주방(淑靜公主房)	147.91
숙경공주방(淑敬公主房)	149.92
숙녕공주방(淑寧公主房)	199.99
경숙군주방(慶淑郡主房)	200.00
경순군주방(慶順郡主房)	51.04
명안공주방(明安公主房)	147.82
연령군방(延齡君房)	920.07
영빈방(寧嬪房)	10.00
귀인방(貴人房)	804.57
화순옹주방(和順翁主房)	1,493.21
화평옹주방(和平翁主房)	1,312.11
화협옹주방(和恊翁主房)	1,733.94
화유옹주방(和柔翁主房)	798.13
화령옹주방(和寧翁主房)	1,210.69
화길옹주방(和吉翁主房)	1,103.05
청연군주방(淸衍郡主房)	1,100.25
청용군주방(淸瑢郡主房)	1,119.04
청근현주방(淸瑾縣主房)	100.00
은신군방(恩信君房)	60.00
경은부원군방(慶恩府院君房)	13.37
잠성부부인방(岑城府夫人房)	6.51
의빈방(宜嬪房)	800.00
이상(已上)	32,812.07**
	33,127.00**

주: * 실제 합계. ** 원문에 제시된 합계.
출처: 『탁지지』 외편 권5 판적사 전제부3.

〈부표 3〉『내수사급각궁방전답총결여노비총구도안』의 집계 (단위 : 結)

A. 궁방별 (전체)

궁방명	전답총결					기타	
	면세			출세 (미면세)		화전	사위전답 ·축언답
	무토면세	유토면세					
내수사(內需司)	722	409.647*	1,131.65	2532.852*	3,664.50	60결 3,943.5일경*	356.383†
명례궁(明禮宮)	768.471	1,013.51	1,781.98	449.204	2,231.19		37.317†
수진궁(壽進宮)	1,716.93	1955.959*	3,672.89	790.724*	4,463.62		
어의궁(於義宮)	1,802.00	383.828	2,185.83	139.229	2,325.06	64.82결	
용동궁(龍洞宮)	1,380.35	970.522	2,350.87	240.584	2,591.46	25결	25†
육상궁(毓祥宮)	1,654.93	278.102	1,933.03	75.486*	2,008.52	211.529결 3,613일경	
의열궁(義烈宮)	2,431.04	822.576**	3,253.61	312.611	3,566.23		2.305†
영빈방(寧嬪房)	10		10	768.637	778.637		
경수궁(慶壽宮)	900	31.399	931.399		931.399		
의빈방(宜嬪房)	800	242.857	1,042.86		1,042.86		
귀인방(貴人房)	765.256	39.383	804.639	132.679	937.318		
화순옹주방(和順翁主房)	1,025.76	167.162*	1,192.92		1,192.92		
화평옹주방(和平翁主房)	820	466.523	1,286.52		1,286.52	98.247결	
화협옹주방(和恊翁主房)	1,542.39	82.011	1,624.41		1,624.41		
화유옹주방(和柔翁主房)	798.136		798.136		798.136		
화령옹주방(和寧翁主房)	1,151.22	59.482	1,210.70		1,210.70		
화길옹주방(和吉翁主房)	1075.404*	27.634	1,103.04		1,103.04		
청연군주방(淸衍郡主房)	673.013	427.243	1,100.26	11.205	1,111.46	27.379결	
청선군주방(淸璿郡主房)	974.1	8.615	982.715	32.313	1,015.03	158.289결*	
은언군방(恩彦君房)	90		90		90	112.451결	24‡
은신군방(恩信君房)	342.869	573.123	915.992	5.743	921.735	99.11결	
청근현주방(淸瑾縣主房)	160		160		160		
내원(內苑)		4.972	4.972		4.972		
합계	21,603.87	7,964.55	29,568.42	5,491.27	35,059.69	796.825결 7,616.5일경	421.005† 24‡

주 : 어의궁의 미나리논[水芹畓] 2마지기[斗落只]는 제외함. 용동궁의 평양(平壤) 미면세전(未免稅田) 2일경은 제외함. 은신군방의 본방질(本房秩) 무토면세 전답 90결은 제외함. 기타 결부수가 기재되지 않은 전답, 파통(破筒), 미봉(未捧), 강락(江落), 고미보래(姑未報來) 등, 첨지(籤紙)에 기재된 내용, 수진궁의 금천 밭 시장(金川田 柴場) 등도 제외함. * 도이상의 값과 개별합이 일치하지 않은 경우. 개별합의 값을 적용함. ** 유토면세 결수에 양산(梁山)의 노전(蘆田) 12결 59부 5속을 포함하였음. † 사위전답. ‡ 축언답.

B. 궁방별 (전체, 화전 등 조정)

궁방명	전답총결(A+B+C)					
	면세			출세 (C)	유토 (B+C)	
	무토면세 (A)	유토면세 (B)				
내수사(內需司)	722	1,003.11	1,725.11	2,592.85	3,595.96	4,317.96
명례궁(明禮宮)	768.471	1,050.83	1,819.30	449.204	1,500.03	2,268.50
수진궁(壽進宮)	1,716.93	1,955.96	3,672.89	790.724	2,746.68	4,463.62
어의궁(於義宮)	1,802.00	383.828	2,185.83	204.049	587.877	2,389.88
용동궁(龍洞宮)	1,380.35	1,020.52	2,400.87	240.584	1,261.11	2,641.46
육상궁(毓祥宮)	1,654.93	278.102	1,933.03	504.223	782.325	2,437.25
의열궁(義烈宮)	2,431.04	824.881	3,255.92	312.611	1,137.49	3,568.53
영빈방(寧嬪房)	10		10	768.637	768.637	778.637
경수궁(慶壽宮)	900	31.399	931.399		31.399	931.399
의빈방(宜嬪房)	800	242.857	1,042.86		242.857	1,042.86
귀인방(貴人房)	765.256	39.383	804.639	132.679	172.062	937.318
화순옹주방(和順翁主房)	1,025.76	167.162	1,192.92		167.162	1,192.92
화평옹주방(和平翁主房)	820	564.77	1,384.77		564.77	1,384.77
화협옹주방(和恊翁主房)	1,542.39	82.011	1,624.41		82.011	1,624.41
화유옹주방(和柔翁主房)	798.136	-	798.136		-	798.136
화령옹주방(和寧翁主房)	1,151.22	59.482	1,210.70		59.482	1,210.70
화길옹주방(和吉翁主房)	1,075.40	27.634	1,103.04		27.634	1,103.04
청연군주방(淸衍郡主房)	673.013	427.243	1,100.26	38.584	465.827	1,138.84
청선군주방(淸璿郡主房)	974.1	8.615	982.715	190.602	199.217	1,173.32
은언군방(恩彦君房)	90	112.451	202.451	24	136.451	226.451
은신군방(恩信君房)	342.869	628.393	971.262	49.583	677.976	1,020.85
청근현주방(淸瑾縣主房)	160		160			160
내원(內苑)		4.972	4.972		4.972	4.972
합계	21,603.87	8,913.60	30,517.47	6,298.33	15,211.93	36,815.80

C. 지역별 (전결 총합)

궁방명	경기	황해	충청	경상	전라	강원	평안	함경	합계
내수사(內需司)	995.109	584.266	242.321	359.119	1,746.29	41.72	323.02	26.113	4,317.96
명례궁(明禮宮)	233.383	263.106	202.712	366.555	1,040.76	41.025	120.963		2,268.50
수진궁(壽進宮)	936.374	983.085	341.625	354.626	1,636.62	68.281	132.363	10.645	4,463.62
어의궁(於義宮)	120.389	799.664	27.818	483	941.457	17.549			2,389.88
용동궁(龍洞宮)	379.388	265.448	115.537	703.521	1,047.44	108.972	21.153		2,641.46
육상궁(毓祥宮)	85.155	334.956	488.559	274.199	914.797	158.862	180.724		2,437.25
의열궁(義烈宮)	44.522	467.887	723.126	939.067	1,342.38	37.202	14.351		3,568.53
영빈방(寧嬪房)	31.512	94.183	22.798		630.144				778.637
경수궁(慶壽宮)	500		300		100		31.399		931.399
의빈방(宜嬪房)	400	242.857	400						1,042.86
귀인방(貴人房)	108.777	325.538	29.9	73.794	399.309				937.318
화순옹주방(和順翁主房)	1.883	34	511	107.1	435.724	74.643	28.573		1,192.92
화평옹주방(和平翁主房)	202.914	251.705	336.837	120.842	407.972	31.5	33		1,384.77
화협옹주방(和協翁主房)	106.415	196.519	459.918	401.985	459.568				1,624.41
화유옹주방(和柔翁主房)	17.947	155	100	282.189	243				798.136
화령옹주방(和寧翁主房)	387.771	50.64	76.486	111.006	584.795				1,210.70
화길옹주방(和吉翁主房)	142.871	185.767	150	320	304.4				1,103.04
청연군주방(淸衍郡主房)	124.56	76.36	261.658	27.379	648.883				1,138.84
청선군주방(淸璿郡主房)	46.108	287.814	295.731	431.021		91.908	20.735		1,173.32
은언군방(恩彦君房)	16		133	30	47.451				226.451
은신군방(恩信君房)	92.93	43.84	63	306.617	493.458	21			1,020.85
청근현주방(淸瑾縣主房)	60		100						160
내원(內苑)	4.972								4.972
합계	5,038.98	5,642.64	5,382.03	5,692.02	13,424.44	692.662	906.281	36.758	36,815.80

D. 지역별 (출세)

궁방명	경기	황해	충청	경상	전라	강원	평안	함경	합계
내수사(內需司)	321,103	254,676	74,213	291,426	1,342,40		282,923	26,113	2,592,85
명례궁(明禮宮)	5,686	48,065			395,453				449,204
수진궁(壽進宮)	246,98	95,338	23,717	205,131	85,49	40,72	82,703	10,645	790,724
어의궁(於義宮)	26,084	74,134	27,818	30	33,692	12,321			204,049
용동궁(龍洞宮)	80,985		12,743	70,589	59,652	6,472	10,143		240,584
육상궁(毓祥宮)	8,997	66,13	1,855	54,24	164,978	33,862	174,161		504,223
의열궁(義烈宮)	4,911	95,585	15,353	159,56		37,202			312,611
영빈방(寧嬪房)	21,512	94,183	22,798		630,144				768,637
경수궁(慶壽宮)									
의빈방(宜嬪房)									
귀인방(貴人房)	19,887	70,925			41,867				132,679
화순옹주방(和順翁主房)									
화평옹주방(和平翁主房)									
화협옹주방(和恊翁主房)									
화유옹주방(和柔翁主房)									
화령옹주방(和寧翁主房)									
화길옹주방(和吉翁主房)									
청연군주방(清衍郡主房)	4,547		6,658	27,379					38,584
청선군주방(清璿郡主房)	1,817	3,39	5,731	67,021		91,908	20,735		190,602
은언군방(恩彦君房)	16		8						24
은신군방(恩信君房)	5,743	43,84							49,583
청근현주방(清瑾縣主房)									
내원(內苑)									
합계	764,252	846,266	198,886	905,346	2,753,67	222,485	570,665	36,758	6,298,33

E. 지역별 (면세)

궁방명	경기	황해	충청	경상	전라	강원	평안	함경	합계
내수사(內需司)	674.006	329.59	168.108	67.693	403.893	41.72	40.097		1,725.11
명례궁(明禮宮)	227.697	215.041	202.712	366.555	645.306	41.025	120.963		1,819.30
수진궁(壽進宮)	689.394	887.747	317.908	149.495	1,551.13	27.561	49.66		3,672.89
어의궁(於義宮)	94.305	725.53		453	907.765	5.228			2,185.83
용동궁(龍洞宮)	298.403	265.448	102.794	632.932	987.787	102.5	11.01		2,400.87
육상궁(毓祥宮)	76.158	268.826	486.704	219.959	749.819	125	6.563		1,933.03
의열궁(義烈宮)	39.611	372.302	707.773	779.507	1,342.38		14.351		3,255.92
영빈방(寧嬪房)	10								10
경수궁(慶壽宮)	500		300		100		31.399		931.399
의빈방(宜嬪房)	400	242.857	400						1,042.86
귀인방(貴人房)	88.89	254.613	29.9	73.794	357.442				804.639
화순옹주방(和順翁主房)	1.883	34	511	107.1	435.724	74.643	28.573		1,192.92
화평옹주방(和平翁主房)	202.914	251.705	336.837	120.842	407.972	31.5	33		1,384.77
화협옹주방(和恊翁主房)	106.415	196.519	459.918	401.985	459.568				1,624.41
화유옹주방(和柔翁主房)	17.947	155	100	282.189	243				798.136
화령옹주방(和寧翁主房)	387.771	50.64	76.486	111.006	584.795				1,210.70
화길옹주방(和吉翁主房)	142.871	185.767	150	320	304.4				1,103.04
청연군주방(淸衍郡主房)	120.013	76.36	255		648.883				1,100.26
청선군주방(淸璿郡主房)	44.291	284.424	290	364					982.715
은언군방(恩彦君房)			125	30	47.451				202.451
은신군방(恩信君房)	87.187		63	306.617	493.458	21			971.262
청근현주방(淸瑾縣主房)	60		100						160
내원(內苑)	4.972								4.972
합계	4,274.73	4,796.37	5,183.14	4,786.67	10,670.76	470.177	335.616		30,517.47

F. 지역별 (유토면세)

궁방명	경기	황해	충청	경상	전라	강원	평안	함경	합계
내수사(內需司)	192.006	269.59	168.108	67.693	223.893	41.72	40.097		1,003.11
명례궁(明禮宮)	22.816	165.041	-	266.555	439.156	36.297	120.963		1,050.83
수진궁(壽進宮)	270.036	828.647	117.908	49.495	640.213	-	49.66		1,955.96
어의궁(於義宮)	94.305	273.53	-	-	10.765	5.228	-		383.828
용동궁(龍洞宮)	58.051	135.448	7.794	322.932	482.787	2.5	11.01		1,020.52
육상궁(毓祥宮)	76.158	146.826	6.704	-	41.851	-	6.563		278.102
의열궁(義烈宮)	39.611	111.822	75.296	28.426	555.375	-	14.351		824.881
영빈방(寧嬪房)	-	-	-	-	-	-	-		-
경수궁(慶壽宮)	-	-	-	-	-	-	31.399		31.399
의빈방(宜嬪房)	-	242.857	-	-	-	-	-		242.857
귀인방(貴人房)	-	-	3.9	35.483	-	-	-		39.383
화순옹주방(和順翁主房)	1.883	34	-	-	78.063	24.643	28.573		167.162
화평옹주방(和平翁主房)	202.914	51.705	56.837	120.842	87.972	11.5	33		564.77
화협옹주방(和協翁主房)	-	13.172	68.839	-	-	-	-		82.011
화유옹주방(和柔翁主房)	-	-	-	-	-	-	-		-
화령옹주방(和寧翁主房)	28.354	0.64	6.486	11.006	12.996	-	-		59.482
화길옹주방(和吉翁主房)	22.868	4.766	-	-	-	-	-		27.634
청연군주방(淸衍郡主房)	-	23.36	-	-	403.883	-	-		427.243
청선군주방(淸璿郡主房)	4.241	4.374	-	-	-	-	-		8.615
은언군방(恩彦君房)	-	-	35	30	47.451	-	-		112.451
은신군방(恩信君房)	75.623	-	-	88.312	443.458	21	-		628.393
청근현주방(淸瑾縣主房)	-	-	-	-	-	-	-		-
내원(內苑)	4.972	-	-	-	-	-	-		4.972
합계	1,093.84	2,305.78	546.872	1,020.74	3,467.86	142.888	335.616		8,913.60

G. 지역별 (무토면세)

궁방명	경기	황해	충청	경상	전라	강원	평안	함경	합계
내수사(內需司)	482	60			180				722
명례궁(明禮宮)	204.881	50	202.712	100	206.15	4.728			768.471
수진궁(壽進宮)	419.358	59.1	200	100	910.913	27.561			1,716.93
어의궁(於義宮)		452		453	897				1,802.00
용동궁(龍洞宮)	240.352	130	95	310	505	100			1,380.35
육상궁(毓祥宮)		122	480	219.959	707.968	125			1,654.93
의열궁(義烈宮)		260.48	632.477	751.081	787				2,431.04
영빈방(寧嬪房)	10								10
경수궁(慶壽宮)	500		300		100				900
의빈방(宜嬪房)	400		400						800
귀인방(貴人房)	88.89	254.613	26	38.311	357.442				765.256
화순옹주방(和順翁主房)			511	107.1	357.661	50			1,025.76
화평옹주방(和平翁主房)		200	280		320	20			820
화협옹주방(和恊翁主房)	106.415	183.347	391.079	401.985	459.568				1,542.39
화유옹주방(和柔翁主房)	17.947	155	100	282.189	243				798.136
화령옹주방(和寧翁主房)	359.417	50	70	100	571.799				1,151.22
화길옹주방(和吉翁主房)	120.003	181.001	150	320	304.4				1,075.40
청연군주방(淸衍郡主房)	120.013	53	255		245				673.013
청선군주방(淸璿郡主房)	40.05	280.05	290	364					974.1
은언군방(恩彦君房)			90						90
은신군방(恩信君房)	11.564		63	218.305	50				342.869
청근현주방(淸瑾縣主房)	60		100						160
내원(內苑)									-
합계	3,180.89	2,490.59	4,636.27	3,765.93	7,202.90	327.289			21,603.87

⟨부표 4⟩ 『만기요람』의 '팔도사도면세전답결수(八道四都免稅田畓結數)'

(단위 : 結)

A. 면세결수

궁방명	면세결수			궁방명	면세결수		
	유토면세	무토면세			유토면세	무토면세	
내수사(內需司)	1,678.47	2,118.70	3,797.17	경선군방(慶善君房)	1	49	50
수진궁(壽進宮)	2,068.83	1,635.01	3,703.84	숭선군방(崇善君房)	93.208	100	193.208
육상궁(毓祥宮)	478.881	1,394.86	1,873.74	숙안공주방(淑安公主房)	5.178	144.825	150.003
선희궁(宣禧宮)	940.137	2,463.46	3,403.59	숙명공주방(淑明公主房)	101.412	42.568	143.98
연호궁(延祜宮)	20.367		20.367	숙휘공주방(淑徽公主房)	145.17		145.17
어의궁(於義宮)	407.1	1,832.00	2,239.10	숙정공주방(淑靜公主房)	81.358	69.302	150.66
명례궁(明禮宮)	1,062.46	685.897	1,748.36	숙경공주방(淑敬公主房)	25.365	124.563	149.928
용동궁(龍洞宮)	623.156	1,797.10	2,420.25	숙녕옹주방(淑寧翁主房)	145.047	54.95	199.997
가순궁(嘉順宮)	13.873	1,000.00	1,013.87	명안공주방(明安公主房)	161.562	15.402	176.964
경수궁(慶壽宮)	16.559	910	926.559	영빈방(寧嬪房)	5.277	10	15.277
의빈궁(宜嬪宮)	325.186	1,042.86	1,368.04	귀인방(貴人房)	82.793	723.284	806.077
진안대군방(鎭安大君房)		5	5	연령군방(延齡君房)	428.141	356.305	784.446
익안대군방(益安大君房)		9	9	화순옹주방(和順翁主房)	189.423	1,025.86	1,215.28
경순군주방(慶順郡主房)	47.04	4	51.04	화평옹주방(和平翁主房)	415.984	846.877	1,262.86
양녕대군방(讓寧大君房)	9		9	화협옹주방(和協翁主房)	142.762	1,500.21	1,642.98
효령대군방(孝寧大君房)		9	9	화유옹주방(和柔翁主房)	19.739	780.192	799.931
월산대군방(月山大君房)	8		8	화령옹주방(和寧翁主房)	95.277	1,151.22	1,246.49
덕흥대원군방(德興大院君房)	70.604		70.604	화길옹주방(和吉翁主房)	27.345	1,075.40	1,102.75
광해군방(光海君房)	43.177	409.509	452.686	청연군주방(淸衍郡主房)	427.243	673.012	1,100.26
정명공주방(貞明公主房)	122.929		122.929	청선군주방(淸璿郡主房)	244.643	974.08	1,218.72
정안옹주방(貞安翁主房)	16.3		16.3	정근옹주방(貞謹翁主房)	45.613	29.977	75.59
경평군방(慶平君房)	62.629	35	97.629	청근현주방(淸瑾縣主房)		100	100
영성군방(寧城君房)	35.207	6.37	41.577	은신군방(恩信君房)		60	60
정화옹주방(貞和翁主房)	2.879	96.506	99.385	숙선옹주방(淑善翁主房)		800	800
인평대군방(麟坪大君房)	421.976	187.111	609.087	경은부원군방(慶恩府院君房)	13.37		13.37
경숙군주방(慶淑郡主房)	1.282	198.725	200.007	잠성부부인방(岑城府夫人房)	6.516		6.516
				합계	11,379.47	26,547.13	37,926.60

주 : 원문상의 전체 합계는 37,927결 60부 1속이지만, 이는 경기 합계에 오류가 있어서임.
출처 : 『만기요람』 재용편2 면세.

. 유토면세

궁방명	수원	광주	개성	강화	경기	황해	충청	경상	전라	강원	평안	함경	계
내수사(內需司)		2.291		1.526	399.132	422.37	120.449	16.109	520.827	26.25	169.516		1,678.470
수진궁(壽進宮)	21.645	28.544		7.341	185.932	663.397	113.621	56.695	950.141	13.964	27.548		2,068.828
육상궁(毓祥宮)	3.74				14.091	85.194	6.704		332.391	25.646	11.115		478.881
선희궁(宣禧宮)	15.766				18.11	151.092	32.944	155.977	552.041		14.207		940.137
연호궁(延祜宮)								20.367					20.367
어의궁(於義宮)			1.445		93.828	273.53		7.304	23.765	7.228			407.100
명례궁(明禮宮)		0.542		4.121	19.91	213.496	2.712	257.495	464.947	25.075	74.166		1,062.464
용동궁(龍洞宮)		12.637			21.324	110.448	8.759	323.026	133.362	2.5	11.1		623.156
가순궁(嘉順宮)					13.873								13.873
경수궁(慶壽宮)						16.559							16.559
의빈궁(宜嬪宮)								30.518	257.429	37.239			325.186
진안대군방(鎭安大君房)													
익안대군방(益安大君房)													
경순군주방(慶順郡主房)	8.349				25.184		1.04		12.467				47.040
양녕대군방(讓寧大君房)					9								9.000
효령대군방(孝寧大君房)													
월산대군방(月山大君房)					8								8.000
덕흥대원군방(德興大院君房)					15		55.604						70.604
광해군방(光海君房)		1.799	3.4		7.751		30.227						43.177
정명공주방(貞明公主房)									122.929				122.929
정안옹주방(貞安翁主房)										16.3			16.300
경평군방(慶平君房)	2.36	2.492			6.685	28.092	20.58				2.42		62.629
영성군방(寧城君房)		1.323			10.325	1.629	15.406	4.935	1.225	0.364			35.207
정화옹주방(貞和翁主房)					2.879								2.879
인평대군방(麟坪大君房)		6.104			67.948	142.741	63.18	9.459	109.678	16.919	5.947		421.976
경숙군주방(慶淑郡主房)		1.282											1.282
경선군방(慶善君房)					1								1.000
숭선군방(崇善君房)									93.208				93.208
숙안공주방(淑安公主房)					2.18			2.998					5.178
숙명공주방(淑明公主房)		5.267			19.118	16.902	58.125	2					101.412
숙휘공주방(淑徽公主房)	3.282				43.094	22	71.374			5.42			145.170
숙정공주방(淑靜公主房)		1.38			6.652	31.275	6.677	12.406	11.109	11.859			81.358
숙경공주방(淑敬公主房)					12.745	12.62							25.365
숙녕옹주방(淑寧翁主房)					5.943	63.961	75.143						145.047
명안공주방(明安公主房)	5	3.439			1	15	36.912	80.316	9.844	4.214	5.837		161.562
영빈방(寧嬪房)									5.277				5.277
귀인방(貴人房)					2.39		3.9	73.794	2.709				82.793
연령군방(延齡君房)					31.967			88.312	286.862	21			428.141
화순옹주방(和順翁主房)					14.745	43.171			82.634		48.873		189.423
화평옹주방(和平翁主房)					183.206	29.116	42.253	108.471	52.938				415.984
화협옹주방(和協翁主房)						12.273	130.489						142.762
화유옹주방(和柔翁主房)					17.947	1.792							19.739
화령옹주방(和寧翁主房)	12.08				16.275	0.64	6.486	46.8	12.996				95.277
화길옹주방(和吉翁主房)					22.579	4.766							27.345
청연군주방(淸衍郡主房)						23.36			403.883				427.243
청선군주방(淸璿郡主房)					3.677	6.288		144.17		90.508			244.643
정근현주방(貞瑾翁主房)									45.613				45.613
청근현주방(淸瑾縣主房)													
은신군방(恩信君房)													
숙선옹주방(淑善翁主房)													
경은부원군방(慶恩府院君房)					13.37								13.370
잠성부부인방(岑城府夫人房)					2.516	4							6.516
합계	72.222	67.1	4.845	12.988	1,319.38	2,395.71	902.585	1,441.15	4,488.28	304.486	370.729		11,379.470

C. 무토면세

궁방명	경기	황해	충청	경상	전라	강원	평안	함경	계
내수사(內需司)	627.71	180	180	190	920.989	20			2,118.699
수진궁(壽進宮)	410.494	69.35	200	100	827.609	27.561			1,635.014
육상궁(毓祥宮)		122	480	176.961	490.9	125			1,394.861
선희궁(宣禧宮)		260.408	676.049	740	787				2,463.457
연호궁(延祜宮)									
어의궁(於義宮)		452		495.998	884				1,831.998
명례궁(明禮宮)	200		200	100	181.15	4.747			685.897
용동궁(龍洞宮)	235.352	135	95	310	921.744	100			1,797.096
가순궁(嘉順宮)	500		350		150				1,000.000
경수궁(慶壽宮)	480	30	300		100				910.000
의빈궁(宜嬪宮)	400	242.857	400						1,042.857
진안대군방(鎭安大君房)	5								5.000
익안대군방(益安大君房)	9								9.000
경순군주방(慶順郡主房)			4						4.000
양녕대군방(讓寧大君房)									
효령대군방(孝寧大君房)	9								9.000
월산대군방(月山大君房)									
덕흥대원군방(德興大院君房)									
광해군방(光海君房)	90.778	110.791	134.419		40.8	32.721			409.509
정명공주방(貞明公主房)									
정안옹주방(貞安翁主房)									
경평군방(慶平君房)	35								35.000
영성군방(寧城君房)			6.37						6.370
정화옹주방(貞和翁主房)	80	7.321	9.185						96.506
인평대군방(麟坪大君房)	22.352	76.734	50.819	37.206					187.111
경숙군주방(慶淑郡主房)	42.718	118.189	37.818						198.725
경선군방(慶善君房)	3.674	33.326				12			49.000
숭선군방(崇善君房)					100				100.000
숙안공주방(淑安公主房)	60.055	9.164	63.323	12.283					144.825
숙명공주방(淑明公主房)	18.274		10		14.294				42.568
숙휘공주방(淑徽公主房)									
숙정공주방(淑靜公主房)	45.049		1.22		23.033				69.302
숙경공주방(淑敬公主房)	27.319	2.016	60.228	35					124.563
숙녕옹주방(淑寧翁主房)	13.923	36.027	5						54.950
명안공주방(明安公主房)		3.19			12.212				15.402
영빈방(寧嬪房)	10								10.000
귀인방(貴人房)	88	254.613	26		354.671				723.284
연령군방(延齡君房)			63	218.305	75				356.305
화순옹주방(和順翁主房)			511.1	107.1	357.661	50			1,025.861
화평옹주방(和平翁主房)		200	294.584	12.293	320	20			846.877
화협옹주방(和協翁主房)	106.415	184.246	348	401.985	459.568				1,500.214
화유옹주방(和柔翁主房)		155	100	282.192	243				780.192
화령옹주방(和寧翁主房)	359.417	50	70	100	571.799				1,151.216
화길옹주방(和吉翁主房)	120.002	181.001	150	320	304.4				1,075.403
청연군주방(清衍郡主房)	120.012	53	255	120	125				673.012
청선군주방(清璿郡主房)	40.05	280.03	290	364					974.080
정근옹주방(貞瑾翁主房)		29.977							29.977
청근현주방(清瑾縣主房)	60		40						100.000
은신군방(恩信君房)			40		20				60.000
숙선옹주방(淑善翁主房)	400		200		200				800.000
경은부원군방(慶恩府院君房)									
잠성부부인방(岑城府夫人房)									
합계	4,619.59	3,276.24	5,651.12	4,123.32	8,484.83	392.029			26,547.131

〈부표 5〉『탁지전부고』의 '면세도표(免稅道表)' (단위 : 結)

A. 1814년

궁방명	유토	무토	장외(帳外)	합(合)
내수사(內需司)	1,592	2,118	86	3,797
수진궁(壽進宮)	2,068	1,635		3,703
육상궁(毓祥宮)	470	1,394	11	1,876
연호궁(延祜宮)	20			20
선희궁(宣禧宮)	940	2,463		3,403
어의궁(於義宮)	405	1,831	2	2,239
명례궁(明禮宮)	1,032*	735		1,767
용동궁(龍洞宮)	553	1,797	69	2,420
가순궁(嘉順宮)	13	1,000		1,013
경수궁(慶壽宮)	16	900*		916
의빈궁(宜嬪宮)	276	1,042	48	1,366
진안군방(鎭安君房)		5		5
익안대군방(益安大君房)		9		9
경순군주방(慶順郡主房)	47	4		51
양녕대군방(讓寧大君房)	9			9
효령대군방(孝寧大君房)		9		9
정안옹주방(貞安翁主房)	16			16
월산대군방(月山大君房)	9			9
덕흥대원군방(德興大院君房)	70			70
정명공주방(貞明公主房)	122			122
광해군방(光海君房)	43	409		452
경평군방(慶平君房)	62	35		97
영성군방(寧城君房)	35	6		41
정화옹주방(貞和翁主房)	2	96		99
인평대군방(麟坪大君房)	421	187		609
경숙군주방(慶淑郡主房)	1	198		200
경선군방(慶善君房)	1	49		50
숭선군방(崇善君房)	93	100		193
숙안공주방(淑安公主房)	5	144		150
숙명공주방(淑明公主房)	101	42		143
숙휘공주방(淑徽公主房)	145			145
숙정공주방(淑靜公主房)	79	69		148
숙경공주방(淑敬公主房)	25	124		149
숙녕옹주방(淑寧翁主房)	145	54		199
명안공주방(明安公主房)	161	15		176
영빈방(寧嬪房)		10	5	15
귀인방(貴人房)	82	723		806
연령군방(延齡君房)	428	356		784
화순옹주방(和順翁主房)	189	1,025		1,215
화평옹주방(和平翁主房)	415	846		1,262
화협옹주방(和協翁主房)	142	1,500		1,642
화유옹주방(和柔翁主房)	19	780		799
화령옹주방(和寧翁主房)	95*	1,151*		1,246
정근옹주방(貞瑾翁主房)	45	29		75
화길옹주방(和吉翁主房)	27	1,075		1,102
숙선옹주방(淑善翁主房)		800		800
청연군주방(淸衍郡主房)	427	673		1,100
청선군주방(淸璿郡主房)	154	974	90	1,218
청근현주방(淸瑾縣主房)		100		100
경은부원군방(慶恩府院君房)	13			13
잠성부부인방(岑城府夫人房)	6			6
은신군방(恩信君房)		60		60
합계	11,019	26,572	311	37,902

주 : * 원문 상의 합계가 아닌, 새로 계산한 수치.

B. 1824년

궁방명	유토	무토	장외	합
내수사(內需司)	1,592	2,118	86	3,797
수진궁(壽進宮)	1,999*	1,704		3,703
육상궁(毓祥宮)	470	1,437	11	1,919
연호궁(延祜宮)	20			20
선희궁(宣禧宮)	940	2,463		3,403
어의궁(於義宮)	407	1,789	2	2,198
명례궁(明禮宮)	1,012	735		1,748
용동궁(龍洞宮)	576	1,797	69	2,443
가순궁(嘉順宮)	13	1,000		1,013
경수궁(慶壽宮)	16	900		916
의빈궁(宜嬪宮)	276	990*	48	1,314
진안군방(鎭安君房)		5		5
익안대군방(益安大君房)		9		9
경순군주방(慶順郡主房)	13			13
양녕대군방(讓寧大君房)	9			9
효령대군방(孝寧大君房)		7		7
정안옹주방(貞安翁主房)				
월산대군방(月山大君房)	9			9
덕흥대원군방(德興大院君房)	70			70
정명공주방(貞明公主房)	122			122
광해군방(光海君房)	43*	409*		452
경평군방(慶平君房)				
영성군방(寧城君房)	2			2
정화옹주방(貞和翁主房)				
인평대군방(麟坪大君房)	421	187		609
경숙군주방(慶淑郡主房)	1	198		200
경선군방(慶善君房)	1	49		50
숭선군방(崇善君房)				
숙안공주방(淑安公主房)				
숙명공주방(淑明公主房)	101	42		143
숙휘공주방(淑徽公主房)				
숙정공주방(淑靜公主房)				
숙경공주방(淑敬公主房)				
숙녕옹주방(淑寧翁主房)				
명안공주방(明安公主房)	161	15		176
영빈방(寧嬪房)		10	5	15
귀인방(貴人房)	82*	723*		806
연령군방(延齡君房)	428	356		784
화순옹주방(和順翁主房)	153	590		743
화평옹주방(和平翁主房)	315	420		735
화협옹주방(和協翁主房)	90	962		1,053
화유옹주방(和柔翁主房)		200		200
화령옹주방(和寧翁主房)	9	610		619
정근옹주방(貞瑾翁主房)				
화길옹주방(和吉翁主房)	18	484		502
숙선옹주방(淑善翁主房)		790*		790
청연군주방(淸衍郡主房)	427	673		1,100
청선군주방(淸璿郡主房)	252*	974	90	1,316
청근현주방(淸瑾縣主房)		150*		150
경은부원군방(慶恩府院君房)	13			13
잠성부부인방(岑城府夫人房)	6			6
은신군방(恩信君房)		60		60
합계	10,067	22,856	311	33,234

주: * 원문 상의 합계가 아닌, 새로 계산한 수치.

C. 1854년

궁방명	유토	무토	장외	합
내수사(內需司)	1,845	2,058*	86	3,989
수진궁(壽進宮)	1,989*	1,664*		3,653
육상궁(毓祥宮)	473*	1,328*	11	1,813
연호궁(延祜宮)	20			20
선희궁(宣禧宮)	935	2,463		3,398
어의궁(於義宮)	407	1,789	2	2,198
명례궁(明禮宮)	1,060	735		1,795
용동궁(龍洞宮)	631*	1,934*	69	2,634
가순궁(嘉順宮)	13	1,000		1,013
경수궁(慶壽宮)	16	183		200
의빈궁(宜嬪宮)	67	1,040	48	1,157
진안대군방(鎭安大君房)		5		5
익안대군방(益安大君房)		9		9
경순군주방(慶順郡主房)	13			13
양녕대군방(讓寧大君房)	9			9
효령대군방(孝寧大君房)		7		7
월산대군방(月山大君房)	9			9
덕흥대원군방(德興大院君房)	70			70
정명공주방(貞明公主房)	122			122
광해군방(光海君房)	43	409		452
영성군방(寧城君房)	2			2
인평대군방(麟坪大君房)	421	187		609
경숙군주방(慶淑郡主房)	1	198		200
경선군방(慶善君房)	1	49		50
의안대군방(義安大君房)	5			5
숙안공주방(淑安公主房)	2			2
숙명공주방(淑明公主房)	101	42		143
명안공주방(明安公主房)	161	15		176
영빈방(寧嬪房)		10	5	15
귀인방(貴人房)		200		200
연령군방(延齡君房)	559	356		916
화순옹주방(和順翁主房)	143	590		733
화평옹주방(和平翁主房)	332	420		752
화협옹주방(和協翁主房)	90	962		1,053
화유옹주방(和柔翁主房)		200		200
화령옹주방(和寧翁主房)	9	610		619
화길옹주방(和吉翁主房)	18	484		502
숙선옹주방(淑善翁主房)	233	800		1,033
청연군주방(淸衍郡主房)	427	673		1,100
청선군주방(淸璿郡主房)	154	974	90	1,218
청근현주방(淸瑾縣主房)		100		100
경은부원군방(慶恩府院君房)	13			13
잠성부부인방(岑城府夫人房)	6			6
은신군방(恩信君房)		60		60
은언군방(恩彦君房)		500		500
은전군방(恩全君房)		320		320
전계대원군방(全溪大院君房)		1,000		1,000
명온공주방(明溫公主房)	18	850		868
숙의방(淑儀房)	13	800		813
복온공주방(福溫公主房)		900*		900
덕온공주방(德溫公主房)		850*		850
영온옹주방(永溫翁主房)		800		800
순화궁(順和宮)		900		900
귀인방(貴人房)		800		800
숙의방(淑儀房)		500		500
합계	10,431	29,774	311	40,516

주 : * 원문 상의 합계가 아닌, 새로 계산한 수치.

D. 1874년

궁방명	유토	무토	장외	합
내수사(內需司)	1,778	1,518*		3,296
수진궁(壽進宮)	1,976*	1,275*		3,251
육상궁(毓祥宮)	455	1,345		1,800
선희궁(宣禧宮)		100		100
어의궁(於義宮)	174	2,228*	2	2,404
명례궁(明禮宮)	1,048	1,315*		2,363
용동궁(龍洞宮)	949	1,558	2	2,507
경안궁(慶安宮)	13	990		1,003
경수궁(慶壽宮)	16	183		200
의빈궁(宜嬪宮)		100		100
진안대군방(鎭安大君房)		5		5
익안대군방(益安大君房)	5	4		9
양녕대군방(讓寧大君房)	9			9
효령대군방(孝寧大君房)		7		7
덕흥대원군방(德興大院君房)	70			70
광해군방(光海君房)		275		275
영성군방(寧城君房)	2			2
인평대군방(麟坪大君房)	50			50
경선군방(慶善君房)		49		49
의안대군방(義安大君房)	5			5
숙안공주방(淑安公主房)	2			2
숙명공주방(淑明公主房)	4			4
명안공주방(明安公主房)	80			80
영빈방(寧嬪房)	37	15		52
연령군방(延齡君房)	220	38		258
화순옹주방(和順翁主房)		200		200
화평옹주방(和平翁主房)	19			19
화협옹주방(和協翁主房)		200		200
화유옹주방(和柔翁主房)		150		150
화령옹주방(和寧翁主房)		200		200
화길옹주방(和吉翁主房)		200		200
숙선옹주방(淑善翁主房)	233	670		903
청연군주방(淸衍郡主房)		200		200
청선군주방(淸璿郡主房)	8	191		199
청근현주방(淸瑾縣主房)		100		100
은신군방(恩信君房)		60		60
은언군방(恩彦君房)	.	400		400
은전군방(恩全君房)		320		320
전계대원군방(全溪大院君房)		940		940
명온공주방(明溫公主房)	18	739		757
숙의방(淑儀房)		100		100
복온공주방(福溫公主房)		739		739
덕온공주방(德溫公主房)		739		739
순화궁(順和宮)		900		900
영혜옹주방(永惠翁主房)		800		800
박귀인방(朴貴人房)		600		600
조귀인방(趙貴人房)		50		50
방숙의방(方淑儀房)		580		580
범숙의방(范淑儀房)		550		550
합계	7,030	20,235	4	27,269

주 : * 원문 상의 합계가 아닌, 새로 계산한 수치.

E. 1884년

궁방명	유토	무토	합
내수사(內需司)	1,777	903	2,680
수진궁(壽進宮)	1,989	1,213*	3,202
육상궁(毓祥宮)	440	1,400	1,840
선희궁(宣禧宮)		100	100
어의궁(於義宮)	399	1,786	2,185
명례궁(明禮宮)	1,008	1,435	2,443
용동궁(龍洞宮)	949	1,735*	2,684
경안궁(慶安宮)	13	865	878
의빈궁(宜嬪宮)		100	100
진안대군방(鎭安大君房)		5	5
익안대군방(益安大君房)	5	4	9
양녕대군방(讓寧大君房)	9		9
효령대군방(孝寧大君房)		7	7
덕흥대원군방(德興大院君房)	70		70
광해군방(光海君房)		265	265
인평대군방(麟坪大君房)	50		50
경선군방(慶善君房)		49	49
의안대군방(義安大君房)	5		5
연령군방(延齡君房)	97	38	135
화평옹주방(和平翁主房)	19		19
화협옹주방(和協翁主房)		200	200
화유옹주방(和柔翁主房)		150	150
화령옹주방(和寧翁主房)		200	200
화길옹주방(和吉翁主房)		200	200
숙선옹주방(淑善翁主房)	24	879	903
청연군주방(淸衍郡主房)		200	200
청선군주방(淸璿郡主房)	8	191	199
청근현주방(淸瑾縣主房)		100	100
은신군방(恩信君房)		60	60
은언군방(恩彦君房)		400	400
은전군방(恩全君房)		320	320
전계대원군방(全溪大院君房)		965	965
명온공주방(明溫公主房)	17	749*	766
숙의방(淑儀房)		100	100
복온공주방(福溫公主房)		739	739
덕온공주방(德溫公主房)		739	739
순화궁(順和宮)		872	872
영혜옹주방(永惠翁主房)		810	810
박귀인방(朴貴人房)		600	600
조귀인방(趙貴人房)		50	50
방숙의방(方淑儀房)		75	75
범숙의방(范淑儀房)		550	550
완화군방(完和君房)		800	800
합계	6,879	19,854	26,733

주 : 이 연도의 통계가 『조선전제고』에 재수록되어 있으며, 앞의 A부터 D까지와 달리 '장외'가 없다.
* 원문 상의 합계가 아닌, 새로 계산한 수치.

〈부표 6〉『비변사등록』의 '각궁방면세결책자(各宮房免稅結冊子)' (단위 : 結)

궁방명	면세결수		
	유토면세	무토면세	
수진궁(壽進宮)	1,989,364	1,704,475	3,693,839
어의궁(於義宮)	407,082	1,789,000	2,196,082*
명례궁(明禮宮)	1,060,051	735,897	1,795,948
용동궁(龍洞宮)	631,767	1,854,096	2,485,863
육상궁(毓祥宮)	470,271	1,330,859	1,801,130
연호궁(延祜宮)	20,367		20,367
선희궁(宣禧宮)	935,137	2,463,457	3,398,594*
경우궁(景祐宮)	13,873	1,000,000	1,013,873
경수궁(慶壽宮)	16,559	183,441	200,000
의빈궁(宜嬪宮)	67,767	1,040,487	1,108,254
순화궁(順和宮)		900,000	900,000
의안대군방(義安大君房)	5,000		5,000
진안대군방(鎭安大君房)		5,000	5,000
익안대군방(益安大君房)	5,000	4,000	9,000
양녕대군방(讓寧大君房)	9,000		9,000
효녕대군방(孝寧大君房)		7,580	7,580
월산대군방(月山大君房)	9,000		9,000
영성군방(寧城君房)	2,647		2,647
인평대군방(麟坪大君房)	421,976	187,111	609,087
연령군방(延齡君房)	559,737	356,305	916,042
경선군방(慶善君房)	1,000	49,000	50,000
은신군방(恩信君房)		60,000	60,000
은전군방(恩全君房)		320,000	320,000
정명공주방(貞明公主房)	122,929		122,929
숙안공주방(淑安公主房)	2,135		2,135
숙명공주방(淑明公主房)	101,412	42,568	143,980
명안공주방(明安公主房)	161,557	15,402	176,959
경숙군주방(慶淑郡主房)	1,282	198,725	200,007
경순군주방(慶順郡主房)	13,425		13,425
영빈방(寧嬪房)		10,000	10,000
조귀인방(趙貴人房)		200,000	200,000
화순옹주방(和順翁主房)	143,098	590,000	733,098
화평옹주방(和平翁主房)	332,183	420,000	752,183
화협옹주방(和協翁主房)	90,629	962,492	1,053,121
화유옹주방(和柔翁主房)		200,000	200,000
화령옹주방(和寧翁主房)	9,244	610,742	619,986
화길옹주방(和吉翁主房)	18,379	484,306	502,685
청연군주방(清衍郡主房)	427,243	673,013	1,100,256
청선군주방(清璿郡主房)	17,597	974,080	991,677
청근현주방(清瑾縣主房)		100,000	100,000
숙선옹주방(淑善翁主房)	233,623	800,000	1,033,623
명온공주방(明溫公主房)	18,689	850,000	868,689
복온공주방(福溫公主房)		850,000	850,000
덕온공주방(德溫公主房)		850,000	850,000
박숙의방(朴淑儀房)	13,135	800,000	813,135
영온옹주방(永溫翁主房)		800,000	800,000
경은부원군방(慶恩府院君房)	13,370		13,370
잠성부부인방(岑城府夫人房)	6,516		6,516
덕흥대원군방(德興大院君房)	70,604		70,604
광해군방(光海君房)	43,177	409,505	452,682
합계	8,465,825	24,831,541	33,297,366

주 : * 원문에 명백한 오류가 있는 경우이며, 정확한 수치로 수정하였음.
출처 : 『비변사등록』 1860년 3월 4일.

〈부표 7〉『내국세출입표』의 궁방전 통계 (단위 : 結)

A. 궁방별

궁방명	유토	무토	사찰(寺刹)	노전(蘆田)	이상합(已上合)
내수사(內需司)	1,502.997	1,772.989	377.128	188.986	3,842.100
수진궁(壽進宮)	1,978.936	1,215.475	30.319	10.428	3,235.158
어의궁(於義宮)	399.134	1,908.000			2,307.134
명례궁(明禮宮)	1,046.139	1,435.897	9.059		2,491.095*
용동궁(龍洞宮)	541.114	1,904.096		40.653	2,485.863
육상궁(毓祥宮)	470.271	1,390.859			1,861.130
선희궁(宣禧宮)		100.000			100.000
경안궁(慶安宮)	13.873	1,050.000			1,063.873
의빈방(宜嬪房)		100.000			100.000
진안대군방(鎭安大君房)		5.000			5.000
익안대군방(益安大君房)	5.000	4.000			9.000
양녕대군방(讓寧大君房)	9.000				9.000
효령대방(孝寧大君房)		7.580			7.580
덕흥대원군방(德興大院君房)	70.604				70.604
광해군방(光海君房)		275.035			275.035
인평대군방(麟坪大君房)	50.000				50.000
경선군방(慶善君房)		49.000			49.000
연령군방(延齡君房)	304.527	38.000			342.527
화평옹주방(和平翁主房)	19.590				19.590
화협옹주방(和協翁主房)		200.000			200.000
화유옹주방(和柔翁主房)		150.000			150.000
화령옹주방(和寧翁主房)		200.000			200.000
화길옹주방(和吉翁主房)		200.000			200.000
청연군주방(淸衍郡主房)		200.000			200.000
청선군주방(淸璿郡主房)	8.967	191.033			200.000
숙선옹주방(淑善翁主房)	24.807	670.651			695.458
명온공주방(明溫公主房)		739.000			739.000
숙의방(淑儀房)		100.000			100.000
청근현주방(淸瑾縣主房)		100.000			100.000
은신군방(恩信君房)		60.000			60.000
의안대군방(義安大君房)		5.000			5.000
복온공주방(福溫公主房)		739.000			739.000
덕온공주방(德溫公主房)		739.000			739.000
전계대원군방(全溪大院君房)		940.000			940.000
순화궁(順和宮)		900.000			900.000
은언군방(恩彦君房)		400.000			400.000
은전군방(恩全君房)		320.000			320.000
방숙의방(方淑儀房)		50.000			50.000
박귀인방(朴貴人房)		650.000			650.000
조귀인방(趙貴人房)		50.000			50.000
영혜옹주방(永惠翁主房)		800.000			800.000
범숙의방(范淑儀房)		550.000			550.000
완화군방(完和君房)		800.000			800.000
이상(已上)	6444.959	21,009.615	416.506	240.067	28,111.147

주 : * 교정한 값.
출처 : 『내국세출입표』 곤(坤).

B. 지역별

지역	면세 합계				
	유토	무토	사찰	노전	
경기	814,382	9,269,968	168,267		10,252,617
수원	55,385				55,385
광주	41,722		16,758		58,480
강화	13,444				13,444
개성	1,445		1,126		2,571
(소계)	(926,378)	(9,269,968)	(186,151)		(10,382,497)
황해	1,786,719		12,219	290,722	2,089,660
충청	267,633	7,805,517	89,053		8,162,203
경상	660,629	420,000	58,079		1,138,708
전라	2,574,164	3,954,368	29,782		6,558,314
강원	81,893	132,071	40,320		254,284
평안	293,475				293,475
함경					
합계	6,590,891	21,581,924	415,604	290,722	28,879,141

주 : 합계는 인용자의 계산에 의함.
출처 : 『내국세출입표』 건(乾).

〈부표 8〉『결호화법세칙』의 '면세결수입표(免稅結收入表)' (단위 : 結)

궁방명	각궁방 유토면세결	각궁방 무토면세절수결	계
내수사(內需司)	1,691.983	1,253.776	2,945.76
내수사사찰(內需司寺刹)	377.128		377.13
수진궁(壽進宮)	1,989.364	1,215.475	3,204.84
수진궁사찰(壽進宮寺刹)	30.319		30.32
어의궁(於義宮)	399.134	1,908.000	2,307.13
명례궁(明禮宮)	1,046.139	1,435.897	2,482.04
명례궁사찰(明禮宮寺刹)	9.059		9.06
용동궁(龍洞宮)	581.767	1,904.096	2,485.86
육상궁(毓祥宮)	455.271	1,345.859	1,801.13
선희궁(宣禧宮)		100.000	100.00
경우궁(景祐宮)	13.873	1,000.000	1,013.87
순화궁(順和宮)		900.000	900.00
의빈방(宜嬪房)		100.000	100.00
은신군방(恩信君房)		60.000	60.00
전계대원군방(全溪大院君房)		940.000	940.00
완화군방(完和君房)		800.000	800.00
의화군방(義和君房)		800.000	800.00
명온공주방(明溫公主房)		739.000	739.00
복온공주방(福溫公主房)		739.000	739.00
덕온공주방(德溫公主房)		739.000	739.00
화협옹주방(和協翁主房)		200.000	200.00
화유옹주방(和柔翁主房)		150.000	150.00
화령옹주방(和寧翁主房)		200.000	200.00
화길옹주방(和吉翁主房)		200.000	200.00
정방(鄭房)		829.515	829.52
진안대군방(鎭安大君房)		3.000	3.00
익안대군방(益安大君房)	5.000	4.000	9.00
효령대군방(孝寧大君房)		7.580	7.58
광해군방(光海君房)		275.035	275.04
경선군방(慶善君房)		49.000	49.00
양녕대군방(讓寧大君房)	9.000		9.00
덕흥대원군방(德興大院君房)	70.604		70.60
정명공주방(貞明公主房)	40.000		40.00
인평대군방(麟坪大君房)	50.000		50.00
연령군방(延齡君房)	304.527	38.000	342.53
의안대군방(義安大君房)		5.000	5.00
은언군방(恩彦君房)		400.000	400.00
은전군방(恩全君房)		320.000	320.00
화평옹주방(和平翁主房)	19.590		19.59
청선군주방(淸璿郡主房)	8.967	191.033	200.00
숙선옹주방(淑善翁主房)	24.807	670.651	695.46
영혜옹주방(永惠翁主房)		800.000	800.00
청연군주방(淸衍郡主房)		200.000	200.00
청근현주방(淸瑾縣主房)		100.000	100.00
박귀인방(朴貴人房)		600.000	600.00
조귀인방(趙貴人房)		50.000	50.00
박숙의방(朴淑儀房)		100.000	100.00
방숙의방(方淑儀房)		50.000	50.00
범숙의방(范淑儀房)		50.000	50.00
합계	7,126.568*	21,474.917*	28,601.49

주 : * 원문 상의 합계는 유토 7,126결 56부 8속, 무토 21,474결 91부7속임.

〈부표 9〉『국유지조사서초』의 궁방전 통계 (단위 : 結)

	내수사 (內需司)	수진궁 (壽進宮)	명례궁 (明禮宮)	어의궁 (於義宮)	용동궁 (龍洞宮)	육상궁 (毓祥宮)	선희궁 (宣禧宮)	경우궁 (景祐宮)	경선궁 (慶善宮)	계
한성	1,795	1,117								2,912
경기	182,656	153,401	120,553	9,694	135,836	30,585	39,874	17,611	47,345	737,555
황해	289,257	321,300	193,964	408,122	155,729	86,511		552,988	4,528	2,012,399
충북	19,166		58,756		21,505		15,000		12,829	127,256
충남	35,412	94,435	164,189	4,613		18,112		12,508		329,269
경북	12,152	18,300	30,845		1,200	52,728				115,225
경남	157,832		194,011		157,470	21,990	59,594			590,897
전북	790,125	72,520	8,694	9,350	79,475	110,885	15,157			1,086,206
전남	385,816	109,385	917,417	13,000	209,717	181,971	220,500		74,469	2,112,275
강원	3,000		32,311	3,488		87,636	48,284	6,881	10,017	191,617
평북	37,271	12,500			50,503					100,274
평남	141,616	27,663	56,414		11,100	34,203	16,063		1,386	288,445
함북										
함남	17,174									17,174
합계	2,073,272	810,621	1,777,154	448,267	822,535	624,621	414,472	589,988	150,574	7,711,504

주 : 영친왕궁은 제외하였음. 결부수(結負數)가 파악된 것만 집계하였음.

〈부표 10〉 『조선전제고』의 '제반면세결수(諸般免稅結數)' (단위: 結)

연도	경기	황해	충청	경상	전라	강원	평안	함경	군병면세결	제반면세결*	금재면세	출세실결수	결총
1776	4,180	5,257	5,671	6,403	11,716	558	318		34,103	587,425	36,629	814,661	1,438,715
1777	4,190	5,257	5,671	5,673	11,716	558	318		33,383	588,473	70,750	780,083	1,439,306
1778	3,892	5,167	5,321	5,673	11,716	558	318		32,645	588,958	92,279	758,115	1,439,352
1779	4,022	5,183	5,321	5,460	11,966	558	318		32,828	595,760	10,996	832,658	1,439,414
1780	4,367	5,183	5,313	5,460	12,014	558	318		33,213	594,783	12,532	831,660	1,438,975
1781	4,308	5,183	5,613	5,460	12,014	558	318		33,454	590,976	62,404	786,161	1,439,541
1782	4,428	5,183	6,013	5,460	11,830	558	318		33,790	592,082	75,633	776,577	1,444,292
1783	4,969	5,183	6,011	5,460	11,839	557	318		34,337	594,194	101,815	748,311	1,444,320
1784	4,969	5,429	6,011	5,460	11,839	557	318		34,583	594,387	13,891	836,260	1,444,538
1785	4,969	5,443	6,011	5,460	11,839	557	318		34,597	594,291	21,523	828,765	1,444,579
1786	4,978	5,443	6,011	5,490	11,839	557	318		34,636	594,102	100,405	740,100	1,434,607
1787	4,984	5,443	6,005	5,490	11,839	557	318		34,636	594,383	42,102	808,152	1,444,637
1788	4,935	5,440	6,005	5,490	11,839	574	318		34,601	605,660	22,669	819,833	1,448,162
1789	4,915	5,456	6,005	5,490	11,839	574	318		34,597	602,398	34,235	811,570	1,448,203
1790	4,931	5,460	6,005	5,490	11,954	574	318		34,732	602,212	21,158	824,862	1,448,232
1791	4,932	5,460	6,005	5,532	11,972	586	318		34,805	602,979	46,744	799,416	1,449,139
1792	4,932	5,403	6,004	5,564	12,151	586	305		34,945	607,729	99,459	743,484	1,450,672
1793	4,942	5,403	6,001	5,564	12,425	586	305		35,226	609,841	30,481	810,378	1,450,700
1794	4,942	5,358	6,001	5,564	12,425	601	305		35,196	610,312	122,179	718,294	1,450,785
1795	4,910	5,406	6,001	5,564	12,425	601	305		35,212	608,743	56,543	785,335	1,450,621
1796	4,914	5,403	6,001	5,564	12,425	601	305		35,213	607,954	18,251	824,633	1,450,838
1797	4,914	5,403	6,001	5,564	12,425	601	305		35,213	610,817	57,113	785,267	1,453,197

연도	경기	황해	충청	경상	전라	강원	평안	함경	국방면세결	지방면세결*	금저면세	출세실결수	결총
1798	4,908	5,403	6,001	5,564	12,425	601	305		35,207	611,990	98,348	743,198	1,453,536
1799	4,908	5,403	6,002	5,564	12,425	601	305		35,208	613,126	22,059	818,831	1,454,016
1800	4,908	5,403	6,002	5,564	12,425	601	305		35,208	615,057	26,551	812,435	1,454,043
1801	5,408	5,403	6,354	5,564	12,575	601	305		36,210	615,719	35,578	802,857	1,454,154
1802	5,408	5,403	6,354	5,564	12,575	601	305		36,210	614,339	23,296	816,550	1,454,185
1803	5,508	5,403	6,454	5,564	12,575	601	305		36,410	613,949	38,036	802,241	1,454,226
1804	5,888	5,403	6,554	5,564	12,775	604	305		37,013	614,503	23,351	816,502	1,454,356
1805	6,095	5,672	6,554	5,564	12,643	564	370		37,462	614,408	44,069	795,954	1,454,431
1806	6,095	5,672	6,554	5,564	12,643	564	370		37,462	614,653	30,886	809,545	1,455,084
1807	6,095	5,672	6,554	5,564	12,643	564	370		37,462	614,399	29,895	810,819	1,455,113
1808	6,095	5,672	6,554	5,564	12,643	564	370		37,462	613,734	37,186	804,215	1,455,135
1809	6,095	5,672	6,554	5,564	12,643	564	370		37,462	613,866	194,382	646,912	1,455,160
1810	6,095	5,672	6,554	5,564	12,643	564	370		37,462	615,302	80,331	759,523	1,455,156
1811	6,095	5,672	6,554	5,564	12,643	564	370		37,462	615,949	52,169	787,047	1,455,165
1812	6,095	5,672	6,554	5,564	12,643	564	370		37,462	615,297	110,377	729,501	1,455,175
1813	6,095	5,672	6,554	5,564	12,643	564	370		37,462	616,711	64,282	774,183	1,455,176
1814	6,095	5,672	6,554	5,564	12,643	564	370		37,462	616,546	195,777	642,864	1,455,187
1815	6,095	5,672	6,554	5,564	12,643	564	370		37,462	617,921	107,486	729,780	1,455,187
1816	6,095	5,672	6,554	5,564	12,643	564	370		37,462	618,754	46,713	789,721	1,455,188
1817	6,005	5,417	6,524	5,491	12,286	564	370		36,657	619,040	71,075	765,071	1,455,186
1818	6,107	5,417	6,624	5,491	12,286	564	370		36,859	622,495	44,149	788,544	1,455,188
1819	6,307	5,417	6,624	5,491	12,289	564	370		37,062	622,535	65,336	767,317	1,455,188
1820	6,308	5,417	6,624	5,491	12,289	564	370		37,063	626,457	33,469	795,232	1,455,158
1821	6,308	5,417	6,624	5,491	12,289	564	370		37,063	627,681	87,786	740,751	1,456,218
1822	6,758	5,417	6,824	5,491	12,489	564	370		37,913	627,553	61,044	766,557	1,455,154
1823	6,399	4,678	6,167	4,703	11,101	500	370		33,918	624,884	49,927	780,327	1,455,138
1824	6,399	4,678	6,167	4,703	11,101	500	367		33,915	624,065	43,169	787,933	1,455,167

연도	경기	황해	충청	경상	전라	강원	평안	함경	공인면세결	재민면세결*	급재면세	출세실결수	결총
1825	6,389	4,678	6,167	4,702	11,101	500	386		33,923	626,300	76,863	751,967	1,455,130
1826	6,052	4,653	5,967	4,702	11,001	500	386		33,261	625,217	33,939	795,915	1,455,071
1827	6,846	4,653	6,767	4,702	11,001	500	386		34,855	626,398	44,036	784,935	1,455,369
1828	6,846	4,878	6,767	4,702	11,001	500	386		35,080	625,783	106,652	723,562	1,455,997
1829	7,266	4,901	7,221	4,702	11,001	500	386		35,977	630,513	42,970	781,740	1,455,223
1830	7,266	4,925	7,221	4,702	11,001	516	386		36,017	630,036	40,481	784,968	1,455,485
1831	7,266	4,925	7,221	4,702	11,001	516	386		36,017	631,927	41,862	781,872	1,455,661
1832	7,266	4,925	7,221	4,702	11,001	516	386		36,017	631,414	89,370	734,420	1,455,204
1833	7,266	4,925	7,221	4,702	11,001	516	386		36,017	633,342	79,204	715,900	1,428,446
1834	7,266	4,929	7,221	4,702	11,001	516	386		36,021	633,301	38,812	782,819	1,454,932
1835	7,274	4,929	7,222	4,702	11,014	516	386		36,043	632,503	52,320	770,109	1,454,932
1836	7,274	4,929	7,222	4,702	11,014	516	386		36,043	638,798	84,776	731,386	1,454,960
1837	7,274	4,929	7,222	4,702	11,014	516	386		36,043	640,021	69,406	745,535	1,454,962
1838	7,274	4,929	7,222	4,702	11,014	516	386		36,043	640,463	89,468	725,190	1,455,121
1839	7,274	4,929	7,222	4,702	11,024	516	386		36,053	640,054	63,648	751,060	1,454,762
1840	7,274	4,929	7,222	4,702	11,014	516	386		36,043	640,466	39,272	775,226	1,454,964
1841	7,274	4,929	7,222	4,702	11,014	516	386		36,043	641,875	35,018	778,717	1,455,610
1842	7,274	4,929	7,222	4,702	11,014	516	386		36,043	641,769	63,994	749,761	1,455,524
1843	7,274	4,929	7,222	4,702	11,014	516	386		36,043	641,283	30,681	783,582	1,455,546
1844	7,274	4,926	7,122	4,702	11,055	648	386		36,113	642,059	26,907	786,976	1,455,942
1845	7,274	4,926	7,122	4,702	11,055	648	386		36,113	640,730	33,923	783,117	1,457,770
1846	7,274	4,926	7,122	4,702	11,055	648	386		36,113	640,403	31,255	787,228	1,458,886
1847	7,274	4,926	7,122	4,702	11,055	648	386		36,113	639,718	36,111	782,881	1,458,710
1848	7,274	4,926	7,122	4,702	11,055	648	386		36,113	639,415	40,011	778,662	1,458,088
1849	7,274	4,926	7,122	4,702	11,055	648	386		36,113	640,060	31,957	785,183	1,457,200
1850	7,274	4,926	7,122	4,702	11,055	648	386		36,113	639,610	46,235	770,505	1,456,350
1851	7,274	4,926	7,122	4,702	11,055	648	386		36,113	642,223	56,318	761,051	1,459,592

연도	경기	황해	충청	경상	전라	강원	평안	함경	군방면세결	제민면세결*	급재면세	출세실결수	결총
1852	7,274	4,926	7,122	4,702	11,055	648	386		36,113	642,041	56,124	760,665	1,458,830
1853	7,274	4,926	7,122	4,702	11,055	648	386		36,113	642,286	82,221	734,855	1,459,362
1854	5,980	4,929	8,572	4,702	15,236	648	386		40,453	646,898	42,573	774,606	1,464,077
1855	7,274	4,929	7,222	4,702	11,055	648	386		36,216	641,686	24,309	792,879	1,458,874
1856	7,274	4,929	7,222	4,702	11,055	648	386		36,216	641,539	52,753	764,508	1,458,800
1857	7,274	4,929	7,222	4,702	11,055	648	386		36,216	648,414	47,650	762,926	1,458,990
1858	7,274	4,929	7,222	4,702	11,055	648	386		36,216	649,816	59,416	750,105	1,459,337
1859	7,274	4,929	7,222	4,702	11,055	648	386		36,216	648,434	43,303	764,546	1,456,283
1860	7,274	4,929	7,222	4,702	11,055	648	386		36,216	653,734	55,448	758,368	1,467,550
1861	7,274	4,929	7,222	4,702	11,055	648	386		36,216	655,234	48,260	766,299	1,469,793
1862	7,274	4,929	7,222	4,702	11,055	648	386		36,216	651,048	56,565	758,830	1,466,443
1863	7,274	4,929	7,222	4,702	11,055	648	386		36,216	653,463	46,758	763,984	1,464,205
1864	10,647	2,588	7,610	3,357	9,880	604	313		34,999	644,583	34,200	776,708	1,455,491
1865	10,647	4,969	8,572	4,702	15,236	648	386		45,160	656,466	42,040	761,422	1,459,928
1866	10,648	4,969	8,572	4,702	15,236	648	386		45,161	668,666	20,518	789,155	1,478,339
1867	10,647	4,969	8,572	4,702	15,236	648	386		45,160	671,281	16,262	794,982	1,482,525
1868	10,647	4,969	8,572	4,702	15,236	648	386		45,160	671,202	15,035	799,714	1,485,951
1869	10,647	4,969	8,572	4,702	15,236	648	386		45,160	674,861	11,003	808,441	1,494,305
1870	10,647	4,969	8,572	4,702	15,236	648	386		45,160	679,315	12,948	813,174	1,505,437
1871	10,647	4,969	8,572	4,702	15,236	648	386		45,160	671,880	11,946	809,291	1,493,117
1872	10,647	4,969	8,572	4,702	15,236	648	386		45,160	677,073	9,945	815,485	1,502,503
1873	10,647	4,969	8,572	4,702	15,236	648	386		45,160	677,672	15,624	810,601	1,503,897
1874	8,902	2,039	5,923	2,133	7,591	383	313		27,284	656,567	16,951	805,303	1,478,821
1875	10,225	2,588	7,610	3,357	9,880	604	332		34,596	665,292	15,136	806,150	1,486,578
1876	10,225	2,588	7,610	3,357	9,880	604	332		34,596	664,486	128,374	692,107	1,484,967
1877	10,225	2,588	7,610	3,357	9,880	604	332		34,596	658,050	13,732	806,693	1,478,475
1878	10,225	2,588	7,610	3,357	9,880	604	332		34,596	658,371	18,217	802,527	1,479,115

연도	경기	황해	충청	경상	전라	강원	평안	함경	근방면세결	제반면세결*	급재면세	출세실결수	결총
1879	10,225	2,588	7,610	3,357	9,880	604	332		34,596	663,505	24,065	796,620	1,484,190
1880	10,225	2,588	7,610	3,357	9,880	604	332		34,596	669,640	12,084	808,360	1,490,084
1881	10,225	2,588	7,610	3,357	9,880	604	332		34,596	666,469	20,338	797,822	1,484,629
1882	10,225	2,588	7,610	3,357	9,880	604	332		34,596	649,222	37,167	764,473	1,450,862
1883	10,807	1,998	8,270	781	4,443	134	311		26,744	663,210	63,405	757,018	1,483,633

주 : 근방면세결 중에서 1804년부터 1874년까지 10년 단위로 음영 처리를 것은 매 갑년(甲年)의 단절 현상을 확인하기 위한 것임. 자세한 설명은 이 췌 제2장의 각주 22)를 보라.
* : '제반면세결'은 능원묘위·각궁방·각아문·각영문·각양잡위의 면세결을 모두 합한 것이다.

〈부표 11〉각 궁방(各宮房)의 면세결총(免税結摠) (단위 : 結)

관련 왕대 (王代)	궁방명	연도									
		1778	1787	1807	1814	1824	1854	1860	1874	1880	1884	1895
영구 (永久)	내수사(內需司)	1,391	1,725	3,797	3,796	3,796	3,989	3,816	3,296	3,842	2,680	4,152
	수진궁(壽進宮)	3,720	3,673	3,704	3,703	3,703	3,653	3,694	3,251	3,235	3,202	3,235
	어의궁(於義宮)	2,181	2,186	2,239	2,238	2,198	2,198	2,196	2,404	2,307	2,185	2,307
	명례궁(明禮宮)	1,688	1,819	1,748	1,767	1,747	1,795	1,796	2,363	2,491	2,443	2,491
	용동궁(龍洞宮)	2,367	2,401	2,420	2,419	2,442	2,634	2,486	2,509	2,486	2,684	2,486
	육상궁(毓祥宮)	1,898	1,933	1,874	1,875	1,918	1,812	1,801	1,800	1,861	1,840	1,801
	선희궁(宣禧宮)	3,054	3,256	3,404	3,403	3,403	3,398	3,399	100	100	100	100
	경우궁(景祐宮)			1,014	1,013	1,013	1,013	1,014	1,003	1,064	878	1,014
태조 (太祖)	진안대군방(鎭安大君房)			5	5	5	5	5	5	5	5	3
	익안대군방(益安大君房)			9	9	9	9	9	9	9	9	9
태종 (太宗)	양녕대군방(讓寧大君房)	9	9	9	9	9	9	9	9	9	9	9
	효령대군방(孝寧大君房)	9	9	9	9	7	7	8	7	8	7	8
덕종(德宗)	월산대군방(月山大君房)	9	8	8	9	9	9	9				
선조 (宣祖)	덕흥대원군방(德興大院君房)	71	71	71	70	70	70	71	70	71	70	71
	광해군방(光海君房)	447	453	453	452	452	452	453	275	275	265	275
	경평군방(慶平君房)	100	98	98	97							
	영성군방(寧城君房)	41	42	42	41	2	2	3				
	정명공주방(貞明公主房)			123	122	122	122	123	40	40	40	40
	정안옹주방(貞安翁主房)			16	16							
	정근옹주방(貞瑾翁主房)	76	76	76	74							
	정화옹주방(貞和翁主房)	99	99	99	98							
인조 (仁祖)	인평대군방(麟坪大君房)	587	609	609	608	608	608	609	50	50	50	50
	숭선군방(崇善君房)	193	193	193	193							
	경선군방(慶善君房)	50	50	50	50	50	50	50	49	49	49	49
	경숙군주방(慶淑郡主房)	200	200	200	199	199	199	200				
	경순군주방(慶順郡主房)	51	51	51	51	13	13	13				
효종 (孝宗)	숙안공주방(淑安公主房)	150	150	150	149	2	2	2				
	숙명공주방(淑明公主房)	147	144	144	143	143	143	144				
	숙휘공주방(淑徽公主房)	144	145	145	145							
	숙정공주방(淑靜公主房)	148	151	151	148							
	숙경공주방(淑敬公主房)	150	150	150	149							
	숙녕공주방(淑寧公主房)	200	200	200	199							
현종(顯宗)	명안공주방(明安公主房)	148	177	177	176	176	176	177				
숙종 (肅宗)	경은부원군방(慶恩府院君房)	13	13	13	13	13	13	13				
	연령군방(延齡君房)	920	784	784	784	784	915	916	258	343	135	343
	영빈방(寧嬪房)	10	10	15	15	15	15	10				

관련왕대(王代)	궁방명	연도										
		1778	1787	1807	1814	1824	1854	1860	1874	1880	1884	1895
영조(英祖)	잠성부부인방(岑城府夫人房)	7	7	7	6	6	6	7				
	연호궁(延祜宮)			20	20	20	20	20				
	귀인방(貴人房)	805	805	806	805	805	800					
	화순옹주방(和順翁主房)	1,493	1,193	1,215	1,214	743	733	733				
	화평옹주방(和平翁主房)	1,312	1,385	1,263	1,261	735	752	752	19	20	19	20
	화협옹주방(和協翁主房)	1,734	1,624	1,643	1,642	1,052	1,052	1,053	200	200	200	200
	화유옹주방(和柔翁主房)	798	798	800	799	200	200	200	150	150	150	150
	화령옹주방(和寧翁主房)	1,211	1,211	1,246	1,246	619	619	620	200	200	200	200
	화길옹주방(和吉翁主房)	1,103	1,103	1,103	1,102	502	502	503	200	200	200	200
장조(莊祖)	은신군방(恩信君房)	60	971	60	60	60	60	60	60	60	60	60
	은언군방(恩彦君房)		202	400	400	400	500	400	400	400	400	400
	은전군방(恩全君房)						320	320	320	320	320	320
	청연군주방(清衍郡主房)	1,100	1,100	1,100	1,100	1,100	1,100	1,100	200	200	200	200
	청선군주방(清璿郡主房)	1,119	983	1,219	1,218	1,316	1,218	992	199	200	199	200
	청근현주방(清瑾縣主房)	100	160	100	100	150	100	100	100	100	100	100
정조(正祖)	경수궁(慶壽宮)	900	931	927	916	916	199	200				
	의빈방(宜嬪房)	800	1,043	1,368	1,366	1,314	1,155	1,108	100	100	100	100
	숙선옹주방(淑善翁主房)			800	800	790	1,033	1,034	903	695	903	695
순조(純祖)	명온공주방(明溫公主房)						868	869	757	739	766	739
	복온공주방(福溫公主房)						900	850	739	739	739	739
	덕온공주방(德溫公主房)						850	850	739	739	739	739
	영온옹주방(永溫翁主房)						800	800				
	박숙의방(朴淑儀房)						813	813	100	100	100	100
	의안대군방(義安大君房)						5	5	5	5	5	5
	순화궁(順和宮)						900	900	900	900	872	900
철종(哲宗)	전계대원군방(全溪大院君房)						1,000	940	940	940	965	940
	방숙의방(方淑儀房)						500	500	580	50	75	50
	범숙의방(范淑儀房)								550	550	550	50
	박귀인방(朴貴人房)								600	650	600	600
	조귀인방(趙貴人房)						200	200	50	50	50	50
	영혜옹주방(永惠翁主房)								800	800	810	800
고종(高宗)	완화군방(完和君房)									800	800	800
	의화군방(義和君房)											800
	합계	32,812	34,400	38,327	38,302	33,636	40,516	38,953	27,309	28,151	26,773	28,599

주 : 결(結) 이하의 단위는 반올림했음. 볼드체 및 음영으로 강조한 셀은 보간한 것임. 정렬 순서는 安秉珆(1975 : 60-61)를 참고·보완하여 관련 왕대별로 하였음. 궁방명[宮號]의 변화를 반영하여 통일하였음. 의열궁(義烈宮)은 선희궁(宣禧宮)에, 가순궁(嘉順宮)·경안궁(慶安宮)은 경우궁(景祐宮)에, 진안군방은 진안대군방에, 의빈방은 의빈궁에 포함. 박숙의방의 1854, 1874, 1880, 1884년 수치는 원문상의 숙의방. 방숙의방의 1854년 수치는 원문상의 숙의방. 조귀인방의 1854년 수치는 원문상의 귀인방. 연호궁은 1870년에 육상궁에 합사됨. 내수사의 1895년 수치에는 정방(鄭房)이 포함됨.
출처 : 〈부표 2〉부터 〈부표 8〉까지.

관련 왕대(王代)	궁방명	연도									
		1787	1807	1814	1824	1854	1860	1874	1880	1884	1895
영구(永久)	내수사(內需司)	1,003	1,678	1,592	1,592	1,845	1,828	1,778	2,069	1,777	2,069
	수진궁(壽進宮)	1,956	2,069	2,068	1,999	1,989	1,989	1,976	2,020	1,989	2,020
	어의궁(於義宮)	384	407	405	407	407	407	174	399	399	399
	명례궁(明禮宮)	1,051	1,062	1,032	1,012	1,060	1,060	1,048	1,055	1,008	1,055
	용동궁(龍洞宮)	1,021	623	553	576	631	632	949	582	949	582
	육상궁(毓祥宮)	278	479	470	470	473	470	455	470	440	455
	선희궁(宣禧宮)	825	940	940	940	935	935				
	경우궁(景祐宮)		14	13	13	13	14	13	14	13	14
태조(太祖)	익안대군방(益安大君房)							5	5	5	5
태종(太宗)	양녕대군방(讓寧大君房)	9	9	9	9	9	9	9	9	9	9
덕종(德宗)	월산대군방(月山大君房)	9	8	9	9	9	9				
선조(宣祖)	덕흥대원군방(德興大院君房)	71	71	70	70	70	71	70	71	70	71
	광해군방(光海君房)	43	43	43	43	43	43				
	경평군방(慶平君房)	63	63	62							
	영성군방(寧城君房)	35	35	35	2	2	3				
	정명공주방(貞明公主房)		123	122	122	122	123	40	40	40	40
	정안옹주방(貞安翁主房)		16	16							
	정근옹주방(貞瑾翁主房)	46	46	45							
	정화옹주방(貞和翁主房)	3	3	2							
인조(仁祖)	인평대군방(麟坪大君房)	422	422	421	421	421	422	50	50	50	50
	숭선군방(崇善君房)	93	93	93							
	경선군방(慶善君房)	1	1	1	1	1	1				
	경숙군주방(慶淑郡主房)	1	1	1	1	1	1				
	경순군주방(慶順郡主房)	47	47	47	13	13	13				
효종(孝宗)	숙안공주방(淑安公主房)	5	5	5	2	2	2				
	숙명공주방(淑明公主房)	101	101	101	101	101	101				
	숙휘공주방(淑徽公主房)	145	145	145							
	숙정공주방(淑靜公主房)	81	81	79							
효종(孝宗)	숙경공주방(淑敬公主房)	25	25	25							
	숙녕공주방(淑寧公主房)	145	145	145							
현종(顯宗)	명안공주방(明安公主房)	162	162	161	161	161	162				
숙종(肅宗)	경은부원군방(慶恩府院君房)	13	13	13	13	13	13				
	연령군방(延齡君房)	428	428	428	428	559	560	220	305	97	305
	영빈방(寧嬪房)		5								
영조(英祖)	잠성부부인방(岑城府夫人房)	7	7	6	6	6	7				
	연호궁(延祜宮)		20	20	20	20	20				
	귀인방(貴人房)	39	83	82	82						
	화순옹주방(和順翁主房)	167	189	189	153	143	143				
	화평옹주방(和平翁主房)	565	416	415	315	332	332	19	20	19	20
	화협옹주방(和協翁主房)	82	143	142	90	90	91				
	화유옹주방(和柔翁主房)		20	19							
	화령옹주방(和寧翁主房)	59	95	95	9	9	9				
	화길옹주방(和吉翁主房)	28	27	27	18	18	18				
장조(莊祖)	은신군방(恩信君房)	628									
	은언군방(恩彦君房)	112									
	청연군주방(淸衍郡主房)	427	427	427	427	427	427				
	청선군주방(淸璿郡主房)	9	245	154	252	154	18	8	9	8	9
정조(正祖)	경수궁(慶壽宮)	31	17	16	16	16	17				
	의빈방(宜嬪房)	243	325	276	276	67	68				
	숙선옹주방(淑善翁主房)					233	234	233	25	24	25
순조(純祖)	명온공주방(明溫公主房)					18	19	18		17	
	박숙의방(朴淑儀房)					13	13				
	의안대군방(義安大君房)					5	5	5		5	
	합계	10,864	11,379	11,019	10,069	10,431	10,294	7,070	7,142	6,919	7,127

주 : 1880년 수치에는 사찰과 노전이 포함되어 있음. 1895년 수치에도 사찰이 포함됨. 『탁지전부고』의 각년 수치에는 장외(帳外)가 제외됨. 기타 사항은 〈부표 11〉 참조. 출처 : 〈부표 2〉부터 〈부표 8〉까지.

관련 왕대 (王代)	궁방명	연도									
		1787	1807	1814	1824	1854	1860	1874	1880	1884	1895
영구 (永久)	내수사(內需司)	722	2,119	2,118	2,118	2,058	1,923	1,518	1,773	903	2,083
	수진궁(壽進宮)	1,717	1,635	1,635	1,704	1,664	1,704	1,275	1,215	1,213	1,215
	어의궁(於義宮)	1,802	1,832	1,831	1,789	1,789	1,789	2,228	1,908	1,786	1,908
	명례궁(明禮宮)	768	686	735	735	735	736	1,315	1,436	1,435	1,436
	용동궁(龍洞宮)	1,380	1,797	1,797	1,797	1,934	1,854	1,558	1,904	1,735	1,904
	육상궁(毓祥宮)	1,655	1,395	1,394	1,437	1,328	1,331	1,345	1,391	1,400	1,346
	선희궁(宣禧宮)	2,431	2,463	2,463	2,463	2,463	2,463	100	100	100	100
	경우궁(景祐宮)		1,000	1,000	1,000	1,000	1,000	990	1,050	865	1,000
태조 (太祖)	진안대군방(鎭安大君房)		5	5	5	5	5	5	5	5	3
	익안대군방(益安大君房)		9	9	9	9	4	4	4	4	4
태종 (太宗)	효령대군방(孝寧大君房)	9	9	9	7	7	8	7	8	7	8
	광해군방(光海君房)	410	410	409	409	409	410	275	275	265	275
선조 (宣祖)	경평군방(慶平君房)	35	35	35							
	영성군방(寧城君房)	6	6	6							
	정근옹주방(貞瑾翁主房)	30	30	29							
	정화옹주방(貞和翁主房)	97	97	96							
인조 (仁祖)	인평대군방(麟坪大君房)	187	187	187	187	187	187				
	숭선군방(崇善君房)	100	100	100							
	경선군방(慶善君房)	49	49	49	49	49	49	49	49	49	49
	경숙군주방(慶淑郡主房)	199	199	198	198	198	199				
	경순군주방(慶順郡主房)	4	4	4							
효종 (孝宗)	숙안공주방(淑安公主房)	145	145	144							
	숙명공주방(淑明公主房)	43	43	42	42	42	43				
	숙정공주방(淑靜公主房)	69	69	69							
	숙경공주방(淑敬公主房)	125	125	124							
	숙녕공주방(淑寧公主房)	55	55	54							
현종(顯宗)	명안공주방(明安公主房)	15	15	15	15	15	15				
숙종 (肅宗)	연령군방(延齡君房)	356	356	356	356	356	356	38	38	38	38
	영빈방(寧嬪房)	10	10	10	10	10	10				

관련 왕대 (王代)	궁방명	연도									
		1787	1807	1814	1824	1854	1860	1874	1880	1884	1895
영조 (英祖)	귀인방(貴人房)	765	723	723	723	800					
	화순옹주방(和順翁主房)	1,026	1,026	1,025	590	590	590				
	화평옹주방(和平翁主房)	820	847	846	420	420	420				
	화협옹주방(和協翁主房)	1,542	1,500	1,500	962	962	962	200	200	200	200
	화유옹주방(和柔翁主房)	798	780	780	200	200	200	150	150	150	150
	화령옹주방(和寧翁主房)	1,151	1,151	1,151	610	610	611	200	200	200	200
	화길옹주방(和吉翁主房)	1,075	1,075	1,075	484	484	484	200	200	200	200
장조 (莊祖)	은신군방(恩信君房)	343	60	60	60	60	60	60	60	60	60
	은언군방(恩彦君房)	90	400	400	400	500	400	400	400	400	400
	은전군방(恩全君房)					320	320	320	320	320	320
	청연군방(淸衍郡主房)	673	673	673	673	673	673	200	200	200	200
	청선군방(淸璿郡主房)	974	974	974	974	974	974	191	191	191	191
	청근현주방(淸瑾縣主房)	160	100	100	150	100	100	100	100	100	100
정조 (正祖)	경수궁(慶壽宮)	900	910	900	900	183	183				
	의빈방(宜嬪房)	800	1,043	1,042	990	1,040	1,040	100	100	100	100
	숙선옹주방(淑善翁主房)		800	800	790	800	800	670	671	879	671
순조 (純祖)	명온공주방(明溫公主房)					850	850	739	739	749	739
	복온공주방(福溫公主房)					900	850	739	739	739	739
	덕온공주방(德溫公主房)					850	850	739	739	739	739
	영온옹주방(永溫翁主房)					800	800				
	박숙의방(朴淑儀房)					800	800	100	100	100	100
	의안대군방(義安大君房)								5		5
	순화궁(順和宮)					900	900	900	900	872	900
철종 (哲宗)	전계대원군방(全溪大院君房)					1,000	940	940	940	965	940
	방숙의방(方淑儀房)					500	500	580	50	75	50
	범숙의방(范淑儀房)							550	550	550	50
	박귀인방(朴貴人房)							600	650	600	600
	조귀인방(趙貴人房)					200	200	50	50	50	50
	영혜옹주방(永惠翁主房)							800	800	810	800
고종 (高宗)	완화군방(完和君房)								800	800	800
	의화군방(義和君房)										800
	합계	23,537	26,947	26,972	23,256	29,774	28,595	20,235	21,010	19,854	21,473

주: 『탁지전부고』의 각년 수치에는 장외(帳外)가 제외되어 있음. 1895년의 내수사 결수에는 정방(鄭房)이 포함되어 있음. 기타 사항은 〈부표 11〉 참조.
출처: 〈부표 2〉에서 〈부표 8〉까지.

⟨부표 14⟩ 『용동궁면세안(龍洞宮免稅案)』 (단위 : 結)

도명	군명	결수	구분	도명	군명	결수	구분
경기	이천(利川)	20.000	무토	전라	전주(全州)	100.000	무토
	과천(果川)	3.430	유토		순천(順天)	10.431	유토
		5.000	무토			366.744	무토
	용인(龍仁)	5.000	무토		정읍(井邑)	100.000	무토
		25.000	유토		창평(昌平)	30.000	무토
	양지(陽智)	5.000	무토		영광(靈光)	95.000	무토
	진위(振威)	96.000	무토		부안(扶安)	6.985	유토
	통진(通津)	13.584	유토		광주(光州)	20.000	무토
	고양(高陽)	5.000	무토		장흥(長興)	140.000	무토
	적성(積城)	2.000	무토		옥과(玉果)	53.627	유토
	김포(金浦)	310.634	무토	경상	함안(咸安)	50.000	무토
	남양(南陽)	15.000	무토		경주(慶州)	50.000	무토
	안성(安城)	15.000	무토		경산(慶山)	120.000	무토
	음죽(陰竹)	30.000	무토		창원(昌原)	77.230	유토
	광주(廣州)	12.637	유토		김해(金海)	55.691	유토
	연천(漣川)	13.718	무토		양산(梁山)	100.105	유토
	가평(加平)	2.740	유토		남해(南海)	90.000	유토
	양성(陽城)	25.000	무토		창녕(昌寧)	90.000	무토
충청	단양(丹陽)	0.965	유토	황해	신천(信川)	35.121	유토
	천안(天安)	50.000	무토		안악(安岳)	25.304	유토
	서천(舒川)	7.794	유토			40.653	노전답†
	청안(淸安)	45.000	무토		옹진(瓮津)	9.370	유토
강원	회양(淮陽)	50.000	무토	평안	중화(中和)	11.100	유토
	평강(平康)	50.000	무토				

주 : 전체 합계는 2,485.863결이며, 유토 581.767결, 무토 1,904.096결임. 원문에서는 유토 631.767결, 무토 1,854.096결로 합계하였음. † 노전답(蘆田畓)은 유토에 포함시켜 계산하였음.

| 참고문헌 |

자료

「麟坪大君坊全圖」(奎 古軸4655-6)

「朝鮮中央日報」

經世院 간행(2001), 『漢城府地圖』(개인소장).

朝鮮總督府臨時土地調查局(1918), 『朝鮮土地調查事業報告書』.

『家舍에 關혼 照覆文書』(奎 20945)

『各宮房折受無土免稅結摠數』(奎 16612)

『各宮事務整理所事務成積調查書』(장서각 K2-4880)

『各祠堂各墓所祭享新定式謄錄』(奎 19290)

『各處商民等請願書』(奎 21072)

『結戶貨法稅則』(奎 古5127-10)[度支部 司稅局(1908), 『財政統計』(국립중앙도서관
    6807-2)].

『經國大典』

『京畿道庄土文績』(奎 19299)

『景祐宮ニ供給セシ物品代金請求ノ件』(奎 20118)

『景祐宮捧上重記冊』(奎 19055)

『景祐宮捧上冊』(奎 19054)

『景祐宮上下重記冊』(奎 19053)

『景祐宮上下冊』(奎 19052)

『景祐宮會計重記冊』(奎 19057)

『景祐宮會計冊』(奎 19056)

『景宗實錄』

『啓票軸』(奎 22060)

『高宗實錄』

『官報』, 1895年(開國 504年) 7月 26日字 號外.

『官報』第397號, 1896年(建陽1) 8月 6日

『官報』第3705號, 1907年(光武11) 3月 5日

『官報』第4335號, 1909年(隆熙3) 3月27日

『官報』第4389號, 1909年(隆熙3) 5月 29日, '判決'(帝債 第7號).

『國有地調査書抄』(국사편찬위원회 KO중B13G31)

『宮闕志』(第2版, 서울特別市史編纂委員會, 2000)

『內國歲出入表』(奎 27377)

『內書擧行上下冊』(奎 19600)

『內需司ニ供給セシ物品代金請求』(奎 21971)

『內需司各房捧上冊』(奎 19009)

『內需司各房上下冊』(奎 19008)

『內需司各房會計冊』(奎 19010)

『內需司及各宮房田畓摠結與奴婢摠口都案』(奎 9823)

『內需司禮房上下冊』(奎19020, 奎19091).

『內需司禮房會計冊』(奎 19020)

『內需司庄土文績』(奎 19307)

『內需司戶房捧上冊』(奎 19009, 奎 19022, 奎 19023).

『內需司戶房捧上冊』(奎 19093)

『內需司戶房上下冊』(奎 19018, 奎 19089)

『內需司戶房會計冊』(奎 19026, 奎 19097, 奎 19098).

『內下書謄草冊』(奎 19169의 1)

『大東地志』(奎 古4790-37)

『大典通編』

『大典會通』

『都城大地圖』(서울역사박물관 유물관리과, 2004)

『讀經定例』(奎 19296)

『東國文獻備考』(한古朝31-20)

『東國輿地備考』(國中 古2710-2)

『東國輿地備攷』(奎 古4790-10)

『東國輿地備攷』(第2版, 서울特別市史編纂委員會, 2000) [奎 가람 古915.1-D717]

『萬斛』(奎 19169의 2)

『萬機要覽』

『明禮宮未下金請求』(奎 21745, 奎 21751)

『明禮宮捧上冊』(奎 19003)

『明禮宮上下冊』(奎19001, 奎19073, 奎21910).

『明禮宮會計重記冊』(奎 19076)

『明禮宮會計冊』(奎19004, 奎19077).

『米葉張綴』(奎 19310)

『別乾坤』23,「京城語錄」

『不明文券』(奎 21747)

『賦役實總』

『備邊司謄錄』

『上下葉張綴』(奎 19309)

『釋王寺城築與典祀廳重建物力區劃及下記成冊』(奎 21957).

『世祖實錄』

『世宗實錄』

『續大典』

『首善全圖』(국립중앙도서관 한古朝61-47)

『壽進宮謄錄』(奎 18980), 『壽進宮謄錄』(장서각 K2-2460)

『壽進宮未下金請求』(奎 21767)

『壽進宮未下會計』(奎 20415)

『壽進宮捧上冊』(奎 19031, 奎 19080, 奎 19083)

『壽進宮上祭謄錄』(奎 19289)

『壽進宮上下冊』(奎 19102, 奎 19079, 奎 19030)

『壽進宮鄕味冊』(奎 19103)

『壽進宮會計冊』(奎 19032)

『肅宗實錄』

『純祖實錄』

『承政院日記』

『新增東國輿地勝覽』

『安奇陽日記帳』(奎 19168)

『於義宮ニ供給セシ物品代金請求ノ件』(奎 21693)

『於義宮上下冊』(奎 19050, 奎 19084)

『輿地圖』(奎 古4709-78)

『永溫翁主房上下冊』(奎 19060)

『英祖實錄』

『禮房捧上手決冊』(奎 21984)

『龍洞宮ニ供給セシ物品代金請求ノ件』(奎 21373)

『龍洞宮免稅案』(奎 20687)

『龍洞宮上下冊』(奎 19041, 奎 19108)

『龍洞宮雜成冊』(奎 22003)

『六宮故事』(장서각 K2-4381).

『毓祥宮ニ供給セシ物品代金請求ノ件』(奎 20116).

『毓祥宮各年未下及內外宮屬料未下件』(奎 26115)

『六典條例』

『仁祖實錄』

『日省錄』

『正祖實錄』

『祭膳錄』(奎 13010)

『帝室債務整理報告書』(장서각 K2-3228)

『帝室債務整理之現況』(奎 22157)

『座目』(奎 18541)

『中宗實錄』

『增補文獻備考』

『進排受價未下冊』(京都大學 河合文庫)

『秋冬等上下重草』(奎 19049)

『忠淸道庄土文績』(奎 19300)

『度支田賦考』(奎 2939, 奎 2940, 奎 5173, 奎 5740)

『度支志』(奎 貴811)

『太祖實錄』

『太宗實錄』

『八道內奴婢乙亥節目中比摠口數』(奎 18981)

『漢京識略』(第2版, 서울特別市史編纂委員會, 2000)

『韓國內國歲出入表』(국립중앙도서관 古682-1)

『韓國戶籍成冊』(京都大學 所藏).

『鄕味撥記』(奎 22069)

『顯宗改修實錄』

『刑房上下手決冊』(奎 26273)

『戶房捧上手決冊』(奎 21969)

연구 논저

고동환(1994), 「조선 후기 장빙역(藏氷役)의 변화와 장빙업(藏氷業)의 발달」, 『역사와
　　현실』 14, 152~191.

고동환(1998), 「조선 후기 漢城府 행정편제의 변화 : 坊・里・洞・契의 변동을 중심으
　　로」, 『서울학연구』 11, 37~81.

고동환(2002), 「조선 후기 시전(市廛)의 구조와 기능」, 『역사와 현실』 44, 65~99.

고동환(2008a), 「조선 후기 王室과 시전상인」, 『서울학연구』 30, 71~97.

고동환(2008b), 「개항전후기 시전상업의 변화—綿紬廛을 중심으로」, 『서울학연구』 32,
　　111~147.

고석규(2000), 「19세기 전반 서울의 시전상업」, 『서울상업사』(이태진 외), 태학사, 305
　　~362.

김대길(2006), 『조선 후기 牛禁 酒禁 松禁 연구』, 경인문화사.

金東哲(1993), 「19세기 牛皮貿易과 東萊商人」, 『韓國文化硏究』 6, 399~440.

金東哲(1995), 「18세기 氷契의 창설과 도고활동」, 『釜大史學』 19, 383~414.

金東哲(2001), 「18세기 말 景慕宮 募民과 그들의 상업활동」, 『지역과 역사』 8, 5~43.

金泳謨(1982), 『韓國社會階層硏究』, 一潮閣.

金玉根(1973), 「李朝土地制度史 硏究」, 『論文集』 11, 釜山水産大學, 13~43.

金玉根(1980), 『韓國土地制度史硏究』, 大旺社.

金玉根(1988), 『朝鮮王朝財政史硏究』 3, 一潮閣.

金容燮(1964), 「司宮庄土의 管理 : 導掌制를 中心으로」, 『史學硏究』 18, 573~625.

金用淑(1963), 「宮中「撥記」의 硏究 : 宮中 用語 硏究 續—資料 提示를 主로 하여」, 『鄕土서
　　울』 18, 77~169.

金用淑(1987), 『朝鮮朝 宮中風俗 硏究』, 一志社.

金用淑(1997), 「明禮宮 硏究 : 그 始源 糾明을 중심으로」, 『서울문화』 3, 80~104.

金載昊(1997a), 「甲午改革이후 近代的 財政制度의 形成過程에 관한 硏究」, 서울大學校 經濟學科 博士學位論文.

金載昊(1997b), 「韓末 宮房田의 地代 : 『國有地調査書抄』의 分析」, 『조선토지조사사업의 연구』(김홍식 외), 민음사, 249~296.

金泰永(1972), 「19世紀前期 宮家私領의 擴大에 對하여」, 『慶熙史學』 3, 70~82.

金赫(2001), 「古文書用語 풀이 : 重記」, 『古文書硏究』 19, 157~163.

德成外志子(1983), 「朝鮮後期 貢物貿納制와 貢人役價—官府와의 關係를 통해 본 貢人의 性格」, 高麗大學校 史學科 碩士學位論文.

德成外志子(2001), 「朝鮮後期 貢納請負制와 中人層貢人」, 高麗大學校 史學科 博士學位論文.

리진호(1999), 『한국지적사』, 바른길.

문화재청(2006), 『궁집[宮家]』(韓國의 전통가옥 14).

朴廣成(1970), 「宮房田의 硏究—그 展開에 따른 民田侵及과 下民侵虐을 中心으로—」, 『論文集』 5, 仁川敎育大學, 1~71.

朴廣成(1974), 「續宮房田의 硏究」, 『論文集』 9, 仁川敎育大學, 55~71.

박종성(2003), 『백정과 기생—조선천민사의 두 얼굴』, 서울대 출판부.

朴準成(1984), 「17·8세기 宮房田의 확대와 所有形態의 변화」, 『韓國史論』 11, 185~278.

白承哲(2000), 『朝鮮後期 商業史硏究—商業論·商業政策』, 혜안.

卞光錫(2001), 『朝鮮後期 市廛商人 硏究』, 혜안.

박석윤·박석인(1988), 「朝鮮後期 財政의 變化時點에 관한 考察—1779년(정조 3년)에서 1881년(고종 18년)까지—」, 『東方學志』 60, 141~168.

朴性俊(2008), 「대한제국기 신설 宮의 재정 기반과 황실 재정 정리」, 『歷史敎育』 105, 99~135.

박이택(2004), 「서울의 숙련 및 미숙련 노동자의 임금, 1600~1909—『儀軌』자료를 중심으로—」, 『수량경제사로 다시 본 조선 후기』(이영훈 편), 서울대 출판부, 41~107.

朴二澤(2005), 「19세기 宗親府財政의 分析—財政危機의 源泉과 轉嫁 메커니즘을 중심으로—」, 『경제사학』 39, 27~59.

裵英淳(1980), 「韓末 司宮庄土에 있어서의 導掌의 存在形態」, 『韓國史研究』 30, 107~129.

서영희(1991), 「개항기 봉건적 국가재정의 위기와 민중수탈의 강화」, 『1894년 농민전쟁

연구』1 (농민전쟁의 사회경제적 배경), 역사비평사, 126~169.

서울大學校 奎章閣(1997), 『奎章閣韓國本圖書解題 續集』 史部4.

서울大學校圖書館(1982), 『奎章閣韓國本圖書解題 : 제V집(史部2)』.

서울大學校圖書館(1983a), 『奎章閣韓國本圖書解題 : 제VI집(史部3)』

서울大學校圖書館(1983b), 『奎章閣圖書韓國本綜合目錄』, 서울大學校出版部.

서울特別市史編纂委員會(2005), 『國譯 荷齋日記 (一)』.

세종대왕기념사업회(2001), 『한국고전용어사전』 3.

宋洙煥(2002), 『朝鮮前期 王室財政 研究』, 集文堂.

宋贊植(1984 · 1985), 「懸房攷(上 · 下)」, 『韓國學論叢』 6 · 7, 101~131, 181~207. [宋贊植(1997), 『朝鮮後期社會經濟史의 研究』, 一潮閣, 517~577에 재수록]

須川英德(2006), 「朝鮮時代의 商人文書에 대하여」, 『古文書研究』 28, 79~87.

須川英德(2010), 「시전상인과 국가재정―가와이[河合]문고 소장의 綿紬廛 문서를 중심으로」, 『조선 후기 재정과 시장―경제체제론의 접근―』(이헌창 편), 서울대 출판문화원, 343~377.

申解淳(1988), 「朝鮮前期 內需司書題에 대한 小考」, 『史學論叢』(溪村 閔丙河教授 停年紀念 史學論叢刊行委員會), 277~292.

심재우(2009), 「조선 후기 宣禧宮의 연혁과 소속 庄土의 변화」, 『朝鮮時代史學報』 50, 189~226.

심재우(2010), 「조선 후기 육상궁 장토의 규모와 관련 자료의 현황」, 『淑嬪崔氏資料集』 3 (儀註, 式例), 韓國學中央研究院, 45~60.

심재우(2011), 「육상궁, 선희궁, 경우궁의 조성과 궁방전」, 『英祖妃嬪資料集』 1 (儀軌, 謄錄, 其他), 한국학중앙연구원 출판부, 48~64.

楊尙弦(1995), 「韓末 庖肆 운영과 庖肆稅 收取構造」, 『韓國文化』 16, 309~351.

양선아 (2011), 「18 · 19세기 도장 경영지에서 궁방과 도장의 관계」, 『한국학연구』 36, 167~196.

梁擇寬(2007), 「朝鮮前期 王室의 土地所有와 經營」, 『韓國史論』 53, 13~60.

吳美一(1986), 「18 · 19세기 貢物政策의 변화와 貢人層의 변동」, 『韓國史論』 14, 105~179.

吳星(1989), 『朝鮮後期 商人研究』, 一潮閣.

元永喜(1981), 『韓國地籍史』(三訂版), 新羅出版社.

柳永博(1990), 『韓國近代社會經濟史研究』, 東方圖書.

尹根鎬(1975), 「朝鮮王朝 會計制度 研究」, 『東洋學』 5, 539~556.

전봉희·이규철(2006), 「근대도면자료와 대한제국기 한성부 도시·건축의 변화」, 『대한제국은 근대국가인가』(한영우 외), 푸른역사, 217~257.

李福揆(1996), 「우리의 옛 문장부호와 교정부호」, 『古文書硏究』 9·10, 457~482.

이상태(2004), 「도성대지도에 관한 연구」, 『都城大地圖』, 서울역사박물관, 70~77.

이성임(2009), 「조선 후기~대한제국기 江華島의 宮房田 설치와 운영」, 『조선 후기~대한제국기 인천지역 재정사 연구』, 인천대 인천학연구원, 161~233.

李榮薰(1985), 「開港期 地主制의 一存在形態와 그 停滯的 危機의 實相－明禮宮房田에 관한 事例分析－」, 『經濟史學』 9, 361~429.

李榮薰(1988), 『朝鮮後期社會經濟史』, 한길사.

李榮薰(2005), 「19세기 서울 재화시장의 동향 : 안정에서 위기로」, 中村哲·박섭 편저, 『동아시아 근대경제의 형성과 발전 : 동아시아 자본주의 형성사 1』, 신서원, 85~113.

이영훈(2010), 「19세기 서울 시장의 역사적 특질」, 이헌창 편, 『조선 후기 재정과 시장』, 서울대 출판문화원, 399~437.

李榮薰(2011), 「大韓帝國期 皇室財政의 기초와 성격」, 『경제사학』 51, 3~29.

李榮薰·趙映俊(2005), 「19世紀 末~20世紀 初 서울 金融市場의 特質 : 南大門 一帶의 '日收' 金融을 中心으로」, 『經濟論集』 44(3·4), 343~364.

李佑成 編(1984), 『吐紬契會計冊 外 3種』, 亞細亞文化社.

李旭(1996), 「18세기 서울의 木材商과 木材供給」, 『鄕土서울』 56, 129~153.

이욱(2002), 「인조대 궁방·아문의 어염절수(魚鹽折受)와 정부의 대책」, 『역사와 현실』 46, 139~170.

李政炯(1996), 「17·8세기 궁방의 민전 침탈」, 『釜大史學』 20, 79~121.

李燦·楊普景(1995), 『서울의 옛 地圖』, 서울시립대 서울학연구소.

이헌창 편(2010), 『조선 후기 재정과 시장－경제체제론의 접근』, 서울대 출판문화원.

李賢珍(2009), 「영·정조대 육상궁의 조성과 운영」, 『震檀學報』 107, 93~128.

전경욱(1997), 「탈놀이의 역사적 연구」, 『口碑文學硏究』 5, 183~242.

전경욱(1999), 「조선조 전통공연예술의 계통과 성립과정」, 『國樂院論文集』 11, 201~230.

正文社(1982), 『龍洞宮謄錄』(影印本).

정정남(2009), 「조선 후기 宮家의 공간구성 및 배치－각종 家屋圖形의 분석을 통하여」, 『한국건축역사학회 추계학술발표대회 논문집』, 173~176.

정정남(2010), 「효종대 仁慶宮內 宮家의 건립과 그 이후 宮域의 변화」, 『서울학연구』 39,

177～199.

정정남(2011), 「조선시대 壽進宮의 기능과 주변 박석[磚石]길의 의미해석」, 『한국건축
　　역사학회 추계학술발표대회 논문집』, 175～180.

조성윤(1992), 「조선 후기 서울 주민의 신분 구조와 그 변화 : 근대 시민 형성의 역사적
　　기원」, 연세대 박사논문.

조성윤(1998), 「조선 후기 서울주민의 신분 및 직업구성」, 『조선 후기 서울의 사회와 생
　　활』(서울학연구소 편), 서울시립대부설 서울학연구소, 192～216.

趙映俊(2008a), 「宮房 會計帳簿의 體系와 性格」, 『古文書硏究』 32, 175～201.

趙映俊(2008b), 「18世紀後半～20世紀初 宮房田의 規模, 分布 및 變動」, 『朝鮮時代史學
　　報』 44, 175～223.

趙映俊(2008c), 「19世紀後半 內需司와 市廛의 去來實態」, 『서울학연구』 31, 167～201.

趙映俊(2008d), 「19世紀 王室財政의 危機狀況과 轉嫁實態 : 壽進宮 財政의 事例分析」,
　　『경제사학』 44, 47～80.

趙映俊(2008e), 「19世紀 王室財政의 運營實態와 變化樣相」, 서울大學校 經濟學部 博士學
　　位論文.

조영준(2008f), 「조선 후기 궁방(宮房)의 실체」, 『정신문화연구』 112, 273～304.

조영준(2009), 「서울 쇠고기시장의 구조, 1902～1908 : 『安奇陽日記帳』의 기초 분석」,
　　『서울학연구』 37, 193～222.

조영준(2010a), 「조선 후기 왕실재정의 구조와 규모 : 1860년대 1司4宮의 재정수입을
　　중심으로」, 『조선 후기 재정과 시장－경제체제론의 접근』(이헌창 편), 서울대 출
　　판문화원, 105～134.

조영준(2010b), 「조선 후기 왕실의 조달절차와 소통체계－문서와 기록을 통한 재구성」,
　　『古文書硏究』 37, 91～121.

조영준(2013a), 「대한제국기 황실 재정 연구의 현황과 전망」, 『경제사학』 51, 59～78.

조영준(2013b), 「대한제국기 驛屯土 통계와 활용 방안－『國有地調査書(抄)』의 재검토」,
　　손병규·송양섭 편, 『통계로 보는 조선 후기 국가경제－18～19세기 재정자료의
　　기초적 분석』, 성균관대 출판부, 361～380.

조영준(2013c), 「조선 후기 여객주인(旅客主人) 및 여객주인권(旅客主人權) 재론－경
　　기·충청 장토문적(庄土文績)의 재구성을 통하여」, 『잡담(雜談)과 빙고(憑考)－
　　경기·충청 장토문적으로 보는 조선 후기 여객주인권』(조영준 외), 소명출판, 505
　　～533.

조영준(2013d), 『시폐(市弊)－조선 후기 서울 상인의 소통과 변통』, 아카넷.

조영준(2013e), 「연잉군방(延礽君房)의 살림살이와 경제적 기반」, 『英祖大王資料集』5 (藏書閣 編纂), 125~133.

조익순·정석우(2006), 『조선시대 회계문서에 나타난 사개송도치부법의 발자취』, 博英社.

주남철(2003), 『궁집[宮家]』, 일지사.

崔承熙(1989), 『韓國古文書硏究』(改正增補版), 지식산업사.

최은정(1997), 「18세기 懸房의 商業活動과 運營」, 『梨花史學硏究』 23·24, 83~112.

度支部司稅局(1908), 『財政統計』(국립중앙도서관 6807~2).

韓榮國(1986), 「解題에 代하여」, 『度支田賦考』 上 (影印本), 驪江出版社.

韓㳓劤(1965), 「李朝後期 貢人의 身分」, 『學術院論文集』 5 (人文社會科學篇), 1~31.

韓㳓劤(1966), 『韓國經濟關係文獻集成』, 서울大學校 文理科大學 東亞文化硏究所.

許英桓(1994), 『定都 600年 서울 地圖』, 汎友社.

京城府(1934), 『京城府史』 1.

今西龍(1918), 「朝鮮白丁考」, 『藝文』 9(4), 337~363.

小田省吾(1934), 「德壽宮略史」, 『朝鮮』 234, 39~103.

須川英德(2003), 「朝鮮時代の商人文書について―綿紬廛文書を中心に―」, 『史料館硏究紀要』 34, 235~262.

安秉珆(1975), 『朝鮮近代經濟史硏究』, 日本評論社.

鮎貝房之進(1931), 「白丁, 附水尺, 禾尺, 楊水尺」, 『雜攷』 5, 1~20.

朝鮮總督府(1918), 『朝鮮ノ保護及併合』.

朝鮮總督府(1925), 『朝鮮人の商業』(調査資料 第11輯).

朝鮮總督府 臨時財産整理局(1911), 『臨時財産整理局事務要綱』.

朝鮮總督府中樞院調査課(1940), 『朝鮮田制考』.

和田一郎(1920), 『朝鮮ノ土地制度及地稅制度調査報告書』, 朝鮮總督府.

玄丙周(1916), 『實用自修四介松都治簿法(全)』, 德興書林.

Owen Miller(2007a), "The Silk Merchants of the Myŏnjujŏn : Guild and Government in Late Chosŏn Korea," Unpublished Ph.D. dissertation, the School of Oriental and African Studies, University of London.

Owen Miller(2007b), "Ties of Labour and Ties of Commerce : Corvée among Seoul Merchants in the Late 19th Century," *Journal of the Economic and Social History* of the Orient 50(1), 41~71.

Owen Miller(2007c), "The Myŏnjujŏn Documents : Accounting Methods and Merchants' Organisations in Nineteenth Century Korea," *Sungkyun Journal of East Asian Studies* 7(1), 87~114.

Owen Miller(2008), "Tobacco and the Gift Economy of Seoul Merchants in the Late Nineteenth Century," *SOAS-AKS Working Papers in Korean Studies* 3.

웹자원

서울대학교 규장각한국학연구원 (htpp://kyu.snu.ac.kr)

국사편찬위원회 한국사데이터베이스 (http://db.history.go.kr)

국립중앙도서관 전자도서관 (http://www.nl.go.kr)

조선왕조실록 (http://sillok.history.go.kr)

승정원일기 (http://sjw.history.go.kr)

부표

그림

이 책의 각 장에 수록된 글의 초고는 각각 아래와 같이 공간된 바 있다. 이 책의 출판을 통해 표현의 일관성을 확보하고, 각종 오류를 시정하는 등 해당 원고의 수정 및 개선 또는 증보가 적지 않게 이루어졌음을 밝힌다.

제1장: 「조선 후기 궁방(宮房)의 실체」, 『정신문화연구』 112, 2008, 273~304쪽.

제2장: 「18世紀後半~20世紀初 宮房田의 規模, 分布 및 變動」, 『朝鮮時代史學報』 44, 2008, 175~223쪽.

제3장: 「宮房 會計帳簿의 體系와 性格」, 『古文書研究』 32, 2008, 175~201쪽.

제4장: 「조선 후기 왕실의 조달절차와 소통체계─문서와 기록을 통한 재구성」, 『古文書研究』 37, 2010, 91~121쪽.

제5장: 「19世紀後半 內需司와 市廛의 去來實態」, 『서울학연구』 31, 2008, 167~201쪽.

제6장: 「서울 쇠고기시장의 구조, 1902~1908 : 『安奇陽日記帳』의 기초 분석」, 『서울학연구』 37, 2009, 193~222쪽

제7장: 「19世紀 王室財政의 危機狀況과 轉嫁實態 : 壽進宮 財政의 事例分析」, 『경제사학』 44, 2008, 47~80쪽.

18세기 후반 조선의 지식인 연암 박지원은 "법고(法古)하면서도 변통할 줄 알고 창신(創新)하면서도 능히 전아(典雅)할 수 있는" 경지를 추구했다. 옛 것에만 얽매이거나 새로운 것만 추종하는 세태를 경계했기 때문이다. 박지원이 거론한 "법고창신"의 정신은, 오늘날의 우리 학문이 처한 현실에서도 소중한 지침이 될 수 있을 것이다. 규장각한국학연구원은 이로부터 우리 학문이 나아갈 방향을 찾고자 하며, 이에 걸맞은 연구 성과를 모아 "규장각 학술총서"라는 이름으로 간행하고자 한다.

우리 연구원은 전근대로부터 근대에 이르기까지의 귀중한 기록문화 유산을 소장하고 있다. 우리 연구원에서는 이들 유산을 원형대로 보존하고 적절하게 관리하는 데 최선을 다하고 있지만, 한편으로는 이들에 대한 정밀한 연구로 우리 시대의 학문을 개척하는 것이 또한 중요한 보존이며 관리라고 판단하고 있다. 우리 연구원이 소장한 기록문화 유산은 국가의 운영, 인간의 삶과 의식 그리고 세계와의 만남에 대한 생생한 기록을 담고 있으므로, 무궁무진한 연구의 원천이 될 수 있을 것이다. 기왕의 한국학 연구가 이러한 사실을 입증하고 있는 바이거니와, "법고창신"의 학문적 전통을 만들어가고자 하는 "규장각 학술총서"는 보다 큰 학문적 성과를 통해 이를 다시 입증할 수 있으리라 기대한다.

"규장각 학술총서"에는 다양한 방식, 그리고 다양한 형태의 학술서적이 포함될 것이다. 개인 명의가 있는가 하면 공동의 명의로 간행되는 것도 있을 것이다. 전문적인 연구서가 있는가 하면 일반 독자까지 고려한 단행본도 있을 것이며, 고전의 주석을 포함한 각종 번역서나 자료집도 포함될 것이다. 또 연구 대상으로서의 자료의 범위와 주제 또한 다양할 것이다. 이는 한국학을 선도하고자 하는 우리 연구원의 포부와 기대를 반영하는 것이다. 우리 연구원에서 추구하는 "법고창신의 학문"이 깊어질수록, 우리 총서는 더욱 다양한 모습을 지닐 수 있을 것이다. 우리 총서의 성과물 하나 하나가 한국 인문학의 성장에 기여하는 디딤돌이 될 수 있기를 기대한다.

2014년 규장각한국학연구원장 김인걸